GSBA

Graduate School of
Business Administration Zürich

READER XV

On the occasion GSBA's
19th Zurich MBA Congress on
September 11th, 2009

Prof. Dr. Ralph Berndt

Head AAC
Academic Affairs Commission

Herausforderungen an das Management

Schriftenreihe der
Graduate School of Business Administration
Zürich

Herausgegeben von

Prof. Dr. Ralph Berndt, Tübingen
(Geschäftsführender Herausgeber)
Prof. Dr. Salvatore Belardo, New York
Prof. Dr. Carl Helbling, Zürich
Prof. Dr. Reinhart Schmidt, Halle-Wittenberg
Rektor Dr. Albert Stähli, Zürich

Band 15:

Weltwirtschaft 2010

Ralph Berndt (Hrsg.)

Weltwirtschaft 2010

Trends und Strategien

Professor Dr. Ralph Berndt
c/o Graduate School of Business
Administration Zuerichsee
Hirsackerstrasse 46
8810 Horgen
Schweiz
ralph.berndt@uni-tuebingen.de

ISSN 1431-4088
ISBN 978-3-642-02082-7   e-ISBN 978-3-642-02083-4
DOI 10.1007/978-3-642-02083-4
Springer Dordrecht Heidelberg London New York

Die Deutsche Nationalbibliothek verzeichnet diese Publikation in der Deutschen Nationalbibliografie; detaillierte bibliografische Daten sind im Internet über http://dnb.d-nb.de abrufbar.

© 2009 Springer-Verlag Berlin Heidelberg
Dieses Werk ist urheberrechtlich geschützt. Die dadurch begründeten Rechte, insbesondere die der Übersetzung, des Nachdrucks, des Vortrags, der Entnahme von Abbildungen und Tabellen, der Funksendung, der Mikroverfilmung oder der Vervielfältigung auf anderen Wegen und der Speicherung in Datenverarbeitungsanlagen, bleiben, auch bei nur auszugsweiser Verwertung, vorbehalten. Eine Vervielfältigung dieses Werkes oder von Teilen dieses Werkes ist auch im Einzelfall nur in den Grenzen der gesetzlichen Bestimmungen des Urheberrechtsgesetzes der Bundesrepublik Deutschland vom 9. September 1965 in der jeweils geltenden Fassung zulässig. Sie ist grundsätzlich vergütungspflichtig. Zuwiderhandlungen unterliegen den Strafbestimmungen des Urheberrechtsgesetzes.
Die Wiedergabe von Gebrauchsnamen, Handelsnamen, Warenbezeichnungen usw. in diesem Werk berechtigt auch ohne besondere Kennzeichnung nicht zu der Annahme, dass solche Namen im Sinne der Warenzeichen- und Markenschutz-Gesetzgebung als frei zu betrachten wären und daher von jedermann benutzt werden dürften.

Einbandgestaltung: WMXDesign GmbH, Heidelberg

Gedruckt auf säurefreiem Papier

Springer ist Teil der Fachverlagsgruppe Springer Science+Business Media (www.springer.de)

Geleitwort

Die traditionsreiche Schriftenreihe der Graduate School of Business Administration Zürich greift Jahr für Jahr aktuelle Themen auf, die uns allen unter den Nägeln brennen. Der vorliegende Band fällt in eine Zeit tiefgreifender Verunsicherung, ausgelöst durch eine unerwartet heftige Finanz- und Wirtschaftskrise. Deren weltweites Auftreten und deren Ausmaß deuten darauf hin, dass wir an einer Zeitenwende stehen. Sie geht einher mit einer weit verbreiteten Rat- und Orientierungslosigkeit, mit Skepsis gegenüber den Entscheidungsträgern und den getroffenen Wiederankurbelungsmaßnahmen sowie der Frage, was denn nach der großen Krise kommen soll. Hat sie die reinigende Kraft der Katharsis, oder hinterlässt sie unabsehbare Kollateralschäden sowohl wirtschaftlich, als auch gesellschaftlich und politisch? Hat gar das bisherige Erfolgsmodell der Globalisierung und der weltweiten Arbeitsteilung zum Nutzen aller versagt?

Noch ist es zu früh zur Bilanzziehung, doch mehr und mehr zeigt sich die Notwendigkeit einer kooperativen Weltordnung auch im Bereich der Wirtschaft. Kein Land ist so stark, dass es die globalen Herausforderungen im Alleingang bewältigen kann – und muss. Die Weltwirtschaftskrise ruft nach globalen Lösungen; diese setzen eine Partnerschaft auf gleicher Augenhöhe voraus. Nur mit einer gleichberechtigten globalen Kooperation von ebenbürtigen Partnern und Wirtschaftsregionen kann die globale Herausforderung gemeistert werden. Gleichberechtigung und Ebenbürtigkeit sind die Grundpfeiler einer weltumspannenden konstruktiven Kooperation. Sie hat sich auf dem politischen Parkett bewährt und wird sich auch im Bereich der Makro- und Mikroökonomie als einzig nachhaltiger Weg erweisen.

Die Wirtschaft hat eine herkulische Arbeit zu leisten, denn sie ist der einzige Motor und Garant für Wohlstand, Fortschritt und Stabilität. Nun, da dieser Motor ins Stottern geraten ist, ruhen mehr denn je die Hoffnungen auf den Entscheidungsträgern in der Wirtschaft. International orientierten Business Schools kommt dabei eine Schrittmacherfunktion zu. Denn sie fokussieren auf Kaderangehörige mit mehrjähriger erfolgreicher Führungserfahrung, sind sowohl von der Professorenschaft als auch von den Studienteilnehmern her global ausgerichtet und sorgen für einen raschen Transfer der vermittelten Theorie in die Praxis. Das ist gerade in der jetzigen Transformationsphase der Weltwirtschaft wichtig. Die Managementwissenschaft hat aus der aktuellen Krise bereits heilsame Lehren gezogen.

Ich bin denn zuversichtlich, dass die Weltwirtschaft gestärkt aus dem momentanen Wellental hervorgeht und dass sich die Führungseliten wieder auf jene Tugenden besinnen, die einst die soziale Marktwirtschaft auszeichneten und stark machten:

Augenmaß, Ehrlichkeit, Bescheidenheit, soziale Verantwortung. Je rascher dieser bisweilen schmerzliche Prozess vollzogen wir, desto besser.

Die kooperative Weltordnung auch im Wirtschaftsbereich ist ein hervorragender Nährboden für diesen Mut machenden Neubeginn. Wenn sie mit Nachdruck und Nachhaltigkeit umgesetzt wird, gelingt es auch, rechtzeitig die Konsequenzen aus der zunehmenden weltweiten Interdependenz zu ziehen – und der Globalisierung ein weiteres Erfolgskapitel hinzuzufügen.

Im Juli 2009
Dr. Dr. h. c. Hans-Dietrich Genscher
ehem. deutscher Außenminister
Präsident des GSBA Ehrenrates
President GSBA Honorary Counsel

Editorial

Der vorliegende Sammelband "Economic World 2010 – Trends and Strategies" ist der fünfzehnte Band der Schriftenreihe "Herausforderungen an das Management" der Graduate School of Business Administration Zürich.

Gegenstand des ersten Teils ist die **Economic World 2010**. Bernd Schips zeigt generelle World Trends auf. Im zweiten Teil wird das **Management Development** betrachtet. *Albert Stähli* stellt den World Executive MBA (WEMBA) vor.

Corporate Strategies werden im dritten Teil entwickelt. *Uwe Hilzenbecher* erarbeitet Erfolgsfaktoren für Innovationsstrategien. William Holstein und *Duri Campell* erörtern erfolgreiche Implementierungen von Corporate Strategies. Wesentliche Erfolgsfaktoren eines Unternehmens in der multi-polaren Weld werden von *Edgar Britschgi* dargestellt. Hybride Medienkonzepte für das interne Marketing werden von *Michael Reiss* und *Dirk Steffens* hinterfragt. Die besondere Bedeutung einer Re-Industrialisierung durch KMU arbeiten *Rudolf Ergenzinger* und *Jan Krulis-Randa* heraus. Eine Wettbewerbsanalyse eines internationalen Automobilzulieferer liefern *Adrienne Cansier* und *Heike Hundertmark*. Neue Geschäftsmodelle im Personenluftverkehr beschreibt *Marc Gasser*.

Gegenstand des vierten Teils sind **Marketing Strategies**. Die Erfolgsfaktoren ausgewählter Marketing – Konzepte der Praxis arbeitet *Ralph Berndt* heraus. Mit einer optimales Markenpolitik setzt sich *Edgar Britschgi* auseinander. Das Verhandlungsmanagement ist Gegenstand des Beitrags von *Uta Herbst*.

Im fünften Teil (**Operation Management Strategies**) stellt *Uwe Hermann* zukünftige Trends im Supply Management dar. **Management Information Strategies** werden im sechsten Teil behandelt. Der Grundsatzfrage nach dem (inhaltlichen) Gehalt von Information gehen *Sal Belardo* und *Eitel Lauria* nach. Das Management von elektronischen Netzwerken der Praxis ist Gegenstand des Beitrags von *Peter Otto*.

Im abschliessenden siebten Teil werden vier Problemstellungen aus dem **Human Resources Management** bearbeitet. Das internationale Human Resources Management wird von *Randall Schuler* und *Susan Jackson* dargestellt. Eine spezielle Personalstrategie (Co-Heads) für Serviceunternehmen wird von *Maria Arnone* und *Stephen Stumpf* untersucht. Die Thematik einer nachhaltigen Performance Culture für Unternehmen wird von *Doris Dull* bearbeitet. Welche besonderen Herausforderungen eines effektiven Talent Management gegeben sind, wird von *Ivonne Magin* hinterfragt.

Die **Gliederung dieses Sammelbandes** entspricht im Wesentlichen dem Aufbau des MBA-Studiums an der Graduate School of Business Administration Zürich, welches in sechs Blöcken
- Corporate Strategy,
- Marketing Management,
- Operations Management,
- Finance Management,
- Controlling/Management Information Systems,
- Human Resources Management

durchlaufen wird. Jeder Unterrichtsblock wird typischerweise zweisprachig durchgeführt und von einem deutsch- und einem englischsprachigen Professor geleitet; dies drückt sich auch in der Zweisprachigkeit des vorliegenden Sammelbandes aus.

Die **Autoren des Sammelbandes** sind Professoren, die an der GSBA Zürich lehren; sie stammen aus anerkannten bundesdeutschen und amerikanischen Universitäten und bürgen für die hohe Ausbildungsqualität der GSBA Zürich. Einige Autoren sind regelmässige Hearing-Gäste der GSBA Zürich bzw. Absolventen des MBA-Studienganges an der GSBA Zürich. Wir würden uns im Namen aller Autoren freuen, wenn auch dieser Sammelband eine gute Aufnahme und eine erfolgreiche Umsetzung in der Praxis fände.

Zürich, im Sommer 2009   Die Herausgeber

Inhaltsverzeichnis

Part I   Economic World 2010

1 World Trends 2010 3
   Bernd Schips

Part II   Management Development

2 Der World Executive MBA (WEMBA): Eine Star Alliance für Global
   Executive Education 17
   Albert Stähli

Part III   Corporate Strategies

3 Innovationsstrategie: Fokus auf Systematik und Selektion
   der Innovationsfelder bringen Rendite 45
   Uwe Hilzenbecher

4 Efficient and Effective Strategy Implementation: the Next Source
   of Competitive Advantage 57
   William K. Holstein and Duri R. Campell

5 Succeeding in a Multi-polar World: Managing the CUBRINTA™
   Cube of Intangibles 71
   Edgar C. Britschgi

6 Hybride Medienkonzepte für das interne Marketing 85
   Michael Reiß und Dirk Steffens

7 Re-Industrialisierung in Europa durch KMU 103
   Rudolf Ergenzinger und Jan S. Krulis-Randa

8   Wettbewerberanalyse eines internationalen Automobilzulieferers –
    Eine Fallanalyse 115
    Adrienne Cansier und Heike Hundertmark

9   Mikro- und Makroökonomische Nachfrageanalysen als Grundlage
    für die Erarbeitung neuer Geschäftsmodelle im Personenluftverkehr . 131
    Marc B. Gasser

Part IV   Marketing Strategies

10 Erfolgsfaktoren ausgewählter Marketing-Konzepte der Praxis 149
    Ralph Berndt

11 Is Your Brand Only Going Half the Distance? 169
    Edgar C. Britschgi

12 Verhandlungsmanagement als betriebswirtschaftlicher Erfolgsfaktor   181
    Uta Herbst

Part V   Operations Management Strategies

13 Future Trends in Supply Chain Management – The "Green Factor"   197
    Uwe Hermann

Part VI   Management Information Systems/IT

14 Information or Informing: Does it Matter? 211
    Eitel J. M. Lauría and Salvatore Belardo

15 Extending Corporate Boundaries: Managing Electronic Networks
    of Practice 227
    Peter Otto

Part VII   Human Resources Management

16 Global Realities for MNEs: Implication for International Human
    Resource Management 247
    Randall S. Schuler and Susan E. Jackson

17 View from the Top: The Increasing Prevalence of Co-Heads
    as an HR Strategy within Professional Services Firms 263
    Maria Arnone and Stephen A. Stumpf

**18 Wie kollektive Werte dem Unternehmen zu einer nachhaltigen
Performance Culture verhelfen können** 275
Doris Dull

**19 Die besonderen Herausforderungen eines effektiven Talent
Management** 293
Ivonne Magin

Autorenverzeichnis

MBA Maria Arnone
Präsident, The Learning Group, New York

Prof. Dr. Salvatore Belardo
Professor of MIS/IT at the University of Albany, New York

Prof. Dr. Ralph Berndt
Inhaber des Lehrstuhls für Betriebswirtschaftslehre, insbesondere Marketing der Eberhard-Karls-Universität Tübingen; Mitglied des Stiftungsrates der GSBA Zürich

MBA Edgar C. Britschgi
Managing Partner of Combo Management, Zug; Chairman of Y&R EMEA Retail Practice, Zürich; Member of the Board of Trustees and Advisory Board member of GSBA

MBA Duri R. Campell
Managing Partner Crystal Partners AG, Zürich; MBA der GSBA Zürich

Priv.-Doz. Dr. Adrienne Cansier
Privatdozentin an der Universität Tübingen; Consultant bei der Hay Group GmbH, Frankfurt

MBA Doris Dull
Director Human Resources Europe & Emerging Markets, TRW Automotive Electronics & Components GmbH & Co.KG; Absolventin des MBA Studienganges der GSBA Zürich

Prof. Dr. Rudolf Ergenzinger
Professor für Marketing-Management an der FHS Aargau; Oberassistent am betriebswirtschaftlichen Institut der Universität Zürich; Lehrbeauftragter der Universität Zürich

MBA Marc B. Gasser
Business Development Manager, Farnair AG, CH; MBA der LaSalle University, Philadelphia USA

Prof. Dr. Uta Herbst
Junior Professorin für Marketing der Universität Tübingen

MBA Uwe Hermann
Inhaber der Logistik[21] GmbH; Mitgründer der Lo-Net-Co Institute for Logistic and Communications at BITS; Absolvent des MBA – Studienganges der GSBA Zürich

Prof. Dr. Uwe Hilzenbecher
Professor für Corporate Strategy an der GSBA Zürich

Prof. Dr. William K. Holstein
Professor of Strategic Management and Information Systems at GSBA Zürich

Dipl.-Kffr. Heike Hundertmark
Doktorandin an der Universität Tübingen

Prof. Dr. Susan E. Jackson
Professor of Human Resources Management, Rutgers University and GSBA Zürich

Prof. Dr. Dr. h.c. Jan Krulis-Randa
Ehem. Ordinarius für Betriebswirtschaftslehre, insbes. Marketing und Personalwirtschaft der Universität Zürich; Mitglied des Advisory Board der GSBA Zürich

Eitel J.M. Lauria
School of Computer Science and Mathematics, Marist College, New York

Ivonne Magin
Principial, Hay Group GmbH, Frankfurt

Prof. Dr. Peter Otto
Associate Professor, School of Management, Schenectady, New York; Mitglied des JCME der GSBA Zürich

Prof. Dr. Michael Reiss
Inhaber des Lehrstuhls für Organisation der Universität Stuttgart

Prof. Dr. Bernd Schips
ehemaliger Leiter der Konjunkturforschungsstelle (KOF) der ETH Zürich; Hearinggast der GSBA Zürich

Prof. Dr. Randall S. Schuler
Professor of Human Resources Management, Rutgers University and GSBA Zürich

Rektor Dr. Albert Stähli
Rektor der GSBA Zürich; Präsident des Instituts für Management-Andragogik, Zürich

M. A. Dirk Steffens
akademischer Mitarbeiter am Lehrstuhl für Organisation der Universität Stuttgart

Prof. Dr. Stephen A. Stumpf
Fred J. Springer Chair in Business Leadership, Professor of Management, Villanova University, Pennsylvania; Mitglied des JCME der GSBA Zürich

Part I
Economic World 2010

Chapter 1
World Trends 2010

Bernd Schips

Summary. *From a statistical point of view, identifying a trend and estimating the future trend development belong to the most difficult tasks.Outside statistics, the term "trend" is used prettey carelesssly. Present impressions are often extrapolated into the future. Within this article only such developments are supposed to be outlined from which can be expected that they will influence or affect the world economy in the next years. Such are particularly changes in relative prices of raw materials, food and industrial products, the shift in economic power relations and the effect of demographic change on some countries strongly affected by it. Some elements of these developments however can in combination with the worldwide reactions on the present financial crisis lead to going back to a more or less distinct protectionsim.*

1.1 Was ist überhaupt ein „Trend"?

Für einen einigermassen gut ausgebildeten Statistiker scheint eine Beantwortung dieser Frage zunächst recht einfach zu sein: Aus statistischer Sicht ist ein „Trend" durch das „Zusammenwirken" der „mittel- bis langfristigen Bewegungskomponenten" einer Zeitreihe bestimmt. Dabei wird davon ausgegangen, dass eine beobachtete *Zeitreihe* sich aus einer Vielzahl von Bewegungskomponenten mit unterschiedlichen Frequenzen (Zyklen pro Zeiteinheit) zusammensetzt. Die Zeiteinheit – Jahr, Quartal, Monat, Woche, Tag usw. – widerspiegelt dabei die Periodizität der Beobachtungsdaten.

Die „effektive" Ermittlung eines „Trends" ist jedoch bis heute eines der schwierigsten und deshalb auch immer noch eines der meist diskutierten Probleme im Rahmen der statistischen Analyse von Zeitreihen. Wird der Begriff „Trend" durch die Umschreibung mit „mittel- bis langfristige Bewegungskomponente wirklich geklärt? Die Antwort ist ein klares „Nein". Trotz eines immensen Forschungsaufwandes gibt es weder eine „exakte" Definition für den „Trend" in einer Zeitreihe noch ein allgemein akzeptiertes Verfahren zur „Schätzung" des Verlaufs eines „Trends" (Metz 2002).

Die Statistiker haben zwar eine ganze Reihe von Verfahren entwickelt, um einen „Trend" einer Zeitreihe aus den beobachteten Daten zu „isolieren". Ex post erscheint diese Aufgabe auf einen ersten Blick auch noch relativ unproblematisch zu sein. Dazu muss „lediglich" ein *Filter* konstruiert werden, mit dessen Hilfe aus einer beobachteten Zeitreihe die kurzfristigen Bewegungskomponenten so eliminiert werden können, dass der zeitliche Verlauf des gesuchten „Trends" erkennbar wird. Als „kurzfristig" gelten dabei in der Regel Bewegungskomponenten deren Zyklenlänge weniger als ein Jahr beträgt.

Recht gut geeignete Filter für diesen Zweck sind z. B. gleitende Durchschnitte mit einer möglichst grossen Länge. Gleitende Durchschnitte sind symmetrische Filter, die den grossen Vorteil haben, dass ein mit einem solchen Filter ermittelter „Trend" gegenüber der beobachteten Zeitreihe keine Phasenverschiebung aufweist. Die so konstruierten Filter (Gleitende Durchschnitte mit der Länge x, wobei x für die Anzahl der zur Berechnung des gleitenden Durchschnitts verwendeten Beobachtungen steht) haben, wie auch alle anderen gebräuchlichen Methoden zur Bestimmung eines „Trends", aber den Nachteil, dass an dem in den meisten Fällen besonders interessierenden aktuellen Rand T einer Zeitreihe diese Filter aufgrund der zwangsläufig fehlenden künftigen Beobachtungen $T+1, T+2,..., T+x/2$ nicht mehr einsetzbar sind.

Am aktuellen Rand einer Zeitreihe müssen deshalb entweder nur auf bereits beobachteten Daten basierende asymmetrische, d. h. nur auf den Beobachtungsdaten zu den Zeitpunkten $T, T-1, T-2,...$ usw. basierende Filter verwendet werden, die eine u. U. beträchtliche Phasenverschiebung mit sich bringen, oder man muss davon ausgehen, dass dem die beobachtete Reihe analysierenden Statistiker der stochastische oder deterministische Prozess „bekannt" ist, der die Daten erzeugt hat. Glaubt man den die Beobachtungsdaten erzeugenden Prozess effektiv zu kennen, dann kann mit dessen Hilfe die zu analysierende Zeitreihe über den aktuellen Rand hinaus so verlängert werden, dass wieder symmetrische Filter zur Bestimmung des Trendverlaufs zum Einsatz kommen können. Die Identifikation eines die beobachteten Zeitreihendaten erzeugenden Prozesses und die Schätzung der Parameter eines solchen Prozesses sind jedoch in der Regel nur bedingt zu lösende Probleme (Stier 2001).

Aus aktuellen Beobachtungsdaten auf den weiteren Verlauf eines „Trends" in einer Zeitreihe zu schliessen ist daher auch für versierte Statistiker ein oft recht schwieriges Unterfangen. Realistisch betrachtet, gibt es dabei immer eine Reihe offener Fragen: Wird sich der mit den in der Vergangenheit beobachteten Daten geschätzte „Trend" auch über den aktuellen Rand hinaus noch unverändert fortsetzen? Wird der vermutete „Trend" sich abschwächen oder sogar noch verstärken? Derartige Fragen sind auch für geübte Statistiker in den meisten Fällen nicht einfach zu beantworten.

Nun wird aber der Begriff „Trend" ausserhalb der Statistik auch für Phänomene verwendet, bei denen man davon ausgeht, dass sich diese zumindest noch einige Zeit in der gerade zu beobachtenden Form fortsetzen werden. Oft wird dann schon aufgrund aktueller Eindrücke, die sich zudem meist nur auf einige wenige Beobachtungen stützen, von einem „Trend" gesprochen und die „registrierte" Entwicklung einfach in die Zukunft extrapoliert. Manchmal stützt sich eine solche *Extrapolation* zwar auf zunächst recht plausibel erscheinende Argumente und/oder historische Erfahrungswerte, nicht selten bringen derartige Extrapolationen aber auch nur die spezifischen Interessen, Befürchtungen oder Wunschvorstellungen der jeweiligen Betrachter zum Ausdruck.

Eindrückliche Beispiele für solche Praktiken sind insbesondere die Extrapolationen temporärer Entwicklungen auf den Aktien-, Devisen-, Immobilien- oder Rohstoffmärkten. Häufig finden sich für die aufgrund aktueller Eindrücke postulierten „Trends" ganz rasch und manchmal auch zunächst recht überzeugend klingende Erklärungsansätze, wie z. B. die „Story" von der „New Economy" Ende der 90iger-Jahre des letzten Jahrhunderts zur Begründung der damaligen Aktienkursentwicklungen.

Aber handelt es sich bei solchen und meist nur kurze Zeit zu beobachtenden Entwicklungen wirklich um „Trends" im statistischen Sinne oder sind derartige Phänomene lediglich das Resultat von zeitweiligen Übertreibungen, wie sie für komplexe Märkte, auf denen sich die Akteure überwiegend mehr oder weniger parallel verhalten, typisch sind? Sind z. B. die insbesondere auf Rohstoffmärkten immer wieder zu beobachtenden massiven Preisschübe wirklich Ausdruck länger anhaltender Knappheiten oder nur das Resultat unterschiedlicher Reaktionsgeschwindigkeiten auf der Angebots- und der Nachfrageseite dieser Märkte?

Mit der schon aus statistischer Sicht gebotenen Vorsicht sollen daher im Folgenden nur solche Entwicklungen unter dem Begriff „Trend" subsumiert werden, bei denen man mit einiger Sicherheit davon ausgehen darf, dass diese bis zum Jahr 2010 und noch darüber hinaus das weltwirtschaftliche Geschehen bestimmen werden.

1.2 Welche „Trends" werden die weltwirtschaftliche Entwicklung in den nächsten Jahren bestimmen?

1.2.1 Anhaltende Veränderung der relativen Preise

Es ist nahe liegend, dass vor allem überraschend auftretende und heftige Preisbewegungen aufgrund von nicht erwarteten Änderungen der Angebots- und/oder der Nachfrageverhältnisse auf den Märkten den davon direkt oder indirekt betroffenen Akteuren einiges „Kopfzerbrechen" bereiten. Die Unsicherheiten über den weiteren Verlauf der Marktprozesse nehmen dann zwangsläufig zu und angesichts derartiger Konstellationen finden sich meist rasch auch Experten und Institutionen, die sofort zu wissen glauben, wie es in Zukunft auf den betreffenden Märkten weiter gehen wird.

Bei Rohstoffen, wie etwa dem Rohöl, wird dann z. B. gerne mit der Endlichkeit der Ressourcen, insbesondere in Bezug auf die vergleichsweise kostengünstig zu erschließenden Lagerstätten, und/oder noch länger anhaltenden bzw. neu auftretenden geopolitischen Risiken argumentiert, um aus den gerade aktuellen Preisen direkt auch auf die künftigen Preisentwicklungen schliessen zu können.

Bei derartigen Extrapolation, wie sie etwa im Kontext mit den in den letzten Jahren erfolgten Preisanstiegen auf den verschiedenen Märkten für Rohstoffe und Nahrungsmittel von verschiedener Seite angeboten wurden, gerät jedoch häufig in Vergessenheit, dass Preissignale stets auch Investitionen und Substitutionsprozesse auslösen, aber es einfach einige Zeit dauert, bis die getätigten Investitionen sich angebotsseitig bemerkbar machen können und die sich aufgrund der Preisentwicklung eröffnenden Substitutionsmöglichkeiten auf der Nachfrageseite spürbar werden. Die Vorstellung eines lange Zeit anhaltenden quasi unaufhörlichen Preisanstiegs für die Rohstoffe und Nahrungsmittel korrespondiert offensichtlich nicht mit der – zumindest nach Ansicht der Ökonomen – letzten Endes immer durch Angebot und Nachfrage bestimmten Entwicklung der Marktpreise.

Die mit den in den letzten Jahren zu beobachtenden Preisanstiegen für diese Güter einhergehende Veränderung der relativen Preise auf den Weltmärkten dürfte dagegen mit einiger Sicherheit nachhaltig sein. In der Vergangenheit war der Preisanstieg für Industrieprodukte in der Tendenz stets etwas stärker ausgeprägt als der Preisanstieg für Rohstoffe und Nahrungsmittel. Davon haben die traditionellen Industrieländer lange Zeit nicht unerheblich profitiert. Die „Terms of Trade" dieser Länder haben sich dadurch in der Tendenz stetig verbessert. Seit einigen Jahren hat sich das Preisverhältnis zwischen den Industrieprodukten und den Rohstoffen, teilweise sogar auch zwischen Industrieprodukten und Nahrungsmittel, jedoch sukzessive und entscheidend verändert.

Auf welche Ursachen gehen nun diese Veränderungen der relativen Preise zurück? Einerseits hat mit der verstärkten Integration der Länder der ehemaligen Sowjetunion sowie der so genannten „Schwellenländer" in die weltwirtschaftliche Arbeitsteilung und dem damit verbundenen Wohlstandszuwachs in diesen Weltregionen die globale Nachfrage nach Rohstoffen und Nahrungsmitteln mehr oder minder kontinuierlich zugenommen und es ist zu erwarten, dass dies auch noch in den nächsten Jahren der Fall sein wird. Andererseits führte die Ausweitung der internationalen Arbeitsteilung zu Beginn der 90iger-Jahre zunächst einmal zu einem weltweit spürbaren „Angebotsschock" auf den Arbeitsmärkten. In ganz kurzer Zeit erhöhte sich das globale Arbeitsangebot massiv und die Wettbewerbsfähigkeit gering qualifizierter Arbeitskräfte in den Industrieländern nahm dadurch deutlich ab.

Die Unternehmen waren von dieser Entwicklung mehrheitlich jedoch weit weniger betroffen als die Arbeitnehmer. Die sich bietenden Möglichkeiten eröffneten den sich global orientierenden Unternehmen vielmehr auch neue Chancen. Durch „Outsourcing" und/oder „Offshoring" konnte eine Senkung oder zumindest eine Abschwächung des Anstiegs der Arbeitskosten in der industriellen Produktion erreicht werden.

Auf den Gütermärkten intensivierte sich gleichzeitig der Wettbewerb vor allem durch den Markteintritt der neuen Anbieter aus den asiatischen Schwellenländern. Dadurch blieben die Preisanstiege bei den industriell hergestellten Gütern, insbesondere bei den Konsumgütern, überwiegend gering bzw. bei einigen dieser Produkte gingen die Preise sogar zurück. Eine – allerdings erst gut 10 Jahre später einsetzende – Mehrnachfrage, aufgrund des vergleichsweise hohen gesamtwirtschaftlichen Wachstums in den Industrieländern und vor allem des auch in den Schwellenländern wachsenden Wohlstandes, führte dann aber zu einem von vielen Akteuren so nicht erwarteten und teilweise recht massiven Preisanstieg bei den Rohstoffen und Nahrungsmitteln.

Eine unausweichliche Folge der hier skizzierten Entwicklungen ist jedoch, dass die gegenwärtig zu beobachtenden Veränderungen der relativen Preise noch längere Zeit Bestand haben werden, selbst wenn sich der Preisanstieg bei den Rohstoffen und Nahrungsmitteln aufgrund der zu erwartenden Angebotsausweitungen und Substitutionsprozesse nicht weiter fortsetzen sollte bzw. die Preise auf diesen Märkten temporär sogar wieder etwas zurückgehen sollten. In Bezug auf diese Veränderungen in der Entwicklung der relativen Preise kann daher von einem neuen „Trend" gesprochen werden.

Die an sich durchaus erfreuliche Verbesserung der Lebensbedingungen in vielen – wenn auch nicht in allen – Weltregionen, hat zu einer gestiegenen und strukturell veränderten Nachfrage nach Nahrungsmitteln geführt. Lange Zeit konnte der Nahrungsmittelbedarf der wachsenden Weltbevölkerung durch Ausweitungen der traditionellen landwirtschaftlichen Produktionen gedeckt werden. Selbst in den asiatischen Ländern mit rasch und stark wachsenden Bevölkerungen hat dies mehrere Jahrzehnte lang sogar recht gut funktioniert. Immer mehr Menschen wohnen nun aber auch dort in städtischen Agglomerationen und haben zudem eine – im Vergleich mit früher – deutlich erhöhte Kaufkraft. Die verbesserten Lebensbedingungen haben zu einer Veränderung der Ernährungsgewohnheiten geführt. Es werden zunehmend mehr tierische Nahrungsmittel, wie z. B. Fleisch, Milchprodukte und Eier nachgefragt. Dadurch erhöht sich sowohl der Bedarf an Futtermitteln als auch an Bodenflächen. Da die Weltbevölkerung in den nächsten Jahrzehnten zudem mit einiger Sicherheit noch weiter wachsen wird, dürfte die angespannte Situation auf den Märkten für Agrarprodukte weltweit noch längere Zeit anhalten.

Solche „Verschiebungen" der relativen Preise hat es zwar für kurze Zeit immer wieder einmal gegeben, so z. B. nach den drastischen Preiserhöhungen für Rohöl durch die OPEC im Jahr 1973. Diese Änderungen in den Preisverhältnissen hatten aber nie lange Bestand, da sich sehr rasch wieder die ursprünglichen Marktverhältnisse einstellten. Die traditionellen Industrieländer müssen sich nun aber darauf einstellen, dass die eingetretenen Veränderungen der relativen Preise aus den genannten Gründen doch von einiger Dauer sein werden, zumindest so lange bis nicht nur qualifizierte, sondern auch weniger qualifizierte und heute noch zu vergleichsweise niedrigen Löhnen arbeitende Arbeitskräfte weltweit „knapp" und die globalen Ernährungsprobleme einigermassen gelöst sind.

1.2.2 Verschiebung der wirtschaftlichen Potenziale und der wirtschaftlichen Machtverhältnisse

Im Rahmen der so genannten „Globalisierung" zeichnen sich einige gravierende Veränderungen ab, die man auch mit der Etikette „Trend" versehen darf. Mit dem Begriff „Globalisierung" sollte zwar schon immer zum Ausdruck gebracht werden, dass das so bezeichnete Phänomen nicht nur eine „blosse" Ausweitung der internationalen Arbeitsteilung beinhaltet, aber erst in letzter Zeit sind die verschiedenen Dimensionen der Auswirkungen dieser Entwicklung sichtbarer geworden.

Der Abbau von Marktzutrittsbeschränkungen und die Liberalisierung des Kapitalverkehrs haben zweifellos zu einer vermehrten internationalen Arbeitsteilung beigetragen. Die Anzahl der in den unterschiedlichsten Geschäftsfeldern und Tätigkeitsbereichen international operierenden Unternehmen ist in den letzten Jahren enorm angestiegen. Diese „Multinationals" suchen heute weltweit nach noch zu erschliessenden Märkten und Marktnischen, nach attraktiven Kapitalangeboten sowie kostengünstigen Arbeitskräften und nutzen konsequent die sich aus der Internationalisierung ergebenden Skalen- und Sortimentsvorteile (Economies of scale and scope).

Der entscheidende Beitrag zur Intensivierung der internationalen Arbeitsteilung ist aber von den im Bereich der Informations- und Kommunikationstechniken erzielten Fortschritten gekommen. Durch die enorm verbesserten Informations- und Kommunikationsmöglichkeiten sind technisches Wissen, Marktdaten, Organisationskonzepte, Geschäftsideen usw. praktisch überall und jederzeit verfügbar. Der für Neuerungen und Veränderungen erforderliche Zeitbedarf und auch die räumlichen Distanzen haben als Schranken für den Austausch von Waren und Dienstleistungen sowie für die Kapitalströme erheblich an Bedeutung verloren. Die spezifischen Standortvorteile einer Region und die einmal erarbeiteten Wettbewerbspositionen der einzelnen Unternehmen sind dadurch heute einem permanenten „Erosionsprozess" ausgesetzt. Die Unternehmen müssen zunehmend realisieren, dass die Globalisierung sie dazu zwingt, die tradierten Vorstellungen über die Kundenbeziehungen und Kundenwünsche, die Verfügbarkeit qualifizierter Arbeitskräfte, Kooperationsformen, Innovationserfordernisse usw. laufend zu hinterfragen.

Geographische Gegebenheiten sind aber immer noch nicht zu unterschätzende Bestimmungsfaktoren für die räumliche Zerlegung der Wertschöpfungsketten. Der zur Nutzung der Globalisierungsvorteile zu erbringende Logistikaufwand ist erheblich und nimmt ständig zu. Die Transportkosten steigen aufgrund der sich – trotz zunehmender Nachfrage nach Transportleistungen – nur zögerlich erweiternden Kapazitäten und den Preisanstiegen bei den Energieträgern mehr oder minder ständig weiter an. Neben den Produktionskosten und der Verfügbarkeit geeignet qualifizierter Arbeitskräfte erhält damit die Marktnähe und die Grösse des Absatzmarktes wieder eine stärkere Bedeutung für Investitionsentscheide.

Die so genannten Schwellenländer sind jedoch längst nicht mehr nur kostengünstige Produktionsstandorte und neue Absatzmärkte. Insbesondere für Länder wie China oder Indien ist die in den traditionellen Industrieländern vielfach noch dominierende Vorstellung einer „verlängerten Werkbank" zur Produktion von

Waren oder Dienstleistungen nicht mehr aufrecht zu erhalten. Diese und auch einige anderen Schwellenländer sind in manchen Bereichen nicht nur bereits zu ernsthaften Wettbewerbern für Importeure und ausländische Investoren geworden, sie beginnen auch zunehmend für sich selbst neue Märkte ausserhalb des eigenen Territoriums zu erschliessen und im Ausland Produktionsanlagen zu errichten.

Diese Aktivitäten zielen sowohl auf die Industrieländer als auch auf typische Entwicklungsländer. Insbesondere China gewinnt durch geschickte Handelsbeziehungen so unübersehbar an Wirtschaftsmacht. Das Vorgehen Chinas in Afrika zeigt zudem ganz deutlich, dass man sich bemüht aus den von den Industrieländern früher einmal in dieser Weltregion gemachten Fehlern zu lernen. Man ist sich durchaus der Gefahr bewusst, dass man dort zwar relativ einfach Marktanteile gewinnen, aber dabei auch „Freunde" auf „Dauer" verlieren kann. Der Zugang zu neuen Absatzmärkten ist sicherlich zwar eine der Zielsetzungen dieser Aktivitäten Chinas in Afrika, aber mit einer tatkräftigen „Hilfe" beim notwendigen Ausbau der Infrastrukturen möchte man sich längerfristig vor allem einen Zugang zu den Rohstoffvorkommen dieser Länder erarbeiten (Beuret/Michel 2008).

Die Arbeitskosten in den asiatischen Schwellenländern nehmen langsam, aber mehr oder minder, stetig zu. Die Produktionsverlagerungen aus den Industrieländern verlieren dadurch an wirtschaftlicher Attraktivität. Unerfüllte Qualitätsansprüche und Logistikprobleme tragen dazu ebenfalls bei. Die „blosse" Verlagerung von Produktionsstätten aufgrund der Verfügbarkeit von mit niedrigen Löhnen zufrieden zu stellenden Arbeitskräften, die in vielen Kommentaren häufig als der wesentliche Teil der Globalisierung angesehen wird, dürfte daher schon in naher Zukunft erheblich an Bedeutung für die traditionellen Industrieländer verlieren. Die Schwellenländer bleiben aber auf Jahre hinaus noch höchst interessante und viel versprechende Absatzmärkte. Asien ist, trotz der nicht übersehbaren Fortschritte in Lateinamerika, gegenwärtig immer noch die Weltregion mit dem grössten Wachstumspotenzial Eine effiziente Bearbeitung der betreffenden Märkte setzt jedoch auch Produktion und Forschung vor Ort voraus. Die Ausrichtung dieser Produktionsanlagen und Forschungseinrichtungen erfolgt dann jedoch überwiegend mit Blick auf die spezifischen Bedürfnisse der lokalen Märkte.

Die asiatischen und auch die anderen Schwellenländer sowie die mit grossen Rohstoffvorkommen gesegneten Länder erwarten aber auch ein Gegenrecht. Den Direktinvestitionen der Rohstoff- und Schwellenländer in den traditionellen Industrieländern sollte deshalb künftig weniger Misstrauen entgegengebracht und nicht länger mit fadenscheinigen Argumenten verhindert werden. Geopolitisch betrachtet hat sich die Verteilung der Ressourcen nun einmal entscheidend verändert. Die so genannten „Sovereign-Wealth-Funds (Staatsfonds)", die vor allem im arabischen und asiatischen Raum angesiedelt sind, verfügen heute über beträchtliche Vermögen. Die Vermögen der Staatsfonds resultieren aus den – primär mit Rücksicht auf die als notwendig erachtete Erhaltung von wettbewerbsfähigen Wechselkursen – nicht repatriierten Ertragsbilanzüberschüssen dieser Länder. Die dadurch akkumulierten Mittel wurden bislang überwiegend für Finanzinvestitionen in Industrieländern mit grossen Ertragsbilanzdefiziten, wie z.B. den USA, verwendet. Es ist aber damit zu rechnen, dass die Bereitschaft zu solchen Finanzinvestitionen – nicht zuletzt aufgrund der in der jüngsten Krise auf den Finanzmärkten gemachten Erfahrungen – abnehmen wird und die Mittel künftig vermehrt für Investitionen im Dienstleistungs- oder Industriesektor in den europäischen und nordamerikanischen Industrieländern eingesetzt werden. Ein zusätzlicher Aspekt der zu erwartenden Veränderungen im Anlageverhalten der Staatsfonds wird die zunehmende Bedeutung des Euro als Anlagen- und Reservewährung sein. der US-Dollar ist bereits heute nicht mehr die alleinige „Global currency". Sukzessive werden die Staatsfonds auch volumenmässig zu den anderen bedeutenden, mehrheitlich allerdings nur als passive Investoren agierenden Kapitalsammelstellen – wie z. B. Pensionskassen und Lebensversicherungen – aufschliessen.

Der zunehmende Anteil der Rohstoffexporteure und auch der netto Rohstoffe importierenden Schwellenländer, wie z. B. Indien oder China, an den „Global Players (Weltkonzerne)" ist jedoch bereits jetzt nicht mehr zu übersehen. Der Einfluss der Rohstoff- und Schwellenländer in den internationalen Organisationen, wie z. B. in der Welthandelsorganisation (WTO), wird daher ebenfalls weiter zunehmen. Die dort artikulierten Interessen der Industrieländer werden von diesen Ländern zunehmend hinterfragt. Ein erstes und durchaus ernst zunehmendes Anzeichen dafür ist z. B. die steigende Zahl bilateraler Freihandelsabkommen an Stelle der an aus globaler Perspektive zweifellos vorteilhaften multilateralen Regelungen im Rahmen der WTO.

Die Gefahr eines erneuten Rückfalls in einen verbreiteten Protektionismus ist jedoch, gerade wegen dieser in den nächsten Jahren noch stärker spürbar werdenden Verschiebung der wirtschaftlichen Machtverhältnisse, nicht von der Hand zu weisen. Es besteht durchaus die Gefahr, dass mit Einschränkungen des freien Handels versucht werden wird – trotz der in der Vergangenheit damit gemachten schlechten Erfahrungen – drohenden Wohlstandsverlusten zu entgehen.

1.3 Spürbare Auswirkungen des demographischen Wandels in einigen Regionen der Welt: Droht ein Rückfall in ein protektionistisches Zeitalter?

Die Alterung der Erwerbsbevölkerung ist in nicht wenigen der traditionellen Industrieländer sowie auch in einzelnen Schwellenländern – auch unter Berücksichtigung möglicher Zuwanderungen – nahezu unausweichlich. Der daraus früher oder später resultierende Arbeitskräftemangel wird daher zu einer Veränderung des Lohn-Zins-Verhältnisses führen. Trotz der relativen Verteuerung des Produktionsfaktors „Arbeit" kommt es jedoch möglicherweise nicht zu einer stärkeren Kapitalintensivierung der Produktion, da die Alterung der Wohnbevölkerung auch mit Änderungen in der Nachfragestruktur einhergehen wird. Eine alternde Gesellschaft wird mehr arbeitintensiv produzierte Dienstleistungen nachfragen, bei deren Produktion in aller Regel die Produktivitätsfortschritte vergleichsweise gering sind. Da nicht nur das künftig noch zur Verfügung stehende Arbeitskräftepotenzial zurückgehen wird, sondern auch die Produktivitätsfortschritte tendenziell geringer ausfallen könnten, ist auch mit einem geringeren gesamtwirtschaftlichen Wachstum zu rechnen. Der dann noch zur Verteilung zwischen Erwerbstätigen und Nicht-Erwerbstätigen zur Verfügung stehende „Kuchen" wird dadurch kleiner werden. Nur ein weitgehender Verzicht auf Frühpensionierungen usw. und erhebliche Anstrengungen zur Erhaltung der Innovationsfähigkeit durch Förderung und Nicht-Behinderung des wissenschaftlich-technischen Fortschritts können die unausweichlichen Folgen des demographischen Wandels für das Wirtschaftswachstum in den damit konfrontierten Ländern abschwächen.

Der demographische Wandel wird mit einer abnehmenden Innovationsfähigkeit und -bereitschaft einhergehen. Ältere Menschen sind in der Regel risikoscheuer als jüngere. Die für den Innovationsprozess und damit auch die für die Produktivitätsfortschritte nicht unwesentliche Gründungsdynamik dürfte dadurch beeinträchtigt werden. Da die berufliche Qualifikation nicht nur Unternehmensgründungen fördert, sondern auch in einem hohen Masse die möglichen Produktivitätsfortschritte bestimmt, erhält die Erstausbildung und die berufliche Weiterbildung noch mehr Gewicht für die gesamtwirtschaftliche Entwicklung als schon bisher.

Einige der Schwellenländer versuchen gerade im Bildungssektor Boden gegenüber den traditionellen Industrieländern gut zu machen. Der Wettbewerb zur Gewinnung qualifizierter Arbeitskräfte wird sich intensivieren und nicht allen Wohlstandsgesellschaften ist dies auch bewusst.

Alternde Gesellschaften zeichnen sich u. a. dadurch aus, dass in diesen Ländern Rentnerhaushalte erhebliche Vermögen an Rentnerhaushalte vererben. Ererbte und nicht selbst erarbeitete Vermögen und hohe Einkommen aus Vermögen können jedoch auch die Grundeinstellung zu gesamtgesellschaftlichen Problemen, sozialen Fragen und zu langfristig orientierten Investitionen zur Erhaltung der Wachstumsdynamik entscheidend verändern. Es droht u. U. sogar eine gewisse „Re-Feudalisierung", denn frei verfügbare Vermögen bedeuten immer auch Macht und Einfluss, selbst wenn die Vermögen in „scheinbar" wohltätige Stiftungen eingebracht werden. Der von den Stiftern definierte Stiftungszweck entscheidet dann darüber, welche sozioökonomische Gruppen, welche Regionen, welche Forschungsrichtungen usw. unterstützt werden. Nur wenige der vermögenden Personen nehmen die daraus möglicherweise resultierenden Konfliktpotenziale auch wirklich wahr.

Bis in die Siebzigerjahre hinein wurde die aus den Marktprozessen resultierende Ungleichheit in den Einkommen aus Arbeit und/oder Vermögen durch progressive Steuern und durch den sukzessiven Ausbau sozialer Sicherungssysteme reduziert. Danach erfolgte in den meisten der Industrieländer eine Verminderung der Progression in der Steuerbelastung und in Bezug auf die Sozialwerke wurde eine zunehmend kritischere Haltung eingenommen.

Die Deregulierung möglichst vieler Bereiche, mit dem Ziel einer Forcierung der Marktkräfte, entsprach viele Jahre lang dem ökonomischen und politischen „Mainstream". Die Folge dieser Entwicklung war vielen Volkswirtschaften eine Zunahme der Ungleichheit in der Einkommens- und Vermögensverteilung. Dabei wurde jedoch – bewusst oder unbewusst – übersehen, dass die Marktprozesse unter idealen Bedingungen zwar für eine effiziente Allokation knapper Ressourcen sorgen, die Ergebnisse der Marktprozesse aber von den damit konfrontierten Menschen nicht immer auch als „gerecht" empfunden werden.

Märkte eignen sich nun einmal nicht für langfristig orientierte und mit einem hohen Risiko behaftete Investitionen, bei Informationsdefiziten einzelner Marktteilnehmer und einem abhängigen Verhalten einer Mehrheit der Marktteilnehmer. Ganz deutlich wurden die Folgen eines Marktversagen in der jüngsten Finanzmarktkrise, auch wenn staatliche Eingriffe in den Hypothekarkreditmarkt in den USA mit als eine der wesentlichen Ursachen für diese Krise angesehen werden müssen.

Durch den Community Reinvestment Act (CRA) aus dem Jahre 1977 wurden Banken in den USA gezwungen, in einem bestimmten Umfang Kredite an wenig solvente Kreditnehmer, so genannte „Minority loans" zu vergeben, um auch diesem Teil der Bevölkerung eine Chance auf den Erwerb von Wohnraum zu ermöglichen. Dieses Gesetz war eine Reaktion des Gesetzgebers auf das Verhalten der Kreditinstitute, die in den Jahren zuvor die Bewohner ganzer Wohngebiete (durch das so genannte „Redlining") von der Möglichkeit einer Kreditaufnahme ausgeschlossen hatten. Durch 1995 erfolgte Modifikation der CRA-Bestimmungen wurde den halbstaatlichen Instituten – Fannie Mae und Freddie Mac – eine erhebliche Ausweitung der Kreditvergabe an Geringverdiener ermöglicht. Freddie Mac wurde zudem beauftragt von Geschäftsbanken vergebene Darlehen aufzukaufen, zu strukturieren und als Asset- oder Mortgage-Backed-Securities an institutionelle Anleger zu veräussern oder für solche Transaktionen zu bürgen. 1997 kam dann die erste CRA-Anleihe auf den Markt die zwar auf „Minority loans" basierten, aber durch Freddie Mac als eine „Government Sponsored Enterprise (GSE)" garantiert wurden und so ein AAA-Rating erhielten.

Der Rest ist bekannt: Eine lange Zeit zu lockere Geldpolitk – da der am Konsumentenpreisindex (CPI) gemessene Preisanstieg aufgrund der Importe aus den mit niedrigen Arbeitskosten produzierenden Schwellenländer gering war und der Preisanstieg bei den Vermögenswerten (Asset inflation), insbesondere bei den Immobilien nicht beachtet wurde – und die dadurch ermöglichte grosszügige Kreditvergabe der Finanzinstitute trugen ihren Teil zum Entstehen der Übertreibungen auf den Immobilienmärkten in den USA, GB sowie in einigen anderen Ländern bei. Hinzu kam, dass durch die Möglichkeit einer Verbriefung von Hypothekarkrediten die Finanzinstitute flexibler als früher auf die Geldpolitik reagieren konnten. Die „Renditegier" der Investoren, eine Transparenz in Bezug auf die effektiv eingegangenen Risiken, das blinde Vertrauen auf die Rating-Agenturen und/oder bankinterne Risikomodelle usw. sind sicherlich ebenfalls als Ursachen für die – nach starken Teuerungsschüben aufgrund steigender Rohstoff- und Nahrungsmittelpreise notwendig gewordene Straffung der Geldpolitik in den USA – ausgebrochene Finanzmarktkrise zu nennen. Die in dieser Krise gemachten Erfahrungen werden sicherlich in den nächsten ein oder zwei Jahren das Verhalten der Kreditgeber bestimmen, ob sich daraus aber auch nachhaltige Änderungen im Entscheidungsverhalten der Finanzmarktakteure ergeben ist eine offene Frage. Aus wirtschaftshistorischer Sicht ist ein anhaltender Effekt eher zu bezweifeln.

Auf diese Finanzmarktkrise, die nicht mehr nur einzelne Finanzinstitute betrifft, sondern das globale Finanzsystem erreicht hat, wird jedoch nun verständlicherweise in praktisch allen Ländern mit der Forderung nach einer noch stärkeren Regulierung reagiert. Sicherlich ist das Systemrisiko in den einschlägigen Regulierungen des Finanzsektors – z.B. im Rahmen von Basel II – nicht ausreichend berücksichtigt. Es ist jedoch gegenwärtig nicht auszuschliessen, dass nicht nur offensichtlich bestehende „Regulierungsdefizite" aufgearbeitet werden, sondern auch ganz generell wieder mehr zu regulieren versucht wird und die in den letzten Jahren erfolgreichen Schritte zur Öffnung der globalen Güter- und Kapitalmärkte wieder – zumindest teilweise – rückgängig gemacht werden. Schon einmal hat eine Finanzmarktkrise letzten Endes zu einem weit verbreiteten Rückfall in den Protektionismus geführt und die Wohlstandsgewinne durch einen freien Welthandels zum Erliegen gebracht.

Auch die Interessen der Gewinner und Verlierer der Globalisierung sollten daher künftig sorgfältiger gegeneinander abgewogen werden. Die Globalisierung hat sich bisher weltweit vor allem zugunsten höherer Einkommen ausgewirkt. Die deutlich gestiegenen Nahrungsmittelpreise haben in einigen Teilen der Welt zu einer neuerlichen Ernährungskrise geführt und nicht nur die Menschen in den Wohlstandsoasen unangenehm überrascht. Die Schere zwischen „armen" und „reichen" Volkswirtschaften hat sich ausgeweitet. Weltweit leiden gegenwärtig mehr als 800 Millionen Menschen an Hunger und Unterernährung und davon mehr als 90% in den so genannten Entwicklungsländern. (Märki 2008). In einigen dieser Länder haben Hunger und Unterernährung weiter Bevölkerungskreise sogar schon zu sozialen Unruhen geführt. Gerade weil die demographische Entwicklung in den einzelnen Ländern völlig unterschiedlich verläuft, sollten derartige Fragen nicht nur aus Sicht diesbezüglich bevorzugter Gesellschaften behandelt werden. Wohin die Reise diesbezüglich gehen wird ist offen. Sicherlich ist nur, dass die Ernährungsprobleme die Welt noch einige Zeit beschäftigen werden.

Literatur

Beuret, M., Michel, S. (2008), La Chinafrique: Pékin à la conquête du continent noir, Paris 2008
Märki, M.(2008), Die Hungerkrise – ein Dauerzustand?, ETH Globe, Vol. 3, 2008, S. 8–16
Metz, R.(2002), Trend, Zyklus und Zufall, Wiesbaden 2002
Stier, W. (2001), Methoden der Zeitreihenanalyse, Berlin, Heidelberg, New York 2001

Part II
Management Development

Chapter 2
Der World Executive MBA (WEMBA): Eine Star Alliance für Global Executive Education

Albert Stähli

Summary. *Being very strongly globalized nowadays, our world longs for an appropriate management development. An ideal approach is given by WEMBA, the star alliance in executive education offered by the GSBA. For the executive management andragogic is the appropriate learning concept of the GSBA. The PhD-concept is the best final of the GSBA.*

2.1 The New Educational Grid: Wissen wollen, Wollen können, Können umsetzen

Immer mehr und immer jüngere Führungskräfte in aller Welt bereiten sich mit Feuereifer darauf vor, in die Top-Positionen der Wirtschaft berufen zu werden. Doch mit dem Willen allein ist es nicht getan. Zwingend hinzu kommen müssen die strategische Planung der eigenen Karriere und die operative Umsetzung der als zielführend erkannten Maßnahmen. Beides sollte kurz nach dem Abschluss der Erstausbildung an der Universität und Eintritt in das Berufsleben einsetzen.

Denn für ehrgeizige Manager und Managerinnen ist lebenslanges Lernen eine zwingende Notwendigkeit in einer globalisierten Wirtschaftswelt, in der bereits die Kollegen des auf sie folgenden Absolventenjahrganges mit Jugend und frischem Wissen über sie zu triumphieren drohen. Jede Führungsposition, selbst wenn die Inhaber glauben, ihrer sicher sein zu können, muss täglich neu erobert werden. Vorgesetzte, Aufsichtsräte, Analysten und nicht zuletzt die Öffentlichkeit legen heute weit strengere Maßstäbe an die Leistung eines Managers an als noch vor wenigen Jahren. Der Erfolg von heute gilt als untere Messlatte für den Erfolg von morgen, sie zu verfehlen, wird binnen kurzer Frist mit dem Stigma und den harten Konsequenzen des Versagens sanktioniert. Kaum ein Shareholder gesteht einer Führungskraft heute noch zu, aus eigenen Fehlern lernen zu dürfen. Der Wurf muss im ersten Anlauf gelingen. Eine zweite Chance gibt es nicht.

Die wachsende Ungeduld und Härte der Wirtschaft gegenüber ihren eigenen Executives ist nur zum Teil eine schmerzhafte Nachwirkung des heute schneller und vermehrt an die Öffentlichkeit dringenden Managerversagens und der – gerade auch in der Schweiz – immens großen Bedeutung der Corporate Governance (cf. Amstutz 2008). Wer für ein Unternehmen verantwortlich zeichnet und gegenüber seinen Gesellschaftern in der Pflicht steht, vermag dem auf ihm lastenden Erfolgsdruck selten lange Stand zu halten, weil ihn der Markt andernfalls erbarmungslos bestraft. Entsprechend kaskadiert die Belastung über die Stufen der Hierarchie herab bis zur untersten Führungsebene. Das oberste Gebot jedes Nachrückers lautet: Du musst Erfolg haben. *Up or out.*

Der hohe Druck auf die Leitenden ist aber auch eine Folge des Verschmelzens einst weitgehend isolierter Wirtschaftsräume. Mit der Globalisierung traten allerorts neue Wettbewerber auf den Plan und verschieben, mittlerweile in dramatischem Tempo, die Gewichte. Jahrzehntelang gepflegte Geschäftsbeziehungen sind kein Polster mehr, auf dem es sich Unternehmer und Vorstände bequem machen können. Krisensichere Märkte gibt es nicht. Nirgendwo. Hat es sie je gegeben? Es steht kein ökonomisches Gesetz in den Büchern der Wirtschaftswissenschaft geschrieben, dass der einmal erreichte Marktanteil, die hart erkämpfte Position im großen Wirtschaftsspiel auf immer und ewig gehalten wird.

Wer auf diese Botschaft nicht erst gewartet hat, sondern schon längst zu fremden Gestaden aufgebrochen ist, sind die Manager dynamischer Unternehmen auf allen

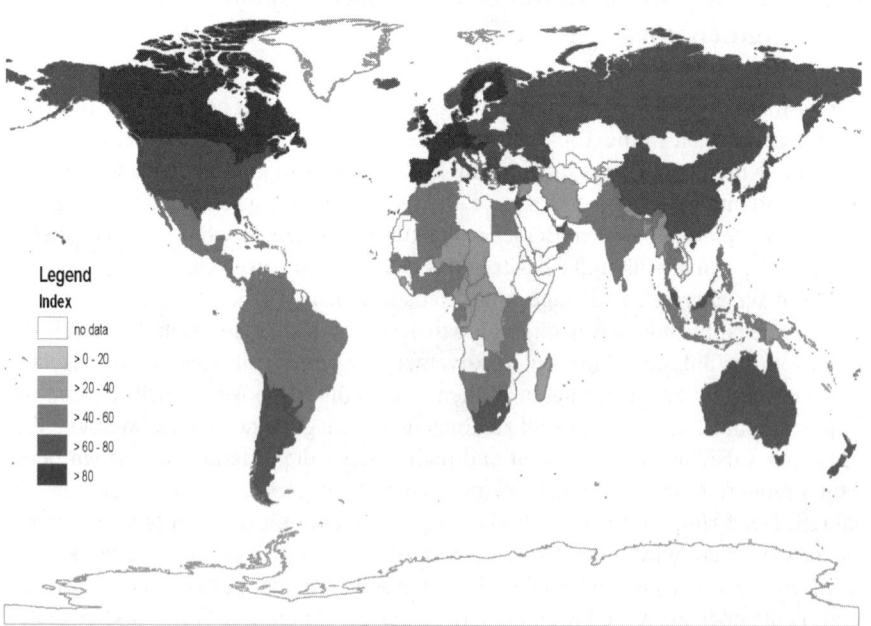

Abb. 1 KOF Index of Globalization 2008. *Quelle: Globalization Maps 2005, KOF Swiss Economic Institute, Dr. Axel Dreher; Thomas Schulz; Dr. Daniel Bloesch 2008*

Erdteilen. Viele von ihnen haben Jahre des beruflichen Aufstiegs außerhalb ihres Heimatlandes verbracht; nicht wenige verbinden gar die einzelnen Stufen ihrer Karriere mit den wechselnden Sprachen der Länder und Netzwerke, in denen sie tätig sind. Die Kosmopoliten der Wirtschaft wissen, dass für das Erklimmen *und Behalten* einer Spitzenposition heute weder die vor vielen Jahren absolvierte Hochschulausbildung noch erworbenes Branchenwissen ausreichen. „Business goes global" – dahinter darf, wer sich zur Führungselite zählt, nicht zurückbleiben.

Globalisierung ist mehr als ein Instrument zur Steigerung der Exportquoten. Echte Globalisierung setzt bei den Menschen an. Ein Unternehmen mag noch so viele Auslandstöchter und strategische Allianzen rund um den Globus haben – wenn auf seinen höheren und mittleren Etagen nicht wirklich international denkende und interkulturell agierende Manager sitzen, wird der angestrebte Erfolg auf Dauer ausbleiben: „Vorteile kultureller Diversität sind unterschiedliche Perspektiven und Lösungsansätze, Kreativität und Innovationskraft, Flexibilität und Adaptionsfähigkeit. (…) Erfolg hat, wer den richtigen Mix von strukturellen Mechanismen und informellen Normen findet. Das Management hat eine Vorbildfunktion." (Baumüller, M., Thom, N., 2007, S. 12) Im Umkehrschluss heißt das: Nur solche Firmen, die besten Geschäfts- und Menschenführer für sich gewinnen und halten können, werden in den heiß umkämpften Arenen der Wirtschaft Marktanteile erringen und verteidigen können.

Solche Talente aber lassen sich längst nicht mehr nur in den renommierten Universitäten und Business Schools in Europa und Amerika finden. Gleichsam wie Rohdiamanten strömen sie zu Abermillionen aus den Hörsälen in Indien, in China, in Brasilien und in Russland, gewinnen ihre Form und ihren Schliff als Trainees, Associates und Nachwuchskräfte bei Konzernen von Weltruf oder schlagen ihre ersten Karrierepflöcke ein bei den Champions des geschäftstüchtigen Mittelstandes in aller Welt.

Sie sind außerordentlich begierig, die Nachwuchsmanager aus den Ländern, die die Schwelle übertreten und zu den Industrienationen aufgeschlossen haben. Und weil sie wissen, dass sie ihren Erfolg ihrer exzellenten Ausbildung zu verdanken haben, wissen sie auch, dass sie niemals nachlassen dürfen, sich weiter zu entwickeln und weiter zu lernen. Für sie ist das Lernen keine Pflicht, sondern eine lustvolle Investition in ihre eigene Zukunft. Sie bilden sich nicht aus und weiter, weil sie müssen, sondern weil sie es wollen.

Das ist der differenzierende Faktor. Nicht der Hunger nach Erfolg und Ansehen, *sondern das internalisierte und inkorporierte Wissen um den steigenden Wert des Wissens* macht die jungen Asiaten und Russen, Mittel- und Südamerikaner, Japaner, Araber, Australier und Pazifikanrainer vielfach so attraktiv für die Arbeitgeber – und für den Führungsnachwuchs aus der Alten Welt zu starken Konkurrenten um die limitierten Schalthebel der Macht.

Haben das Europas Führungskräfte verstanden? Oder zeigt sich hier der wahre Hintergrund der anschwellenden Klage über das Fehlen von exzellenten Fach- und Führungskräften, wie er seit geraumer Zeit zu vernehmen ist? Fehlt es bei den Unternehmenslenkern von morgen womöglich weniger an der Quantität als an der von Konsequenzen gefolgten Einsicht, dass die eigene Karriere einer stetigen Qualitätssicherung bedarf?

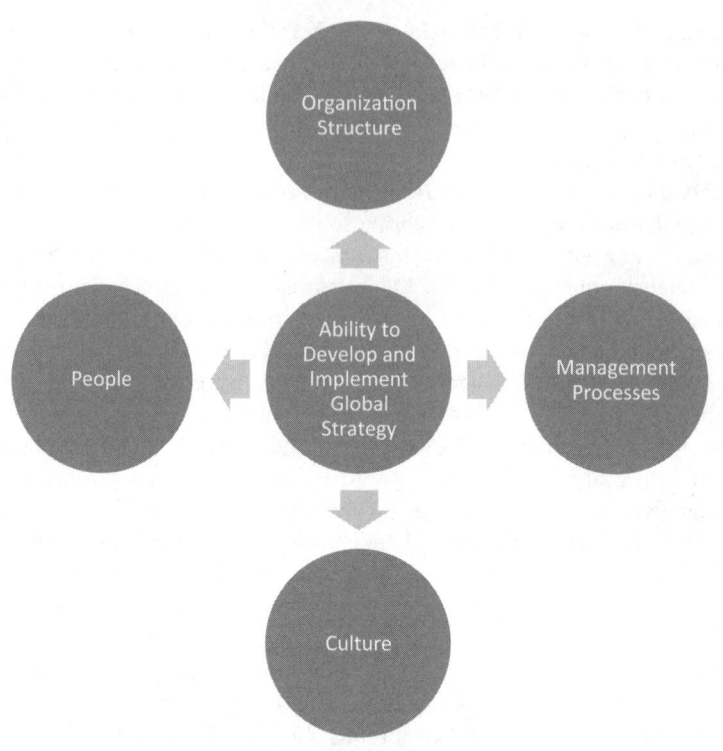

Abb. 2 Management and Organization Factors. *Quelle: George S. Yip, Total Global Strategy II, 2003, S. 24*

Wenn ein Unternehmen vor zwei Dekaden Jahren eine Führungsposition neu zu besetzen hatte, gab der „internationale Background" eines Kandidaten, belegt durch ein paar Semester Auslandsstudium oder ein, zwei Lehr- und Wanderjahren als Expatriate regelmäßig den Ausschlag: Die Vorreiter der Globalisierung genossen Seltenheitswert. Heute gehören solche Stationen in die Regelvita angehender Top-Manager; zunehmend erwarten die Unternehmen und Personalberater schon auf den mittleren Führungsebenen nachgewiesene Internationalität, wobei ein im Ausland absolvierter MBA-Block i.A. mit einem Jahr Auslandstätigkeit gleichgestellt ist. Dieser Trend wird sich noch ausweiten, wie George S. Yip feststellt: "A global company must have a board that reflects its global operations. Excellence in global governance and leadership means getting the best top executives and board members from anywhere in the world" (Yip 2003, S. 206).

Fast schon selbstverständlich ist es daher für zielorientierte Führungskräfte, ihre Lebensläufe um ein mehr oder weniger langes Bildungs- und/oder Arbeitsengagement im Ausland zu ergänzen. Und vice versa beeinflusst das also gestiegene Qualifikationsangebot selbstverständlich die Nachfrage seitens der Unternehmen: Weil sie bei ihrer Suche nach einem Global Manager aus einem wachsenden Kreis außereuropäischer und international erfahrener Kandidaten wählen können, steigen ihre Ansprüche weiter. Kein Kapitaleigner und kein Vorstandschef wird es sich leisten, wichtige Märkte zu ignorieren, nur weil auf der Chefetage niemand Lust dazu hat, für einige Zeit nach Südamerika oder Asien zu ziehen oder sich durch falsche Vorstellungen und Vorurteile davon abschrecken lässt.

Stetig nach oben schraubt sich die Spirale von Kann- über Soll- hin zu Muss-Anforderungen. Doch leider verfügen nur die wenigsten Manager von Geburt an über die Sicherheit, sich mit Eleganz und Selbstbewusstsein auf fremdem Parkett zu bewegen. Nur eine verschwindend geringe Minderheit spricht fließend drei oder vier Sprachen, längst nicht jedes glänzende Führungstalent ist in mehreren Kulturkreisen zu Hause und verfügt über ein Kontinente überschreitendes Business Netzwerk.

Was ist ehrgeizigen Nachwuchsmanagern also zu raten? Lücken schließt und Selbstbewusstsein gewinnt man am ehesten durch Erfolgserlebnisse, dass man sich in eben die Arena traut, die man bisher gemieden hat. Fremde Sprachen und aktuelles Wirtschaftswissen kann man durchaus noch jenseits der Dreißig lernen, auch noch mit Vierzig neue Territorien – warum sogar nicht auf wissenschaftlichem Gebiet, man denke an den PhD – für sich entdecken. Gleichgültig, aus welcher Quelle sich die Motivation speist, aus der stillen Freude am erarbeiteten Erfolg, aus der Anerkennung der Leistung durch Dritte oder aus der begründeten Hoffnung auf einen beruflichen Aufstieg: Wer seine natürlichen Antriebskräfte nicht vollends ausschöpft, lässt einen großen Teil seines Potenzials ungenutzt.

Das gilt für Führungskräfte jeden Alters und jeder Position. Neuen Schwung für Geist und Handlungskraft, um den letzten Teil des Aufstiegs zum Gipfel mit ebensolcher Begeisterung wie die erste Etappe bewältigen zu können, gewinnen auch nach landläufiger Meinung arrivierte Executives. Die anfeuernden Worte von Marie Field gehören daher in das Vorsatzblatt aller Manager-Kalender: "If you've told yourself that changing careers or going back to school simply are not options for established professionals, you may miss out on the one thing that will bring back the enthusiasm of a fresh graduate. Executive education may be what you need to surpass that career plateau. (…) enrolling in an Executive MBA (EMBA) course can only brighten your career outlook, even if this just means meeting people outside your regular network. The realm of executive education encompasses a huge range of options" (Field 2007, S. 117).

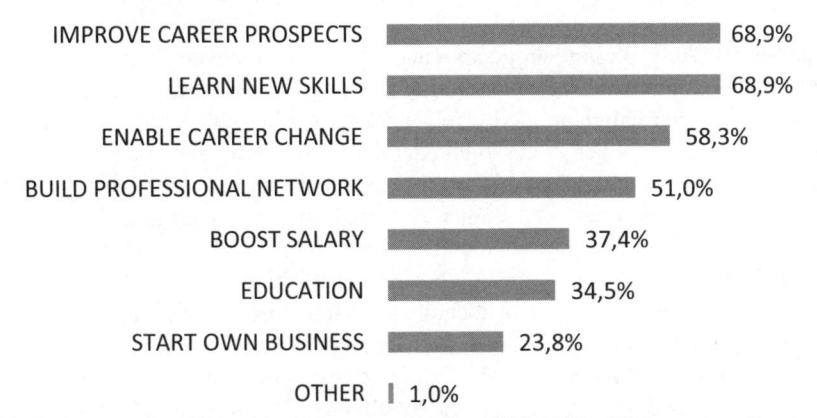

Reason	%
IMPROVE CAREER PROSPECTS	68,9%
LEARN NEW SKILLS	68,9%
ENABLE CAREER CHANGE	58,3%
BUILD PROFESSIONAL NETWORK	51,0%
BOOST SALARY	37,4%
EDUCATION	34,5%
START OWN BUSINESS	23,8%
OTHER	1,0%

Abb. 3 Reasons for MBA – North America. *Quelle: 2007 QS TopMBA.com, applicant survey. In: Hemispheresmagazine.com, Executive Education, Special Report, Page 120)*

2.2 Executive Education in der Welt

Die aktuell überragende Aufgabe der Business Schools ist es daher, indifferente Führungskräfte zu hellhörigen Führungskräften zu machen, interessierte Executives in ihren Weiterbildungsplänen zu bestärken, ihr Wollen in ein Können zu verwandeln und dadurch ihre Chancen erhöhen, dieses Können an höherer Stelle in den Unternehmen umzusetzen.

Taten bewirken freilich mehr als Worte. Deshalb schaffen zukunftsorientierte Business Schools optimale Rahmenbedingungen für Lern- und Erfolgserlebnisse, mit denen die Freude am Forschen und Lernen gestärkt wird. Sie entwickeln wegweisende Curriculi, unterstreichen diese über weltweit anerkannte Abschlüsse und stellen ihren Studienteilnehmern ein stabiles Netzwerk aus erfolgreichen Executives und den besten Professoren und Dozenten zur Seite.

All das überspannt die Forderung, den angehenden Weltmanagern eine wirklich globale Perspektive zu eröffnen: "Without a global perspective, neither corporate executives, nor the firms they help to build, can sustain competitiveness, even in the short run. And the global scope of a modern MBA should ensure that students' mindsets are primed to always consider the worldwide context." (Kyriacopoulos 2008, S. 46). Die europäischen Business Schools stehen hier in bester abendländischer Tradition. Die Top-Schulen haben sich ohnehin längst der Schlussfolgerung des Autors angeschlossen: "Today's MBA programmes should be designed to accelerate the global careers of executives by teaching them how to manage, source, sell and compete in multicultural environments around the world."

2.2.1 Die Grenzen der staatlichen Bildung und Weiterbildung

Diese Aufgabe können die staatlichen Hochschulen und Universitäten selbst bei erheblich ausgeweiteten Bildungsbudgets kaum leisten. Wie Philippe Aghion (cf. o. Verf. 2007, S. 25) von der Harvard University in seinem letztjährigen Vortrag anlässlich der Jahrestagung des Vereins für Socialpolitik betonte, ist es mit „mehr Geld" für Bildung allein nicht getan – auch die institutionellen Rahmenbedingungen müssen stimmen. Eine der Schlussfolgerung seiner Untersuchungen lautet: Jene Bildungseinrichtungen sind erfolgreicher, die über eine größere Autonomie etwa bei der Auswahl der Professoren oder der Verwendung der Budgets verfügen. Sie steuern die Mittelverwendung entlang den Bedürfnissen ihrer Studienteilnehmer, und das ist letztlich auch immer eine Funktion der Nachfrage seitens deren zukünftigen Arbeitgeber. Entscheidend sei daher der Anreiz, die vorhandenen Mittel effizient einzusetzen und eine möglichst hohe Ausbildungsqualität zu bieten.

Nur muss neben die Effizienz noch die Effektivität treten, um Managementweiterbildung auf höchstem Niveau zu gewährleisten. Erfolgreiche Executives wie Hans-Ulrich Doerig von der Credit Suisse wissen schon lange: „Exzellenz ist in einem teuren Land wie der Schweiz essentiell. Exzellenz hilft zur Differenzierung. Und der Ruf einer Uni hängt unmittelbar mit dem Ruf ihrer Professorinnen und Professoren zusammen" (Doerig 2007, S. 23).

Was für die universitäre Grundausbildung gilt, diktiert nämlich erst recht die Anforderungen in der Weiterbildung von Executives. Entscheidend dafür, ob und welches neue Wissen und welche Kenntnisse die Studienteilnehmer in ihre berufliche Praxis hineintragen, ist der gelungene Transfer von Wissen und Können vom Lernort International Business School in das Funktionsfeld Unternehmung. Sowohl in ökonomischer, lerntechnischer als auch in ethischer Hinsicht ist das Executive Development daher stets zwei grundlegenden Prinzipien unternehmerischen Wirkens verpflichtet:

- Der *Effizienz* ihrer Lernprozesse, das heißt der Leistungsfähigkeit in Bezug auf die rationelle Durchführung ihrer Programme in Hinsicht auf den Einsatz benötigter Ressourcen, und
- Der *Effektivität*, das heißt der Leistungswirksamkeit ihrer Lernprozesse. Durch den Einsatz adäquater Lernmethoden werden sowohl individuell als auch institutionell definierte Lern- und damit Leistungsziele erreicht.

2.2.2 Erfolgsmerkmale der International Business School

Viele angehende MBA entscheiden sich gegen eine staatliche Bildungseinrichtung und wählen bewusst eine private Business School außerhalb ihres Heimatlandes mit zahlreichen internationalen Verflechtungen aus. Um ihren späteren Einsatzort und damit ihre berufliche Zukunft auf möglichst breite Säulen zu stellen, bevorzugen sie dabei solche, die gleichzeitig zwei anerkannte Abschlüsse ermöglicht („Dual Degree"), meistens einen europäischen Titel, begleitet von einem US-amerikanischen oder einem im asiatisch-pazifischen Raum anerkannten Grad. Insgesamt sechs Erkennungsmerkmale kennzeichnen die erfolgreiche International Business School:

Die **Dozenten verfügen über eine qualifizierte akademische Ausbildung** und verfügen über ausreichende berufliche und internationale Consulting-Erfahrung. Sie legitimieren sich durch ihre Tätigkeit in Forschung und Praxis sowie durch ständige wissenschaftliche Publikationen.

- Internationale Business Schools suchen die **Vernetzung und die praktische Zusammenarbeit mit international tätigen Unternehmen,** um ihren Studienteilnehmern Lehrinhalte mit stets aktuellem Praxisbezug und ihren Ausbildungsprogrammen eine hohe Akzeptanz in der Wirtschaft zu sichern.
- **Mehrsprachige Ausbildungsprogramme** unter Beteiligung von Partnerschulen im Ausland und mit Möglichkeiten der Spezialisierung erlauben die Verfolgung individueller Berufsziele unter Berücksichtigung der persönlichen Anlagen und des bisherigen Wissensstandes. Englisch als Lehrsprache ist vielerorts conditio sine qua non.
- **Interdisziplinäre Studiengänge** mit internationaler Ausrichtung richten sich auf die Erfordernisse der weltweit tätigen Wirtschaft. Sie bringen darin neue Strategiekonzepte und innovative Denkansätze ein. Die Basis der Lehrmethoden müssen lebendige, aktuelle Fallstudien („living cases") sein, denn nur die bringen optimalen Realitätsbezug und damit eine schnelle Umsetzung des Gelernten in die berufliche Praxis.

- Strenge und eindeutig formulierte **Aufnahmebedingungen** (abgeschlossene Erstausbildung, nachgewiesenen Fremdsprachkenntnisse – TOEFL –, mindestens drei Jahre Führungserfahrung, GMAT) garantieren effizienten Unterricht. Ein klarer und nachvollziehbarer Auswahlprozess trägt ebenfalls entscheidend zur Qualität und zum Ansehen einer internationalen Business School bei. **Gute Plätze bei Rankings** dokumentieren die Seriosität.
- Die Anerkennung d**urch anerkannte Zertifizierungseinrichtungen** ist ein klares Qualitätssiegel für eine erwiesenermaßen gute Business School. Für weit mehr als die Hälfte aller Studienteilnehmer ist die Akkreditierung das Hauptkriterium bei der Entscheidung für ein World Executive MBA-Programm.

Die Wirtschaft – allen voran die Konzerne, zunehmend auch die mittelständische Wirtschaft (cf. BDU 2008) fördert diese Elitenbildung unter den Schulen und unter ihren Executives nach Kräften: Direkt, in dem die Global Players immer mehr und immer engere Allianzen mit den führenden Business Schools schließen, um Einfluss auf die Lehrinhalte nehmen zu können; indirekt, in dem sie ihren Rekrutierungsbedarf in steigendem Masse über die Business Schools abdecken. Entsprechend globaler sind die Lehrinhalte, Studienteilnehmer, Lehrkörper und Curriculae den Business Schools geworden. Und entsprechend werden sie ungleich stärker von den Executives der Wirtschaft nachgefragt als die sich weltoffen gebenden, aber keine wirkliche Internationalität lebenden Programme der Fachhochschulen und Universitäten.

2.3 WEMBA: The Star Alliance in Executive Education

Die Grenzen werden durchlässiger, aber deshalb wird die Kunst der Unternehmensführung nicht leichter. Im Gegenteil: Das Finden, Treffen, Durchsetzen und Evaluieren der richtigen strategischen Entscheidung wird von Jahr zu Jahr und mit jedem sich der Marktwirtschaft öffnenden Wirtschaftsraum komplexer. Die Wirtschaft ruft nach wahrhaft interkontinental bewanderten Führungskräften, und – voilà – einige der besten Universitäten der Welt haben sich zusammengetan, um dieser Forderung mit einem innovativen und einzigartigen Angebot an Executive Development zu entsprechen: Dank einer „Star Alliance der Executive Education" wurde 2007 der World Executive Master of Business Administration (WEMBA) geboren.

Niemals zuvor wurde aufstrebenden Führungskräften ein solches Weiterbildungsangebot gemacht. Es richtet sich an eine neue Generation von Führungskräften, an diejenigen, die Business Know-how und interkulturelle Kompetenz nicht mehr komplementär betrachten, sondern wissen, dass beides *in ihnen selbst* zu einer untrennbaren Einheit verschmelzen muss. Unzweifelhaft wird diese nächste Managergeneration zu den Gewinnern gehören in einer enger zusammen rückenden und ob dessen von steigendem Wettbewerb geprägten Welt.

Denn es genügt nicht mehr, die Executive Management-Ausbildung auf zwei oder drei Stationen zu begrenzen und die jeweilige Kultur mit einem Living Case

2 Der World Executive MBA (WEMBA)

etwa in China, in Amerika oder Europa abzubilden. Heute sind die aufstrebenden Wirtschaftsnationen Brasilien, Russland, Indien und China ebenso wichtig wie es morgen die arabischen Staaten und die Länder Lateinamerikas und übermorgen vielleicht die rohstoffreichen Staaten auf dem afrikanischen Kontinent sein werden. Der WEMBA bildet nun jene Brücke, die zwischen globalisierter Wirtschaft und globalisierter Managementweiterbildung zwingend erreichtet werden musste.

Deshalb war es 2008 an der Zeit, das System des Dual Degree One Way Partner durch eine globale und damit weitaus offenere Multi-Partnerschaft abzulösen und in die Zukunft zu führen, in eine „Star Alliance der Executive Education". Sechs Top-Universitäten und Business Schools auf fünf Kontinenten haben sich zur „World Executive Education Alliance" zusammengeschlossen, um ihren Studienteilnehmern im Rahmen desselben MBA-Programms eine weltweit exklusive Weiterbildung mit dem Abschluss „World Executive MBA" (WEMBA) zu ermöglichen. Die ersten WEMBA-Module begannen im Januar 2008; die ersten WEMBA-Absolventen werden 2009 ihre Diplome erhalten.

Vorbild für die Weltneuheit im Management-Bildungssektor ist die von führenden Fluggesellschaften gegründete *Star Alliance*, die bislang größte Kooperation von Airlines weltweit. Sie bieten ihren Passagieren den Service und aufeinander abgestimmten Flugplan einer einzigen Mega-Airline bei gleichzeitiger Unabhängigkeit und größtmöglicher Flexibilität für die Fluggäste. Die „Star Alliance der Executive Education" hat Standorte auf fünf Kontinenten, und zwar in Europa, den USA, Asien, Afrika und Lateinamerika. Sie besteht derzeit aus den Gründungspartnern:

- Graduate School of Business Administration GSBA, Schweiz
- IBMEC International Business and Management Education Centre, Rio de Janeiro, Brasilien
- IIML Indian Institute of Management New Delhi und Lucknow /Indien
- MIRSIS Moscow International Higher Business School, Russland sowie
- University of Stellenbosch Business School, Südafrika.

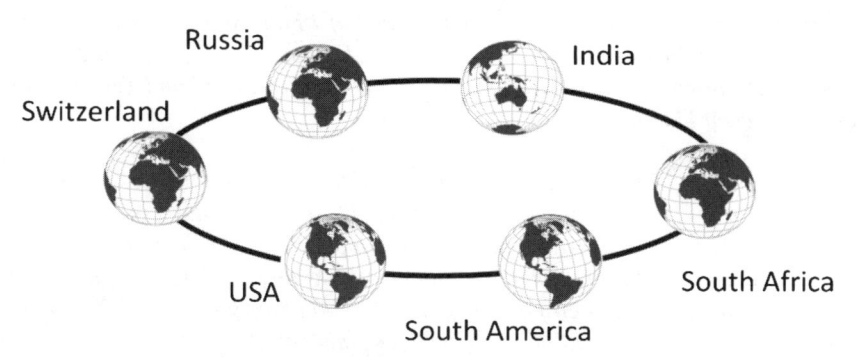

Abb. 4 Der World Executive MBA (WEMBA) wird gemeinsam mit Top-Universitäten auf fünf Kontinenten durchgeführt

Die „GSBA – Graduate School of Business Administration" wurde 1968 (unter dem Namen „Oekreal") gegründet und ist als Business School im Bereich Executive MBA Nummer eins im deutschsprachigen Europa. Mehr als 11000 Alumni zeugen von der Breitenwirkung der Schweizer Manager-Weiterbildungs-Pionierin. Die jüngste Initiative betrifft die Gründung der WORLDEXEDU, mit der GSBA Zürich im Schulterschluss mit hoch-reputierten Partnern auf fünf Kontinenten eine globale Executive Education verwirklicht.

Brasilien ist der größte und am stärksten wachsende Markt Lateinamerikas. Die „IBMEC – International Business and Management Education Centre" spielt darin als führende Business School eine wichtige Rolle. Sie wird im Ranking der „Financial Times" 2007 geführt und unterrichtet in den Wirtschafts- und Bildungszentren Sao Paolo, Rio de Janeiro, Brasilia und Belo Horizonte. IBMEC pflegt breite Kooperationen mit zahlreichen Business Schulen sowohl in Europa wie auch in Nordamerika.

Indien gilt als Wachstumsmarkt der Zukunft. Mit der WORLDEXEDU-Partnerschaft durch die „IIM – International Institution of Management" in New Delhi wird den Studienteilnehmern eine der besten Weiterbildungs-Adressen mit hervorragender Reputation für die Executive Weiterbildung angeboten, und zwar in MIT, Finance, Marketing, Operations Management, International Business sowie Human Resource Management. Ein auf hohem Standard stehender Campus samt IT-Infrastruktur sind selbstverständlich.

Die „MIRBIS – Moscow Business School" wurde 1988 als Plekhanov Economic Academy of Russia gegründet und hat inzwischen mehr als 18'000 Studienteilnehmer als BBA, MA und MBA hervorgebracht. Die renommierte russische Business School wurde auf Initiative des vormaligen Rektors Prof. V. P. Groshev und dem damaligen EU-Kommissionspräsidenten, Prof. Romano Prodi initiiert. Sie ist inzwischen staatlich akkreditiert und Türöffner auf den russischen Markt.

Die international akkreditierte „USB – University of Stellenbosch Business School" ist in Belleville, Capetown (Südafrika) beheimatet und bietet neben MBA- weitere Masterprogramme und ein PhD-Programm an. Die 1964 gegründete Business School erfreut sich einer auffallend internationalen, ja multikulturellen Studienteilnehmerschaft und bildet aktuell mehr als 800 MBA-, Master- und PhD-Anwärter aus. Seit 2006 ist USB EQUIS-akkreditiert. Das Wirtschaftsblatt Financial Times zählte die südafrikanische Top-Universität im Jahr 2007 zu den 50 besten Business Schools der Welt.

2 Der World Executive MBA (WEMBA)

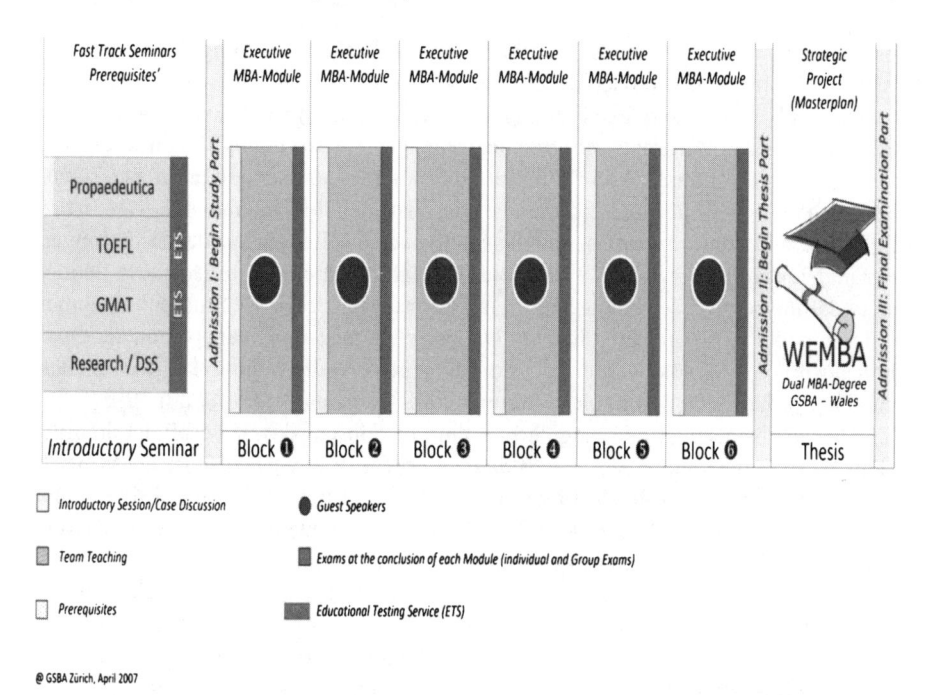

Abb. 5 Architektur des WEMBA

Die WEMBA-Architektur folgt dem bewährten Konzept des Executive MBA (EMBA). Dieses wurde seit 1985 von der Graduate School for Business Administration (GSBA) in Zürich entwickelt und verfeinert und hat mit inzwischen mehr als 11000 erfolgreichen Absolventen längst seine Praxistauglichkeit und -nähe bewiesen.

2.3.1 Die lerntheoretischen Grundlagen

Anders als der Führungsnachwuchs, der nach der Hochschulausbildung und den ersten Jahren der Praxis in der Business School sein bisher erworbenes Wissen erweitern will, streben erfahrene Führungskräfte beim World Executive MBA vor allem nach einer Ausdehnung ihres professionellen, interkulturellen und persönlichen Horizontes sowie nach Benchmarks für ihre Führungsqualitäten. Dahinter steht der klare Wettbewerbsgedanke, kombiniert mit dem Streben nach Wissen, dem Wunsch nach Austausch mit Gleichgesinnten aus anderen Weltkultur- und Managementbereichen sowie dem weltweiten Ausbau des professionellen Beziehungsnetzwerkes. Damit erfüllen sie gleichzeitig die Bedürfnisse ihrer Arbeitgeber. Nach Ansicht von Henry Mintzberg (2004), einem der schärfsten Kritiker traditioneller (Junior) MBA-Programme, hat sogar nur der Executive MBA Bestand vor den Anforderungen der Unternehmen: "Regular full-time MBA programs with inexperienced people (without work experience) should be closed down. It is wrong to train people who are not managers to become managers."

Die Ziel-, Lern- und Erfahrungsgemeinschaft mit anderen Executives ist ein konstituierendes Merkmal erfolgreicher Manager-Weiterbildung. Denn allein der *vertikale* Wissenstransfer von Professor zu Studienteilnehmer genügt nicht. Hinzukommen muss der *laterale* Lerntransfer von Wissen, Fähigkeiten und Werten in das Funktionsfeld Führungspraxis, und das heißt: auch das Lernen aus den Erfahrungen der anderen Teilnehmer im Lernumfeld. Deshalb wird eine gute Business School stets darum bemüht sein, den Kommunikationsaustausch ihrer Studienteilnehmer untereinander zu organisieren und auf Dauer sicher zu stellen. Nur so kann der Qualitätsanspruch eingelöst werden, über die Executive Weiterbildung langfristig auch zu einer Verhaltensänderung der Führungskräfte zu gelangen (cf. Stähli 1995).

Nachwuchsmanager und langjährig erfahrene Führungskräfte verbindet die Einsicht in die Notwendigkeit des lebenslangen Lernens (lifelong learning), der Wunsch nach einer anspruchsvollen Tätigkeit in einem multikulturellen Umfeld sowie eine hohe Lernbereitschaft. Hauptmotiv hierfür ist die erkannte und übernommene Verantwortung für den eigenen professionellen Erfolg. Denn: „Das Modell der lebenslangen Anstellung und der Karriere im gleichen Unternehmen ist ausgelaufen. Im Durchschnitt wird heute alle fünf Jahre gewechselt. Das bedeutet, je nach Lebensarbeitszeit, sechs bis zehn verschiedene Arbeitgeber. Und beinhaltet die Frage, wie viele Wechsel es braucht bis zur Erkenntnis, für die eigene Arbeitsmarktfähigkeit selbst verantwortlich zu sein" (Davis, Meyer, 2001, S. 62).

Dieser Einsicht verschließen sich die Führungskräfte nicht. Im Gegensatz zu Hochschulen und Universitäten, wo Jugendliche ohne Berufserfahrung ausgebildet werden und deren Funktion als Anbieter von geschlossenen beruflichen Erstausbildungen prinzipiell nicht mit der Forderung nach permanenter Weiterbildung in

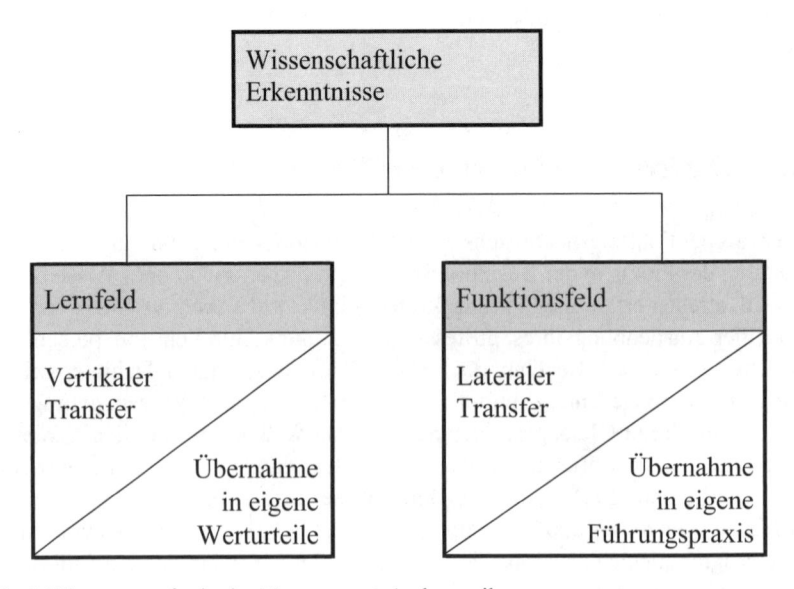

Abb. 6 Wissenstransfer in der Management-Andragogik

2 Der World Executive MBA (WEMBA)

Einklang zu bringen ist, sind die Lehrinhalte des Executive Developments an Business Schools deshalb stark an der Gegenwart und an den künftigen Erfordernissen von Betrieben und Studienteilnehmern ausgerichtet. Sie bauen auf dem Grundstock der universitären Ausbildung auf und haben, ganz besonders in den WEMBA-Programmen für mittlere und oberste Führungskräfte und Unternehmer, einen sehr starken Praxisbezug.

Alles andere liefe den Bedürfnissen der Studienteilnehmer zuwider. „Wer als erfahrener Manager seine Karriere in Wirtschaft und Organisationen sichern will, legt Wert auf praxisorientierte Lehrinhalte, Internationalität in der Weiterbildung und erwachsenengerechte Wissensvermittlung. […] Erfolgreiche Manager-Weiterbildung vermittelt nicht nur Wissen, sondern stellt die Lernprozesse und die zu erreichenden Schlüsselqualifikationen in das Zentrum des Unterrichts" (Stähli 2002, S. 36 f.).

Die traditionelle Pädagogik reicht indes nicht aus, um erfahrene Führungskräfte auf eine sich im Quartalstempo wandelnde und von disparaten Sprüngen gekennzeichnete Welt vorzubereiten. „Um Menschen zu Höchstleistungen zu motivieren, sie in ihrem Entschluss zu bestärken, Erfolge zu ermöglichen und ihnen die Gewissheit zu geben, das Beste für ihre persönliche und berufliche Entwicklung zu tun, muss das Executive Development anders als bei der wissenschaftlichen Erstausbildung andere Faktoren im Lern- und Lehrprozess berücksichtigen" (Stähli 2005), wie die Erfahrungen der teilnehmenden Managerkollegen.

Daher kommt im Executive Development dem didaktischen Konzept der *Management-Andragogik* eine besondere Bedeutung zu:

„Management-Andragogik ist jener Bereich der Erwachsenenbildung, der sich mit der Weiterbildung von Führungskräften in offenen soziotechnischen Systemen befasst. Sie setzt ihre Inhalte und Methoden in Beziehung zu den jeweiligen persönlichen und professionellen Bedürfnissen, Erfahrungswerten und Lebenszyklen der Studienteilnehmer. Dabei ist der laterale Lerntransfer obligatorischer Bestandteil ihres gesamten interdisziplinären Curriculums.

Neben der Erarbeitung zeitgemäßer systemorientierter und global ausgerichteter Instrumente der Unternehmensführung wirkt die Management-Andragogik auf der Grundlage eines komplexen Menschenbildes und integriert die Berücksichtigung ethischer Prinzipien und Verantwortung gegenüber ökonomischer, politischer, sozialer und ökologischer Umwelt als Handlungsorientierung" (Stähli 2001, S. 13).

Auf der theoretischen Grundlage der Management-Andragogik und ihren fortgesetzten Innovationen in lerntechnologischer Hinsicht hat sich die Graduate School of Business Administration (GSBA) binnen weniger Jahre einen hervorragenden Ruf in der Weiterbildung von Executives und Unternehmensführern erarbeitet.

Mit verantwortlich dafür ist auch eine besondere, an der Graduate School of Business Administration entwickelte Fallstudienmethode, der „Zurich Living Case". Er ist der erfolgreiche Gegenentwurf zu der anachronistischen Case Study Method, wie sie zu Beginn des 20. Jahrhunderts von der Harvard Business School eingeführt und heute noch von den meisten Business Schools verwendet wird. Ihr größter Nachteil: Sie beschränkt sich auf die Diskussion und Bearbeitung historischer Fallstudien. Das aber reicht längst nicht mehr aus, um praxiserfahrene Unternehmensführer auf die schnelle Taktung der Weltwirtschaft vorzubereiten.

Der Living Case beschreibt auf systemtheoretischer Basis eine reale und aktuelle Unternehmenssituation in der *Living Case Company*, die einen strategischen Entscheid oder die Lösung eines komplexen Geschäftsproblems erfordert. Jeder Living Case wird von einem oder mehreren Professoren der WEMBA-Universitäten exklusiv für das jeweilige Studienmodul unter Berücksichtigung des fachlichen Schwerpunktes verfasst. Zwei Senior Professoren aus unterschiedlichen Hochschulen betreuen den Case, analysieren die Problemsituation, formulieren die Problemstellung und definieren den Bedarf an unterstützenden Materialien.

Die Lösung des Living Case wird von den Studienteilnehmern in fünf bis sechs Consulting-Teams während der zwei Wochen eines WEMBA-Blocks erarbeitet. Die Consulting-Teams setzen sich zusammen aus Studienteilnehmern, die sowohl über eine wissenschaftliche Grundausbildung als auch über mehrjährige praktische Führungserfahrung im Management verfügen.

Die verlangte Teamarbeit entspricht den realen Gegebenheiten in den Unternehmen. Sie erfordert und trainiert gleichermaßen die soziale Kompetenz der Teilnehmer wie auch deren Fähigkeit zur Reflektion und Diskussion sozialpsychologischer Prozesse. Denn auch diesem Anspruch muss exzellente Managerweiterbildung heute nachkommen: "Beyond the toolbox of techniques, an MBA programme should develop soft behavioural skills that are becoming more decisive in the quality of implementation of any decision." (Kyriacopoulos 2008, S. 46). Die meisten Fehlentscheidungen und -handlungen von Managern beruhen auf der missglückten Umsetzung von an sich richtigen Konzepten; schuld daran ist häufig die zu geringe Berücksichtigung des Faktors Mensch. Deshalb konstatiert Kyriacopoulos zu Recht: "This is why all good business schools emphasise the need for team work and the development of emotional intelligence. A manager also needs good communication and leadership skills as he or she by definition cannot do the job alone but has to manage a team of people."

Gemeinsam haben die Studienteilnehmer also die herausfordernde und anspornende Aufgabe, die Situation interdisziplinär zu analysieren, gegebenenfalls Zusatzinformationen einzuholen und innerhalb ihrer Consulting Group ein Lösungskonzept zu erarbeiten. Die erarbeitete Lösungsstrategie wird schriftlich im ausführlichen Report festgehalten und am Ende des MBA-Moduls präsentiert und bewertet. Jedem Mitglied des Teams wird eine Teilaufgabe zugewiesen, die seinen besonderen Fähigkeiten entspricht. Während des gesamten Studienprozesses soll jeder Teilnehmer verschiedene soziale und funktionale Rollen in den Gruppen einnehmen. Parallel zur Arbeit am Living Case vermitteln die begleitenden Professoren – ein Dozent von der GSBA und einer von der Top-Universität des Durchführungsortes – in einer kognitiven Lernphase den theoretischen Hintergrund. Damit wird die einheitliche Wissensbasis der Teilnehmer sichergestellt.

Am Ende eines jeden Blocks und Studienmoduls erwartet die Studienteilnehmer eine Gruppenprüfung durch ein Professoren- und Expertengremium, bestehend aus dem CEO und weiteren C-Level Managern der Living Case Company. Hier sollen sie ihre Lösungsvarianten zum Unterrichtsfall präsentieren, die Fakultät und

2 Der World Executive MBA (WEMBA)

PHASE I
Lektüre der Skripten drei Monate vor Seminar-Beginn

PHASE II
Blockseminar: Ablauf Living Case

Seminarbeginn → Arbeits-Gruppen → 2 Wochen → Präsentation der Problemlösungen

Consulting-Gruppen lösen den Fall und tragen praxisbezogenes Material zusammen

PHASE III
Experten bewerten die Arbeit

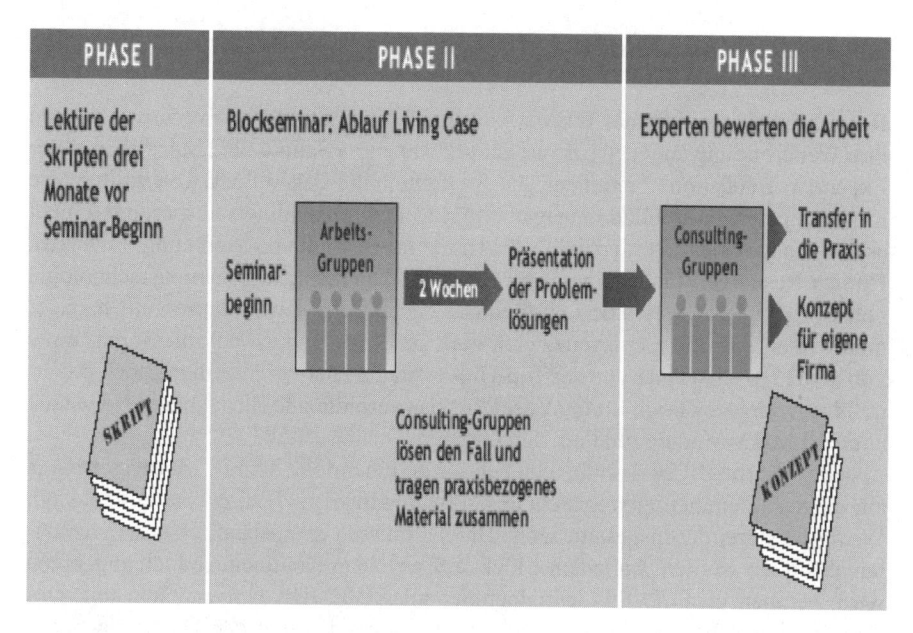

Consulting-Gruppen → Transfer in die Praxis / Konzept für eigene Firma

Abb. 7 Die drei Phasen der Arbeit mit dem Living Case

das Board hinterfragen die vorgelegte Lösung kritisch und bewerten die Qualität und formale Aufbereitung. Hinzu kommen Individualprüfungen, in denen die wissenschaftlichen Lernfortschritte der Studienteilnehmer durch Fragen zum Schwerpunktthema in einem open-book exam überprüft werden.

In der anschließenden Nachbereitungsphase entwickelt jeder einzelne Teilnehmer ein Teiltransferkonzept, um das Gelernte auf „sein" Unternehmen zu übertragen. Diese Konzepte sollen innerhalb eines Zeitraumes von ein bis drei Monaten erstellt werden. Den Abschluss des Studiums bildet der Masterplan, in dem die Teilkonzepte zu einer Gesamtstrategie integriert werden. Da die Teilnahme an den Blocks frei disponiert werden kann, ist es möglich, den gesamten Studienprozess in relativer Kürze und weitgehend zeitflexibel zu absolvieren.

Die Arbeit mit dem Living Case gliedert sich im WEMBA in die folgenden Phasen:
- Vorbereitung zu den Studienblöcken (kognitiver Lernprozess, *berufsbegleitend*),
- Teilnahme an den Studienblöcken (interaktiver Lernprozess – vertikaler Lerntransfer,
- Nachbearbeitung der Studienblöcke und Erarbeitung von Transferkonzepten zu den Subsystemen eines Unternehmens eigener Wahl (lateraler Lerntransfer, *berufsbegleitend*).

Die Vorbereitungszeit umfasst etwa drei Monate, die einzelnen Studienblöcke jeweils zwei Wochen.

2.3.2 Der Ablauf des WEMBA-Studiums

Berufserfahrene und für das WEMBA-Studium eingeschriebene Executives können ihre Weiterbildung an jeder Universität und Business School der „Star Alliance der Executive Education" beginnen. Die Studieninhalte des WEMBA vermitteln die Kernkompetenzen in allen managementrelevanten Disziplinen. Insbesondere geht es um den globalen interdisziplinären Ansatz im Bereich von Marketing, Finanzen, Human Resource Management, operatives Management, Informationstechnologie und Corporate Strategy. Die Lehrmethode besteht aus der Synthese von Managementwissen und Praxisrelevanz, vermittelt je Block von zwei Professoren, einer von der GSBA und einer von der Top-Universität, an der der jeweilige Block durchgeführt wird. Der Zürich Living Case™ ist das verbindende Element und Herzstück aller WEMBA-Module rund um den Globus.

Jede Mitglieds-Universität bietet aus ihrem Umfeld heraus 14-Tages-Blöcke an, die nach dem heutigen System des "Pre-Reading/Pre-Testing" aufbereitet sind. Wenigstens drei der insgesamt sechs Blöcke müssen an ausländischen Universitäten absolviert werden. An jedem Block, auf welchem Kontinent er auch angeboten wird, nehmen etwa 50 Studienteilnehmer aller WEMBA-Universitäten teil. Das führt zu einem bewusst angestrebten, hochspannenden und den Unterricht bereichernden kulturellen Mix von Studierenden aus aller Welt. Dem Lernerlebnis wird somit eine völlig neue Komponenten hinzugefügt: das implizite und explizite Lernen voneinander.

Die Klassen teilen sich auf in Consulting Groups, innerhalb deren die Fallstudien behandelt und detaillierte Strategiekonzepte erarbeitet werden. Diese Gruppen präsentieren ihre Konzepte anschließend einem Gremium, bestehend aus dem Management der Fallstudien-Unternehmung, Mitgliedern der Fakultät sowie den übrigen Studienteilnehmern. Im Rahmen dieser Präsentation werden die erarbeiteten Konzepte zur Diskussion gestellt und insbesondere auf ihre akademische Stringenz sowie Praxisrelevanz und -tauglichkeit hinterfragt. Abschließend werden drei Noten verliehen: eine für die Präsentation durch die Gruppe, einen für den schriftlichen Schlussbericht und eine für die individuelle Leistung der Absolventen innerhalb ihrer Consulting Group.

Vorbereitet und geleitet werden die MBA-Module von zwei Professoren der jeweiligen Fachrichtung, einer von der GSBA und einer von der Heimatuniversität des jeweiligen Blocks. Der GSBA-Professor verfasst den Living Case und übernimmt den Lead beim Team Teaching. Der Professor der Partneruniversität ist Mitglied der Teaching Faculty. Beide Dozenten gemeinsam führen am letzten Tag des MBA-Blocks Einzel- und Gruppenprüfungen durch. Nach bestandenem Examen erhalten die Studienteilnehmer ein Zertifikat der Partnerhochschule.

Der GSBA-Studienteilnehmer kann ebenso wie die Studierenden bei den Mitgliedsschulen frei wählen, welche der Partnereinrichtungen er zu welchem Blocktermin besuchen will. Er und sie können im Verlauf ihres gesamten Studiums sämtliche Einrichtungen aller dem Verbund angehörenden Hochschulen nutzen und auf Wunsch an weiteren Lehrgängen und Veranstaltungen teilnehmen. Der Studienteilnehmer bestimmt somit sein Lernportfolio selbst und gelangt darüber zu einer maßgeschneiderten Managementweiterbildung, die es bisher in dieser didaktisch-organisatorischen Konsistenz, in diesem Ausmaß und in dieser Qualität nicht gab.

Am Ende des Studiums wird den Teilnehmern der MBA Dual Degree verliehen (180 Credit Points). Der MBA Dual Degree ist ein europäischer Abschluss, validiert durch die University of Wales; dank der Bologna-Reform können die Absolventen an allen europäischen Universitäten den PhD erwerben. Darüber hinaus haben sie nach Beendigung ihres Studiums sechs Abschlusszertifikate von Spitzenhochschulen in aller Welt erworben – und mit diesem die Sicherheit, dass das Erlernte sowohl höchsten akademischen Standards als auch dem von der Wirtschaft geforderten internationalen Anspruch genügt.

2.3.3 Was von den teilnehmenden Business Schools erwartet werden kann: Akkreditierung oder gar Validierung

Die Akkreditierung ist eines der wichtigsten Gütesiegel eines Executive MBA-Anbieters. Sie wird nur an herausragende Business Schools mit nachgewiesenen Erfolgen verliehen. Wirtschaftswissenschaftlich orientierte Studiengänge und deren Anbieter, Studieninteressierte und deren künftige Arbeitgeber profitieren von der damit hergestellten internationalen Markttransparenz. So ist auch die permanente Weiterentwicklung der Qualitätsstandards und des Verfahrens aus einer globalen Perspektive gewährleistet.

Im Akkreditierungsverfahren geprüft werden die fachliche Schwerpunktsetzung und gewisse Mindestinhalte des Studienprogramms, die Internationalität, eine angemessene Vielfalt des Curriculums sowie die Reputation des Lehrkörpers und den Praxisbezug der Ausbildung. Die Akkreditierung belegt deshalb nicht nur die hohen Leistungsstandards der Programme, sondern auch die Bereitschaft der Business Schools, sich dem Urteil der Fachwelt zu beugen und dem weltweiten Wettbewerb der besten Weiterbildungseinrichtungen zu stellen.

Ein zunehmend wichtiges Qualitätsmerkmal bei allen Akkreditierungsstellen ist die internationale Ausrichtung der Programme. Vor allem in Europa spielt dieser Punkt eine große Rolle. Die Internationalität zeigt sich vor allem an einer guten Mischung aus Studierenden und Dozenten verschiedener Nationalitäten. Gute MBA-Anbieter arbeiten außerdem eng mit internationalen Wirtschaftsunternehmen zusammen. Oft stehen, wie bei der GSBA, als Gründer und Förderer eine Reihe von Unternehmen hinter der Business School, die ihre Netzwerke für die Studienteilnehmer öffnen.

Das in der Welt der Management Education einzigartige Studienprogramm World Executive Master of Business Administration (WEMBA) wurde 2007 von der University of Wales, seit neun Jahren Partneruniversität der Graduate School of Business Administration, validiert. Die Validierung ist die höhere Art der Akkreditierung und umfasst nebst der Akkreditierung die Immatrikulation der Studienteilnehmer in die Validierungsorganisation und die Verleihung des MBA-Diploms als MBA Dual Degree. Diese weltweit anerkannte Zulassung ersetzt die gegenwärtig noch kontinentalen Akkreditierungen der europäischen Akkreditierungsbehörde FIBAA (Foundation for International Business Administration Accreditation).

Die wichtigste Auszeichnung für amerikanische Business Schools wird von der AACSB vergeben. Das Akronym stand ursprünglich für American Assembly of Collegiate Schools of Business; im internationalen Markt bezeichnet sie sich als International Association for Management Education. Die 1916 als Non-Profit-Organisation gegründete AACSB, ansässig in Tampa, Florida/USA, ist eine der bedeutendsten unabhängigen Akkreditierungseinrichtungen für universitäre betriebswirtschaftliche Ausbildungsprogramme wie den MBA. Zu ihren Mitgliedern gehören der überwiegende Teil der führenden nordamerikanischen Universitäten sowie zahlreiche bedeutende Unternehmen. Auch das MBA-Programm der Robert H. Smith School of Business in Maryland wurde schon vor vielen Jahren von der amerikanischen Akkreditierungsbehörde AACSB anerkannt.

Längst nicht jede International Business School kann auf die Gütesiegel der weltweiten Anerkennung verweisen. Denn es erfordert Zeit, Erfahrung, Anstrengung, Ideenreichtum, Investitionen und ausgezeichnete Kontakte in die wissenschaftliche Gemeinschaft, um zu einer guten Business School zu reifen. Nur ein hervorragender Ruf zieht die besten Dozenten an, nur ein exzellenter Lehrkörper zieht die besten Studienteilnehmer an, nur erfolgreiche Absolventen machen eine Business School in den Augen der Arbeitgeber attraktiv. Diese Voraussetzungen können die deutschen Fachhochschulen und Universitäten selten bis gar nicht und die jungen deutschen Business Schools noch nicht erfüllen. Sie greifen vielfach auf Dozenten zurück, die Betriebswirtschaftslehre an der eigenen oder an fremden Hochschule lehren oder begnügen sich mit billigeren Lehrkräften aus dem Ausland (cf. Cox 2004).

Wer seinen MBA in Deutschland führen möchte, sollte deshalb ein Programm besuchen, das sowohl von der AACSB in den USA als auch in Europa akkreditiert worden ist. Die Absolventen des World Executive MBA (WEMBA) profitieren von einer einzigartigen Doppel-Anerkennung ihres akademischen Grades. Das wird regelmäßig durch hervorragende Positionen in den alljährlich publizierten Rankings zum Ausdruck gebracht.

Nicht nur die Form und die Lehrinhalte des WEMBA müssen eine hochgradig internationale Komponente aufweisen, sondern auch die Dozentenschaft an der jeweiligen Universität oder Business School. Wenn die Akkreditierungsbehörde glauben, dass die Fakultät nicht hinreichend multikulturell zusammengesetzt ist, dann kann die Zulassung durchaus daran scheitern – wie jüngst erst geschehen bei der European Business School in Oestrich-Winkel, der genau aus diesem Grund das EQUIS-Gütesiegel versagt blieb. Die Global Foundation for Management Education 2008 befürchtet in der nächsten Zeit gar das Aufziehen einer weltweiten Knappheit an kompetenten, international gebildeten Dozenten für die Business Schools: "It should be no surprise that faculty concerns are expressed globally among business school leaders. Just as business has globalized, so too has the market for faculty talent" (GFME 2008, S. 40 ff.).

Von den Akkreditierungsstellen wird die Leistung einer gesamten Faculty beurteilt, nicht die eines einzelnen Wissenschaftlers. Dazu wird ein ganzes Bündel an Kriterien herangezogen. Neben der Größe, der Qualifikation und der Zusammensetzung des fest angestellten Lehrkörpers („core" oder „fulltime" faculty) achten die Prüfer auf einen ausgewogenen Mix der Teaching Faculty. Sie prüfen die Forschungs- und Publikationsaktivitäten der Faculty, ob die Hochschule über ein professionelles Fakultätsmanagement und institutionalisierte Weiterbildungswege verfügt, wie neue Dozenten rekrutiert werden, ob das Lehrpersonal dem internationalen Anspruch einer MBA-Weiterbildung genügt und wie eng die Fakultät mit der Wirtschaft zusammenarbeitet.

Ebenfalls bewertet wird das Zahlenverhältnis zwischen Studierenden und Professoren. An staatlichen Universitäten kommen 200 und mehr Studierende auf einen Dozenten, im Durchschnitt aller Fächer ist ein Professor für 60 Studierende zuständig. Zum Vergleich: An einer privaten Business School wie der Graduate School of Business Administration betreut ein Professor höchstens zehn Studienteilnehmer.

Dem Stellenwert der Faculty bei der Akkreditierung entsprechend halten die Verantwortlichen für Executive MBA-Programme ständig Ausschau nach geeignetem Lehrernachwuchs, und das weltweit. Jeder Fachbereich weiß aus Veröffentlichungen und persönlichen Kontakten um die besten Kandidaten, spricht diese bei Bedarf an und bittet um eine Bewerbung. Der Fachbereich prüft die wissenschaftliche Leistung und bittet den Professorenanwärter anschließend zu einer, manchmal auch zu mehreren Probevorlesungen vor Studierenden und Fakultätsmitgliedern.

Voraussetzung für eine Tätigkeit als Dozent an einer hochqualifizierten privaten Business School ist die Promotion, international am Titel Doctor of Philosophy (PhD) ablesbar. Bei Executive-Programmen zwingend hinzu kommen muss, weil die Studienteilnehmer dies heute schlicht voraussetzen, eine Ausbildung in unterschiedlichen Kulturkreisen sowie praktische Erfahrung des Wissenschaftlers als Führungskraft in einem Unternehmen.

Der infolge von Globalisierung und Wettbewerb gestiegene Konkurrenzdruck, dem sich alle Business Schools gegenübersehen, führt zu einem Anstieg sowohl der Qualität als auch der Innovationsfähigkeit. Andernfalls würde eine Schule über kurz oder lang ihre Reputation, ihr wichtigstes Kapital, aufs Spiel setzen und riskieren, eines oder mehrere ihrer Ziele zu verfehlen. "All business schools have three missions: knowledge creation, knowledge dissemination and knowledge certification. Knowledge creation is achieved through research; knowledge dissemination through teaching; and knowledge certification through the bestowing of degrees. In each of the three functions, both rigour and relevance must be present. Knowledge creation requires that research is accessible to a broad audience. Knowledge dissemination necessitates that the skills professors teach are applicable to students. Knowledge certification requires degrees to be relevant in today's business world" (Jain 2008, S. 10)

Ausweis dieser Leistung sind die unabhängigen Rankings, in denen sich unter anderem das Urteil der Arbeitgeber über die Qualität der Topschulen widerspiegelt. Für Studieninteressenten dienen diese Rankings daher als wichtige und willkommene Entscheidungshilfe. Denn dass sie zu Recht renommierte und auf Internationalität fokussierte Business Schools mit entsprechender Ausstattung und Bedeutung wählen wollen, liegt auf der Hand – und in ihrem ureigenen Interesse.

1998: Ranking of European MBA-Schools,	Times, London THE TIMES	No 1. in German Speaking Europe, No 6 in Europe
2000: Ranking of European MBA-Programs	Int. Herald Tribune Herald Tribune	No 1. in German Speaking Europe, No 6 in Europe
2000: Ranking of European MBA-Schools	Prof. Dr. Karl Weber, University Giessen (by AHP methodology),	No 1. in German Speaking Europ, No 6 in Europe
2001: Ranking of European MBA-Schools	FAZ Institute F.A.Z.-INSTITUT	No 1. in German Speaking Europe, No 3 in Europe
2002: Ranking of EMBA-Programs (Worldwide)	Financial Times FT.com	No 1. in German Speaking Europe, No 3 in Europe, No. 9 Worldwide
2003: Ranking of EMBA-Programs (Worldwide)	Financial Times FT.com	No 1. in German Speaking Europe, No 3 in Europe, No. 11 Worldwide
2004: Ranking of European MBA-Schools	FAZ Institute F.A.Z.-INSTITUT	No 1. in German Speaking Europe, No 3 in Europe
2005: (Global EMBA Ranking / Europe)	mba4Success.com mba4success.com WHITEFIELD CONSULTING WORLDWIDE	No 1: in German Speaking Europe, No 6: in Europe, No. 13: Worldwide
2005 / 2006: Top 20 der Business Schools mit Part-Time MBA für Kaderleute	Bilanz BILANZ Das Schweizer Wirtschaftsmagazin	No 1. in German Speaking Europe, No 4 in Europe, No. 11 Worldwide
2007: (Global EMBA Ranking / Europe)	mba4Success.com mba4success.com WHITEFIELD CONSULTING WORLDWIDE	No 2: in German Speaking Europe, No 7: in Europe, No 15: Worldwide

Abb. 8 GSBA ist seit 1998 in EMBA-Rankings gelistet

Angesichts des Wildwuchses an neuen Anbietern ohne ausreichende Qualifikationen und ohne die Einbettung in Netzwerke kooperierender Universitäten ist es wichtig, dass sich Interessenten auf etablierte Business Schools, angesehene Professoren mit internationalem Background und erfolgreicher Executive-Erfahrung sowie best-reputierte Partner-Universitäten in den wichtigsten Wirtschaftszentren der Welt verlassen können.

Im EMBA-Ranking der weltweit aktiven und renommierten Whitefield Consulting Gruppe schafften nur eine deutschschweizerische Business School, die GSBA in Zürich, sowie die IMD in der Romandie den Einzug in diesem Olymp.

2.3.4 Der unschätzbare Wert des professionellen Netzwerkes

Um das zu lernen, was heute und mehr noch in Zukunft benötigt werden wird, besuchen immer mehr Manager und Managerinnen nach ihrem ersten Hochschulabschluss und einigen Jahren der Praxis eine privatrechtlich geführte Business School. Sie streben nach dem Wissen eines Master of Business Administration (MBA) in einer Welt ohne Grenzen, und das finden sie nur in einer internationalen Business School mit einer multinationalen Dozentenschaft und einem erstklassigen Ruf. Bei manchen dieser Schulen, zu denen auch GSBA in Zürich gehört, steigt die Zahl der Bewerber um die Teilnahme an einem Executive MBA-Programm Jahr für Jahr um bis zu 30 Prozent. Sie werden von der globalen Wirtschaft, bei der der MBA-Abschluss einen hohen Bekanntheitsgrad und wachsenden Stellenwert genießt, geschätzt und immer stärker nachgefragt.

Insbesondere bei jüngeren Executives lässt sich beobachten, dass der Schritt vom „ich muss" zum „ich will" im Inneren seit langem vollzogen ist. „Executive MBAler haben Visionen, denn meistens fängt die Idee eines MBA-Studiums mitten im Berufsleben an. Sie besitzen beeindruckende Hochschulabschlüsse, sind beruflich erfolgreich und haben normalerweise Familien oder feste Beziehungen. Trotzdem werden sie vom Ehrgeiz getrieben, weiterzukommen, etwas Neues zu entwickeln" (Cox 2004, S. 18). Hinzu kommt die begründete Aussicht, in weit höhere Einkommensklassen vorzustoßen, als sie Nur-Hochschulgebildeten offen stehen: Der Abschluss an führenden europäischen Business Schools auf Executive Stufe ist den Unternehmen Einstiegsgehälter zwischen 220000 und 580000 US-Dollar wert, und auch danach berichten Absolventen von einem überdurchschnittlichen Return-on-Investment.

Diesem Ertrag geht ein nicht unbeträchtlicher Aufwand für den Unterricht an einer privatrechtlich geführten Business School voraus. Doch in der individuellen Kosten-/Nutzen-Rechnung der Studierenden steht den Studiengebühren ein hoher Wert gegenüber, der auch von den künftigen Arbeitgebern anerkannt wird. Renommierte Business Schools wenden viel Geld auf, um exzellente Dozenten zu gewinnen, um den Studierenden die modernsten technische Geräte und Einrichtungen zu bieten und um ein weltweites persönliches und elektronisches Netzwerk zwischen Studierenden, Mitgliedern der Fakultät, Partnerschulen und Unternehmen, allen voran den Living Case Companies, zu schaffen und aufrecht zu halten.

Bewusst sind die Unterrichtsblöcke so gestaltet, dass die Living Cases aus dem kulturellen Umfeld der Partneruniversitäten stammen. Während die Studienteilnehmer bei der Lösung auf ihr heimisches Netzwerk zurückgreifen, werden die interkulturellen Problemstellungen durch die Mitglieder der Consulting Groups hineingetragen. Die Dozenten, Tutoren und Gast-Vortragenden repräsentieren im Regelfall den jeweils anderen Kulturkreis. Das verhilft zu ganz neuen Sichtweisen, schließt etwaige Wissenslücken, steigert die Sicherheit der Studienteilnehmer und festigt ihr professionelles Netzwerk in diesem Kulturkreis.

Insbesondere dieses internationale Netzwerk ist es, von dem WEMBA-Absolventen langfristig den größten Profit erwarten können. Es besteht aus Studienteilnehmern und Alumni aus vielen Ländern, vielen Branchen und Unternehmen jeglicher Provenienz, aus Dozenten, interessierten Unternehmen und (institutionellen) Förderern. Die Faustformel des Erfolges jeder Business School lautet: 50 Prozent Know-how-Vermittlung – 50 Prozent Netzwerk-Vermittlung. Nicht zuletzt im Interesse ihrer Kunden, der künftigen Top Executives, errichten und pflegen die WEMBA-Partnerhochschulen eine Vielzahl an strategischen Allianzen mit Unternehmen, Medien, anderen Business Schools, Universitäten und Informationszentren. Oft reichen solche Kontakte, entstanden im Hörsaal oder in der gemeinsamen Analyse einer Fallstudie, weit in die berufliche Zukunft eines Studienteilnehmers hinein und werden Karrierebegleiter.

2.4 Die Königsklasse der Executive Education: Der PhD – Das Finale für den WEMBA

Auf dem Zenit ihres beruflichen Erfolges steht Executives, insbesondere der Generation 50+, die höchste wissenschaftliche Leistungsklasse offen: Die Erlangung der Promotion und des akademischen Grades PhD (Doctor of Philosophy). Sie ist gleichsam das glänzende Finale des WEMBA.

Wenn man das Universitätsdiplom gleichsam als Fundament der beruflichen Karriere betrachtet, so bilden die mit dem World Executive MBA Kenntnisse ein sicheres Gerüst für den Aufstieg. Die GSBA bietet allen WEMBA-Absolventen hinaus die Möglichkeit, persönlich und beruflich zum Gipfel vorzustoßen und ihr Studium nebenberuflich mit einer Promotion zu krönen.

Im Rahmen des ständigen Ausbaus ihrer Studienangebote hat die GSBA Zürich ein berufsbegleitendes PhD-Programm eingeführt. Es wird in Zusammenarbeit mit der höchst renommierten Partneruniversität Leiden bzw. der Leiden University School of Management (LUSM) durchgeführt. Eingeführt im Jahr 2004, baut das Doctoral Program auf die Executive MBA-Ausbildung an der GSBA Zürich oder an der Universität Leiden oder an einer anderen Universität resp. Business School, deren MBA-Programm von AACSB, EQUIS oder AMBA akkreditiert oder gar validiert worden sind. Innerhalb von drei bis vier Jahren führt ein straffes Programm zum Doctor of Philosophy (PhD). Die Titel sind weltweit anerkannt und dürfen geführt werden. Auch in Deutschland darf ein PhD in den deutschen Doktortitel umgeschrieben werden.

2 Der World Executive MBA (WEMBA)

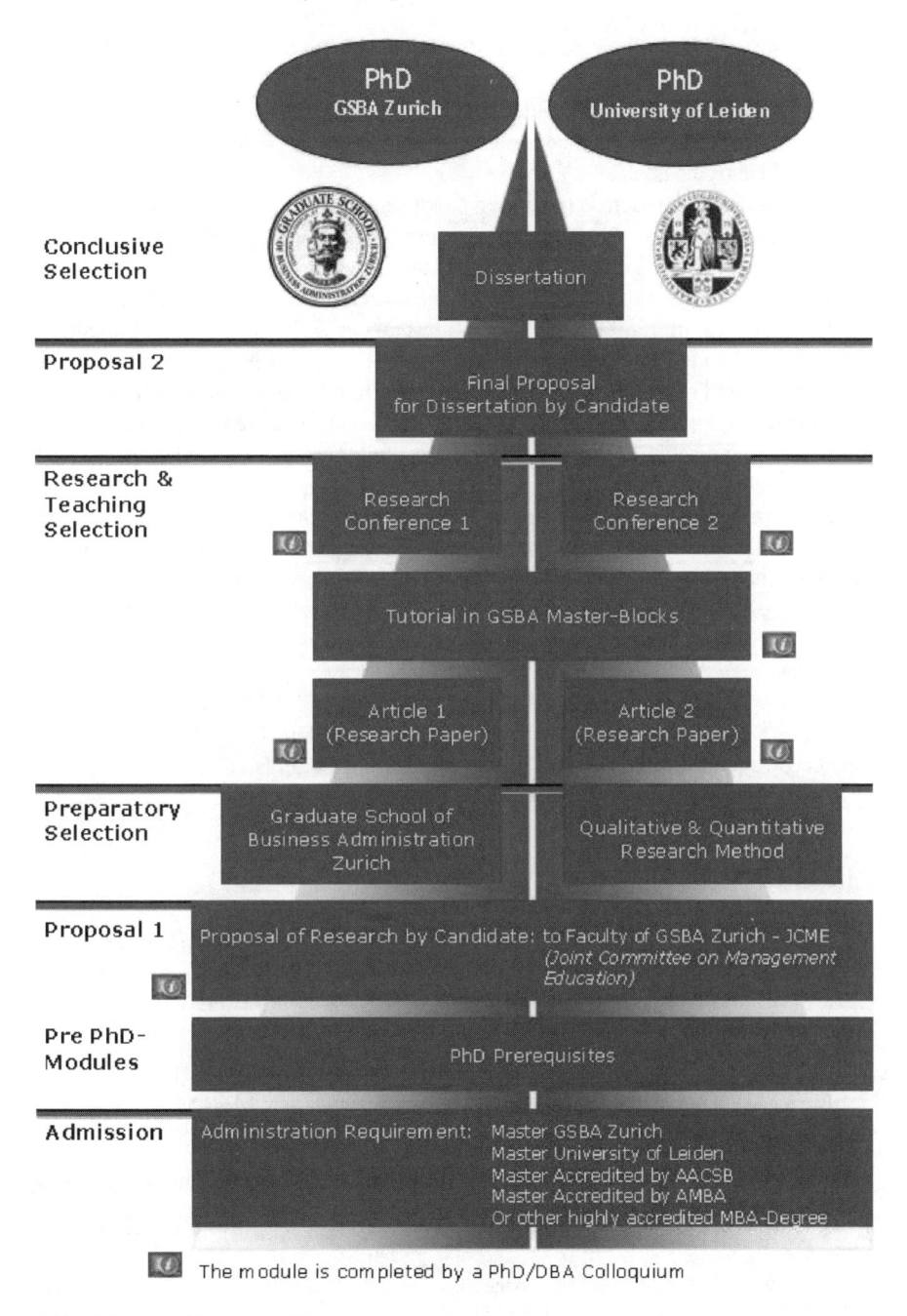

	PhD GSBA Zurich — **PhD** University of Leiden
Conclusive Selection	Dissertation
Proposal 2	Final Proposal for Dissertation by Candidate
Research & Teaching Selection	Research Conference 1 — Research Conference 2
	Tutorial in GSBA Master-Blocks
	Article 1 (Research Paper) — Article 2 (Research Paper)
Preparatory Selection	Graduate School of Business Administration Zurich — Qualitative & Quantitative Research Method
Proposal 1	Proposal of Research by Candidate: to Faculty of GSBA Zurich - JCME (Joint Committee on Management Education)
Pre PhD-Modules	PhD Prerequisites
Admission	Administration Requirement: Master GSBA Zurich, Master University of Leiden, Master Accredited by AACSB, Master Accredited by AMBA, Or other highly accredited MBA-Degree

The module is completed by a PhD/DBA Colloquium

Abb. 9 Doctoral Program PhD

Das Promotionsstudium an der GSBA findet in enger Abstimmung zwischen dem Studierenden und zwei betreuenden Professoren statt. Einer der Hochschullehrer kommt von der GSBA, der andere von der University of Leiden. Beide Einrichtungen stellen dem Absolventen am Ende ein Doctor of Philosophy, das heißt den PhD Dual Degree aus.

Voraussetzung für den Beginn des Doktorandenstudiums ist der erfolgreiche Abschluss eines Master-Programmes an einer akkreditierten Bildungseinrichtung, eine zehnjährige Management Executive Erfahrung sowie der Nachweis einer wissenschaftlichen Publikation. Es führt über mehrere Stufen zu einem akademischen Doctoral-Degree. Im Laufe des PhD-Studiums an der GSBA führen die Studienteilnehmer unter anderem Forschungsarbeiten im Bereich der Managementlehre aus und publizieren Forschungsberichte in renommierten Journals. Nach mehreren Disputationen mit den betreuenden Professoren und einer abschließenden Dissertation mit einer theoretischen oder praktischen Fragestellung wird der akademische Grad PhD verliehen.

Die Promotion genießt in Deutschland und in der Schweiz, so die Ergebnisse einer aktuellen Befragung aus dem Executive Search, insbesondere bei Großunternehmen einen extrem hohen Stellenwert. „Für Führungspositionen in Konzernen benötigen die Kandidaten fast zwingend einen Doktortitel oder einen ausländischen MBA-Abschluss." (Bundesverband Deutscher Unternehmensberater BDU e.V. 2008).

Was beweist, dass die Studienteilnehmer und die „Star Alliance der Executive Education" mit dem neugeschaffenen WEMBA und dem Promotionsangebot *on top* hervorragend für die Wirtschaftswelt ohne Grenzen gerüstet sind.

Literatur

Amstutz, M.D. (2008), Stärken und Schwächen des „Swiss Code of Best Practice for Corporate Governance" bei der Bekämpfung exzessiver Managerentschädigungen, in: Unternehmen – Transaktionen – Recht, Festschrift für Rolf Watter, Zürich/St. Gallen 2008
Baumüller, M., Thom, N. (2007), Wie Konzerne von der kulturellen Vielfalt der Mitarbeiter profitieren, in: io new management Nr. 4/2007, S. 12–16
Bundesverband Deutscher Unternehmensberater BDU e.V. (2008), Mittelständische Unternehmen bevorzugen Führungskräfte mit MBA-Titel, Presseinformation vom 18.6.2008
Cox, W. H. (2004), MBA für Executives. Die besten berufsbegleitenden Schulen in Europa, Frankfurt a. M. 2004
Davis, S., Meyer, C. (2001), Die ‚Ich-Aktie' und ihre Module der Kompetenz, Einzigartigkeit und Marktfähigkeit, in: Betriebswirtschaft Index, 10/2001, S. 62–65
Doerig, H.-U. (2007), Exzellenz ist in einem Land wie der Schweiz essenziell, in: CEO Das Magazin für Entscheidungsträger, September 2007, S. 22–231
Field, M. (2007), Executives Head back to the Classroom, in: Hemisphe resmagazine.com, Executive Education: Special Report, p. 117–127
Global Foundation for Management Education (gfme) (2008), The Global Management Education Landscape, Brussels 2008
Jain, D. (2008), Life at the top, in: Global Focus, The EFMD Business Magazine, Vol. 2, 2008, S. 8–12

Kyriacopoulos, U. (2008), The role of MBA programmes in developing corporate executives, in: Global Focus, The EFMD Business Magazine, Vol. 2, 2008, S. 44-47

Mintzberg, H. (2004), Managers not MBAs, San Francisco 2004 o. Verf. (2007), Geld allein genügt in der Bildung nicht, Neue Zürcher Zeitung, 13./14.10.2007

Stähli, A. (1995), Total Quality Management und Management-Andragogik, in: Berndt, Ralph (Hrsg.), Total Quality Management als Erfolgsstrategie, Berlin/Heidelberg 1995

Stähli, A. (1996), Globalisierung in der Management-Andragogik, in: Berndt, R. (Hrsg.), Global Management, Berlin/Heidelberg 1996, S. 1943

Stähli, A. (2001), Management-Andragogik I – Harvard Anti-Case, Berlin, Heidelberg, New York 2001

Stähli, A. (2002) Die International Business School im Zeitalter der New Economy, in: Berndt, R. Hrsg.) (2002), Management-Konzepte für die New Economy, Zürich 2004, S. 27-46

Stähli, A. (2005), Management Andragogik II, Zurich Living Case, 2.Aufl., Berlin, Heidelberg, New York 2005

Yip, G. S. (2003), Total Global Strategy II, Upper Saddle River, NJ 2003

Part III
Corporate Strategies

Chapter 3
Innovationsstrategie: Fokus auf Systematik und Selektion der Innovationsfelder bringen Rendite

Uwe Hilzenbecher

Summary. *In many companies innovation still is more an art than a science. The innovation focus is on creativity and on new products and not on systematics and on financial return. By introducing a company-specific innovation management, by increasing the width of innovation fields being addressed and by focusing on financial return the gap between creativity and systematics can be closed and the innovation performance can be improved.*

3.1 Einführung

"Because its purpose is to create a customer, the business enterprise has two – and only these two – basic functions: marketing and innovation. Marketing and innovation produce results; all the rest are costs."
Peter Drucker, Ph.D. *(† 11.11.2005) from "People and Performance" (2007)*

3.1.1 Charakterisierung und Arten von Innovation

Bei Executives steht das Thema Innovation ganz oben auf der Agenda. Oft wird dabei an Umsatzwachstum durch Star-Produkte gedacht; an Produkte so erfolgreich wie z. B. Red Bull, iPod, Prius oder Windows. Angesichts der aktuell (Herbst 2008) von den Finanzmärkten auf die Realwirtschaft übergreifenden Krise wird so manche Innovationsagenda jedoch kritisch hinterfragt werden müssen.

Für „Innovation" gibt es über 20 verschiedene Definitionen. Bei vielen Unternehmen steht Innovation synonym für Invention und Neuproduktentwicklung; die typische Innovationsstrategie ist technik- und produktorientiert. Das kann so sein, sollte es aber nicht. Schon Schumpeter definierte Innovation als die „Durchsetzung einer technischen oder organisatorischen Neuerung" und nicht reinweg als Invention oder Neuproduktentwicklung. Beim Innovation geht es nicht um das Neue per se, sondern um die Kommerzialisierung des Neuen. Motto: "Science is the conversion of money into knowledge. Innovation is the conversion of knowledge into money!". Doch welche und wie viele Innovationen braucht ein Unternehmen zur Absicherung des zukünftigen Erfolges?

Eine gängige Kategorisierung von Innovationen basiert auf einer Interpretation des Produkt-Markt-Portfolios als Innovationsportfolio (Abb. 1).

Demnach können Innovation unterschieden werden nach „Inkrementeller Innovation" (Bsp.: 35 Jahre VW Golf), „Substitutionsinnovation" (Bsp.: CD und Schallplatte), „Marktinnovation" (Bsp.: Walkman von Sony) und der „Radikalen Innovation" (Bsp.: Amazon, Internetmarktplätze). Die Managementherausforderung besteht in der Ausgestaltung der zeitlichen Abfolge des Innovationsportfolios und der Innovationsinitiativen; auch „Innovation Pipeline" genannt. Der Innovationsmix ist unternehmensspezifisch zu bestimmen; er könnte z. B. für ein Start-up Unternehmen zu 90% aus Radikaler Innovation bestehen und für ein reifes Unternehmen aus 80% Bestandsgeschäft, 10% Markt- und 10% Produktinnovation.

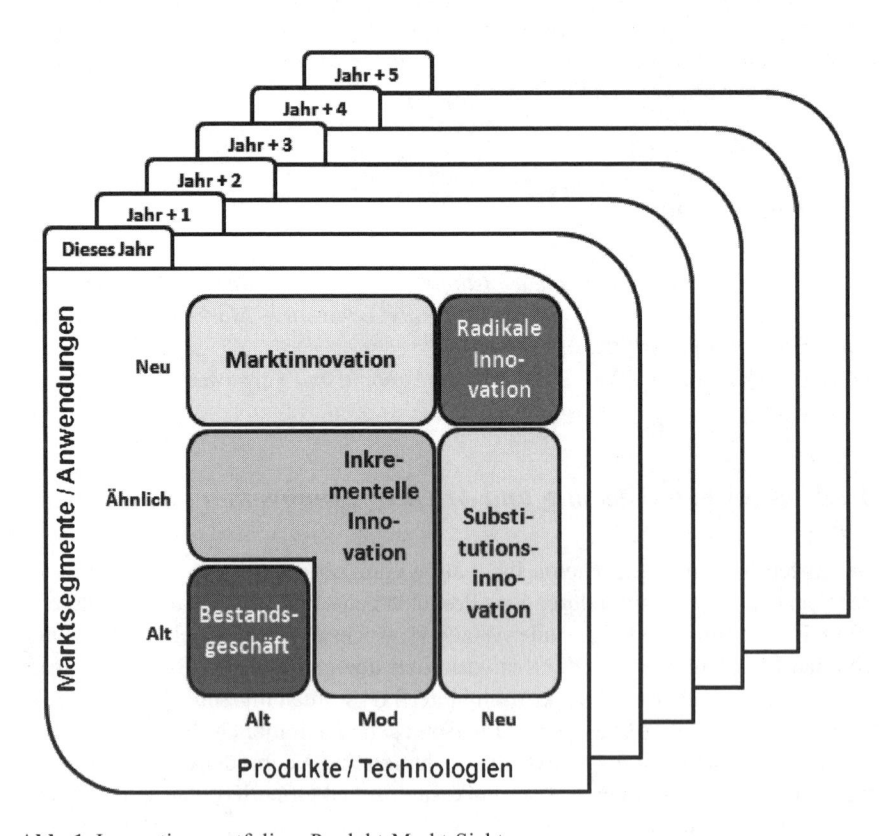

Abb. 1 Innovationsportfolio – Produkt-Markt-Sicht

3.1.2 Innovationsstrategien

Innovationsstrategien stehen im Spannungsfeld zwischen „bottom-up" und „top-down" Ansatz. Der bottom-up Ansatz ermittelt die Entwicklung des Unternehmens für den Fall einer Realisierung der möglichen Ideen und Initiativen im Sinne einer Extrapolation (Rückschluss auf zukünftige Werte). Der top-down Ansatz bestimmt im Sinne einer Retropolation (zurückblickende Vorausschau), welche Innovationsziele notwendig sind, um die Unternehmensziele zu erreichen. Hierbei kann nach dem bekannten Prinzip der Gap-Analyse vorgegangen werden. Dabei wird das Gap zwischen Umsatzzielen und dem in der Sales Pipeline des Bestandgeschäftes ausgeplanten Umsatz bestimmt, das in der Innovation Pipeline geplante Geschäft dagegen gespiegelt und der Innovationsbedarf ermittelt (Abb. 2). Eine in der Praxis allein schon dabei immer wieder auftauchende Hürde ist das Fehlen von Verfahren das zukünftige Bestandsgeschäft quantitativ fundiert planen zu können sowie plausible strategische Ziele ableiten zu können.

3.1.3 Renditen von Innovationen und Innovationsportfolios

Die Rendite eines einzelnen „Innovationshits" kann sehr hoch sein, die Rendite eines Portfolios realisierter Neuprodukte ist es jedoch meist nicht. Für jedes Neuprodukt wird vor der Projektfreigabe eine positive Rendite prognostiziert, am Ende bringen nur 15–20% Rendite und 80–85% floppen (vgl. Backhaus 1995; Christensen 2005; Boston consulting 2003). Nur an ca. einen von fünf Business Plänen mit positivem ROI kann die Erwartung gesetzt werden die geplanten Ziele auch tatsächlich zu erreichen. Leidgeprüfte Executives fragen hier skeptisch "Are projects proposed, because they have a positive net present value or do projects have a positive net present value, because they are proposed?" (Brealey/Myers 2006). Schätzungen der Rentabilität von Innovationsprojekten (dito: Kundennutzenprognosen) sind in frühen Phase der Pipeline meist deutlich zu optimistisch und werden in den späteren Phasen geht realistischer und niedriger bis hin zu der o.g. Top-Flop-Quote (Abb. 3).

Was ist zu tun, um einen höheren Innovationserfolg zu erreichen? Hilft mehr Geld, ein höheres FuE Budget? Booz, Allen und Hamilton haben seit Jahren in mehreren Studien (Drucker 2007) nachgewiesen, dass – entgegen der verbreiteten Ansicht – zwischen FuE-Quote und Umsatzwachstum kaum eine Korrelation besteht, d. h. FuE-intensive Unternehmen wachsen nicht stärker als andere. Eine Korrelation besteht allenfalls zwischen Innovationserfolg und Deckungsbeitrag; innovative Unternehmen erzielen mit ihren i. d. R. moderneren Produkten höhere Deckungsbeiträge.

Der Lösungsansatz lautet „BESSER" und nicht „MEHR". Unternehmen könnten Schritte in Richtung eines höheren Innovationserfolges gehen mittels zweier Schwerpunktsetzungen.

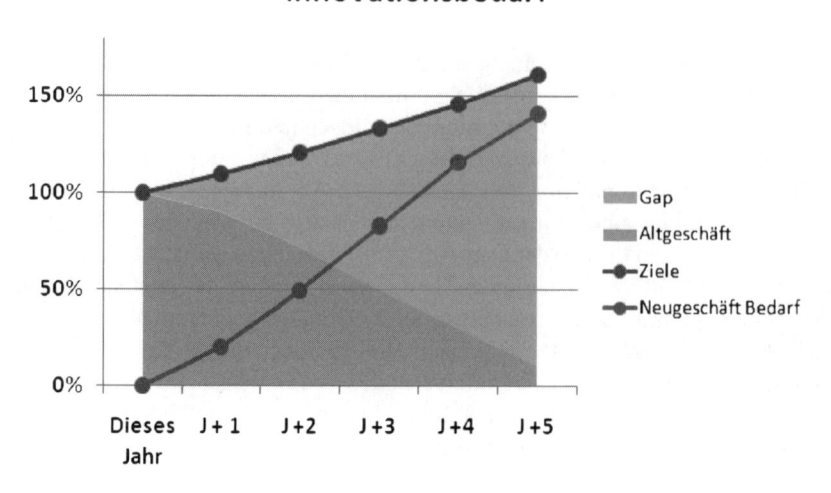

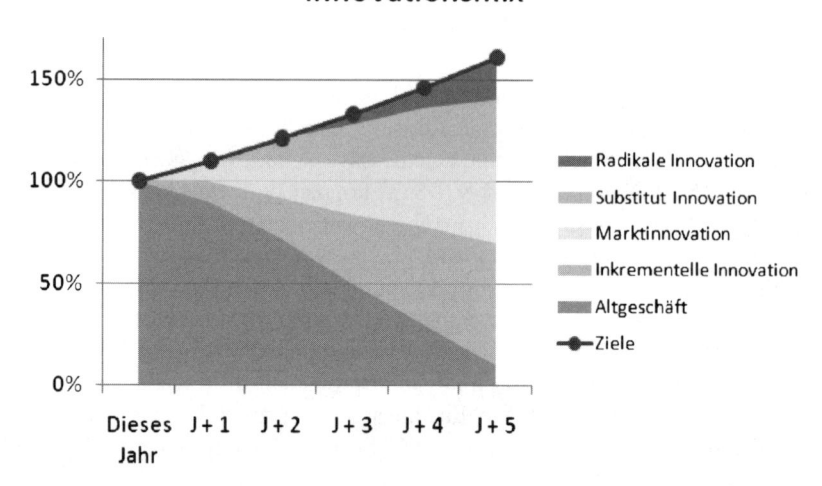

Abb. 2 Innovationsbedarf und Innovationsmix

3.2 Professioneller innovieren

Business Week titelte unlängst "Profit, thy name is creativity". Die Praxis zeigt, dass der Komplex Kreativität und Ideenfindung bei Innovationen zwar wichtig, aber selten das Kernproblem ist. Schon Edison beschrieb seinen beschwerlichen Weg zur ersten Glühbirne mit "Innovation is 1% inspiration and 99% aspiration". Unternehmen, welche sich bei der Inspiration verbessern möchten, können sich z. B. an den 101 Kreativitätstechniken von James M. Higgins (1994) orientieren oder am TRIZ Ansatz (http://www.triz-online.de). Um erfolgreich zu innovieren gilt es den Spagat zwischen Kreativität und Systematik zu meistern und ein dem Bedarf und den

ROI Dynamik Innovationsportfolio: Prognose & Ist

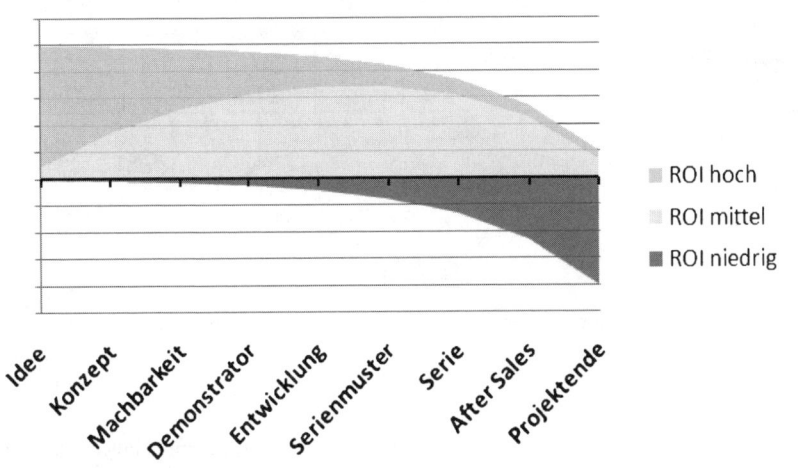

Abb. 3 Dynamik des ROI eines Portfolios von Innovationsprojekten entlang einer Innovation Pipeline

Ressourcen des jeweiligen Unternehmens entsprechendes Innovationsmanagement einzurichten. Hierbei muss mit Auge und Maß vorangegangen werden; was sich bei GE oder Siemens bewährt hat muss nicht per se gut sein für mittelständische Elektrotechnikunternehmen und Prinzipien des erfolgreichen Innovationsmanagement im B2B Produktgeschäft sind ist andere als diejenigen eines Auftragsfertigers, einer Handelsorganisation oder einer Bank.

Ein erster, immerhin über reine Innovationsabstinenz hinausgehender Minimalansatz ist Innovation als ad-hoc Aktivität oder als Skunk Works („U-Boot Projekt"). Einfachste Ausprägungen eines Innovationsmanagements können die Durchführung von Innovationsworkshops oder die Bildung von Innovationsteams sein. In vielen Unternehmen ist ein auf die Product Roadmap orientierter FuE- oder PM-Prozess etabliert, welcher zu einem weiter reichenden Innovationsprozess erweitert werde könnte, inkl. der Benennung eines Verantwortlichen („Chief Innovation Officer"). Ein verbreiteter Innovationsprozess ist der iterative „Stage Gate Process" (Abb. 4). Der direkte Durchgang einer Idee durch alle Phasen ist der seltene Idealverlauf; an den Checkgates des Prozesses werden die meisten Ideen in die Iteration, den Wartemodus oder in das Exit geleitet.

Die meisten Unternehmen sind bei routinisierbaren und häufig durchgeführten Prozessen (z. B. Produktion, Logistik) gut organisiert, jedoch deutlich schwächer bei schwer routinisierbaren und selten durchgeführten Prozessen wie z. B. strategisches Management, Risikomanagement, Krisenmanagement und eben auch Innovationsmanagement. Bei der praktischen Realisierung eines Innovationsprozesses müssen daher erfahrungsgemäß viele Hürden genommen werden.

Das Stimulieren, Erzeugen und Erfassen geeigneter Ideen muss sich an den strategischen Zielen des Unternehmens orientieren. Als Ideenquelle für Innovationen greifen Unternehmen – in der Reihenfolge der Bedeutung – zurück auf ihre Mit-

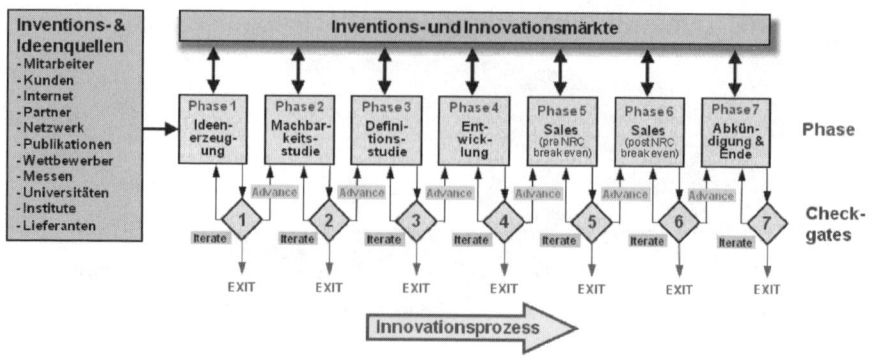

Abb. 4 Innovationsprozess (Prinzip „Stage Gate"). *Quelle: http://de.wikipedia.org/wiki/Stage-Gate-Modell*

arbeiter (häufigste Quelle!), Kunden, das Internet, Partner und Netzwerke, Publikationen, Wettbewerber, Messen, Universitäten und Institute und ihre Lieferanten. Die Erfolgsquote von Ideen ist sehr niedrig (im Bereich 1:100 bis 1:1000); „Totally absurd inventions" (www.totally-absurd.com/archive.htm) vermittelt einen Eindruck von erfolglosen Ideen. Immerhin ist in den letzten Jahren ein Trend zu beobachten weg von „closed innovation" hin zu „open innovation". In jüngerer Zeit werden dazu auch Internet-basierte Innovationsmarktplätzen genutzt, wie z.B. „Innocentive" (www.innocentive.com). Der Zulauf externer Ideen kann gratis, eher aber in Form von Zukäufen erfolgen. Externe Inventoren kommerziell werthaltiger Ideen sind sich meist auch des Wertes und des Preises ihrer Idee bewusst. Nota: „Not invented here!" ist nicht gleichbedeutend mit „Not innovated here!". Zudem existiert in allen Phasen der Innovationspipeline ein Markt für Ideen, Technologien, Konzepte, Patente, Designs, Projekte usw.. In der späten Phase einer Innovation (der Kommerzialisierung) kann dies bis zum Erwerb einer Lizenz oder eines ganzen Business bzw. Unternehmens gehen. Die Märkte entlang der Innovationspipeline sind keine Einbahnstrassen: Unternehmen können auch selber Ihre Ideen, Konzepte, Designs, Patente, Projekte etc. verkaufen. Auch bei Ideen sollte der Fokus auf „BESSER" gelenkt werden, anstatt auf „MEHR".

Im Ideenmanagement des Innovationsprozesses ist zum Phasenübergang von Ideen die Verwendung geeigneter Bewertungskriterien und Metriken essentiell. In den sehr frühen Phasen werden vorrangig nichtfinanzielle Kriterien benutzt (z.B. Designkriterien, Attraktivitätsmaße, Entscheidungsmatrix, Votingverfahren, Anwendungspotenziale, Portfoliofit, Szenarien, Entscheidungsbaum, Ressourcenfit etc.), erhoben v.a. von cross-funktionalen Expertenteams aus Marketing, Vertrieb, FuE, Einkauf, Produktion und Finanzen. In den mittleren und späteren Phasen läuft die Beurteilung von Innovationsprojekten dann hinaus auf die konventionellen Kriterien „Kundennutzen", „Wettbewerbsvorteil" und „Unternehmensnutzen" (hier v.a. in Form finanzieller Kriterien wie NPV, IRR, ROI, Breakeven, CF, ROS, ROE usw.).

Das Management des Innovationsprozesses ist möglichst professionell zu gestalten, um es nicht zu einer frustrierenden und ressourcenverschleißenden Erfahrung werden zu lassen. Für die notwendigen Daten, Methoden und Kompetenzen ist

3 Innovationsstrategie: Fokus auf Systematik und Selektion

zu sorgen. Die gesamte Innovation Pipeline sollte mittels eines IT-Tools gemanagt werden. Jeder B2B Vertriebsleiter kann heute per Knopfdruck den aktuellen Stand seiner Sales Pipeline en Detail und in verschiedensten Sichten abrufen; beim Management der Innovationspipeline ist dies leider nur selten der Fall. Zwei weitere Mittel zur Steigerung der Systematik und Transparenz im Innovationsmanagement sind die Einrichtung einer Innovation Scorecard und die Einführung eines Corporate Innovation Management Standard (nicht als Kreativitätshemmer sondern als Systematikförderer), in welchem Prozess, Kriterien, Tools und Methoden klar beschrieben sind.

Es empfiehlt sich die Innovationstätigkeit in Netzwerke einzubetten. Zu den Themen „Open innovation", „Collaboration", „Co-Creation" etc. und den damit verbundenen Erfolgsstories (BMW, Lego, Wikipedia u. a.) ist in letzter Zeit hinreichend viel publiziert worden (Chesbrough 2003; http://de.wikipedia.org/wiki/open-Innovation).

Jedes Unternehmen kann zudem die Wertsteigerung und den Renditebeitrag von Innovation in den Fokus des Innovationsprozesses stellen und über die rein produktfokussierte Innovation hinaus in nicht produktfokussierten Feldern innovieren. Hierbei können die grundsätzliche Logik und die Abläufe eines stage-gate-artigen Innovationsprozesses beibehalten und dessen Inhalte zu einem wertfokussierten Innovationsprozesses erweitert werden. Am high-end des Innovationsmanagement gibt es zudem einen Markt für allerneuester Ansätze (Bsp.: „Blue Ocean Strategy" von Kim und Morbougne, „Function-Technology-Matrix" von BCG u. v. m.).

Die verschiedenen Ansätze zum Innovationsmanagement sind in Abb. 5 noch einmal zusammengefasst. Es gibt noch weitere, hier nicht angesprochene Verfahren.

Ansätze zum Innovationsmanagement	Professionalität des Innovationsmanagements				
	Keine	Basic	Average Industry Standard	Advanced	World Class
Kein Innovationsmanagement	•				
Ad hoc Aktivitäten		•			
Skunk Works		•	•		
Innovations-Workshops		•	•		
Innovation Task Force / Team			•		
FuE Prozess, PM Prozess			•		
Kauf von Innovationen			•	•	
Innovationsprozess, produktfokussiert				•	
Intrapreneurship				•	
Innovation spin-offs				•	
Innovation Center of Excellence				•	•
Cross-funktionale Innovation Teams				•	•
Innovationsnetzwerke				•	•
Innovationsprozess, wertfokussiert					•
Neueste Verfahren					•

Abb. 5 Professionalitätsgrade des Innovationsmanagement

Zur Selbsteinschätzung können in Abb. 5 der eigener Praxis entsprechende Ansatz des Innovationsmanagements sowie das Zielniveau eingetragen werden; die Lücke dazwischen wäre ein erster Indikator in Richtung eines Programmes zur Steigerung der Innovationsprofessionalität.

Gemeinsam ist den Ansätze zum Innovationsmanagement die Bedeutung den intangiblen Faktoren: pushen Sie Teams aus deren Komfortzone heraus, versuchen Sie Andersdenkende zu motivieren, bringen Sie Individuen und Teams dazu sich zu involvieren, orchestrieren Sie Innovation, etablieren Sie eine Innovationskultur und eine Innovationsmoral und ermöglichen Sie Intrapreneurship (Unternehmer im Unternehmen). Halten Sie das Spannungsfeld zwischen Kreativgurus, Systematikern und kommerziellem Management produktiv und schließen Sie v. a. das „knowing-doing gap". Auch beim Innovationsmanagement zählt letztlich nur das Ergebnis und nicht schon die gute Absicht.

3.3 Profitabler innovieren

Die Innovationsplanung sollte sich nicht alleine an der Umsatzkomposition orientieren, sondern spätestens bei nicht mehr vernachlässigbaren Kapitalbedarfen der Projekte an Werthaltigkeit und Rendite. Auch Innovationen müssen Ihre Kapitalkosten erwirtschaften. An der GSBA Zürich werden im Rahmen des Zürich Living Case (Stähli 2006) die Werttreiberbäume (auch DuPont Baum oder Strategy Maps, Abb. 6) eines Business top-down nach den wesentlichen Werttreibern durchsucht und es finden sich i. d. R. Innovationswirkungslinien, welche nur indirekt oder nicht

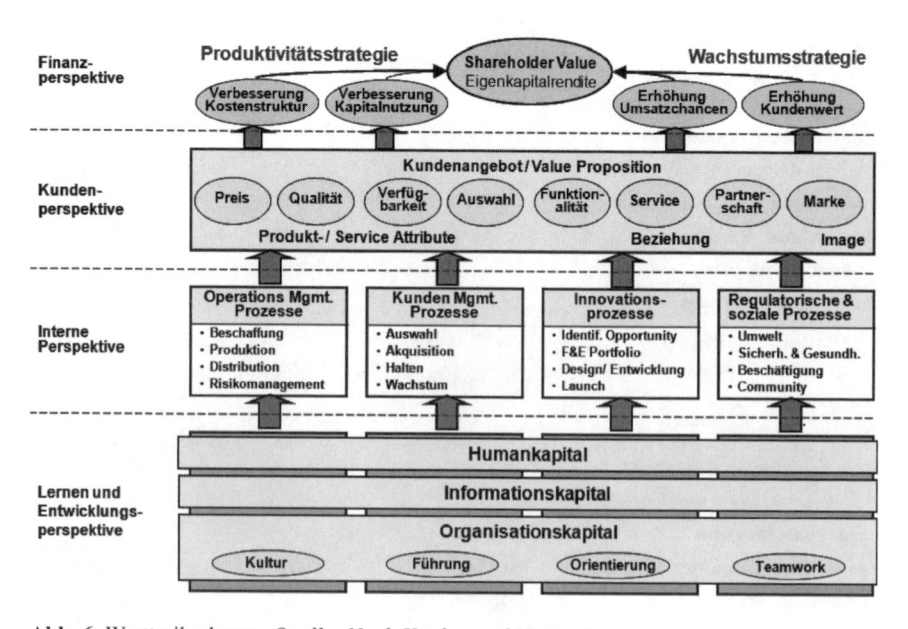

Abb. 6 Werttreiberbaum. *Quelle: Nach Kaplan und Norton*

3 Innovationsstrategie: Fokus auf Systematik und Selektion

mit Produkten zu tun haben. So hat beispielsweise der Faktor „Preis" die größte Wirkung auf die Eigenkapitalrendite eines Unternehmens – wie viele Unternehmen führen echte Pricing-Innovationen ein? Die Assetnutzung ist oft eher Kreisklasse als Weltklasse; die Pipeline an Asset- und Prozessinnovationen ist trotzdem oft leer.

Angesichts der geringen Erfolgsquote von Produktinnovation verdienen zur Steigerung des Unternehmenswertes also auch die nicht-produktorientierten Innovationsfelder die Aufmerksamkeit des Managements. Viele Unternehmen haben Ihren Aufstieg nicht allein Produktinnovationen zu verdanken, sondern Innovationen in anderen Feldern der Geschäftstätigkeit. Unternehmen können einige oder alle der in Abb. 7 aufgeführten Innovationsfelder in ihr Innovationsmanagement integrieren.

Zu jedem dieser Innovationsfelder lassen sich – wie bei der Produktinnovation – Innovationsportfolios und Innovation Pipelines entwickeln. Aus der großen Zahl (einige Dutzend …) der möglichen Innovationsportfolios stellt Abb. 8 einige Beispiele dar.

Zur Ableitung der Innovationsprioritäten sollte die wertorientierte Innovation Pipeline an den verfügbaren finanziellen und nicht-finanziellen Ressourcen sowie

Nr.	Innovationsfeld	Beispiele
1	Assetinnovation	Mittal Steel, Nucor Mini Mills
2	Kompetenzinnovation	Prof. Barnard (Herztransplantation)
3	Prozessinnovation	Dell (hypereffiziente Supply Chain), Toyota
4	Kosteninnovation	IKEA, Dacia, Aldi
5	Strukturinnovation	FedEx (Topologie „Hub and Spoke" Netzwerk)
6	Produktinnovation	Red Bull, iPod, Prius oder Windows u.v.a.
7	Kundennutzeninnovation	Debis, IBM Business Consulting, Systemhäuser
8	Pricing Innovation	Dell, Lufthansa, Rental Cars, Value Pricing
9	Wettbewerbsinnovation	Toyota, Renault, Opel
10	Segmentinnovation	Boss, Segment „Frauen", Tata Motors "low end segment"
11	Kanalinnovation	Dell, Internet Ordering
12	Kommunikationsinnovation	Media Markt, Bennetton etc.
13	Managementinnovation	GE, Siemens, Google
14	Business Modell Innovation	SouthWest Airlines, Amazon, Ebay, IBM (on demand)

Abb. 7 Weitere Innovationsfelder

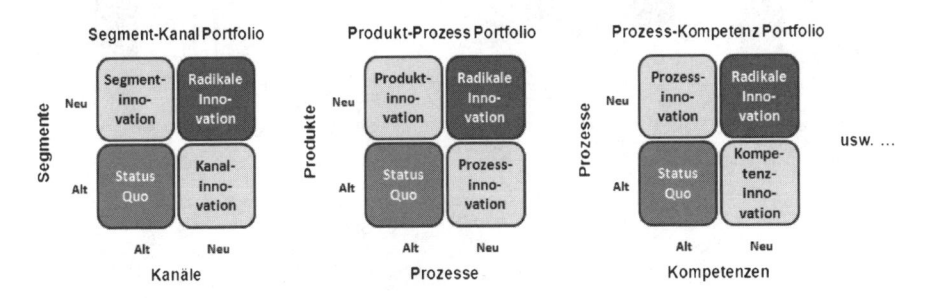

Abb. 8 Einige weitere Innovationsfelder und Innovationsportfolios

am prognostizierten ROI oder ROE-Anstieg gespiegelt werden. Die Innovationsstrategie zeigt dann auf, wie die Roadmap der Innovationsinitiativen dazu beiträgt die Unternehmensziele zu erreichen. Ein Beispiel für die Steigerung der Eigenkapitalrendite resultierend aus einer in allen Aspekten ausgearbeiteten Innovationsstrategie ist in Abb. 9 wiedergegeben.

3.4 Zusammenfassung

1. Verknüpfen Sie die Innovationsstrategie mit der Unternehmensstrategie und setzen Sie klare, aus der Unternehmensstrategie abgeleitete Innovationsziele.
2. Organisieren und leben Sie ein den Verhältnissen ihres Unternehmens angepasstes Innovationsmanagement (z. B. als Prozess).
3. Beschränken Sie Ihr Innovationsmanagement nicht allein auf das Thema Neuprodukte, sonder adressieren Sie weitere zur Steigerung des Unternehmenswertes nutzbare Innovationsfelder.
4. Managen Sie die gesamte Innovation Pipeline mittels eines IT Tools.
5. Organisieren Sie systematische Ideenzuläufe aus einer breiten Gruppe interner aber v. a. externer Quellen (Kunden, Lead User, usw.) in Form eines Ideenmanagements.
6. Definieren Sie in allen Phasen klare monetäre und nicht-monetäre Kriterien zur Beurteilung der Innovationsideen. Bilden Sie den Innovationsnutzen für die wesentlichen Stakeholder ab (Kundennutzen, Wettbewerbsvorteil, Shareholder Value).

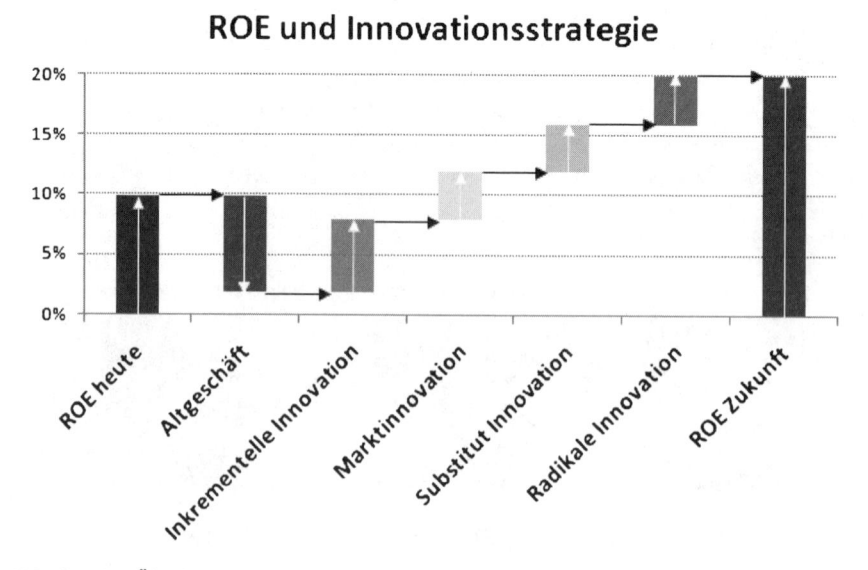

Abb. 9 ROE-Überleitung einer Innovationsstrategie

3 Innovationsstrategie: Fokus auf Systematik und Selektion

7. Prüfen Sie die Marktlage/die Verfügbarkeit externer Innovationsquellen entlang der der Ideenfindung nachfolgenden Phasen („make or buy" gilt immer).
8. Sorgen Sie dafür, dass die „Füllungsgrade" der Phasen der Innovation Pipeline konsistent sind (oppulent in den frühen Phasen, fokussiert in den späten Phasen).
9. Bauen Sie eine Innovationskultur auf; leben Sie diese vor, d.h. setzen Sie Incentives für Innovation, sorgen Sie für Transparenz und für klare Entscheidungskriterien.
10. Setzen Sie klare Performancekriterien für die Erreichung von Innovationszielen, sorgen sie für eine konsequente Umsetzung und kontrollieren Sie regelmäßig die Ergebnisse des Innovationsprozesses.

Ergreifen Sie die Initiative und werden Sie Unternehmer in Sachen Innovation. Marketing und Innovation sollten die Investmentadviser der Unternehmensführung sein. Denken Sie an Peter Drucker: "...all the rest are costs!"

Literatur

Backhaus K., Investitionsgütermarketing, München 1995
Boston Consulting, Boosting Innovation Productivity 2003
Richard A. Brealey, Stewart C. Myers, Principles of Corporate Finance, McGrawHill 2006
Chesbrough, H., Open Innovation, Harvard Business School Publishing, Boston 2003
Clayton Christensen, Marketing Malpractice: the Cause and the Cure, Harvard Business Review 2005
Drucker, Peter, People and Performance, Harvard Business School Press, 2007
James M. Higgins, 101 Creative Problem Solving Techniques – the Handbook of New Ideas for Business, New Management Pub. Co., 1994
Kaplan R.S., Norton D.S., Balanced Scorecard, Stuttgart 1997
Stähli, A., Management Andragogik 2 – Zurich Living Case", Berlin, Heidelberg, New York, 2006
http://www.booz.com/media/file/151786.pdf
http://de.wikipedia.org/wiki/TRIZ,
http://www.triz-online.de/
http://de.wikipedia.org/wiki/Stage-Gate-Modell
www.totallyabsurd.com/archive.htm
www.innocentive.com
http://de.wikipedia.org/wiki/Open_Innovation

Chapter 4
Efficient and Effective Strategy Implementation: the Next Source of Competitive Advantage

William K. Holstein and Durì R. Campell

Zusammenfassung. *Effektive und effiziente Strategieumsetzung wird zum entscheidenden Wettbewerbsvorteil, denn mit der Fokussierung des gesamten Unternehmens auf die strategischen Ziele lässt sich die Performance nachhaltig steigern. Was so einleuchtend klingt, ist ein ehrgeiziges Ziel, an dem die meisten Unternehmen scheitern. Die Autoren zeigen die Hindernisse auf und beschreiben die von Ihnen entwickelte „Integrierte Methode" zur effizienten und effektiven Strategieumsetzung. Einige Schritte davon wurden unter anderem im beschriebenen Projekt bei Swiss Life erfolgreich umgesetzt und führten im Rahmen der strategischen Vertriebsziele zu nachhaltigen Performance-Steigerungen.*

4.1 Introduction

It is difficult to turn strategies and plans into individual actions necessary to produce great business performance. So difficult, in fact, that the odds favor failure. Studies in both the U.S. and Europe support this view. A Fortune Magazine study suggested that 70% of all CEOs who fail do so not because of bad strategy, but because of execution: It is bad execution. As simple as that: not getting things done, being indecisive, not delivering on commitments (Charan, Colvin 1999). In another study of 200 UK companies with a telling title, "Why do only one third of UK companies achieve strategic success?" 80% of directors said they had the right strategies but only 14% thought they were implementing them well; no doubt linked to the finding that despite 97% of directors having a "strategic vision," only 33% reported achieving "significant strategic success (Gobbold, Lawrie 2001)." This was a few years ago, is it still as bad? Unfortunately yes. Recent surveys in Switzerland, the EU and the U.S. confirm that the situation hasn't changed (Horváth 2006).

Most companies and organizations fully understand their businesses and have leaders who understand the strategy that is required for success. However many corporations – especially large ones – struggle to translate their strategy into action plans that will enable the strategy to be successfully implemented and sustained. Stated otherwise, most companies have strategies, but far fewer achieve them; most business leaders understand that effective strategy implementation is key for achieving strategic success; yet unsuccessful attempts far outnumber successful achievements.

Getting execution right will become more and more important in most corporations' future. The globalization of markets, lowered trade barriers and virtualization of markets enabled by e-commerce and the internet has made almost every business face a more brutally competitive environment. David P. Norton's statement that *"strategy execution is the next source of competitive advantage"* is therefore exactly right (Norton 2006).

To better understand the difficulties and possible solutions for strategy implementation we divide this chapter into two parts. First, we will discuss the general issue of strategy implementation, and then turn to a more specific discussion of tools and techniques that can be used, including a Swiss case study of the implementation of some of these ideas. To begin the general discussion, we introduce several problems and issues that impede successful strategy implementation.

4.2 Barriers to Strategy Implementation

David Norton and his colleague Robert S. Kaplan identified four barriers that must be surmounted before strategy can be effectively executed (Niven 2006). These findings have been supported by a 20-company survey conducted by CONTRADA (Krause 2006).

- **Understanding Barrier:** A review of several studies of strategy indicates that only 59 to 71% of top management, 40% of middle management and 3–7% of employees understand their company's strategy. If employees don't see a common goal, commitment levels fall, which can negatively impact turnover, loyalty and finally company performance.
- **People Barrier:** Only 25% of managers have incentives linked to strategy. In many organizations the meeting of strategic goals have no direct impact on management systems like compensation, promotion or development, and absolutely no impact on the employees at the lowest level of the organization.
- **Resource Allocation Barrier:** 60% of organizations don't link budget to strategy. Human and financial resources are often tied to short-term financial targets and not to long-term strategy or to clear strategic goals. Many organizations have different processes for budgeting and strategic planning so frequently more projects are started than resources are available to cover. The subsequent squeeze on resources and constant re-allocation of money and effort draws further attention away from strategic goals.
- **Management Learning Barrier:** Executive teams are often caught up with the daily business and work with a focus on tactical issues. 85% of executive teams spend less than one hour per month discussing strategy and its implementation.

There is little learning regarding efficient and effective implementation of strategy.

In addition, there are major pitfalls when implementing strategies:
- **Complexity:** An organization is a complex system and therefore not 100% controllable. Complex systems have complex problems that can't be solved with an isolated view, and that cannot be divided into smaller, separately-solved problems. Complex problems also involve cross-functional tradeoffs that require a clear understanding of strategy. Without that strategic understanding, the tradeoffs are likely to be made on the basis of personal interests or short-term goals.
- **Wrong indicators:** Performance measurement systems and associated metrics are often not derived from strategy, not well-defined or, even worse, are just plain wrong or inappropriate. This can lead to wrong incentives and wrong behavior. The data-gathering of non-financial indicators is also not well established and well understood. Collecting data is therefore time-consuming and expensive. Stated otherwise; meaningful data is not collected and much of what is collected is not meaningful.
- **Unbalanced focus:** Many organizations use mainly financial measures (almost always historical data and therefore lagging indicators). These provide an excellent review of past performance, but have no predictive power and make no statement about intangible assets, which are increasingly important in today's organizations.
- **Time lag:** Strategy implementation pays off in the long run. In the short term the implementation of a strategy often causes costs. Shareholders, particularly Americans, are not very patient. For CEOs, short-term gains can be all that matters. So in many instances, focusing on strategy implementation is an intrusion on the crucial tasks of running the daily business and generating short-term cash flow and profits.
- **Permanent Process:** Strategy implementation is an on-going, one might say permanent process. Often there is no structured implementation process established. Goals are not cascaded down, key performance indicators (KPIs) are not measured periodically, timely corrective actions are not started to remedy underperformance, and forecasts and feedback are not accumulated and consolidated to promote learning at the corporate level and to act accordingly.

  Part of the problem is poor communication of strategy and strategic goals. Communications problems are compounded in companies where the people developing the strategy are in staff functions without contact with the market, with customers, and with lower levels of line management. In most companies, implementing a new strategy is not a core competency of managers and employees. Rather, competency is built on the foundation of running the daily business as it always has been.
- **Intangible Assets:** Approximately 75% of value created in organizations arises from intangible assets – knowledge, patents, relationships, partnerships, alliances, etc. Organizational value-creating activities are not captured in the tangible, fixed assets of the firm. Instead, value rests in the ideas of people scattered throughout the firm, and in a culture capable of innovation and quality. In such

a situation, strategy may also be intangible and not very precisely described. Companies who fail to clearly define, describe and communicate their business model, their critical success factors (CSF) and their KPIs risk losing focus and missing strategic goals.

4.3 Unfolding Strategy

With these problems in mind, we turn next to the notion of 'unfolding' strategy as a metaphor for strategy implementation. If we think of unfolding a map, we think of spreading out, or opening from a closed or folded state, or extending the map. Consider an alternative definition: To remove the coverings from; to disclose to view; to reveal gradually by written or spoken explanation; to make known. (http://www.answers.com/topic/unfold).

One doesn't unfold a map in one step. One certainly doesn't re-fold a map in one step – and strategy is similar. Strategy takes several steps to 'disclose to view.' It requires a carefully-phased approach, and well-defined, individual projects to implement activities at various levels of the organization. And, considering our previous key findings on barriers and pitfalls, strategy implementation requires measurement and feedback at each step. The ultimate goal is to enable organizations to effectively translate (reveal gradually) strategic intent all the way through to results in a clear, powerful, and well-understood and effectively-communicated process.

So 'unfolding' a strategy involves 'removing the coverings from' the strategy (the package), i.e. communicating throughout the organization what is really in the package, going beyond the wrapping and the tissue paper. The real need is to

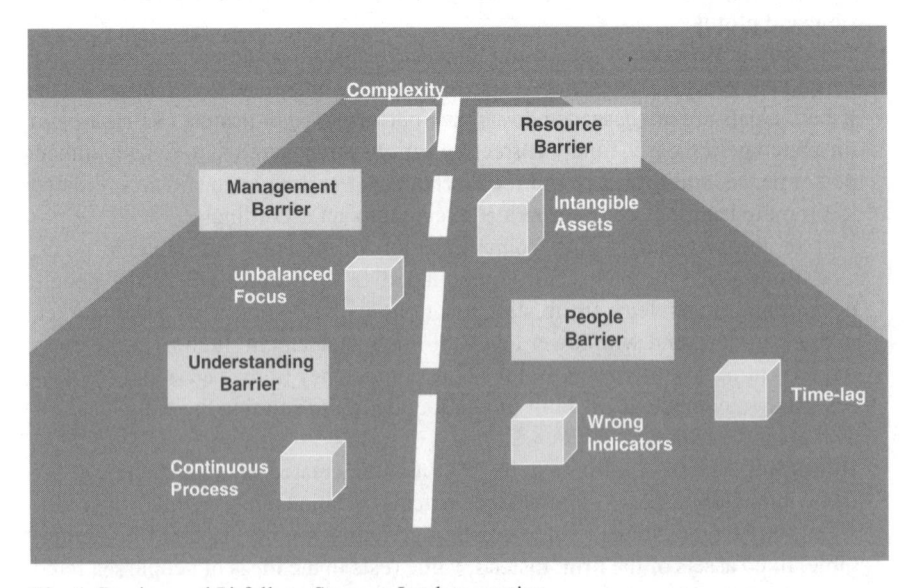

Fig. 1 Barriers and Pitfalls to Strategy Implementation

creatively and systematically bring the strategy to life by creating *integrated and coordinated action plans* throughout the organization that ensure that all functional areas and organizational units are aligned behind it. The principal objective is for everyone in the organization to *understand* the strategy and specifically to ensure, that what they are doing *will contribute* to overall success.

4.4 The Integrated Method: Strategy Implementation Step by Step

An "Integrated Method for Efficient and Effective Strategy Implementation" (hereafter the Integrated Method) was newly-developed by the authors and copes with the barriers and pitfalls arising during the strategy implementation process. The strengths of different methods are put together, enhanced and combined into an overall process for effective and efficient strategy implementation (Campell, Holstein 2007).The Integrated Method is a systematic, strategy-focused management approach, which ensures that all actions and results support the strategy, and that all company resources are clearly assigned to support these actions. Looking at it from a timeline perspective the Integrated Method has four phases as shown in Fig. 2.

Looking at it from an organizational perspective the Integrated Method has a Top-Down and a bottom-up approach as shown in Fig. 3.

- **Analysis** – this phase covers the whole process starting with pre-work (finding the right sponsors, staffing the team etc) and ending with analyzing the mission, vision and the strategy itself.
- **Operationalization** – this phase prepares the implementation and focuses importantly on Critical Success Factors and Key Performance Indicators. Tools that can be used here include Strategy Maps, measurement approaches such as the Balanced Scorecard, and the alignment of all business processes and organizational units with the strategy. 'Alignment' is perhaps an over-used term that is bordering on jargon in many companies, but the idea behind it is crucial at this stage of the process.

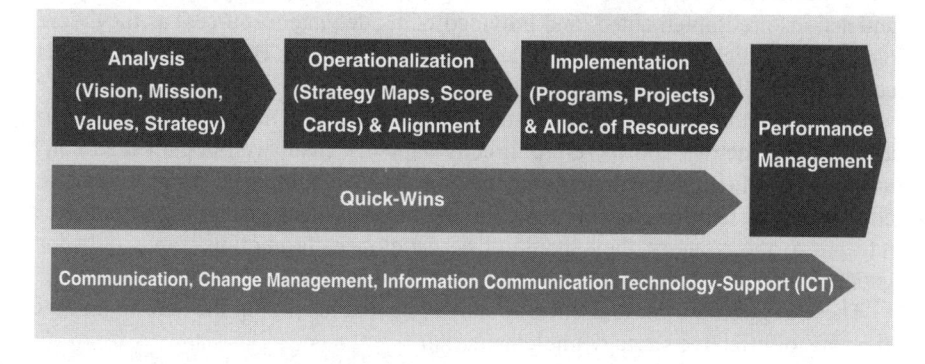

Fig. 2 Phases of the Integrated Method

```
                           Vision    Analysis
                           Mission
                           Strategy
                      Strategy Maps,
                      Balanced Scorecards,   Operationalization
                      Alignment Organisation
                 Strategic Programs/Projects/
                 Actions, Allocation Resources,   Implementation
                 Weighting, Link Max Bonus to Salary
             Score Cards, Actions, Measurement,
             Appraisal, Feedback, Forecast, Corrective   Performance
                           Actions                       Management
        ------------------------------------------
        Planning & Budgeting, Programs/Projects/Actions,
        Compensation, Development, Promotion, Succession Planning   Consequences
```

Left side: Strategy conformity – link from planning & budgeting (top-down)
Right side: Strategy/implementation – link to planning & budgeting (bottom-up)

Fig. 3 Top-Down and Bottom-Up Processes in the Integrated Method

- **Implementation** – this phase covers the planning of specific initiatives, projects and actions, with clear assignment of responsibility to teams and organizational units. The allocation of resources also occurs here. How much systems support, how much budget, scorecard objectives and metrics all have to be accomplished at an appropriate level of detail for the implementation to succeed.
- **Performance Management and Consequences** – this final phase triggers a whole series of actions involving measurement, evaluation, feedback, the generation of forecasts and then timely corrective actions to deal with exceptions and deviations from plans. A key to successful Performance Management is real and periodic consequences for deviations from planned business and management performance. An approach to this task is shown in Fig. 4.

The Performance Management step deserves more detailed comment. Quarterly checks on a corporate level are designed to ensure that programs, projects and actions are implemented (and provided with adequate resources) as they were planned in earlier phases, for example as they appear in the BSC. Maintaining this connection will ensure that implementation is aligned with strategy.

Compensation is based on the individual performance measured according to agreed-upon metrics and therefore directly supports clear, well-documented contributions to the implementation of strategy. Individual employee competences are developed and tied to relevant metrics in the measurement system. If they are not relevant to the strategy, they shouldn't be developed. Promotion comes only for good, clearly-measured strategy-relevant performance.

These suggestions may, at once, sound vague and harsh, but they are important elements of effective strategy implementation.

In Fig. 2, the sequence of activities portrayed at the bottom of the diagram suggests a continuing series of activities throughout the process. These activities high-

4 Efficient and Effective Strategy Implementation 63

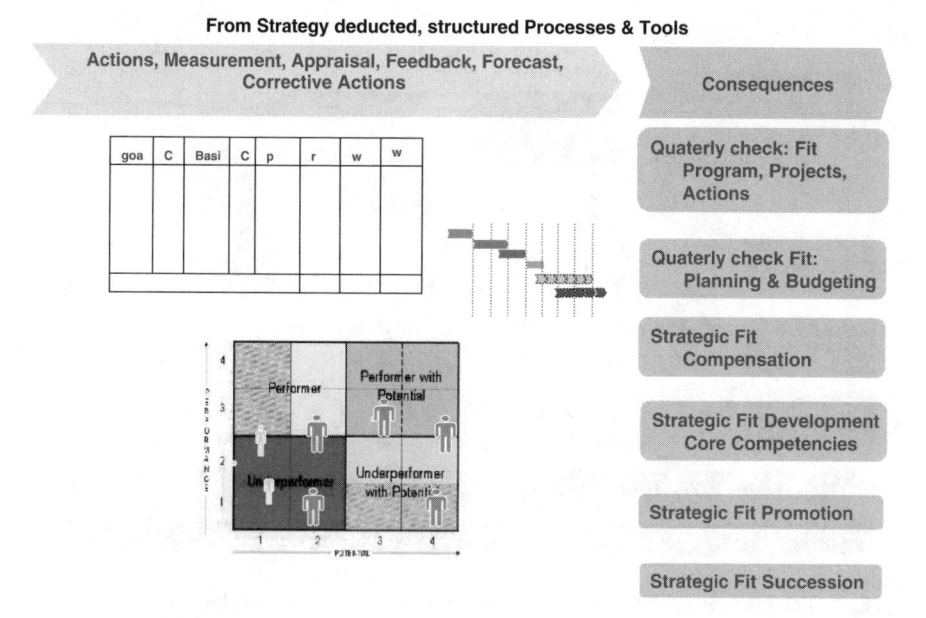

Fig. 4 Consequences of the Integrated Method

light the 'quick wins' that serve as milestones of the implementation process and tie the various activities and elements together. These are discussed in more detail here.

- **Change Management and Communication** – this supporting task covers the communication and change management during the entire strategy implementation process. Effective communication throughout the enterprise and explicit attention to the management of change to 'bring everyone on board' are imperative to achieve success with the Integrated Method. 'Communication' and 'Change Management,' like the term 'alignment' mentioned earlier, are perhaps over-used and tending towards jargon, but the ideas are essential and should not be overlooked just because the terms are somewhat overwrought in contemporary practice
- **Information Communication Technology (ICT)** – this second supporting task covers the use of information technology to assist communication and evaluation. ICT is not just computers. An ICT system includes hardware, software, data, communications technology such as mobile technology and the Internet and, most importantly, the people who use them – the 'people ware.' So ICT is not just about computers, but about how, why and when people use them. It is the power of computers and communications that has allowed ICT systems to become so important. Like any piece of equipment, the important thing about it is what it lets us do.

As portrayed in Fig. 5, the Integrated Method is a continuous, balanced improvement process. It starts with the analysis of the strategy, which flows into the operationalization and implementation during the planning and budgeting for the next 3

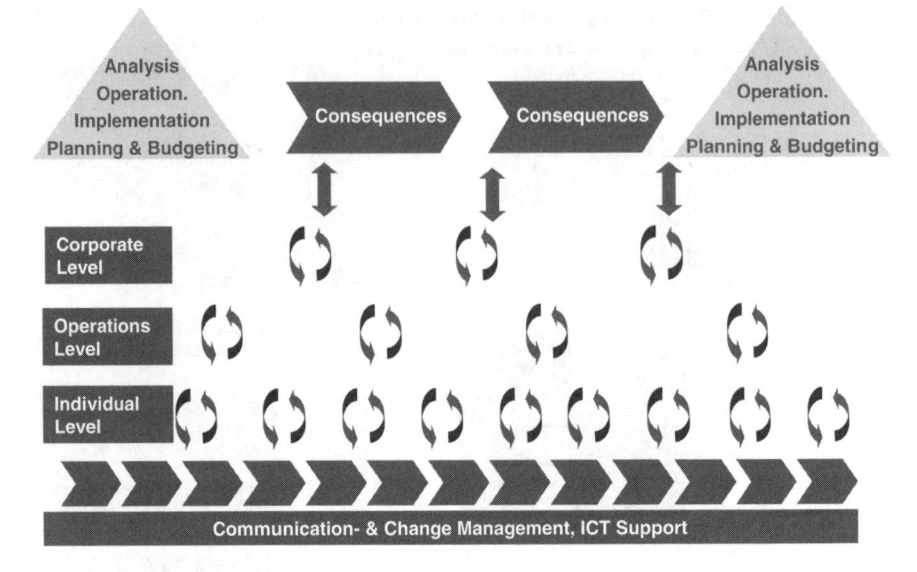

Fig. 5 The Integrated Method as a Continuous, Embedded, Balanced Process

years. As shown in Fig. 6 it continues with an iterative performance management cycle with regular, weekly, monthly or quarterly improvement intervals. And it ends with the consequences which flow again in the iterative operationalization and implementation cycles during the year and into the planning and budgeting phase for the subsequent years.

In other words the Integrated Method fully synchronizes the processes of strategy development, strategy implementation (planning and budgeting) and of the performance management including the follow-on consequences. On the resources side, the Integrated Method covers the re-allocation of human resources, infrastructure and financial resources according to the weight and gap of the strategy-aligned goals and competencies to be reached. In parallel, it also covers the direct link of performance and compensation, as well as the competency-development link and the potential-promotion link on the human capital side. Finally, it covers the impact on the alignment of the organization and the main business processes for the planning of the subsequent years.

As shown in Fig. 5 the Integrated Method is applied on three different levels:
- On the **corporate level** the Integrated Method helps to implement the corporate strategy.
- On the **operational level** it helps to align the organization and its business units to the strategy in order to manage the organization and to guide it towards the goals defined in the strategy.
- On the **individual level** the Integrated Method helps to align the employees to the goals of the operational level and, with this, to the strategy. This helps to motivate them by creating incentives and promoting the development of compe-

corrections

Actions

→ **Permanent Process (ICT supported)**
- weekly / monthly / quaterly
- Corporate L., Operational L., Indiv. L.
- Continuous organisational learning

Appraisal, Feedback & Forecast

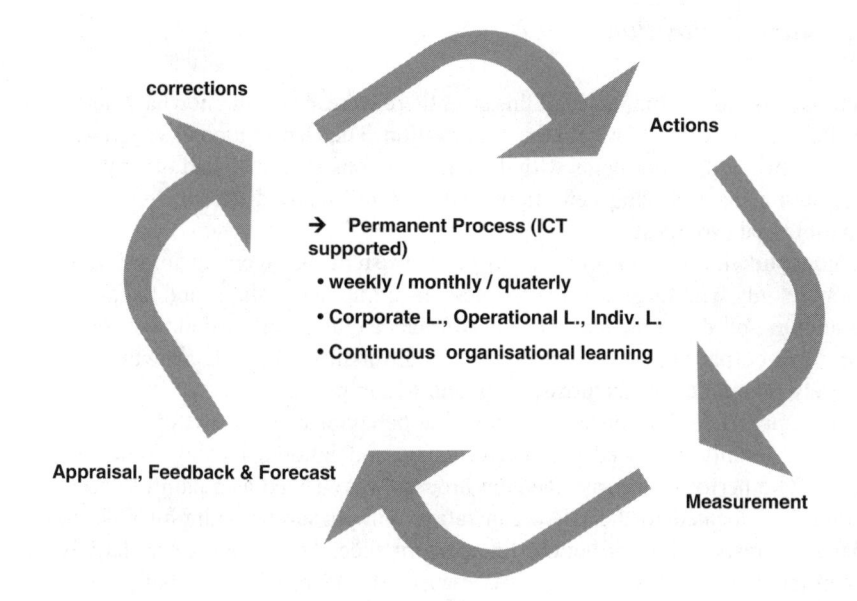

Measurement

Fig. 6 Iterative Performance Management Cycle

tencies that will enhance their potential and lead to further performance incentives in the future.

Applying the Integrated Method is a complex task, but the value of the method comes from its ability to pull together the various elements that will lead to strategic implementation success. Managers who understand the different tasks and steps, who communicate them and see the compelling logic behind them throughout the organization, will find that the method is clear, coherent and logic, consistent and valid.

Next we present a living case with a more detailed description of these ideas and in which the Integrated Method has been applied with great success.

4.5 The Swiss Life Case

The major elements of the Integrated Model described above were implemented within a strategy implementation project at Swiss Life (Bucher, Holstein, Campell 2007). The implementation was led by Silvan Bucher (Head of the Distribution Controlling of Swiss Life Switzerland) with the support of co-author Durì Campell. The result of this project was a substantial performance improvement within a framework of clearly-defined strategic goals.

4.5.1 Starting Position

Characteristic of many companies of this size, there were several somewhat impenetrable, long-existing 'silos' within the organization. The Distribution Division was constantly battling data problems with data gaps, inconsistent data and other problems stemming from varying definitions of KPI's and many different, frequently incompatible, data sources.

The consolidation of data in order to get consistent management information was possible only with huge effort and time-consuming negotiations and hand-offs among and up-and-down the silos. The performance culture focused almost solely on short-term output objectives. Sustainable, high-quality corporate growth goals were largely ignored under the pressure for short-term performance.

Routine appraisals did not lead to proactive behavior and support of strategic goals – they mainly reviewed past performance and ignored leading indicators and KPI's. The performance management process was viewed as a painful necessity, properly relegated to the HR organization without any meaningful links to line managers responsible for bottom line performance. There were weak, largely unsubstantiated links between what was measured and promotions, bonus payments, or training and development.

Clearly efficient and effective strategy implementation and more comprehensive performance management was called for. The goal of the project undertaken to address the problem was to implement strategy according to the idea of the Integrated Method specifying clear goals derived directly from strategic goals for each individual employee. Very important in the early effort was the development of all individual goals with a laser-like focus on directly supporting the strategy implementation of the Distribution Division. Room for individual entrepreneurial behavior was maintained by giving managers flexibility in the delegation of tasks, responsibilities and the mix of competencies to be assigned.

4.5.2 Pilot Project and Roll-out

A pilot project was started in 2003, involving only the top 15 managers in the Distribution Division. Important lessons were learned quite quickly regarding the derivation of goals at the operational level from the strategic goals of Swiss Life. A key element in the pilot, designed for the larger implementation with 700 employees to follow, was an IT-based performance management system. It was developed to ensure that administrative workload to manage the system wouldn't explode. The greatest contribution of the IT system was in the consolidation of data from different sub-systems, which yielded significant economies of scale and eliminated many time-consuming tasks and communications problems during the project roll-out.

Further internal communications efforts developed during the pilot made the Swiss Life strategy transparent to, and understood by, all employees. SMART (Specific, Measurable, Attainable, Relevant and Time-bound) goals ensured that everyone knew the importance of their role in strategy implementation and therefore could better support those goals.

In addition, during the pilot, work was started on a transparent bonus system with a direct link to individual strategy-relevant performance. Early results were encouraging: an increase in strategy-conforming performance, an increase in the quality of advice and consulting given to customers, and a noticeable increase in the commitment of employees.

As part of that effort, a new instrument for management was developed that reduced the burden of controlling and evaluation efforts, and that substantially reduced management workload and produce better results than the HR-based system. Also, a more pro-active management style, with immediate responses to problems is now possible. This enables the introduction of strategy-supporting corrective actions during the year, rather than waiting for annual performance reviews.

Prior to the roll-out to the whole division in 2004, several training sessions were scheduled to ensure that managers, subordinates and employees were empowered and had enough to develop strategy-supporting goals at their level. Training was also given on how to enter goals into the IT system and manage the data therein. During these sessions, corporate culture was an integral part because strategy implementation and performance management generate transparency in the organization, and this has to be supported by the corporate culture. Middle management was actively involved in this process in order to generate the necessary support for strategy-supporting performance management.

By the end of 2004, bonus-payments for approximately 650 employees were made for the first time. The payments were based on individual performance and contribution to the strategy implementation. After this first round of bonuses, clear lessons were learned. Several middle managers had difficulty defining SMART goals for lower level employees. The goals were not precisely defined, and many could not be measured because required data was not available or could not be obtained with reasonable effort.

In 2005, a data-quality project was initiated to solve problems with insufficient data or inadequate data to feed the performance management system. A few fixed goals for every role, designed to 'jump start' the goal setting process at lower levels, were centrally defined using the SMART method. The necessary data for these fixed goals were generated from existing sub-systems and transferred into the performance management IT system on a monthly basis. The training of managers was re-focused to concentrate on the development of lower-level, specific strategy-supporting goals.

During the training sessions, all managers down to the lowest level were involved in the derivation and in the development of fixed strategy-supporting goals on their relevant level of the organization, mirroring the effort started at the top level. To ensure even earlier consequences in the corrective actions, a six-month bonus payment with quarterly formal reviews was implemented.

4.5.3 Results

Positive results and advantages appeared very quickly. Based on identified, strategy relevant KPI's the relevant data was defined and provided in a transparent way throughout the distribution division. Data was updated monthly and relevant data could be accessed throughout the company by all levels of the organization. This reinforced the transparency objectives of the project, an important basis for creating trust and cooperation.

With fresh, monthly data, formal and informal performance reviews could take place more often. Feedback in one-to-one meetings could be based on facts rather than judgments, and many issues could be faced immediately, with corrective actions developed on the spot and implemented pro-actively.

Managers and employees both have the opportunity to enter their views into the system, and to comment on results and state their expectations. This top-down (congruence of goals) and bottom-up (feedback) process enhanced communication and understanding, and eventually confidence and reliance on the system.

The interfaces to other subsystems in the IT system enhanced full data integration with standardized, secure data-quality maintenance. The performance management IT system proved to be a valuable management tool to support the development of strategic goals down to the employee level. The performance management provided not only valuable information for the day-to-day management, but its consolidated information was also a valuable basis for the yearly planning and budgeting process.

4.5.4 Interpreting the Results

Looking back at the Integrated Method and comparing it to what was implemented in Swiss Life, we can see that this was not a 'complete' implementation of the method. All goals were deducted from the strategic goals of the Distribution Division – but only on the operational and individual levels. The strategic goals of the Division were not systematically deducted from the over-all Swiss Life strategic goals. Necessary core competencies were not defined nor deducted. Regular feedback sessions and reviews were implemented, but the lessons learned were not aggregated and consolidated to the next higher level. Yet, performance management as a continuous process was implemented on operational and individual level and directly linked to compensation.

What hasn't been done, but which is a logical next step, is an analysis of the highest-level Swiss Life strategy. This would include the development of strategy maps, the alignment of the whole organization to the strategy, and the consequent analysis and allocation of resources for strategy implementation. Some important elements of the Integrated Model were not applied. An example is zero-based budgeting. Another example is missing links between performance management, promotion, competency, and training needs. These links are important in the Integrated Method – it remains a future task for Swiss Life.

Positive results could be measured already within the first year. The strategy-supporting congruence of goals was substantially improved. The relationship between managers and employees was enhanced by the higher degree of transparency and the increased number of coaching and review sessions. With these improvements, understanding of the expectations of both manager and employee was greatly enhanced.

The performance management process, with the inclusion of SMART goals and the link to pay, not only improved performance, but also the ability to measure and to make further performance improvements.

Due to the better quality of data and information, the whole process was made feasible and transparent. Finally, the commitment of the employees and identification with company strategy grew because of their heavy involvement in the strategy implementation. This commitment further enhanced the quality of information in the IT system.

The use of this Integrated Method in this living case showed, that Performance Management with its bottom-up feedback-, forecast and consolidation-process can be used as a solid base for the quarterly and yearly planning and budgeting of the ongoing strategy implementation. This is how our developed Method integrates strategy implementation and performance management in a closed loop.

4.6 Critical Success Factors for Strategy Implementation

As described in the living case, which represents a typical situation for many companies, difficult issues had to be solved before positive results could be achieved. We end by looking at these issues through the lens of critical factors for the success of such a strategy implementation project.
- A precisely defined, comprehensive, company-wide understood mission, vision and strategy.
- Division of the project into phases, with small pilot projects to ensure the validity of each phase.
- Quick wins to demonstrate effectiveness of project ideas and methods.
- The clear and visible support of top-management and active, company-wide involvement in strategy implementation.
- Early involvement of relevant knowledge workers and staff with the strategy implementation at each level.
- The role of the Human Resources organization must be clearly defined and, if possible, their involvement in the process ensured.
- Clear and thorough communication about strategy relevant to the different levels of the organization throughout the company.
- Extensive coaching and change management support during the pilot and the roll-out phases. This is key in order to descend the learning curve at a faster pace and to generate quick wins.

- Use of the SMART method for developing goals.
- Budgets, projects, goals, compensation and promotion directly focused on the implementation of the strategy.
- Project elements and training focused on improving the commitment of managers and employees to company and project goals.
- Depending of the size of the company a supporting IT system should be evaluated in order to minimize administrational workload and to speed up the permanent performance management process.

Coming back to what we described in the beginning the vast majority has difficulties implementing their strategy. Therefore strategy implementation is the next source of competitive advantage. The newly developed Integrated Method is a way to support this through the integration of strategy implementation and performance management including the planning and budgeting process.

Bibliography

Bucher Silvan, Holstein William K., Campell Durì R.,: „Wie sich Strategien erfolgreich umsetzen lassen" , in. i.o. new management, Nr 12, Zürich, 2007

Campell Durì R., Holstein William K.: "How to implement a strategy effectively and efficiently", Masterthesis, GSBA Zürich, 2007

David P. Norton: "Corporate Performance Management Conference", CFO Magazine, 2006

Gobbold Ian, Lawrie Gavin: "Why do only one third of UK companies achieve strategic success?" 2GC Ltd. Working Paper, May 2001.

Horváth and Partners (Eds.): "Performance Management in der Praxis", Versus Verlag AG, Zürich, 2006

Krause, Oliver: "Performance Management: Eine Stakeholder-Nutzen-orientierte und Geschäftsprozess-basierte Methode", 1st Edition, Deutscher Universitäts-Verlag, 2006

Niven, Paul R.: "Balanced Scorecard – Step-by-step", John Wiley and Sons, Hoboken, New Jersey, 2006

Ram Charan and Geoffrey Colvin: "Why CEOs Fail", Fortune Magazine, 21 June 1999

http://www.answers.com/topic/unfold

Chapter 5
Succeeding in a Multi-polar World: Managing the CUBRINTA™ Cube of Intangibles

Edgar C. Britschgi

Zusammenfassung. *Die globale Wirtschaft wird von einer multi-polaren Welt abgelöst. Die bisher oft mitleidig als Entwicklungsländer bezeichneten Gesellschaften machen ihrem korrekteren Namen B6, Big Six, alle Ehre und beeinflussen die Weltwirtschaft immer stärker und selbstbewusster. Das Pendel schwingt nach rund 100 Jahren westlicher Dominanz zurück nach Osten. Für die multinationalen Firmen bedeutet dies neue Herausforderungen und Chancen. Die bisherigen Geschäftsmodelle und Verhaltensmuster gelten nicht mehr. In dieser neuen multipolaren Welt kommt den als Intangible Assets bezeichneten Elementen, wie Unternehmenskultur, Innovationsgeist, Marken und Talent Inspiration höchste Bedeutung zu. Sie können über Erfolg oder Misserfolg entscheiden. Anhand des CUBRINTA™ Modell werden die wichtigsten Faktoren und ihr Einfluss auf die Unternehmen in der multi-polaren Wirtschaft dargestellt.*

5.1 Living in a Multi-polar World: Context and Definition

"On 2 March in 1421, the largest fleet the world had ever seen set sail from China. The ships under the command of Admiral Zheng. He were ordered by the Emperor Zhu Di to proceed all the way to the end of the earth. The journey would last for some years during which the Chinese circumnavigated the globe a century before Magellan, reached America seventy years before Columbus, and Australia 350 years before Cook" (Cavin Menzies, 1421 – The year China discovered the world, Bantam Books 2003).

Many of the products and devices so familiar to all the developed markets have their roots in China. Not only the so called four great inventions: compass, gunpowder, paper, and printing. Porcelain (still called china in some languages); the bell, the fork, lacquer and many other materials and tools in daily use globally were all invented in ancient China. For more than two centuries, 1625 to 1875, China was the world's largest economy followed by India, France and later by UK and the

USA. During this period, the territorial domain of the Qing Empire expanded substantially. Due to the demand for Chinese products such as porcelain and tea, Qing China was the largest market for Spain's silver exports from her colonies in South America. After the industrial revolution in 1875 the USA took the top position, followed by China, UK, Germany and India. Collapse of the central authority of the Qing Dynasty and the resultant chaos triggered China's rapid decline from the world stage. The gross domestic product of China in 1900 was estimated at about 50% of that of the USA, in 2000 it was about 10%. Ancient Middle East was another region of great importance and influence. Nowadays covering an area of about 9,694,000 square kilometers with a population of about 262 million, this part of the world was the birthplace of two of the world's first great civilizations – those of Sumer and Egypt – developed after 3500 B.C. and of three major religions; Judaism, Christianity, and Islam. During Abbasid's rule, prior to 1000 A.C. the area was prospering and expanding. In the 1300's, the dynasty of the Ottomans became established in Anatolia (now Turkey). In the early 1500's the Ottomans added the Arab lands of the Middle East to their empire. By that time, they had also advanced into the Balkan Peninsula and had become a military and economic threat to Europe.

The rise of the Western world was strongly influenced by then highly developed Far Eastern and Middle-Eastern societies. Culture, in all dimensions, philosophy, thought-schools, medicine, and natural science – just consider the impressive list of inventions – put their foot print on many of the developments in the industrial world. Some of the cultural flavor and life style are now experiencing a revival. No major city in the Western hemisphere without an Asian food market, a TCM traditional Chinese medicine practice, a Turkish coffee shop, an Egyptian museum or Far Eastern art collection.

What is now considered emerging markets, dubbed BRIC and +N11, were at some point in history leading the pack, in cultural, social and economic developments. China, India, Russia, many of the Islamic countries, Mexico, and Egypt are good examples. In Western societies and on executive floors this fact was somewhat forgotten during the boom years of their own economies. Over the last five decades, the Western world was the center of gravity in business. It set the rules and laws; the governments in these countries initiated deregulation or established new hurdles, whatever was more beneficial. Anglo-Saxon business schools dominated the management education. Governance and management culture and the way of life were determined mainly by white males functioning in one of the flourishing cities in the Western part of the world. So for some it may come as a surprise that the pendulum will now bounce back and bring developing countries on center stage again. The balance of global economy is changing. The collective economic power of the triad economies – United States, Central Europe and Japan – is giving way to a greater dispersal of revenue, wealth and economical and hence political influence. With some arrogance the Western world still talks about developing countries. These markets contribute an ever increasing share to the world's output, trade and investment. On the list of top ten economies in 1990 only two BRIC nations, Russia and Brazil, could be found. Today, China has returned on center stage and is ranking number four. The facts and even most prudent forecasts are overwhelming. In 2007 the share of world GDP for emerging markets was already 49%, up from

39% ten years ago and most likely by 2045, BRIC economies will be larger than G6. Annual increase in USD spending from BRIC countries will be twice the one of G6 by 2025 and four times by 2050. India will be third largest economy after China and USA as soon as by 2035; it will have the fastest growing economy and the highest workforce population. By 2050, three of the largest four economies will be in Asia; followed by Russia and Brazil. The term B6, BIG SIX, (China, India, Brazil, Russia, Mexico, and South Korea) is certainly more appropriate in view of these facts, figures and developments.

The world is experiencing a new era of globalization and a fundamental shift of cultural, political and economic power. After a phase of international markets in the late 1960's, globalization came into power and influenced all kind of businesses, careers in most industries, personal life styles, consumer behavior, strategy, marketing and brand management. But this was – or to a great extent still is – controlled by the Western business community. Now the global economy is at a critical moment as it is entering a new and more complex phase. "The new world economy will be characterized by multiple centers of economic power and activity. It's no longer a concept exported to the emerging world by the dominant West. The new concept is termed multi-polar world" (William D. Green, The rise of multi-polar world, Accenture 2008) Sure, this new multi-polar world will not come overnight and should not be a surprise to globally active companies. Its impact, however, should not be underestimated. All participants will experience new levels of global interdependence. The truly transnational corporation will be engaged in a multi-level process. Formerly passive recipients will become active shapers of the new

Table 1 GDP Ranking

Rank in 2006	Country	GDP in million USD
1	World	65'960'000
2	European Union	13'080'000
3	United States	13'060'000
4	China	10'210'000
5	Japan	4'218'000
6	India	4'164'000
7	Germany	2'632'000
8	United Kingdom	1'928'000
9	France	1'902'000
10	Italy	1'756'000
11	Russia	1'746'000
12	Brazil	1'655'000
13	South Korea	1'196'000
14	Canada	1'181'000
15	Mexico	1'149'000

multi-polar world. No longer will so called emerging markets take orders, produce on command and consume what the West is ready to share. The multi-polar world was kicked-off and is supported by three key driving forces (William D. Green, The rise of multi-polar world, Accenture 2008):

- Size and geographic reach of transnational enterprises exploring new markets, new sources, benefiting from economies of scale: Over the last three decades multinationals have vastly expanded in size and reach. The world's largest 100 companies had 4.7 trillion USD in foreign assets, 53% of total assets; and 3.4 trillion USD in sales. More than 65% of the affiliates of these firms are located outside their home country, employing 7.4 million employees overseas. (UNCTAD World Investment Report, 2006)
- Market liberalization, removal of trade barriers, investment opportunities: China's (2001) and Vietnam's (2007) membership to WTO. NAFTA and ASEAN are opening markets; despite some set-backs the trend is positive. Out of 205 new regulatory changes, 164 were favorable to FDI (UNCTAD World Investment Report, 2006)
- Accessibility and influence of information and communication technology: internet technology, new networks, faster fiber-optic links and new supply chain models foster many types of services, software, outsourcing, back-office processing and attract inward foreign investments in high numbers, e.g. 436 billion USD in 2002–2004 (UNCTAD World Investment Report, 2006)

In addition to these economic key drivers, demographics, cultural and social factors will accelerate the rise of the multi-polar world. While most of the currently leading societies are top-heavy, i.e. the ratio of youth to elderly is low, the B6 and many countries in the emerging world show an opposite graph. The average age of world population is 28,2 years, in the USA it is 37,6 years, in China 32,6, in India 24,5, in Europe about 41,2; in most African countries below the 20 year line. This has a high impact on workforce. Already today the working people in B6 countries are a mul-

Table 2 Forex Ranking

Rank in 2006	Country	Foreign exchange reserves in million USD
1	China	1'034'000
2	Japan	864'700
3	Russia	314'500
4	Taiwan	280'000
5	South Korea	239'000
6	India	165'000
10	Brazil	87'270
15	United States	69'190
27	Switzerland	38'290

tiple of the G6 population (B6 1'520 Million vs. G6 435 Million). But these people are not only an important workforce now and in the future. They are consumers, investors, tourists, voters and influencers of national and international affair

By 2025 the Muslim world will outrank the Christian population in numbers. Currently estimated at 1, 2 Billion, and growing at an annual rate of 2, 9%, which is faster than the world population growth (2, 3%), the projection estimates that by 2025 30% of the people living on this planet will identify themselves as Muslims (compared to 25% Christians). Regardless of the degree of orthodoxy in their faith and the manner of compliance with the rules and traditions, this will have an impact on this world's culture and business. Not only will it influence the financial services industry or the leisure and travel business or retail, but management education, corporate governance, talent management and other areas as well. Only pride is rising faster than the GDP in most of the B6 countries. Self-confidence grows with the importance of the economy, the share of the world output, the growth rate of the population and workforce, the influences of patriotic and nationalistic parties and the revival of the tradition and culture. Toyota's outranking of GM as the world's largest and best managed car maker gave impulses to other industries in the region. The takeover of Jaguar by Tata Group, India, was as much a social success as it may be an economical. The former servants have taken a very important symbol of prestige and status from the former colonial masters. When Lenovo acquired the computer business from IBM many Americans thought the world stands still. The Olympic Games 2008 in Beijing were an impressive demonstration of modern China to the world that this country and its economy are back on the map of importance – and here to stay. In the aftermath of the financial crisis of the Western world in 2008 financial experts and academia in B6 countries could not hide their pride of their own systems and the huge reserves their National Banks treasured over the years. In the new multi-polar world not only the economic power, but social, cultural, religious and political influence will shape the way of business and life on this planet. And this will not last for a short period only.

Table 3 World Population development

Year	Africa Total mill. % growth	Asia Total mill % growth	Europe Total mill. % growth	LatAm Total mill. % growth	USA Total mill. % growth	World Total mill. % growth
1750	106–	502–	163–	16–	2–	791–
1900	133 23%	947 88%	408 150%	74 362%	82 4000%	1'650 108%
1950	221 66%	1,402 48%	547 34%	167 125%	172 109%	2'521 52%
1998	749 238%	3'585 155%	729 33%	504 201%	305 77%	5'590 134%
2050	1'766 135%	5'268 46%	628 13%	809 60%	392 28%	8'909 150%

Business implications A multi-polar world does not mean a departure from globalization but a new level of global interdependence. The former developing markets are becoming important players of their own rights. This has major implications on business and policymakers. Conventional assumptions and traditional roles no longer apply. A multi-polar world adds new complexity to international relations and business. More governments want to have a say on global issues. Their economic power, their resources, their financial stature and their heritage make them to equal partners. Unilateralism cannot resolve the issues the world is faced with today and with those it will be in the near future. The Doha round (2008), were developing nations have emerged as a major negotiating force for the first time, the discussion on carbon emissions, the debate on reduction of major imbalances on commodities, food and feed; and the account deficits of some developed economies and the risks implied with this, are just a few examples. EMM – emerging market multinationals, i. e. companies based in emerging markets with operations in more than one country – are expanding at an enormous speed and scale. The Fortune 500 list of 2008 placed Sinopec, a Chinese petroleum and chemical giant, on rank 16. In total China showed 29 companies on this list, five more thank a year before. That's as many as Italy, Spain and Australia combined. (Fortune 500, 2008) In 2006 more than 1'100 merger and acquisition deals, worth USD 128 billion, were conducted by EMM's (The Rise of EMM, Accenture, 2008). To the CEO the multi-polar world is one in which customers, workforce, creative solutions, opinion leaders, media and lobbyists, suppliers, resources and capital are broadly dispersed. This may force a fundamental appraisal and an adjustment of the value set, the leadership approach, the talent sourcing, the business strategy, the brand stewardship; and the operating model. To be fit for the challenges in the multi-polar world a company needs to revisit its vision, values and corporate culture model, redefine or fine-tune its corporate strategy, its innovation procedures, its brand management and marketing accordingly. "In a world with just one time zone – 'now' – business must source materials, innovations, talent, logistics, infrastructure and production wherever they are best available". (Yang Yuanqing, Lenovo).

5.2 Succeeding in a Multi-polar World: Key Challenges

The multi-polar world offers a broad range of opportunities to Transnational's and EMM's. However, the challenges are multi-fold as well. In an environment that has shifted from the sphere of rationality to the realm of desire: from the objective to the subjective; to the realm of psychology, the tangibles are no longer the most valuable assets. Well performing corporations pay special attention to their intangible assets and manage them with utmost sensibility and professionalism. Given that all successful corporations master production, financials, logistics, procurement, marketing and sales efficiently, winning competitive edge with other elements is crucial. This is even more valid in the new multi-polar world where resources are scarce and competition fiercer than ever. Companies which outperform their peers are masters in managing the CUBRINTA™ Square of Intangibles best: Talent, Innovation, Brand, Corporate culture and Leadership.

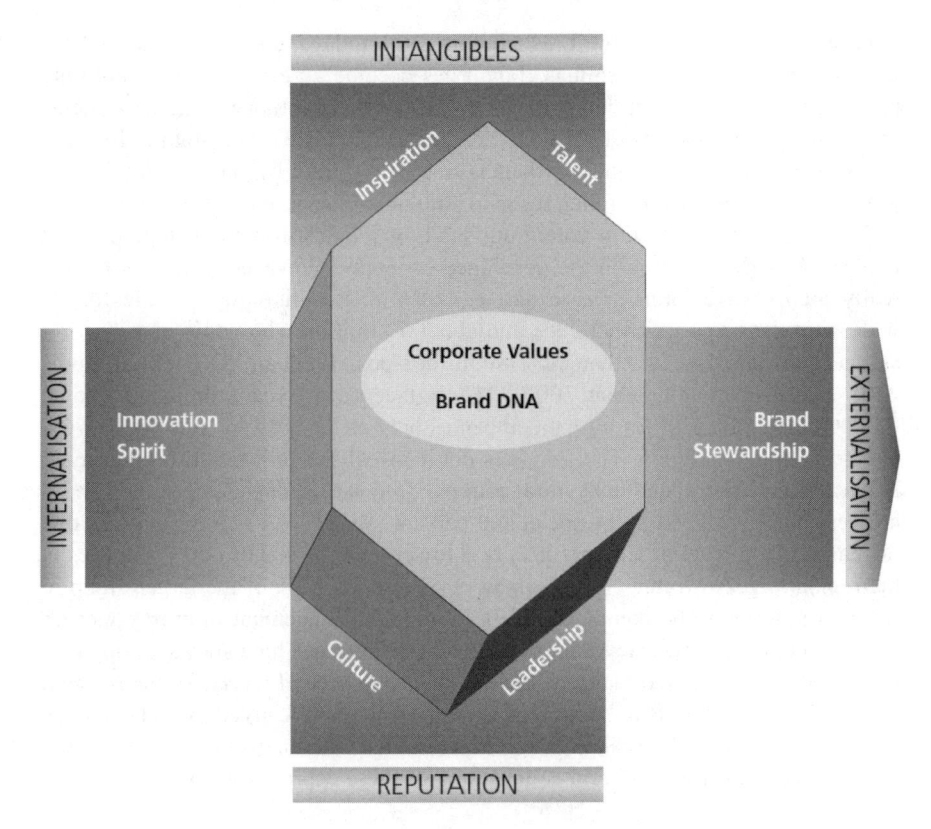

Fig. 1 CUBRINTA™ Model

All elements are strongly interrelated. Genuine corporate values and based on those a robust brand kernel build the foundation. In reality these model is not always balanced and shaped as it is in theory. Only the very best performers got it right. Nevertheless, this must be the aim for any corporation that wants to compete successfully in the multi-polar economy. As a recent survey among executives of international corporations which claim their objective is to position themselves on the top list of global firms in their industry shows only about a third of all companies are fully aware of the issues. And worse, less than 20% have a strategy and only about 5% work on a plan that is realistic ("Fit for the global race?" Executive Survey 2008, Combo Management, New York).

5.2.1 Talent Inspiration

The hot topic making rounds these days at every executive gathering or management seminar is about the shortage of qualified professionals and managers on all levels. According to a recent survey of Manpower, 41% of employers in the world have difficulty in filling some of the most important vacancies. (Manpower 2007)

"Talent is probably the scarcest resource on Earth today", comments Josué Christiano Gomes da Silva, Coteminas. Talent has become a global resource, not only preserved for the Western companies. G6 and B6 are fighting for the best talents around the globe. Barriers that used to prevent free flow are diminishing. The sheer size of workforce in emerging markets is staggering. Both China and India's individual workforces are larger than those of America, Europe and Japan combined.

Now there are 33 million young university graduates in the developing world compared with 14 million in the developed economy. However, mass is not what really counts. Take China as an example: Out of 8, 5 million young professionals with more than 5 years experience and about 97 million who could qualify for a support staff position, less than 10% are fit for a position in an MNC. (MGI Study, 2003) India is graduating about 300'000 IT engineers every year (compared to some 50'000 in the US). But for global companies only about 10% are suitable to work either in India or abroad. The numbers don't reveal the full picture. Much more important are cultural and behavioral patterns. Dedication, engagement and loyalty are very closely related to the social and personal value set. Findings indicate that the engagement level of Chinese talents is lower than the one of other countries in the region, e.g. Australia, New Zealand or Singapore. 38% of the target group in China was found to be complacent. While middle management in most countries has a higher engagement level than low-paid employees, China shows an opposite pattern. Work ethics differ largely and are another source of worry for many talent scouts. A survey from Prof. Gangfeng Zhang of Zhejiang University in Hangzhou proves this clearly. When asked to agree or disagree with the following statements, business students from different countries made these approval statements:

Table 4 Findings of the Engagement Levels in Different Countries

	Brazilian	Chinese	German	Italian
"The more they are paid, the more they will work"	33,3%	66,8%	22,3%	27,4%
"One should always do one's best at work, regardless of the payment"	88,9%	23,8%	43,5%	87,3%

The same author also found interesting differences between Mainland Chinese students compared with talents in Hong Kong and Australia. Chinese have generally a higher score in vertical individualism. That explains why they have a strong intention to exceed others in salary and status. Chinese employee put "leaning and development opportunities" and "career advancement" as the top drivers of job attraction. A recent study across 17 countries revealed that only 39% of the employees work for organizations with international operations. 69% have some working relationships outside their countries.("A step ahead of 2011", Accenture, 2008). However, the same survey also indicates that only 43% of women and 47% of men currently feel prepared to succeed in the global world of the future. Employees from B6 countries are much more confident that they are fully equipped for the future challenge (average of 65%).

Business implications. The competition for talents and workforce on different levels not only influences the recruitment and retention, but strongly impacts leadership issues, cross-cultural transfer of corporate values and culture. The management, the workforce and all other constituencies will be highly fragmented in the multi-polar economy. The significant challenge is to maintain a strong culture and engagement level which adheres to the value set of the corporation within a fragmented organization. While adapting to the social fabric of the society, the core values and principles must be kept. The outperforming transnational corporation will not just succeed in recruitment of best talent. The best companies create a talent inspiration, an environment which engages their workforce on different levels, leaves room for individualism and collectivism, but makes no compromises on core values and accepted principles. This results in strong retention, higher scores on employee satisfaction and a "We community" across geographies, culture and social groups. The concept of motivation, used in the economy of the 20th century is not valid any longer. Executives, management and high potentials are role models, their commitment for people, and their engagement build an aura that fosters pride, loyalty and top performance. Talent inspiration is strength that gives a competitive edge and builds an intangible asset. "You cannot force people to do the right thing. You can only inspire them to want to do the right thing." was one of James F. Parker, former CEO of Southwest Airlines, mottos when he led the airline through economic turbulences.

5.2.2 Spirit of Innovation

Traditionally the Western world had monopolized innovation and technology development after the Industrial Revolution in 1875. Emerging market and less developed countries were regarded as sources of low-cost labor. This situation is dramatically changing. New centers for R&D move eastwards to China, India, Taiwan, South Korea, but also to Czech Republic and Brazil. The geographical spread of innovation and patents has become very broad. The ranking in number of patent applications in 2002 had Japan (380'000), USA (200'000), and Europe (130'000) on the top. But Countries like South Korea (80'000) and China (42'000) are catching up fast. Applications rose by 44% from 2004 to 2005. China currently holds 12% of the world's patents in nanotechnology. Survey findings identified the most attractive places to invest in R&D: 39% named China, 29% the US, 28% India, 24% the UK, 19% Germany and 11% Brazil. Among the top 100 companies by investments in R&D one finds 5 South Korean and 1 Japanese companies, extend the list to top 150 and 2 more South Korean, 2 Chinese, 3 Brazilian and a Russian company will emerge. Of course, this development attracts high potential talents. Global standards for intellectual property are beginning to be set outside the Western world. While IP is still a major concern for many Multinationals an increasing number of developing countries are aligning to these standards. Progress in this field will boost technology development in all fields and some B6 countries may take a lion share.

Business implications. "True innovators understand that their mindset has to be global" states Antoine von Agtmael, Emerging Markets LLC. True leaders it can be added understand the importance of creating a global spirit of innovation. They build their teams of creators and inventors around the globe using the best available resource and highly motivated talent. Strong links with the best brain trusts, think tanks, universities and labs will explore the innovative potential. Creating and enabling environment for continued innovation and development and engaging with best talented people and having an open mind about geographical and organizational implications are recipes of best performers. To be perceived as an innovative, future oriented corporation is a key factor to success in the multi-polar world. This holds true for companies that are not per se in a high-technology field. Innovation is not limited to technology development. New ideas in all areas, the enabling of the organizational structure and fostering of motivated talents, eager to move forward, are essential to sustainable long-term growth. Only those companies that are agile, swift and seek innovation and improvement in every corner on every level may ever reach the echelon of top performers. Such a spirit of innovation contains energy that turns aspiration into success and builds intangible assets.

5.2.3 Brand Stewardship

A brand is often defined as the name or logo or design that distinguishes a service or a product from its competitors. That is only part of the truth. Brands are a perception in people's minds. They exist only virtually, can't be touched or consumed. Emotional in that sense means an engagement with the consumer on the level of the senses. *"Branding is not only about ubiquity, visibility, and functions: it is about bonding emotionally with people in their daily life. Only when a product or service kindles an emotional dialogue with the consumer, can this product or service qualify to be a brand."* defines Joel Desgrippes of d/g* worldwide. In a multi-polar world bonding reaches another level of importance and complexity. The brand needs to be multi-facetted and appreciated by multi-cultural, high demanding target audiences. As a synthesis one could conclude: *"A successful brand in a multi-polar world is a set of differentiating promises and strong emotional bondage that link a product or service or an institution, to its constituencies, may they be cus-tomers, brand ambassadors, investors, employees, prospects or sup-porters. The brand provides the assurance of consistent quality plus superior value - for which one is willing to engage emotionally, give loyalty and pay a price (or exchange values) that brings a reason-able return to the brand."*

The balance in consumer spending is shifting fast and fundamentally Traditionally, Western countries were heavily outspending the emerging markets in total consumption. In 2005 G6 countries accounted for almost 50% of total global consumption, despite being home to just one tenth of world population. By 2025 the B6 economies will have higher a consumer spending than G6 (based on PPP purchasing power parity). The top 10 markets will show China, India, Russia, and Brazil in very strong positions (EIU Accenture analysis 2007). China plans to double its per capita income in 10 years, five times faster than UK or USA. India and China will together contain 123 million households in the middle-class. Consumer markets, transportation, communications and healthcare spending will accelerate with stunning speed in most of the B6 economies. These shifts and the new spending power greatly influence global brand management. New competitive brands will emerge and eat a piece from the cake. 2,8 million brands are currently registered in China. In 2006 alone 260'000 entries were made. The Chinese are real masters in brand management. They fully understand that brand management is as much an art as it is a science. Many Western experts believe that their part of the world invented brands. Far from truth, national brands (hua pai called in Chinese) exist for many hundred years. Wangmazi scissors, for example, is a 350 year old traditional brand founded in the Qing Empire; it is still acknowledged as the leader in scissors, knives and cutting tools. While Western brands are trying to position themselves in emerging markets, some with remarkable success, B6 brands are planning to conquer the rest of the globe. Three well-known brands from EMM's (Samsung, Hyuandai and LG) are among the top 100 global brands (Survey Interbrand, 2007). China Mobile, a national brand with high reputation, is considered among the top 10 most powerful brands on global scale with an estimated value of 57 billion USD Survey BrandZ, WPP Group, 2008. One can be sure that China Mobile will soon be followed by other brands from emerging markets.

Business implications. Slowing growth and market saturation in most of the Western economies leaves not enough room for further development. The future scale and growth of multinational corporations will depend on their success in capturing market share in the booming areas. But it will not be an easy task. Most multinationals lack the experience in marketing, positioning and in brand management in emerging markets. (Business papers and case studies feature flops regularly.) Early consumerism in B6 markets adopted many Western brands and products. But now more and more consumer groups shift to indigenous brands. National or regional identities become more important. Occasionally a rejection of Western

Table 5 Top Consumer spending markets in 2025 in mill. US

Market	2005	2025	CAGR
China	3'088	14'527	8,0%
USA	7'335	12'512	2,7%
India	1'924	4'264	4,1%
Russia	749	2'489	6,2%
Japan	1'780	2'291	1,3%
U.K.	1'058	1'707	2,4%
Brazil	757	1'465	3,4%
G6	13'106	20'565	2,3%
B6	7'579	24'799	6,1%
World	30'374	54'998	3,0%

brands can be experienced. B6 economies will start exporting their brand, fashions, cultures and tastes back to the West. Leading companies in a multi-polar world master global brand stewardship in all aspects. Success will require the ability to adjust market focus in response to shifting comparative advantages without geographical boundaries. National or regional markets are no longer a concept. Greater independency and permeable markets will mean that challengers and hijackers pop up quickly trying to win market share. Brands are challenged to adapt to the demands of the new customers. Local knowledge gets a premium. At the same time global brands need to keep their own identity, stand by their brand values and keep promises given to a global target audience. A super global one-size-fits-all approach will not work. Successful brands are high on brand energy and have a robust stature. They will be multi-facetted; the inner brand kernel remains unchanged but the surface may shine differently to each of the various target groups. This Chameleon brand approach may be new to many brand managers and must be developed carefully and consistently. Go to market strategies of the old days will only get a laugh in the multi-polar world. The brand landscape and the media map have fundamentally changed. New, innovative, interactive communication in social networks, cultural activities and peer group interaction will be powerful tools, but not always fully controllable.

5.2.4 Core Values Transcending Time and Places

A comparison and content analysis of corporate value statements and leadership guidelines of a broad range of companies on all continents revealed three interesting headlines in the context of multi-polar world: Not even half of the companies have articulated documents on values and culture. Value statements are not published and shared with the employees. Only about a quarter of all the written statements analyzed can be considered modern, only very few could be qualified as fit for the multi-polar world. (Executive Survey 2008, Combo Management, Zug) While Western corporations have diluted their heritage over time and their values have become unclear and more opportunistic, companies in most of the B6 economies still have strong roots to their society. Culture, religion, tradition, heritage, family, education system, and peer group rites have an important influence. For an Indian IT engineer who studied abroad and worked for many years in the Western world, a traditional wedding in his home town with his family and friends of some 700 people and all the rites that are part of it is still a must. The Chinese family network and the trust that is woven into it are essential and should be reflected in the corporate culture. Religion in many forms and expressions plays a role in corporate live as well. In the multi-polar world a Jewish manager works with his Indian engineer and a Muslim office head and a Chinese scientist and a Western financial officer. Their heritage, their beliefs and their behavior pattern interacts with their working relation.

Business implications. Having a diverse leadership team, managers and high potential talents across the globe is almost a prerequisite to succeed in the multi-polar world. Leading companies have moved away from the US and Europe-centric view of global business. An all white men executive board belongs definitively to the past. An innovative company that inspires its talents and manages its brands successfully needs all the knowledge and experience available, regardless of gender, race, age and location. Performing in multi-cultural teams, however, remains a significant challenge for most managers. People need an anchor and security. Corporate values and culture are differentiating factors. The identity makes a company unique. That's why distinct core values and a corporate culture that are not only proclaimed, but represented by the leadership and lived throughout the corporation, are essential. This culture must constantly be nurtured and observed. Leading companies, such as ABB, BP, Compass Group, GE, Johnson and Johnson, Lenovo, Walker Group, make every effort to retain their core values and corporate identity throughout the huge and much diversified workforces across many countries, often composed of virtual teams. This requests a strong, state of the art and properly articulated global identity which is inclusive and translates into local context and transcends time and changes.

5.3 Conclusion

The global economy is at a critical moment. The multi-polar world is born, with all its advantages, opportunities but also challenges. New markets are not only open for traditional triad economies, but also for EMM emerging market multinationals with their strong roots in the up-coming markets. Retrenchment or rejection by Western transnational corporations is not an answer. All players in the new multi-polar world will have to embrace the opportunities, refine market focus, and develop distinctive capabilities and competitive advantages. Processes must be universal and operations are flexible to be shifted wherever sources are. While many of the multinational corporations will get their strategy right and aim for management excellence, the underlying forces may be forgotten.

Competitive advantage in the multi-polar world will largely depend on leadership, getting the invisible forces right and investing in intangible assets. CUBRINTA™ model focuses on these elements: Talent Inspiration, Spirit of Innovation, Brand Stewardship and Corporate Culture and Leadership. Only if a corporation, whether from West, East or South, masters these aspects it will succeed in the multi-polar world.

Bibliography

Britschgi E.C.; Bugmann W.F. et al. (2008) CUBRINTA™ Getting the Intangibles right (Research Paper), 2008
Green, W.D. (2008), The rise of multi-polar world, Accenture 2008
Levy-Sills, E. (2008), Executive Survey, Combo Management 2008

Levy-Sills, E. (2008), Top 100, BILANZ 2008
Menzies C. (2003), 1421 The year China discovered the world, Bantam Books 2003
Zhang, G, (2007), Workforce ethics and Behavior, Zhejiang University, Hangzhou 2007

Chapter 6
Hybride Medienkonzepte für das interne Marketing

Michael Reiß und Dirk Steffens

Summary. The authors show that hybrid media concepts within internal marketing did find a good diffusion. Four mediamix types are presented. The intensity of media diversification is depending on the magnitude of change project. Electronic media are getting more important. Interesting empirical results are presented (interviews with experts).

6.1 Multimediale Kommunikation: Vom Medienmix zum Hybridkonzept

Dass Kommunikation sich über einen Medienmix vollzieht, stellt schon seit sehr langer Zeit den Regelfall dar. Prominente Beispiele für den kombinierten Einsatz verschiedener Medien bestehen dabei beispielsweise in audio-visuellen Präsentationen, in E-Mails, die ergänzend zu einem konventionellen Brief schon einmal die wichtigsten Informationen liefern sollen (etwa bei Einladungen zu Konferenzen), in der computergestützten Durchführung von Telefoninterviews (CATI), aber auch in der parallelen Vermarktung von Content über mehrere Medien (Buch zum Film, Buchkapitel, Abbildungen und Übungsaufgaben auf einer Website als Ergänzung zu einem Lehrbuch etc.). In letzter Zeit wird dabei verstärkt für Mischungen plädiert, die aus *gegensätzlichen* Medien zusammengestellt sind. Es bietet sich an, bei diesem Medien-Blending von *hybriden Medienkonzepten* zu sprechen. Hierbei handelt es sich um die Kombination zweier oder mehrerer Medien, die zwar wesensverschieden, dabei aber hochgradig funktionsgleich sind, also im Grunde Redundanzen schaffen. Aus einer ökonomischen Perspektive heraus stellt sich die Frage, welchen Nutzen grundsätzlich solche Hybrid-Konstruktionen liefern können. Die Klärung dieser Frage muss über eine grundlegende *Evaluation von Hybridkonzepten* erfolgen, die wiederum auf den Anforderungen an leistungsfähige Kommunikationsformen basiert.

6.2 Effektivität und Effizienz der Kommunikation

Die Attraktivität von hybriden Medienkonzepten ergibt sich aus den dualistischen Anforderungen, die an eine Kommunikationsinfrastruktur – unabhängig von deren Einsatzbereich – gerichtet sind: Information und Kommunikation müssen grundsätzlich sowohl *effektiv* als auch *effizient* sein (Buchholz 2000, S. 19). Das Effektivitätsziel der Kommunikation besteht in der Erfüllung des jeweiligen Kommunikationszwecks, also beispielsweise in den richtigen Kommunikationsinhalten, der Wahl der empfängergerecht individualisierten und inhaltsadäquaten Kommunikationsformen oder auch dem Einsatz angemessener Zeitmuster, z. B. synchrone oder asynchrone Kommunikation. Das Ziel der Kommunikationseffizienz bezieht sich auf die Ressourcennutzung der Kommunikation, also z. B. auf die Kostenhöhe, die Kostenstruktur (z. B. Fixkosten durch Flatrates versus variable Kostenbelastung durch On-demand-Modelle) und den Zeitbedarf der Kommunikation. Hinzu kommt die Anzahl der erreichbaren Kommunikationspartner im Verhältnis zu den Kosten der dafür notwendigen Infrastruktur (z. B. in Form von technischen Infrastrukturen wie Telefon, Intranet oder Videokonferenzsystemen).

Wichtige Aspekte der Kommunikationseffektivität lassen sich dabei z. B. über das Konzept der Kommunikations-*Reichhaltigkeit* (unterschiedliche Kommunikationskanäle, Möglichkeit zur Rückmeldung, Individualisierung) konkretisieren, die Effizienz z. B. über die Kommunikations-*Reichweite* (Anzahl der erreichbaren Kommunikationspartner, Kommunikationskosten) (Evans und Wurster 1999). Unmittelbar einsichtig ist die Tatsache, dass aus einem Mix aus verschiedenen Instrumenten eine gewisse Reichhaltigkeit (und damit eine Effektivität) der Kommunikation resultiert, indem beispielsweise die Möglichkeit besteht, je nach Medienpräferenzen unterschiedliche Kanäle zu nutzen oder für verschiedene Informationsinhalte das jeweils geeignete Medium einzusetzen. Die Kommunikations-Reichweite kann zunächst hinsichtlich eines Aspekts ebenfalls durch einen Mix erhöht werden: Werden mehrere Kommunikationskanäle eingesetzt, ist davon auszugehen, dass sich auch ein größerer Anteil der betroffenen Personen über die Kommunikationsinfrastruktur erreichen lässt. Auf der anderen Seite geht die Kombination mehrerer Medien aber auch mit Effizienznachteilen einher, da oftmals redundante Kommunikationskanäle geschaffen werden. Dies ist etwa der Fall, wenn zusätzlich zu einer themenbezogenen Informationsveranstaltung zu demselben Thema auch eine Website im Intranet eingerichtet wird. Die hybride *Konstruktion* solcher Mischungen umfasst dabei sowohl den Einsatz gegensätzlicher *Medien* als auch hybrider *Organisationsformen* der Kommunikation.

Gegensätzliche Kommunikationsformen bzw. -medien sind beispielsweise Face-to-face-Kommunikation und elektronische Kommunikation, Printmedien und elektronische Veröffentlichung, Fernsehsendungen und Videocasts, aber auch postalische und telefonische Kommunikation sowie das von zahlreichen Telekommunikationsunternehmen angebotene *Triple Play*, das sich durch ein Medienbündel aus Fernsehen, Telefonie und Internet („entertain, call, surf") auf der Basis einer Übertragungstechnologie auszeichnet. Letzteres Beispiel ist auch ein Hinweis auf einen weiteren Trend im Gefolge des Einsatzes von Medienmixen – diese werden oftmals ermöglicht und getrieben von der *Konvergenz* mehrerer Technologien und Medien (beispielsweise Gläser 2008, S. 271 f.). Weitere Beispiele für dieses Enabling durch konvergente Medien sind der Empfang von E-Mails mit dem Mobiltelefon, das Fernsehen mit einem mobilen Endgerät sowie die Internet-Telefonie und das Internet-Fernsehen.

Der Effekt der technologischen Konvergenz wird auch für ein andersartiges Mix-Phänomen genutzt, das allerdings nicht vorrangig in hybriden Kombinationen auftritt, sondern bei eher ähnlichen Kommunikationskanälen: Die so genannte *Content-Syndication* beschreibt die Verbindung von Inhalten über verschiedene Technologien, Formate, Standards und (insbesondere Web-basierte) Kanäle, beispielsweise indem RSS-Feeds auf Inhalte anderer Webseiten verweisen.

Wird hybride Kommunikation nach den zugrunde liegenden *Organisationsformen* differenziert, so lassen sich beispielsweise bilaterale Zweiergespräche und Gruppengespräche sowie 1:n-*Information* (z. B. Mitarbeiter- und Kundenzeitschriften, Business TV, Story Telling) und multilaterale, interaktive n:m-*Kommunikation* (z. B. Open Space in Großgruppen, Gruppendiskussion in Kleingruppen) unterscheiden, ferner direkte Kommunikation zwischen Sender und Empfänger und indirekte Kommunikation über Intermediäre. Zur Identifizierung unterschiedlicher Medien können beispielsweise die Grundstrukturen der Kommunikation dienen, mit denen anhand des Zentralisationsgrads etwa Stern-, Ketten-, Ring- oder Vollstrukturen unterschieden werden (Jansen 2003; Scott 2000; Wasserman und Faust 1994).

Gerade der Mix aus elektronischer und konventioneller Kommunikation hat sich in vielen Bereichen mittlerweile zum Standard entwickelt. Für die unterschiedlichsten Einsatzfelder bringt diese hybride Kombination aus präsenzbasierter, direkter „Face-to-face"-Kommunikation (z. B. Vorträge, Workshops, Mitarbeitergespräche) mit elektronischer Kommunikation (z. B. E-Mail, Intranet-Portale, Internet-Diskussionsforen) offensichtlich vielfältige Vorteile, weshalb ein derartiger Medienmix beispielsweise im Marketing (Ahlert und Hesse 2003; Merx und Bachem 2004; Wirtz 2002), aber auch in Qualifikationsprozessen in der Personalentwicklung oder in der Hochschulbildung – zusammengefasst unter dem Schlagwort des *Blended Learning* (beispielsweise Reinmann-Rothmeier 2003; Kuhlmann und Sauter 2008; Sauter und Sauter 2002) – häufig Anwendung findet. Dass auch die Kommunikation in virtuellen Unternehmen von derart hybriden Instrumenten-Kombinationen geprägt ist, überrascht nur insofern, als mitunter die elektronische Kommunikationsinfrastruktur als Definitionsmerkmal von virtuellen Unternehmen herangezogen wird: Faktisch tritt diese virtuelle Form der Kommunikation aber auch in virtuellen Unternehmen (fast) immer *in Kombination mit konventionellen Instrumenten* auf (Reiß et al. 2006, S. 235). Auch in der internen Kommunikation konventioneller Unternehmen hat sich der Einsatz hybrider Medienkonzepte weitgehend durchgesetzt (Dörfel 2007).

Für die Sinnhaftigkeit bzw. sogar die Notwendigkeit der Kombination konventioneller und elektronischer Kommunikationsinstrumente spricht – neben allen effizienz- und effektivitätsgeleiteten betriebswirtschaftlichen Überlegungen – auch die Morphologie von Kommunikation selbst: Kommunikation findet immer auf mehreren Schichten statt (beispielsweise Bühler 1965; Cohn 1965; Neuberger 1996; Schulz von Thun 1985; Watzlawick et al. 1996). So unterscheidet beispielsweise Neuberger (1985) in seinem TALK-Modell vier unterschiedliche Aspekte von Kommunikation: *Tatsache, Ausdruck, Lenkung, Kontakt.* Diese Mehrschichtigkeit von Kommunikation stellt ebenfalls einen Treiber von Medienmixen dar, da nicht alle Instrumente zur Erfüllung aller Kommunikationsfunktionen geeignet sind. So bedürfen beispielsweise der Ausdruck („Selbstoffenbarung") eines Kommunikationspartners sowie die Gestaltung des Kontaktes („Beziehung") zwischen den Kommunikationspartnern oftmals des Einsatzes präsenzbasierter Kommunikationsformen wie persönlicher Gespräche. Die Funktion der Tatsachendarstellung („Information") lässt sich hingegen meist mit elektronischen Medien effizienter bewältigen, weswegen sich für die umfassende Erfüllung aller Kommunikationsfunktionen bei gleichzeitiger Umsetzung der Performance-Anforderungen (Effektivität und Effizienz) die Nutzung eines Medienmix anbietet.

Dennoch wäre es falsch, den Trend zu Medienmixen unkritisch als Selbstverständlichkeit oder nicht weiter zu hinterfragende Optimallösung zu betrachten, die sich quasi „natürlich" ergibt. Nicht zuletzt die hohen Kosten von kombinierten Medien, Medieninfrastrukturen und Kommunikationskanälen, also deren Effizienznachteile gegenüber nicht-gemischten Konzepten, machen es erforderlich, sich mit den offenen Fragen im Zusammenhang mit hybriden Medienkonzepten auseinanderzusetzen.

6.3 Konfiguration hybrider Medienmixe

Zunächst können im *Zusammenspiel* unterschiedlicher Medien zwei grundlegend verschiedene Muster auftreten. Einerseits können neue Medien die alten Medien – aufgrund technologischer, didaktischer oder konzeptioneller Überlegenheit – weitgehend ersetzen (*Verdrängungsmuster*), wie dies beispielsweise bei der Substitution analoger Datenträger (Vinylplatten, Musik- und Videokassetten) durch digitale Speichermedien und dort wiederum von CD durch DVD und durch Blu-Ray Discs der Fall ist, oder auch bei der Nutzung eines Beamers für Präsentationen statt der Projektion mit Transparentfolien. Innerhalb des Spektrums der digitalen Speichermedien lassen sich ebenfalls derartige *intergenerative Substitutionsmuster* identifizieren: Die früher üblichen Disketten werden nicht mehr als Datenträger eingesetzt, und auch ihre Nachfolger – die CD-Roms und DVDs – werden zunehmend durch USB-Speichersticks abgelöst. Auch der zunehmende Ersatz synchroner Kommunikation via Präsenzmeetings und Telefonkonferenz durch asynchrone Kommunikation mittels E-Mail, Internet-Foren oder Blogs und Wikis stellt ein solches Verdrängungsphänomen dar.

Andererseits treten auch *Ergänzungsmuster* auf, d.h. unterschiedliche (etwa „alte" und „neue" Medien) werden in Kombination eingesetzt. Der Effekt der Substitution wird vor allem im Rahmen von (Technologie-)Lebenszyklus-Betrachtungen untersucht (Höft 1992). Der Fokus der hier angestellten Überlegungen zu hybriden Medienkonzepten liegt auf Formen der gegenseitigen Ergänzung. Dabei gilt es in einem ersten Schritt, das detaillierte Spektrum von *Medienkonfigurationen* der sich ergänzenden Instrumente zu identifizieren.

Die aufgezeigte Breite des Spektrums von Medienmixen macht für deren Beschreibung, Analyse und Gestaltung einen *integrativen Ansatz* erforderlich, der unterschiedliche Betrachtungsperspektiven miteinander verbindet (vgl. Abb. 1). Zum einen können nach dem *Zeitbezug* eine *dynamische* und eine *statische Betrachtung* von Medienmixen unterschieden werden. Bei der statischen Betrachtung steht eine zu einem bestimmten Zeitpunkt existierende Medienkonfiguration im Zentrum des Interesses, wobei beispielsweise die Vor- und Nachteile der kombinierten Instrumente und deren Zusammenspiel, die Gründe für deren Einsatz sowie Faktoren, die gegebenenfalls die Nutzung verhindern, untersucht werden. Die Dynamik von Medienmixen hingegen rekurriert auf deren Entstehung und Veränderung, also beispielsweise auf Prozesse der *Migration* von alten zu neuen Medien, wie sie in den oben genannten Beispielen bereits beschrieben wurden.

Eine weitere Perspektive ist die der *Rationalität*, die der Gestaltung von Medienkonfigurationen zugrunde liegt. Zum einen kann – beim Vorliegen vollkommener Information über die Eigenschaften der Medien (Stärken, Schwächen etc.) – eine rationale Gestaltung von Medienmixen angenommen werden, wenn beispielsweise gegensätzliche Instrumente nach dem Modell der gegenseitigen Schwächenkompensation miteinander kombiniert werden oder Migrationsprozesse von einer (alten) hin zu einer anderen (neuen) Medienform zielorientiert initiiert und gemanagt werden. Zum anderen existieren aber auch Phänomene, die sich über die Annahme der Rationalität nicht erklären lassen, wie beispielsweise bei einem Medieneinsatz, der vorrangig von der persönlichen Präferenzen der beteiligten Personen geleitet ist, bei Medienmoden oder beim Vorliegen von Trägheits- und Beharrungstendenzen, mit denen sich beispielsweise das so genannte „Rieplsche Gesetz" befasst: Bereits 1913 stellte Riepl die These auf, dass einmal eingebürgerte und für brauchbar befundene Formen der Kommunikation Remanenz-Tendenzen aufweisen und nie vollkommen

Medienmix-Modellierung	statisch	dynamisch
rational	- Schwächenkompensation (Blending-Druck) - Synergie (Blending-Sog)	- Migration (alt-neu, konventionell-elektronisch, Web 1.0-Web 2.0)
kontextabhängig (situative Restriktionen)	- Nutzungsbarrieren (Budgetrestriktionen, technische Barrieren) - Kundenerwartungen	- Unsicherheit bezüglich der Instrumente - unvollkommene Information
realistisch	- Persönliche Medienpräferenzen - Ad-hoc-Konfiguration	- Trägheit - Zufall - Neurosen (ja, aber…) - Experimentierfeindlichkeit

Abb. 1 Multiperspektivische Betrachtung von Medienmixen

von den neuen, technisch besseren Medien verdrängt werden (Riepl 1972, S. 5). Eine Mischform zwischen der (vollkommen) *rationalen Gestaltung* und der *evolutorischen Emergenz* (faktische Entwicklung in der Realität) stellt die durch kontextabhängige Restriktionen geprägte *beschränkte Rationalität* dar. Hierbei sind der rationalen Gestaltung beispielsweise dahingehend Grenzen gesetzt, dass der Einsatz bestimmter Kommunikationsinstrumente von den Kunden erwartet wird oder dass aufgrund von Budgetrestriktionen nicht alle sinnvollen und gewünschten Medien zum Einsatz kommen können. Besonders wenn wegen der Neuartigkeit von Medien (etwa von Web 2.0-Medien) noch keine gesicherten Erkenntnisse und hinreichenden Erfahrungen über die Vor- und Nachteile existieren, folgt die Medienkombination in aller Regel dem Modell der beschränkten Rationalität.

Eine dritte Perspektive der Konfiguration von gemischten Medienkonzepten nimmt Bezug auf die *Unterschiedlichkeit (Diversität)* bzw. *Gegensätzlichkeit* der miteinander kombinierten Instrumente. Werden beispielsweise nur konventionelle Kommunikationsinstrumente (wie Meetings oder Einzelgespräche) miteinander kombiniert, so besteht keine prinzipielle Gegensätzlichkeit zwischen den einzelnen Medien, die alle auf dem persönlichen, direkten Kontakt zwischen den Kommunikationspartnern beruhen (*homogene Konfigurationen*). Bei der kombinierten Nutzung sowohl von konventionellen als auch von elektronischen Instrumenten (wie etwa E-Mail, Virtual Communities oder Weblogs) zeichnen sich diese beiden Cluster durch einen zugrunde liegenden Gegensatz aus. Anders als die konventionellen Kommunikationsinstrumente sind die elektronischen Medien nämlich gerade durch Ortsunabhängigkeit von Sender und Empfänger und Fehlen von direktem Face-to-face-Kontakt der Kommunikationspartner charakterisiert. Bei diesen durch Diversität gekennzeichneten Mischungen aus elektronischen und konventionellen Instrumenten kann von *hybriden Konfigurationen* gesprochen werden.

6.4 Evaluation hybrider Medienmixe

Zur Bestimmung der optimalen Konfiguration von hybrid gemischten (Medien-) Konzepten wird ein Evaluationsansatz benötigt, der dem hybriden Charakter der gemischten Medienkonzepte Rechnung trägt, der also auf demselben Konstruktionsprinzip wie die Hybridformen selbst basiert: Diese können als derivative Konstrukte (Mischformen) aus originären Komponenten – also beispielsweise aus gegensätzlichen Kommunikationsinstrumenten – betrachtet werden. Die Evaluation der Medienmixe erfolgt deshalb ebenfalls derivativ, d. h. auf der Basis einer Kombination der Evaluationen der originären Medien. Aus Gründen der Vereinfachung werden die Evaluationen der medialen Reinformen dichotom auf deren jeweilige Stärken und Schwächen komprimiert. Voraussetzung für die Anwendung dieses Evaluationsmodells ist die Kenntnis der Stärken und Schwächen der miteinander kombinierten Instrumente. Das hier vorgestellte Evaluationsmodell repräsentiert also den Ansatz der rationalen Gestaltung (vgl. Abb. 1) von gemischten Medienkonzepten.

6 Hybride Medienkonzepte für das interne Marketing

Abbildung 2 skizziert den Bewertungsansatz am Beispiel der hybriden Kombination von konventionellen und elektronischen Medien stark verkürzt anhand jeweils einer charakteristischen Stärke bzw. Schwäche. Konventionelle Medien wie beispielsweise Gruppenmeetings oder Einzelgespräche, die vor allem auf persönlichem Kontakt zwischen den Kommunikationspartnern basieren, zeichnen sich oftmals durch eine hohe Motivationswirkung aus, indem sie den Beteiligten die Möglichkeit der direkten Interaktion und der Befriedigung sozialer Bedürfnisse eröffnen. Damit gehen jedoch meist auch hohe Kosten einher, die beispielsweise für Reisen zu Seminarveranstaltungen oder auch für den hohen Zeitbedarf für persönliche Gespräche anfallen. Für elektronische Medien wie beispielsweise E-Mail-Newsletter oder Intranet-Portale ist eine hohe Reichweite charakteristisch, da mit diesen Instrumenten z. B. Informationen der Geschäftsführung schnell und einfach an alle räumlich verteilt und zeitlich asynchron arbeitenden Mitarbeiter des Unternehmens oder Mitglieder eines unternehmensübergreifenden Teams verteilt werden können. Dieses „Broadcasting" birgt aber das Risiko der Deprivation der Informationsempfänger, denen eine Möglichkeit zur direkten Rückmeldung oft nicht gegeben wird, weswegen der soziale Aspekt der Kommunikation (im TALK-Modell vor allem die Aspekte *Ausdruck* und *Kontakt*) somit bei diesen Medien oftmals zu kurz kommt.

Zunächst wird zweierlei erkennbar: Der Bewertungsansatz erfasst erstens sowohl die „produktive Spannung" (oberhalb der Diagonalen in Abb. 2) einer Hybridkonstruktion als auch die „unproduktiven Reibungen" (unterhalb der Diagonalen). Diese müssen für eine Gesamtbewertung unter Berücksichtigung von Vorzeichen und von

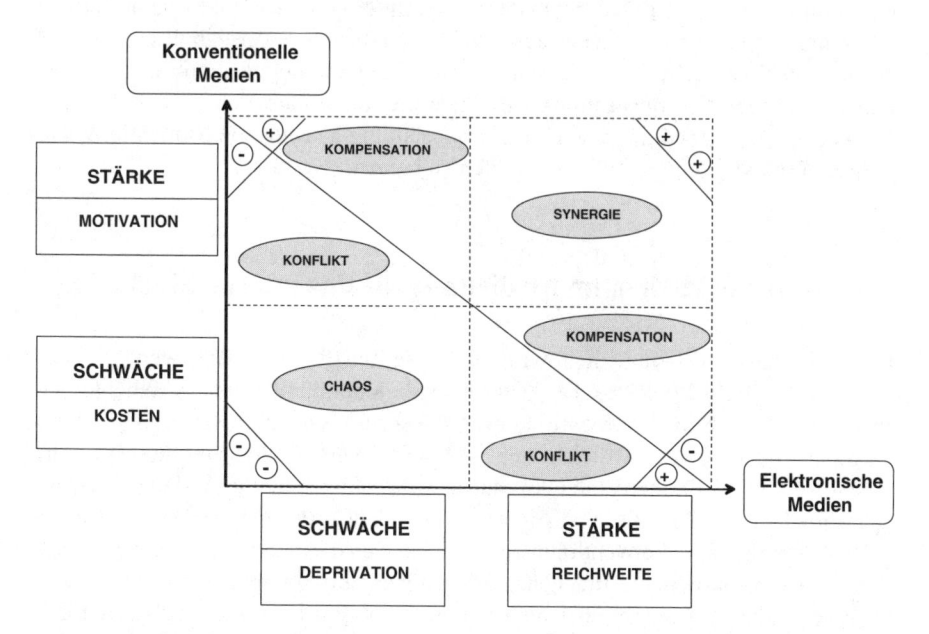

Abb. 2 Evaluationsmodell hybrider Medienmixe

Gewichtungen aggregiert werden. Außerdem ergeben sich die derivativen Bewertungen (Synergie, Konflikt etc.) nicht aus einer simplen Addition oder Saldierung der Stärken und Schwächen. Vielmehr können Wechsel- und Verbundwirkungen auftreten, die in Sub- bzw. Superadditivitäten münden (Bernecker 2005, S. 72ff.). Das Zusammentreffen einer Stärke und einer Schwäche bedeutet also nicht immer eine willkommene Kompensation von Schwächen, vielmehr kann es auch in Konflikte münden. So bedeutet beispielsweise die Kombination von Mitarbeiterinformation über das Intranet (hohe Reichweite) einerseits mit Seminaren andererseits, in denen dieselben Inhalte behandelt werden, nicht automatisch, dass die hohen Kosten der Seminarform gesenkt werden können. Dies gilt nur, wenn beispielsweise die Seminarzeit reduziert wird, indem allgemeine Basis-Informationen zum Thema den Mitarbeitern bereits vor dem Seminarbesuch elektronisch vermittelt werden und so der erste Seminartag eingespart werden kann (*Kompensation*). Werden die Inhalte allerdings redundant über beide Kanäle an die Empfänger weitergegeben, so sinken die Seminarkosten nicht, die Gesamtkosten erhöhen sich sogar durch den zusätzlichen Einsatz elektronischer Kommunikation: Es kommt zu einem *Konflikt mit Kostenrestriktionen*, zu einem *direkten Konflikt*, zu *Inkompatibilität* oder gar zum *Chaos*, wenn widersprüchliche Inhalte über die unterschiedlichen Kanäle vermittelt werden. Analog dazu ist auch der Einsatz von konventionellen Instrumenten nicht zwangsläufig dazu geeignet, die Deprivationsgefahr durch elektronische Kommunikation zu bannen. Eine Kick-off-Veranstaltung am Beginn eines weltweit durchgeführten Projektes dient oftmals dem Kennenlernen der Projektmitglieder, die ansonsten aufgrund geografischer Distanz vornehmlich virtuell miteinander kommunizieren müssen. Wenn den Beteiligten auch im weiteren Projektverlauf ein Forum geboten wird, innerhalb dessen sie im direkten Kontakt ihre bisherigen Erfahrungen mit dem Projekt austauschen können (beispielsweise im Rahmen einer Meilenstein-Besprechung), so können diese Rückkopplungen motivierende Wirkungen entfalten (Kompensation). Geschieht dies allerdings nicht, dann läuft man Gefahr, die von der initialen Kick-off-Veranstaltung ausgehende Motivation nicht bis zum Projektabschluss aufrechterhalten zu können (Konflikt).

6.5 Web 2.0-Medien im Medienmix für das interne Marketing

In der jüngeren Vergangenheit wird in Wissenschaft und Praxis verstärkt das Konzept des Web 2.0 sowie die dazugehörigen Kommunikationsinstrumente wie Weblogs, Wikis, Social Software, Podcasts, Mashups etc. (Ebersbach et al. 2006) diskutiert, denen – im Vergleich zum Web 1.0 – Vorteile wie eine bessere Individualisierung und höhere Interaktivität und die Unterstützung sozialer Prozesse zugesprochen werden, die also Eigenschaften aufweisen, die in der Vergangenheit vorrangig mit konventionellen, d. h. präsenzbasierten Instrumenten wie Workshops, Mitarbeitergesprächen, Diskussionen und Teammeetings in Verbindung gebracht wurden. Darüber hinaus gelten Web 2.0-Instrumente als förderlich für die Konvergenz von Kommunikations- und Lernprozessen; und es werden ihnen – durch die Einbeziehung der Akteure nicht nur als Konsumenten, sondern

6 Hybride Medienkonzepte für das interne Marketing

auch als Ko-Produzenten – positive Effekte für die Motivation und Auswirkungen auf die Organisationsstruktur zugeschrieben. Diese angesprochenen Vorteile von Web 2.0-Kommunikationsmedien zielen also vor allem auf die Realisierung von Kommunikations-Reichhaltigkeit und somit Effektivität. Darüber hinaus besitzen viele Web 2.0-Instrumente die Effizienzvorteile aller Web-Instrumente, etwa im Zusammenhang mit der Reichweite (Reach), der Beschleunigung von Kommunikationsprozessen und der Senkung von Kommunikationskosten. Daraus resultiert die Erwartung, dass der (ergänzende) Einsatz von Web 2.0-Instrumenten unter Umständen dazu geeignet sein kann, das Dilemma zwischen Reichhaltigkeit (z. B. Interaktivität) und Reichweite der Kommunikation (Bruhn 2007a; Mohr 1997) zu überwinden.

Um fundierte Erkenntnisse über den Einsatz und den Nutzen hybrider Medienmixe (im Allgemeinen und mit Web 2.0-Beteiligung im Speziellen) zu gewinnen, ist es erforderlich, diese a) empirisch und b) innerhalb eines herausfordernden und zugleich hinreichend abgegrenzten Anwendungsfeldes zu untersuchen, da die Wirksamkeit von Kommunikationsinstrumenten nie allgemein, sondern immer nur im Hinblick auf einen spezifischen Zweck der Kommunikation beurteilt werden kann. Hier bietet sich als Testfeld das interne Marketing (vgl. Ahmed und Rafiq 2003; Bruhn 2007b, S. 18, 86; Gleitsmann 2007) im Rahmen von Change Management-Vorhaben an. Hierbei handelt es sich um einen strategisch relevanten und zunehmend allgegenwärtigen Prozess, innerhalb dessen der Kommunikation eine wichtige, erfolgskritische Rolle zukommt.

Die Relevanz von Change Management als Anwendungsbereich von Kommunikationsinstrumenten leitet sich aus der prominenten Stellung des Change Managements innerhalb der Managementaufgaben her. Laut einer Studie von Capgemini aus dem Jahr 2005 wird von 84% der befragten Manager der Aufgabe des Change Management eine bedeutende Rolle („wichtig" oder „sehr wichtig") beigemessen. Für das Jahr 2010 prognostizieren sogar 96% der Befragten einen derart hohen Stellenwert des Change Managements im Spektrum der vielfältigen Managementaufgaben (Capgemini 2008, S. 13; Gerkhardt und Frey 2006; Kieser et al. 1998; Klewes und Langen 2000; Pfannenberg 2003). Die aktuellen Ursachen und Herausforderungen des Change Managements bestehen dabei vornehmlich in Restrukturierungen, Wachstumsinitiativen, veränderten Unternehmensstrategien oder Kostensenkungsprogrammen (Capgemini 2008, S. 14 f.). Es handelt sich dabei also um Kategorien von Veränderungsprojekten, die meist nicht auf klar abgrenzbare Unternehmensbereiche und -funktionen beschränkt sind, sondern vielmehr mit weitreichenden Konsequenzen für das ganze Unternehmen verbunden sind. Insbesondere bei solchen tief greifenden, hinsichtlich der Zahl von Betroffenen und Beteiligten sowie des Kosten- und Zeitvolumens sehr umfassenden Change-Vorhaben sieht sich das Change Management mit einem dualistischen Anforderungsspektrum konfrontiert: Es darf nicht einseitig nur darum gehen, die Akzeptanz der Betroffenen (*Effektivität*) zu fördern, gleichzeitig müssen alle Prozesse auch im Hinblick auf die Projektkosten und den Zeitbedarf (*Effizienz*) gestaltet werden (Reiß 1997a, S. 20).

6.6 Akzeptanzförderung und Prozessoptimierung im Change Management

Die Förderung der Akzeptanz für eine Veränderung zielt sowohl auf die *Änderungsfähigkeit* der Betroffenen als auch ihre *Änderungsbereitschaft* ab (Reiß 1997b, S. 93). Die Akzeptanzfaktoren *Kennen* und *Können* determinieren dabei die Änderungsfähigkeit, die Änderungsbereitschaft wird vom *Wollen* und *Sollen* der Betroffenen bestimmt.

Diese vier Faktoren, deren Ausprägungen als Maßgröße für den Grad der bestehenden Akzeptanz bei den Betroffenen dienen, fungieren gleichermaßen als Ansatzpunkte für eine Erhöhung der Akzeptanz. Mit diesen Akzeptanzfaktoren korrespondieren die Instrumente zur Akzeptanzförderung. *Informations- und Kommunikationsinstrumente* sollen primär dafür sorgen, dass die Betroffen die Inhalte, Ziele, den geplanten Ablauf des Änderungsvorhabens und dessen Konsequenzen kennen, mithilfe von *Qualifikationsinstrumenten* sollen ihnen die für das Change-Projekt erforderlichen Kompetenzen (im Sinne von Fertigkeiten und Fähigkeiten) vermittelt werden, und *Motivationsinstrumente* dienen vor allem der Schaffung einer positiven Einstellung gegenüber der Änderung. *Organisationsinstrumente* schließlich übertragen den Betroffenen bestimmte Rollen im Übergangsprozess. Hier sind beispielsweise die für die Umsetzung einer Veränderung geeigneten und erforderlichen Organisationsformen wie Partizipation und Projektorganisation verortet.

Die beschriebenen Instrumente der Akzeptanzförderung, die also primär der Förderung von Effektivität im Change Management dienen, müssen aber auch aus dem

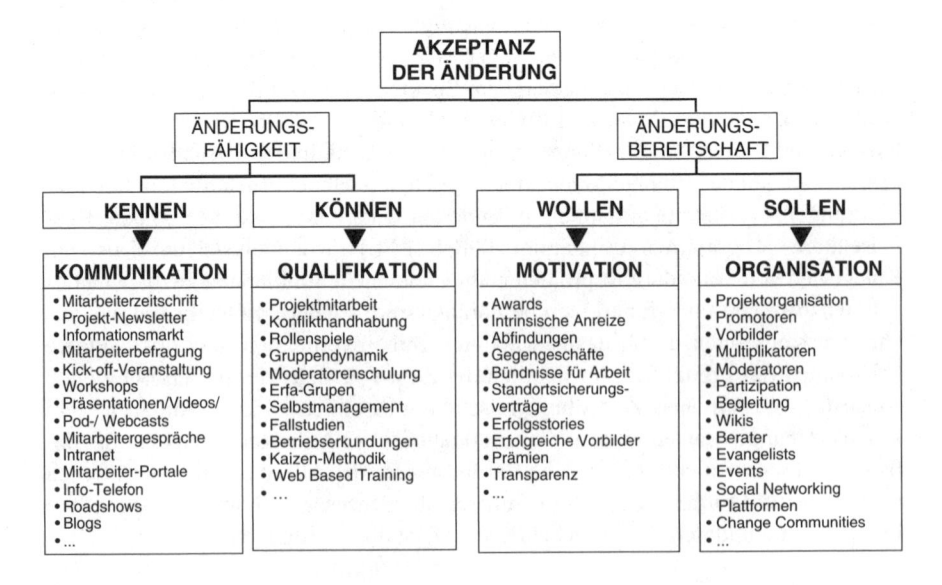

	AKZEPTANZ DER ÄNDERUNG		
ÄNDERUNGS-FÄHIGKEIT		ÄNDERUNGS-BEREITSCHAFT	
KENNEN	KÖNNEN	WOLLEN	SOLLEN
KOMMUNIKATION	QUALIFIKATION	MOTIVATION	ORGANISATION
• Mitarbeiterzeitschrift • Projekt-Newsletter • Informationsmarkt • Mitarbeiterbefragung • Kick-off-Veranstaltung • Workshops • Präsentationen/Videos/ • Pod-/ Webcasts • Mitarbeitergespräche • Intranet • Mitarbeiter-Portale • Info-Telefon • Roadshows • Blogs • ...	• Projektmitarbeit • Konflikthandhabung • Rollenspiele • Gruppendynamik • Moderatorenschulung • Erfa-Gruppen • Selbstmanagement • Fallstudien • Betriebserkundungen • Kaizen-Methodik • Web Based Training • ...	• Awards • Intrinsische Anreize • Abfindungen • Gegengeschäfte • Bündnisse für Arbeit • Standortsicherungs-verträge • Erfolgsstories • Erfolgreiche Vorbilder • Prämien • Transparenz • ...	• Projektorganisation • Promotoren • Vorbilder • Multiplikatoren • Moderatoren • Partizipation • Begleitung • Wikis • Berater • Evangelists • Events • Social Networking Plattformen • Change Communities • ...

Abb. 3 Instrumente der Akzeptanzförderung

Blickwinkel der Effizienz betrachtet werden. Auch hier kommen wieder die allgemeinen, im Rahmen des Hybrid-Evaluationsmodells angesprochenen Charakteristika der unterschiedlichen Mediengruppen zum Tragen. Vor allem die elektronischen Instrumente gelten als effizienzförderlich, da sie kostengünstiger und zeiteffizienter einsetzen lassen als Print-Medien (z. B. Mitarbeiterzeitschrift) und beispielsweise in Gestalt virtueller Konferenzen dazu geeignet sind, sehr kostenintensive Reisen zu Meetings zu sparen, die überdies meist viel Zeit in Anspruch nehmen und daher neben den direkten Kosten auch hohe Opportunitätskosten (Ausfallkosten) verursachen. Entsprechendes gilt auch für die Nutzung von Kommunikationsmedien für Lernprozesse: Der Nutzung von E-Learning wird gemeinhin großes Potenzial für die Erreichung einer effizienten Personalentwicklung zugesprochen (Janson 2003; Brennan 2004; Snipes 2005).

Um dieser Dualität in Form der gleichzeitigen Verfolgung der beiden Performance-Kriterien Effektivität und Effizienz gerecht zu werden, bietet es sich an, einen Mix aus unterschiedlichen Instrumenten der Akzeptanzförderung einzusetzen. Im Bereich der Informations- und Kommunikationsinstrumente ist es in der Tat üblich, konventionelle Instrumente wie Vorträge, Workshops oder Mitarbeiterzeitschriften mit elektronischen Instrumenten wie E-Mail oder Intranet-Portalen zu kombinieren. Das konnten Bernecker und Reiß (2002) für Web 1.0-Instrumente nachweisen.

6.7 Hybride Medienkonzepte im Change Management: Erhebungsdesign

Um das Potenzial von hybriden Medien-Konzepten unter Einbeziehung von Web 2.0-Medien anhand des Change Managements empirisch zu überprüfen, hat der Lehrstuhl für Organisation der Universität Stuttgart Ende 2007/Anfang 2008 eine Online-Expertenbefragung durchgeführt und einen virtuellen Erfahrungsaustausch auf einem für das Projekt eingerichteten Forschungs-Weblog organisiert.

Der Großteil der Befragten wurde über eine personalisierte E-Mail mit dem Link zur der Umfrage direkt angeschrieben, verbunden mit der Bitte, die E-Mail an betroffene Change Manager aus dem Kollegen- und Klientenkreis weiterzuleiten. Des Weiteren wurde der Hinweis auf die Umfrage in unterschiedlichen Newslettern positioniert. Zudem war es möglich, über den für das Projekt eingerichteten Forschungs-Weblog an der Umfrage teilzunehmen. Es sind 305 Antworten auf den Fragebogen eingegangen. Der gesamte Rücklauf (im Verhältnis zur Anzahl der direkt versendeten Mails) beträgt 15,5%.

Mit knapp der Hälfte machen die Mitarbeiter in einem Beratungsunternehmen den Großteil der Experten aus, Beschäftigte in einem wissenschaftlichen Institut stellen etwas weniger als ein Viertel der Teilnehmer und ca. ein Sechstel der Befragten ist in einem Industrie- oder Dienstleistungsunternehmen beschäftigt.

Die Change Manager – also diejenigen, die schon Change-Projekte durchgeführt haben – machen knapp drei Viertel der Befragten aus. Innerhalb dieser Gruppe dominieren (mit über 68%) Change Manager, die zwischen sechs und 50 Projekte durchgeführt haben, also über eine relativ hohe Erfahrung im Change Management verfügen. Mit 4,3% der Change Manager machen Befragte, die bereits mehr als 50 Projekte durchgeführt haben, nur einen sehr geringen Anteil aus. Differenziert man die Change-Erfahrung nach den Change-Kategorien, in denen die Befragten hauptsächlich tätig sind, so dominieren mit über 45% Restrukturierungsprojekte, gefolgt von Strategiewandel-Projekten mit etwas über einem Drittel. Jeweils ca. 30% der befragten Change Manager sind vorrangig in Business Process Reengineering-Projekten sowie in Projekten zum Kulturwandel tätig, knapp ein Fünftel in IT-Implementierungsprojekten. Die Befragung untersucht vor allem a) den Verbreitungsgrad von konventionellen und elektronischen Instrumenten im Change Management und b) die einzelnen Typen von hybriden Medienkonfigurationen sowie deren Einflussfaktoren (zu weiteren Ergebnissen vgl. auch Reiß 2008; Reiß/ Spejic 2008).

Die untersuchten Web 2.0-Instrumente sind Individual Weblogs, Corporate Weblogs, Wikis, Social-Networking-Plattformen und Podcasts/Webcasts. Diese Auswahl von Instrumenten repräsentiert die in diesem Zusammenhang am weitesten verbreiteten Web 2.0-Instrumente (vgl. Anderson 2007, S. 7 ff.; Beck 2007; O'Reilly 2005).

Zunächst bestätigt die Befragung, dass der Einsatz mehrerer Informations- und Kommunikationsinstrumente als Standard zu betrachten ist. Mehr als 70% der Befragten setzen mindestens vier oder mehr Instrumente im Change Management oft oder immer ein. Fast neun Prozent gaben sogar an, zehn oder mehr Instrumente oft oder stets einzusetzen. Bei diesen Kombinationen handelt es sich aber nicht zwangsläufig um hybride Medienkonzepte, da – wie beschrieben – aus einer Vielzahl an Instrumenten nicht automatisch deren Gegensätzlichkeit resultiert.

Es bietet sich daher an, den Medieneinsatz auf konkrete Mischungen hin zu untersuchen, deren kombinierte Elemente sich signifikant hinsichtlich eines spezifischen Kriteriums unterscheiden. Im vorliegenden Kontext interessiert hierbei vor allem die Kombination aus konventionellen und elektronischen Instrumenten. Aus diesem Grund wurden die abgefragten Instrumente zwei Gruppen zugeordnet: *konventionelle Instrumente* (Workshops, Multiplikatoren, Top-Management-Präsenz, Mitarbeiterzeitschrift, Schulungen/Seminare, Broschüren/Folder/Flyer, Einzelgespräche) und *elektronische Instrumente* (Virtual Communities/Diskussionsforen, Intranetportal, Info-Videos, E-Mail-Newsletter, Web Based Trainings, Podcasts/Webcasts, Individual Weblogs, Social Networking-Plattformen, Wikis, Corporate Weblogs).

Bei den elektronischen Instrumenten fällt auf, dass nur knapp 35% der Befragten zwei oder mehr Instrumente aus dieser Gruppe häufig (oft oder immer) einsetzen. Verkleinert man diese Instrumentengruppe weiter und betrachtet nur die Web 2.0-Instrumente, so sind es sogar weniger als 6%, die mindestens zwei dieser Instrumente häufig für das Change Management nutzen. Nimmt man die Nennungen von oft und „manchmal" zusammen, so setzen aber über 70% der Befragten zwei oder mehr elektronische Instrumente im Change Management ein, für die Web 2.0-Instrumente sind dies immerhin noch knapp 30%.

Daraus kann in einem ersten Schritt geschlossen werden, dass dem Mix *innerhalb* der Gruppe der elektronischen Medien offensichtlich in den meisten Fällen (noch) keine allzu große Bedeutung zukommt, was auf den ersten Blick als Votum der Befragten gegen gemischte Medienkonzepte interpretiert werden könnte.

In einem nächsten Schritt wurden daher die (konzeptionell interessanteren) hybriden Medienkonzepte in den Fokus gestellt, also Kombinationen, die sich insofern durch einen Gegensatz auszeichnen, als die kombinierten Medien aus unterschiedlichen Instrumenten-Clustern stammen. Die Kombinationen aus diesen gegensätzlichen Medien sind somit durch *Vielfalt* (Diversität) gekennzeichnet. Aufgrund der Ergebnisse können nach den Mustern der Mischung drei Typen von Medienmixen unterschieden werden:

Fokussierte Medienmixe: Dieses Muster setzen Change Manager ein, die sich in ihrem Change-Konzept auf ein bestimmtes „Kerncluster" von Instrumenten (hier: konventionelle Change-Instrumente) konzentrieren und keine Instrumente aus der jeweils anderen Gruppe einsetzen.

Diversifizierte Mixe: Diversifizierer sind Change Manager, bei denen keine Unterscheidung zwischen Kern- und „Randcluster" getroffen werden kann, die also keine eindeutige Präferenz für eine der beiden Gruppen haben, sondern Instrumente aus beiden Clustern regelmäßig für die Kommunikation im Change Management einsetzen.

Ad-hoc-konfigurierte Mixe: Diese Change Manager setzen kein Instrument aus dem Spektrum des Change-Instrumentariums mit einer Häufigkeit ein, die höher liegt als „manchmal". Hier kann unterstellt werden, dass keine Präferenz hinsichtlich einer bestimmten Gruppe von Instrumenten besteht. Es wird vielmehr pragmatisch von Fall zu Fall über den Instrumenteneinsatz entschieden.

Unterscheidet man die eingesetzten Instrumente nach ihrer Zugehörigkeit zu den Clustern konventionell bzw. elektronisch, so ist zunächst – erwartungsgemäß – festzuhalten, dass lediglich ein Befragter sich ausschließlich auf elektronische Instrumente fokussiert, wohingegen rund 31% einen Fokus auf konventionelle Instrumente im Change Management richten. Die Diversifizierer machen mit ca. 67% den größten Anteil unter den Befragten aus. Mit 2,7% stellen die Ad-hoc-Konfigurierer die kleinste Gruppe in der befragten Grundgesamtheit.

Die ermittelte Verteilung der Befragten auf die beiden Gruppen Fokussierer und Diversifizierer ist für sich genommen allerdings noch nicht sehr aussagekräftig, stellt sie doch insofern nur eine sehr grobe Klassifizierung dar, als die Vielzahl der eingesetzten Kommunikationsinstrumente nicht berücksichtigt wird. Ein valides Hybriditätsmaß muss Vielfalt und Vielzahl gleichermaßen erfassen. Sowohl die fokussierten als auch die diversifizierten Medienmixe sind stärker hybrid, wenn eine höhere Zahl von Kommunikationsinstrumenten eingesetzt wird. Auf der Vielzahl-Dimension wird eine Dreiteilung nach dem Umfang des eingesetzten Instrumentenspektrums in „eng", „mittel" und „weit" vorgenommen (vgl. Abb. 4).

Die Hybridität der jeweiligen Medienmixe kann auf der Basis dieses *Mischungsindex* in folgenden Abstufungen gemessen werden: enge Fokussierung (1), mittlere Fokussierung (2), mittlere Diversifizierung (3) und weite Diversifizierung (4).

Statistische Maße beziehen sich auf die umcodierte Variable „Mischungsindex". Die zugrunde liegende Skala wurde umcodiert zu (1) enge Fokussierer – (2) mittlere Fokussierer – (3) mittlere Diversifizierer – (4) weite Diversifizierer. Die Mittelwerte sind jeweils unter Ausschluss der Antwortoption „kann ich nicht

		Vielfalt (Fokussierer-Diversifizierer)		
		Fokussierer	Diversifizierer	gesamt
Vielzahl (alle Instrumente)	eng (1 bis 3 Instrumente)	15 (7%)	0 (0%)	15 (7%)
	mittel (4 bis 6 Instrumente)	52 (24,3%)	50 (23,4%)	102 (47,7%)
	weit (7 und mehr Instrumente)	0 (0%)	97 (45,3%)	97 (45,3%)
gesamt		67 (31,3%)	147 (68,7%)	214 (100%)

Abb. 4 Typologie von hybriden Medienmixen

beurteilen" berechnet worden (Mittelwert=3,07; Median=3,0; Standardabweichung=0,988).

Betrachtet man die Häufigkeitsverteilungen der unterschiedlichen Typen von Medienmixen, so fällt zunächst auf, dass gerade mal 7% der befragten Change Manager bei der Medienwahl einen engen Fokus auf konventionelle Instrumente richten, d.h. höchstens 3 Instrumente regelmäßig einsetzen. Medienvielzahl scheint im Change Management unverzichtbar zu sein. Eine mediale Diversifizierung wird erst ab einer Anzahl von vier regelmäßig genutzten Medien praktiziert. Im mittleren Bereich des Medienspektrums (vier bis sechs Instrumente) verteilen sich die Befragten nahezu gleichmäßig auf die beiden „polaren" Kategorien Fokussierer und Diversifizierer, während im oberen Bereich (ab sieben Instrumenten) gar keine Fokussierer mehr auftreten. Der hohe Anteil von weiten Diversifizierern (mehr als sechs unterschiedliche Instrumente aus beiden Gruppen werden regelmäßig eingesetzt) ist auffällig. Er belegt die hohe Bedeutung, die Medienmixen im Change Management aktuell zukommt.

Wichtiger als die bloße Identifikation unterschiedlicher Medienmixe und deren Auftretenshäufigkeiten ist die Beantwortung der Frage, welche Einflussgrößen das Auftreten der einzelnen Medienmixe bestimmen. Deshalb wurde mit Hilfe von Faktorenanalysen und Regressionsanalysen untersucht, welche Kontextfaktoren in welche Kombinationsmuster münden.

6 Hybride Medienkonzepte für das interne Marketing

Bei diesen als potenzielle Determinanten der Medienmixe anzusehenden Variablen handelt es sich um:
- *berufliche Positionierung* der Befragten
- *Branche* (in der Change-Projekte durchgeführt werden)
- *Projektzahl* (Anzahl der durchgeführten Change-Projekte)
- *Betroffene* (Anzahl der von einem Change-Projekt betroffenen Mitarbeiter)
- *Beteiligte* (Anzahl der an der Durchführung eines Change-Projektes beteiligten Mitarbeiter)

Bei der Korrelationsanalyse ergab sich, dass berufliche Positionierung und Branche keinen empirisch nachweisbaren Einfluss auf die Medienkonfiguration haben. Demgegenüber viel auf, dass zwischen der Anzahl der Betroffenen eines Change-Projektes und dem Mischungsindex eine verhältnismäßig hohe positive Korrelation bei sehr hoher Signifikanz besteht. Offensichtlich besteht bei kleineren Projekten eher die Tendenz, sich auf eine Gruppe von Instrumenten – nämlich auf die konventionellen Medien – zu fokussieren, während für große Projekte eine umfangreichere Diversifizierung bei den Kommunikationsinstrumenten stattfindet. Einerseits lässt sich die komplementäre Verwendung elektronischer Instrumente mit den *höheren Anforderungen an die Reichweite* bei großen Projekten begründen, die nur mit Internet-basierten Medien effizient zu realisieren ist. Andererseits sprechen aber auch Effektivitätserwägungen für eine stärkere Diversifizierung bei zunehmender Anzahl der Betroffenen: Es ist plausibel, dass bei einer sehr großen Zielgruppe für das Change-Vorhaben – wie sie beispielsweise bei unternehmensweiten Restrukturierungen anzutreffen ist – auch die Heterogenität dieser Gruppe zunimmt. Dieser Heterogenität kann durch ein breiteres Spektrum von Kommunikationsinstrumenten Rechnung getragen werden, da hiermit eine an den Bedürfnissen und Präferenzen der Betroffenen ausgerichtete *Individualisierung der Kommunikation* (nach Inhalten, Medien etc.) möglich wird.

Auch die Anzahl der Projektbeteiligten ist – wenn auch schwächer und weniger signifikant – positiv mit dem Mischungsindex korreliert. Zum Teil erklärt sich dies durch den Zusammenhang zwischen der Anzahl der Beteiligten und der der Betroffenen, der ebenfalls durch eine hohe positive Korrelation gekennzeichnet ist. So sind Projekte, die sich an viele Betroffene richten, oft auch insofern „große" Projekte, als sie mit großen Projektteams (mit einem hohen Einsatz von Humanressourcen) einhergehen. Zum anderen nimmt die Anzahl der Projektmitarbeiter auch direkten Einfluss auf die Diversifizierung der Kommunikationsinstrumente, die für die Kommunikation unter den Projektmitgliedern genutzt werden. Auch hier steigt der Diversifizierungsgrad mit der Anzahl der Kommunikationspartner aus denselben Gründen: Einerseits sind also elektronische Medien notwendig, um die *Kommunikationsreichweite* zu erhöhen (beispielsweise wegen geografisch verteilter Kommunikationspartner), andererseits ist auch projektintern eine höhere *Kommunikationsreichhaltigkeit* vonnöten, um steigenden Individualisierungsbedarfen gerecht zu werden.

6.8 Fazit

Die Expertenbefragung hat gezeigt, dass der Einsatz hybrider Medienkonzepte für das interne Marketing mittlerweile sehr weit verbreitet ist. Es hat sich als erforderlich erwiesen, nicht pauschal von *dem* hybriden Medienmix zu sprechen, sondern zwischen vier Mix-Typen zu differenzieren. Es dominieren dabei deutlich die Mischungen, die auf einem rational-systematischen Einsatz von Kommunikationsinstrumenten basieren gegenüber der eher zufälligen Ad-hoc-Konfiguration. Der Grad der Medien-Diversifizierung hängt dabei zuvorderst von der *Projektgröße* ab: Für große Projekte werden mehrere unterschiedliche Kommunikationsinstrumente eingesetzt, wohingegen bei kleinen Projekten eine Tendenz zur Fokussierung auf konventionelle Medien zu beobachten ist. Die Konfiguration des Medienmix ist nicht abhängig von persönlichen Vorlieben der Change Manager (wie beispielsweise Technikverliebtheit oder dem Rückgriff auf vertraute, bewährte Instrumente). Die identifizierten Medienmixe stellen generische Muster bzw. Stile des Medieneinsatzes dar, sie sind insbesondere nicht abhängig von der Kategorie des Change-Projektes, d. h. die Charakterisierung eines Change-Vorhabens als Restrukturierung oder als Implementierung von Informationstechnologie determiniert nicht den Typ des hybriden Medienkonzepts, der zur Unterstützung des Projektes genutzt wird. Die Expertenurteile entwerfen insgesamt ein Medienszenario für das interne Marketing, das durch hybride Medienmixe mit steigendem Anteil elektronischer Medien geprägt ist.

Literatur

Ahlert, D., Hesse, J. (2003), Das Multikanalphänomen – viele Wege führen zum Kunden, in: Ahlert, D.; Hesse, J.; Jullens, J. und Smend, P. (Hrsg.) Multikanalstrategien. Konzepte, Methoden und Erfahrungen, Wiesbaden 2003, S. 3–32.

Ahmed, P. K. und Rafiq, M. (2003), Internal marketing issues and challenges. In: European Journal of Marketing, H. 9, 2003, S. 1177–1186

Anderson, P. (2007), What is Web 2.0? Ideas, technologies and implications for education. Online-Publikation: http://www.jisc.ac.uk/media/documents/techwatch/tsw0701b.pdf (Stand 28.11.2007)

Beck, A (2007), Web 2.0: Konzepte, Technologie, Anwendungen, In: HMD, Heft 255/2007, S. 5–16

Bernecker, T. und Reiß, M. (2002), Kommunikation im Wandel. In: Zeitschrift Führung und Organisation, 71. Jg., Nr. 6, S. 352–359

Bernecker, T. (2005), Entwicklungsdynamik organisatorischer Netzwerke: Konzeption, Muster und Gestaltung, Wiesbaden 2005

Brennan, M. (2004), Blended Learning and Business Change, In: Chief Learning Officer, Vol. 3, No. 1, S. 58–60

Bruhn, M. (2007a) Kommunikationspolitik, 4. Aufl., München 2007

Bruhn, M. (2007b) Marketing, 8.Aufl., Wiesbaden 2007

Buchholz, U. (2000), Interne Kommunikation im Change Management, In: Martini, B.-J. (Hrsg.), Handbuch PR. Öffentlichkeitsarbeit in Wirtschaft, Verbänden, Behörden. Grundlagen und Adressen, Neuwied 2000, 1.311, 1–21

Bühler, K. (1965), Sprachtheorie, Stuttgart 1965

6 Hybride Medienkonzepte für das interne Marketing

Capgemini, Change Management-Studie 2008. Business Transformation –Veränderungen erfolgreichgestalten. Online-Publikation: www.ce.capgemini.com/m/de/tl/Change_ManagementStudie_2008.pdf (Stand 13.01.2009)

Cohn, R. (1965), Von der Psychoanalyse zur themenzentrierten Interaktion, Stuttgart 1965

Dörfel, L. (Hrsg.) (2007), Interne Kommunikation. Die Kraft entsteht im Maschinenraum, Berlin 2007

Ebersbach, A., Glaser, M. und Heigl, R. (2006), Wiki: Web Collaboration, Heidelberg 2006

Evans, P. und Wurster, T.S. (1999), Getting real about virtual commerce, In: Harvard Business Review, Vol. 77, S. 84–94

Gerkhardt, M. und Frey, D. (2006), Erfolgsfaktoren und psychologische Hintergründe in Veränderungsprozessen, in: Zeitschrift für Organisationsentwicklung (2006), Nr. 4, S. 48–59

Gläser, M. (2008), Medienmanagement, München 2008

Gleitsmann, B.M. (2007), Internes Marketing, Unternehmenskultur und marktorientiertes Verhalten, Wiesbaden 2007

Hilse, M. (2007), Ein Blog für alle Fälle! Der rasante Siegeszug der Weblogs und wie Unternehmen davon profitieren können, Online-Publikation: http://www.pleon.de/fileadmin/user_upload/pleonkk/artikel/Annual_06_Hilse.pdf (Stand 13.1.2009).

Höft, U. (1992), Lebenszykluskonzepte. Grundlage für das strategische Marketing- und Technologiemanagement, Berlin 1992

Jansen, D. (2003), Einführung in die Netzwerkanalyse, 2. Aufl., Opladen 2003

Janson, A. (2003), Aktuelle Potenziale und Defizite des E-Learnings, In: Wirtschaft und Weiterbildung, Nr. 1, S. 51

Kieser, A.; Hegele, C. und Klimmer, M. (1998), Kommunikation im organisatorischen Wandel, Stuttgart 1998

Klewes, J. und Langen, R. (2008), Change 2.0. Beyond Organisational Transformation, Heidelberg 2008

Kuhlmann, A. M. und Sauter, W. (2008), Innovative Lernsysteme – Kompetenzentwicklung mit Blended Learning und Social Software, Berlin-Heidelberg 2008

Mast, C. (2002), Unternehmenskommunikation: Ein Leitfaden, Stuttgart 2002

Merx, O. und Bachem, C. (Hrsg.) (2004), Multichannel-Marketing-Handbuch, Berlin 2004

Mohr, N. (1997), Kommunikation und organisatorischer Wandel: ein Ansatz für ein effizientes Kommunikationsmanagement im Veränderungsprozess, Wiesbaden 1997

Müller, A.P. und Kieser, A (2003), Communication in organizations. Structures and practices, Frankfurt am Main 2003

Neuberger, O. (1985), Miteinander arbeiten – miteinander reden! 6. Aufl. München: Bayerisches Staatsministerium für Arbeit und Sozialordnung 1985

O'Reilly, T. (2005), What is Web 2.0? Design Patterns and Business Models for the Next Generation of Software. Online-Publikation: http://www.oreillynet.com/pub/a/oreilly/tim/news/2005/09/30/what-is-web-20.html (Stand 13.01.2009)

Pfannenberg, J. (2003), Veränderungskommunikation, Frankfurt am Main 2003

Pleil, T. und Zerfaß, A. (2007), Internet und Social Software in der Unternehmenskommunikation, In: Piwinger, M. und Zerfaß, A. (Hrsg.) Handbuch Unternehmenskommunikation, Wiesbaden 2007, S. 511–532

Reinmann-Rothmeier, G. (2003), Didaktische Innovation durch Blended Learning. Leitlinien anhand eines Beispiels aus der Hochschule, Bern 2003

Reiß, M. (1997a), Change Management als Herausforderung. In: Reiß, M.; Rosenstiel, L. v. und Lanz, A. (Hrsg.): Change Management: Programme, Projekte und Prozesse, Stuttgart 1997, S. 5–29

Reiß, M. (1997b), Instrumente der Implementierung. In: Reiß, M.; Rosenstiel, L. v. und Lanz, A. (Hrsg.): Change Management: Programme, Projekte und Prozesse, Stuttgart 1997, S. 91–108

Reiß, M. (2008), Change Management als Anwendungsfeld für Web 2.0-Tools, in: IM Information Management und Consulting, 23. Jg., 2008, Heft 3, S. 83–89

Reiß, M., Spejic, G. (2008), Neue Medien im Change Management, in: OrganisationsEntwicklung (2008), Heft 4, S. 60–66

Reiß, M., Bernecker, T. und Steffens, D. (2006), Kommunikationsinfrastruktur virtueller Unternehmen auf dem Prüfstand, in: Meißner, K. und Engelien, M. (Hrsg.): Virtuelle Organisation und Neue Medien 2006, Dresden 2006, S. 231–242

Riepl, W. (1972), Das Nachrichtenwesen des Altertums: mit besonderer Rücksicht auf die Römer, Hildesheim 1972

Sauter, A. und Sauter, W. (2002), Blended Learning. Effiziente Integration von E-Learning und Präsenztraining, Neuwied 2002

Schulz von Thun, F. (1985), Miteinander reden. Teil 1: Störungen und Klärungen : Psychologie der zwischenmenschlichen Kommunikation, Reinbek 1985

Scott, J. (2000), Social Network Analysis: a Handbook, London 2000

Snipes, J. (2005), Blended Learning. Reinforcing Results. In: Chief Learning Officer, Vol. 4, No. 9, S. 56–73.

Wasserman, S. und Faust, K. (1994), Social Network Analysis. Methods and Applications, Cambridge 1994

Watzlawick, P., Bavelas, J.D. und Jackson, D.D. (1996), Menschliche Kommunikation, 9. Aufl., Bern 1996

Wirtz, B.W. (2002), Multi Channel-Management: Struktur und Gestaltung multipler Distribution. In: Das Wirtschaftsstudium, Nr. 5, S. 676–682

Chapter 7
Re-Industrialisierung in Europa durch KMU

Rudolf Ergenzinger und Jan S. Krulis-Randa

Summary. The globalized economic world demands for competitive advantages like technological and economical know-how, motivation of managers and useful networks. Especially small and middle-sized companies are able to adapt and to optimize processes within a company. To be successful appropriate relations to business schools (and their programs) help in a very successful way.

7.1 Einleitung

Der Strukturwandel in den industrialisierten Ländern wird sowohl vom technologischen als auch vom ökonomischen Wandel, von der Ökonomisierung des Wissens, von neuen Formen der Arbeitsteilung, neuen Organisationsstrukturen sowie von einer zunehmenden Massendienstleistungsproduktion geprägt. Der wechselwirkende Einfluss der Informations- und Kommunikationstechnologien, der Globalisierung, der Deregulierung und der sozialen Umwälzungen gestaltet ein gesellschaftliches System, in dem Innovationen, Know-How und Kernkompetenzen ein Unternehmen zum Erfolg führen können. Als tragende Säulen einer Volkswirtschaft gelten dabei die Klein- und Mittelbetriebe (KMU), die eine wichtige Rolle für die Entwicklung und Stabilisierung der Volkswirtschaft und den Strukturwandel in einer Wirtschaft spielen. Denn die Wirtschaft benötigt sowohl Gross- wie Klein- und mittlere Unternehmen. Beide bedingen einander: Wenn es den Gross-Unternehmen gut geht, profitieren auch die KMU; die Gross-Unternehmen ihrerseits profitieren vom Know-How und der Innovationskraft der KMUs.

Unter Re-Industrialisierung wird in diesem Zusammenhang die Weiterentwicklung der traditionellen industriellen Tätigkeit auf den vorhandenen Stärken des Wissens und des Know-How (diese bestehen aus Wissen in Engineering und Informatik) verstanden. Die traditionelle Industrie wird seit einigen Jahren grösstenteils in die Entwicklungsländer Asiens oder Chinas verlagert, wo höhere Stückzahlen mit tieferen Kosten bessere Profitmargen ergeben. Eine Re-Industrialisierung West-europas wäre sinnlos bzw. Unternehmen in Europa haben kaum die Chance, im Heimmarkt zu denselben Bedingungen wie in diesen Ländern zu produzieren. Vielmehr sollte auf ihrer Basis, ausgehend von den vorhandenen Stärken des Wissens und Know-How (dazu tragen wesentlich die einheimischen Hochschulen bei) eine Weiterentwicklung stattfinden (zu Wissens-Unternehmen). Gerade dies fehlt noch sehr oft den Entwicklungsländern. Deshalb sind Partnerschaften und die Bildung gemeinsamer Teams zwischen den Industrie- und Entwicklungsländern notwendig und für den Erfolg entscheidend. Denn bei steigender Kostenkonkurrenz steht für Unternehmen die Fähigkeit im Vordergrund, flexibel auf Kundenwünsche einzugehen (Produkt-, Varianten- bzw. Lieferflexibilität), was zu einem strategischen Wettbewerbsvorteil führen kann. Dies zeigt auch das in Sachseln (Zentralschweiz) ansässige Unternehmen Maxor Motor AG, das in der hochpräzisen Antriebstechnik als Systempartner arbeitet und in der Lage ist, massgeschneiderte Lösungen für die Kunden schnell und zuverlässig zu liefern. Es ist in der Lage, hochtechnologische Produkte zu entwickeln, im Heimmarkt zu produzieren und die Leistungen bzw. das Know-How auf den internationalen Märkten anzubieten.

7.2 Industrialisierung und Kompetenzen

Der Aufbau eines Gross-Unternehmens ist nur mit viel Kapital möglich bzw. die KMU verfügen kaum über die Know-How-, Finanz- und Personalressourcen bei der Strategienentwicklung und Realisierung für Auslandsprojekte. Hingegen sind bei ihnen das strategische Management und die Entscheidungsfindung, die Umsetzung von kognitiven Prozessen des Unternehmers, seiner Subjektivität von objektiv vorhandenen Zwängen der Umwelt geprägt (vgl. Gibb und Scott 1985). Die KMU unterscheiden sich von den grossen Unternehmen, den so genannten „global players" wie folgt: Die grossen Unternehmen werden von Managern (Agents) geleitet, die ausgehend von den betrieblichen Funktionen (unter anderem auch Marketing und Verkauf) planen. Die CEOs (Corporate Executive Officers) sind typische Betriebsplaner oder „Corporate Planner" mit dem Ziel der Gewinnmaximierung für den so genannten „shareholder value" auf den virtuellen Börsenmärkten.

KMU können wachsen, aber zu Gross-Unternehmen wie im vergangenen Jahrhundert werden sie kaum. Denkbar ist die Übernahme durch eine grössere Unternehmung, also Wachstum durch Fusionen. Ideen zu Neugründungen von Industriebetrieben gibt es viele, die Schwierigkeit jedoch ist und bleibt die Realisierung. Denn für jede Idee braucht es einen Markt bzw. eine Nachfrage, ansonsten eine Realisierung nicht denkbar ist. Ein solches Beispiel stellt das Start-up Unternehmen ProArchive AG dar. Die Idee ist ein Lasergerät, das Dokumente ab Computer direkt auf einen Mikrofilm bannt und damit ein riesiges Problem aller Archive löst. Denn die Daten digital zu speichern ist keine Alternative. Wegen der schnelllebigen IT-Welt müssen Archive ihren gesamten Datenbestand spätestens alle fünf Jahre in ein neues Format konvertieren. Die Firma hat nun ein Lasergerät Eternity entwickelt, das die eingescannten Dokumente direkt ab Computer per Laserbelichtung stark verkleinert und auf einen so genannten Mikrofilm bannt (Kyora 2008, S. 6). Hier wird mit viel Wissen und Know-How in Engineering und Informatik ein neues Produkt lanciert, das schnell und günstig ist; die Filme überstehen problemlos mehrere hundert Jahre, aber für den Marktaufbau braucht es Geduld und Kapitel.

Um erfolgreich zu sein, braucht es gerade in dieser Konstellation nicht nur Entwicklungsfähigkeiten, sondern auch Marketingkompetenzen (vgl. Hotz 2008, S. 51). Es braucht Teams von Marketers, Verkäufern, Entwicklern und Investoren. Vor allem braucht es erfahrene Teammanager. Denn gerade was das strategische wie operative Marketing betrifft, stellen diese Aspekte für KMU noch keine Selbstverständlichkeit dar. Umso mehr müssen sie sich als Anbieter von Problemlösungen verstehen. Denn Wachstum als Ergebnis von unternehmensinternen Prozessen und Abläufen (also die unternehmerische Tätigkeit) ist nicht nur abhängig von internen (harten) Faktoren, sondern ebenso von personenbezogenen und damit weichen Indikatoren (z. B. kontinuierlicher Lernprozess). Eine Studie der 100 innovativsten Unternehmen im Mittelstand zeigt, dass die erfolgreichen Betriebe mit interdisziplinär besetzten Projektteams zusammen arbeiten. Wichtig ist zudem die Schnittstelle zum Markt, denn Marketing-Mitarbeiter bei den Besten wenden 45 Prozent ihrer Zeit für Innovationsprojekte auf (Trendletter 2008a, S. 4).

7.3 Wissen und Know-How für die Industrieentwicklung

Die vorhandene Stärke in Westeuropa findet in der Weiterentwicklung der traditionellen Industrie auf jenen Gebieten statt, in denen viel Wissen und Know-How in Engineering und Informatik benötigt werden. Ein Beispiel dazu ist die Firma Autoform, eine Firma, die ihren Sitz im Technopark in Zürich hat. Sie bietet eine Software für den Werkzeugbau an, die Simulierung und Steuerung der Blechumformung von Autokarosserien. Zurzeit nutzen alle 20 Top-Autokonzerne der Welt diese Software. Ein Industrieprodukt aus dem Bereich der Informatik. Es wird der weiteren Industrie verkauft und von ihr angewendet (vgl. Hotz 2008, S. 51).

Wissen, das in den Unternehmen vorhanden ist, soll zum grösstmöglichsten Nutzen führen. Wirksames Wissen schafft Werte, wie das Beispiel des Unternehmens Pixar zeigt: Als eines der erfolgreichsten Trickfilmstudios der Welt entstand hier der erste Film, der vollständig am Computer erstellt wurde („Toy Story"). Pixars Unternehmenskultur imitiert nicht die Standards der Branche, sondern setzt eigene Akzente, die zur Quelle des Vorsprungs führen, wobei das Kernelement die eigene Wertschöpfung ist. Drehbücher wurden nicht von aussen eingekauft, sondern alle von internen Mitarbeitern geschrieben. Hinzu kommt der Lerneffekt aus abgeschlossenen Projekten. Pixar führt so genannte Postmortems durch: nach Ende der Arbeit an einem Film wird zusammengetragen, was gut lief und was nicht. Dabei listet jede Gruppe fünf Dinge auf, die sie beim nächsten Mal wieder so machen würde und fünf Dinge, die nicht wiederholt werden sollten. Dieses Beispiel zeigt, wie das Wissenskapital wertschöpfend eingesetzt werden kann (Trendletter 2008b, S. 7).

Als Wettbewerbsvorteile gegenüber den Gross-Unternehmen stehen bei den KMU eine höhere Qualität der Leistungen, massgeschneiderte Einzellösungen, der zielgerichtete Umgang mit Wissen und besonderes Know-How und Image im Vordergrund. Es zeigt sich, dass KMU insbesondere in Marktnischen agieren (mit hoher Fokussierung) und sich eben über die Qualität ihrer Leistungen differenzieren, während die Kostenführerschaft für sie weniger im Vordergrund steht (vgl. u. a. Schmidt 1995, S. 622). Dies bestätigen auch die Ergebnisse von Bamberger et al. (1995, S. 138) wie auch Haeusslein (1993, S. 138), indem Produktqualität, flexible Reaktionen auf Markterfordernisse, Kundenservice und das Preis-Leistungs-Verhältnis zu den zentralen Erfolgsfaktoren der KMU gehören.

Der Werkplatz Schweiz hat 2007 den Finanzplatz überholt, was aber nicht bedeutet, dass der Finanzplatz nicht mehr gebraucht wird. Dieser hat nämlich die Aufgabe dafür zu sorgen, dass die volkswirtschaftliche Entwicklung möglich ist, das heisst mit anderen Worten, den Unternehmen Kredite zu gewähren zu vernünftigen Konditionen. Gemäss dem Bundesamt für Statistik wuchsen in der Schweiz Produktion, Bestellungen und Umsatz vielversprechend. Die Produktion ohne Baugewerbe erhöhte sich im Vorjahresvergleich um 9.3 Prozent und übertraf damit den bisherigen Höchstwert aus dem Boomjahr 2000. Der Auftragseingang stieg zum zweiten Mal in Folge um einen zweistelligen Prozentbeitrag, wobei sich die Zunahme von 11.8 Prozent auf 12.2 Prozent beschleunigte. Der Auftragsbestand stieg um 21 Prozent oder mehr als doppelt so stark wie im bisherigen Rekordjahr 2006 (o.V. 2008a, S. 29).

Hinzu kommt, dass sich einige KMU nach einer Konzentrationsphase wieder auf ihr Kerngeschäft stützen. So werden z. B. beim Unternehmen Huber+Suhner Investitionen getätigt, indem der Standort Pfäffikon (Kanton Zürich) gestärkt wird. Es wird eine Fabrik gebaut, weil die Produktion von Niederfrequenz-Produkten aus allen Nähten platzt. Damit entstehen neue, hochwertige Industriearbeitsplätze. Das Unternehmen musste aber eine Neuausrichtung vollziehen: Der Bereich Polymersysteme, lange eines der zwei Standbeine, soll in diesem Jahr in einer profitablen Nische nur noch 20 Millionen Franken Umsatz erzielen. Verschwunden ist auch das Klumpenrisiko Telekommunikation, das das Unternehmen nach dem Platzen der Netz-Börsenblase fast in den Untergang führte. Die übermässige Abhängigkeit von Grosskunden (Nokia, Ericsson, Lucent) wurde auch reduziert, wobei der grösste Kunde heute noch 6.8 Prozent Umsatzanteil hat (o.V. 2008a, S. 29).

7.4 Bedeutung der Nachhaltigkeit und Flexibilität

Nebst dem Wissen und dem Know-How ist die Nachhaltigkeit sehr wichtig. Sie besteht natürlicherweise bei den KMU bzw. Familienunternehmen. Diese legen Wert auf eine langfristige Absicherung und Weiterentwicklung des Unternehmens über den eigenen, persönlichen Horizont hinaus wie beispielsweise Tobias Bachmüller, Mitinhaber des Emmericher Lakritzherstellers Katjes, der über Emotionen, Verantwortung und den langen Atem bei Familienunternehmen folgendes sagt: „Familienunternehmen legen Wert auf eine Zeitlinie von 100 Jahren, um das Prinzip der Unternehmensführung auf eigene Kinder zu übertragen. Das heisst allerdings auch, dass es von aussen manchmal so aussieht, als ob wir uns langsamer bewegen. Das könnte schon sein. Wir sind eben keine Heuschrecken, sondern vielleicht Schildkröten" (o.V. 2006). Daraus leitet sich auch die Erkenntnis ab, dass ein Familienunternehmen, das nicht an der Börse kotiert ist eher eine Langfriststrategie verfolgt und nach dieser lebt. Das bedeutet auch, dass solche Unternehmen mit einer Langfriststrategie durch alle Hochs und Tiefs gehen und gemässigt in Situationen sind, in denen es gut geht, aber auch nicht sofort in Panik geraten, wenn es ihnen weniger gut geht. Diese Nachhaltigkeit und Langfriststrategie können u. a. zur Weiterentwicklung der Industrialisierung durch die KMU führen.

Die zunehmende Individualisierung von Produkt- und Leistungsangeboten bedeutet für die KMU, sich sehr schnell und flexibel an Veränderungen im Markt anzupassen. Voraussetzung dafür sind einerseits eine Flexibilität in der Leistungserstellung als auch eine hohe Wandlungsfähigkeit in Prozessen, Ressourcen und Strukturen für die Anpassung an neue und veränderte Produkte und Leistungsangebote. Damit ergeben sich mittelfristig deutliche Wettbewerbsvorteile. Neue Modelle als auch Prinzipien für die Organisation der Produktion mit Nutzung der Potenziale hoch qualifizierter Mitarbeiter, sowohl im einzelnen Unternehmen als auch in Produktionsnetzwerken sind Schlüsselfaktoren. Dabei ist mit Wandlungsfähigkeit die Fähigkeit gemeint, ein etabliertes System schnell und nachhaltig strukturell zu verändern, was soviel bedeutet, dass das System seinen geplanten Flexibilitätskorridor verlässt und ein neues Niveau zur Erstellung von Dienstleistungen und Produkten erreicht. Flexibel agierende Unternehmen gehen in Richtung Kooperationsnetzwerke, um schnell auf die Anforderungen des Marktes reagieren zu können. Dies wird realisiert durch visuelle Unternehmens-, Produkt- und Prozessmodelle als auch durch partizipative Engineering-Methoden, die es ermöglichen, Produkt- und Prozessdesign zu verbinden (vgl. Spath et. al. 2008, S. 11, 28).

7.5 Weiterentwicklung der Industrialisierung in Westeuropa durch Industrieleistungen, Dienstleistungen und Know-How

7.5.1 Einleitung

Wie sich unter anderem zeigt, bringt das Mitspielen der Unternehmen mit den „global players" neben hohen Erträgen auch hohe Risiken mit sich. Krisen sind aber auch immer wieder Chancen (was auch für KMU gilt). So findet de Weck (2008, S. 12) zu Recht, dass die Schweizer Bankiers, die bloss Dienstleister hätten bleiben sollen, sich zu „Masters of the Universe" aufgeführt haben. Nun also kommt die Industrie wieder zur Geltung, denn während der Finanzplatz umgebaut, globale Ansätze zur Regulierung aufnehmen muss, gedeiht der solide Werkplatz.

Allerdings zeigt es sich, dass gerade auch für KMU die Finanzkrise zu Konsequenzen führt. So beträgt z. B. bei einem Hersteller von elektronischen Sicherungen für Computer und Komponenten, der vor einem Jahr noch einen Drei-Schichtbetrieb hatte, die Auslastung im Moment nur noch 50 Prozent; 70 Prozent verkauft die Firma nach Asien, wobei der jetzige Anteil aber auf die Hälfte gesunken ist. Auch auf dem europäischen Markt gehen die Absatzzahlen zurück. Im Schweizer Markt sieht die Situation noch stabil aus (leicht über dem Vorjahrswert). Um nun diese Veränderungen bzw. Absatzeinbussen ausgleichen zu können, setzt das Unternehmen auf die Entwicklung von neuen innovativen Nischenprodukten. Insgesamt hat die Finanzkrise aber Auswirkungen auf die Exportwirtschaft. In China werden Textilfabriken geschlossen (3000 an der Zahl im Jahr 2007), in den USA kämpft die Autoindustrie, was auch in Europa zu Konsequenzen führt; es braucht weniger Zulieferer, und weniger Zulieferer heisst weniger Arbeit und damit weniger KMU-Arbeit und somit ist die gesamte Volkswirtschaft betroffen. Trotz ausgezeichneten Unternehmensleistungen treffen die Turbulenzen an den Finanzmärkten, die Inflation, die verteuerten Rohwaren- und Energiepreise und eine aus dem Ruder geratene Währungssituation zwischen Dollar, Franken und Euro das Wachstum – auch dasjenige der Industriebetriebe.

7.5.2 Darstellung ausgewählter Beispiele zur Revitalisierung des lokalen Standortes

Es stellt sich die Frage, ob die Industrie in Europa nun eine Renaissance erlebt, denn wie bereits erwähnt, sind Erfolgsfaktoren von KMU ihre Schnelligkeit, Flexibilität und Kreativität; zudem können sie mit massgeschneiderten Produkten langfristige Erfolge erzielen. Am Beispiel des Stofftierherstellers Steiff zeigt sich, dass auch eine Rückbesinnung auf „heimisches Handwerk" – entgegen einem Branchentrend – durchaus erfolgreich im Sinne von Profilierung und sozialer Verantwortung sein kann. So holte sich das Unternehmen seine vor vier Jahren teilweise nach China ausgelagerte Produktion an den Hauptsitz zurück, trotz deutlicher Preisvorteile bei der Herstellung. Denn die Herstellung eines Qualitätsproduktes mit komplizierten Schnitten (die Einarbeitungszeit benötigt mindestens ein halbes Jahr, um diese Qualität produzieren zu können) hat sich die Vergabe an chinesische Firmen als nicht geeignet erwiesen. Hinzu kamen die langen Transportwege, die sich im Sinne der Nachhaltigkeit immer weniger rechtfertigen lassen. Das Beispiel illustriert, dass sich ein Unternehmen auch gegen einen Trend entscheiden kann, denn laut Verband der Spielwarenbranche stammten 2007 mehr als drei Viertel der in Deutschland verkauften Puppen, Modellautos und Plüschtiere aus China (vgl. Financial Times Deutschland 2008). Weiter kann festgehalten werden, dass auf Grund einer geringen Fertigungstiefe die Zulieferer zu einem Thema werden (national wie international) und damit können Liefertermine als auch die Qualität der Zulieferteile zum Problem werden.

Eine Studie des Fraunhofer-Instituts (o.V. 2008b) belegt, dass deutsche Unternehmen ihre Produktionsstandorte nicht mehr so oft ins Ausland verlagern, weil die Einbussen bei Qualität und Flexibilität die erhofften Einsparungen bei den Lohnkosten übertrafen. Das Fraunhofer Institut für System- und Innovationsforschung hat nun eine Software entwickelt, die bereits im Vorfeld einer Verlagerung bei der

Entscheidung helfen kann. Die Studie belegt, dass aufgrund einer vertiefenden Zeitreihenanalyse in der Metall- und Elektroindustrie die Produktionsverlagerungen deutlich an Bedeutung verloren haben, während Rückverlagerungen in etwa gleich geblieben sind; so folgt auf jede vierte bis sechste Verlagerung innerhalb von vier bis fünf Jahren eine Rückverlagerung. Die Unternehmen nennen für die Rückverlagerungen vor allem Flexibilitäts- und Lieferfähigkeitseinbussen sowie Qualitätsprobleme der Auslandsproduktion. Daraus folgt, dass sich Entscheidungen möglicher Verlagerungen nicht alleine auf Personalkostenvergleiche abstützen können, sondern es müssen auch Qualitätssicherungskosten und Aufwendungen zur Sicherung der Flexibilität (Puffer-, Lager- und Betreuungskosten) kalkuliert werden.

Ein weiteres Beispiel ist der Gabelstaplerhersteller Jungheinrich, der vor einigen Jahren seine Produktionsstätten aufgrund von Qualitätsschwankungen in Grossbritannien und Frankreich aufgab und sich auf den Heimmarkt zurückzog; 2009 erweitert das Unternehmen seinen Standort (Moosbach) sogar um ein zusätzliches Werk. Eine ähnliche Situation erlebte der Landmaschinenhersteller Lemken, mit seiner Produktionsverlagerung. Das Unternehmen baute in den 90-er Jahren eine Fabrik in Kaliningrad auf. Neben Qualitätsproblemen fiel oft der Strom aus, auf Bankkonten konnte nicht zugegriffen werden und hohe Wartezeiten an der russischen Grenze waren nur ein paar der negativen Punkte; das Unternehmen zog sich alsbald aus Russland zurück und fokussiert sich seitdem auf Deutschland (Financial Times Deutschland 2008).

Auch der dänische Spielzeughersteller Lego gehört zu denjenigen, die ein „Re-Sourcing" bzw. Insourcing und somit die Produktion von Bauklötzen wieder in Eigenregie betreiben. Lego hatte vor drei Jahren (das Unternehmen steckte damals in einer Krise u. a. auf Grund einer Ausweitung seines Sortiments auf Videospiele, Filme und Fahrräder) die Herstellung an den US-Konzern Flextronics abgegeben, jedoch traten die angestrebten Kosteneinsparungen sowie Synergieeffekte nicht in gewünschtem Masse ein. Mit der Rücknahme wird zudem wieder die Qualitätskontrolle gewährleistet. Flextronics produzierte Plastikspielzeuge in Ungarn, Tschechien und Mexiko; nach und nach wird Lego die Übernahme der Fabriken in den besagten Ländern übernehmen, was die Zahl der Mitarbeiter bis Mitte 2009 um 6500 Beschäftigte erhöhen wird (vgl. Bomsdorf und Dengel 2008).

7.5.3 Die Weiterentwicklung der Industrialisierung als Chance

Die Beispiele zeigen aber nicht, dass für eine Rückkehr der Industrialisierung eine absolute Euphorie herrscht, sondern sie verdeutlichen vielmehr, dass es in Zukunft unabdingbar ist, den ökonomischen Wandel von der traditionellen industriellen Produktion zu Dienstleistungen und Know-How sowie zur Informations- und Kommunikationstechnologie nachzuvollziehen. Denn in Zukunft wird der Fokus auf dienstleistungsintensiven hergestellten Produkten liegen – eine Kombination von Dienstleistungen der Informatik und Know-How Engineering sowie Know-

How Gewinnung in Kooperationen mit Universitäten, Hochschulen und weiteren Forschungsinstitutionen. Das bedingt aber eine so genannte „Scout-Initiative" wer mit wem kooperieren soll.

Die Herstellung eines iPhones bringt für Apple nicht die Wertschöpfung. Design, nutzerfreundliches Interface, Vertrieb, Marketing, Know-How, Software-Applikationen und die höchst erfolgreiche Internetplattform iTunes sind entscheidend für den Erfolg von Steve Jobs. Beim Landmaschinenhersteller John Deere war man bis in die 1990er Jahre auf den Maschinenverkauf fokussiert. Der Landmaschinenhersteller erkannte frühzeitig die Wachstumspotenziale auf dem gesamten Green Market und kaufte mehrere Unternehmen aus dem Garten- und Landschaftssegment. Aus John Deere wurde JDL. Die frühere Mähdrescherfirma verkauft jetzt Rollrasen, Landschaftskonzepte, Beratung, vergibt Kredite für Gartenbauunternehmen und baute eine Fortbildungsakademie (Wissen, Know-How) auf. Mit der reinen Produktzentrierung können Unternehmen keine ausreichenden Gewinnmargen mehr erwirtschaften (Pressemitteilung 2008).

Es wird künftig wichtig sein, Produkte bzw. Leistungen im Teamwork zu entwickeln und eine Abstimmung bzw. Balance zwischen Kreativität der Leistungsentwickler und einer systematischen, qualitäts- und flexibilitätsorientierten Produktentwicklung zu erzielen. Davon hängt auch die Innovationsfähigkeit eines Unternehmens ab, das sich auf Know-How und Wissen stützt und ebenso auf Mitarbeiter, die wie Unternehmer denken und handeln. Dieses Wissen und Know-How muss in der eigenen Unternehmung beibehalten, gefördert und systematisch erweitert werden, will man Produkte und Märkte erobern und somit echte Werte schaffen und so wieder zu einer wertschaffenden und wertschöpfenden Unternehmung zu werden. Dazu sind aber auch die Hochschulen gefordert, die zur Weiterentwicklung der Industrialisierung mit einer Denk- und Wissensoffensive beitragen; damit schaffen sie auch einen Transfer zu den KMU und können somit sehr gezielt auf die Bedürfnisse und Problemlösungen der KMU eingehen.

Nur so lässt sich ein kontinuierliches nachhaltiges Wachstum einer Volkswirtschaft erzielen mit einer Wertschöpfung, die vor allem im Inland erbracht wird. Denn nur Dienstleistungen allein bringen langfristig keine Grundlage für Wachstum. Deshalb ist eine Zusammenarbeit von Hochschulen (Universitäten, Eidgenössische Technische Hochschule (ETH), Fachhochschulen) mit der Industrie eine wichtige Handlungsweise, um erfolgreiche Innovationen zu schaffen und hohe Wertschöpfung generieren zu können. Diesen Brückenschlag von der Wissenschaft/Forschung in Richtung Anwendung kann durch wissensorientierte Dienstleistungen erbracht werden. Bereits 2005 wurde als Beispiel die Biologie erwähnt. Diese Wissenschaft ist bis vor gut zwanzig Jahren von anderen Disziplinen ignoriert worden, nun durchdringt sie Maschinen-, Elektrotechnik, Physik, Chemie, Informatik, Materialwissenschaften, Soziologie und Staatswissenschaften (vgl. o.V. 2005, S. 38). Daraus ergibt sich die Erkenntnis, dass in Zukunft Bildung, Forschung und Technologie Antriebsmotor eines Landes sind und bleiben.

Hotz (2008, S. 51) plädiert im Rahmen der Re-Industrialisierung, dass sich z.B. ein kleines Land wie die Schweiz nicht nur auf eine Kompetenz fokussieren (z.B. Vermögensverwaltung), sondern ihre traditionelle hohe Diversifikation beibehalten sollte. Das würde für Zürich zum Beispiel heissen, dass auch in moderne

Industriebetriebe investiert werden soll, damit solche Industrien auch zum Risikoausgleich beitragen können. Denn Industrie- und Dienstleistungsbetriebe können heute in enger Nachbarschaft bestehen. Sekundärer und tertiärer Sektor werden sich immer stärker miteinander verflechten und sind aufeinander angewiesen. So erbringt auch der Dienstleistungsbereich in stärkerem Masse Vorleistungen für die Industrie. Damit hat ein industrieller Produktionszuwachs positiven Einfluss auf Dienstleistungsanbieter (vgl. Becker 2008). So hat auch die Industrie als Ganzes in der Schweiz in den letzten drei Jahren 40'000 Arbeitsplätze geschaffen, was auch zu einer Revitalisierung des Industriestandortes Schweiz beigetragen hat und zeigt, dass sich Schweizer KMU auf den Weltmärkten behaupten können. Eine entsprechende Wertschöpfungstiefe in der Produktion aber auch in Forschung und Entwicklung (interne Kompetenzen) verbunden mit einer hohen Qualitätssicherung können Basis einer Wettbewerbsvorteilhaftigkeit sein.

Abschliessend ist festzuhalten, dass in der Schweiz nicht die alten industriellen Tätigkeiten wieder aufgebaut werden sollen, sondern der Fokus sollte auf der Weiterentwicklung liegen (wie eingangs des Artikels erwähnt). Im Falle der Maschinenindustrie bestehen Chancen in Richtung einer Kombination von Präzisionsinstrumenten, Feinmechanik, Bio- und Medizinaltechnik und Sensorik. Hotz (2008, S. 51) nennt als Beispiel eines erfolgreiche industriellen Produktes das Unternehmen Phonak (Herstellung von Hörgeräten). Es bestehen somit Chancen für die Industrie in Segmenten, die viel Wissen in Engineering und Informatik benötigen. Oder in der Medizinaltechnik bietet die Schweiz hervorragende Bedingungen mit einem weltweit einzigartigen Know-How auf engstem Raum, wenn es um die Kombination von Mikroelektronik, Mikromechanik, Kunststofftechnologie und Medizin geht (Hotz 2007, S. 83). Denn nirgends gibt es eine solche Dichte und Verzahnung von Stärken wie etwa im Bereich der Zahnimplantate (Straumann) der Instrumente, Implantate, Antriebsmaschinen für operative Knochenbehandlung (Synthes). Das aber bedingt auch weiterhin und in verstärktem Masse eine intensive, interdisziplinäre Zusammenarbeit zwischen Hochschulen (Fachhochschulen, Universitäten, ETH), Forschungsinstitutionen und Industrie.

7.6 Schlussbetrachtung

Die Ausführungen belegen, dass nachhaltige Wettbewerbvorteile in den Faktoren Wissen, Know-How, Motivation und Beziehungen (u. a. auch Netzwerke) liegen. KMU sind dank hoher Anpassungs- und Wandlungsfähigkeit – das bedingt aber auch eine Lerngeschwindigkeit, die sich schneller einstellt als die Änderungsgeschwindigkeit der Umwelt, in der ein KMU steht – , qualifizierter Mitarbeiter, einer guten Aus- und Weiterbildung, hoher Flexibilität und Leistungsbereitschaft, verbunden mit neuen, innovativen, wissensbasierten Leistungen (also Leistungen mit hoher Wertschöpfung) in der Lage, den künftigen Herausforderungen oder Krisen wie sie heute bestehen gestärkt hervorzugehen. Mit Prozessanpassungen und Optimierungen können KMU gegenüber Mitkonkurrenten ihre Produktivität erhöhen und sich somit in der ganzen Prozesskette differenzieren. Um dies zu erreichen, benötigt man aber auch entsprechende Rahmenbedingungen, um Standortvorteile zu nutzen und die Spitzenposition (z. B. alternative Energien) auszubauen. Dazu gehören insbesondere auch die Hochschulen und mit ihnen die Verbindung bzw. Zusammenarbeit mit anderen Forschungsinstitutionen und der Industrie (Know-How Transfer bzw. Brückenschlag von Wissenschaft und Praxis durch anwendungsorientiertes Handeln). Wie gesehen, lassen sich mit neuen Nischen und einer Fokussierung auf die Kernkompetenz Erfolge erzielen. Produktbegleitende Dienstleistungen, verbunden mit einer Weiterentwicklung der traditionellen industriellen Tätigkeit aufbauen auf den vorhandenen Stärken des Wissens und Know-How in Engineering und Informatik, neue Formen der Kooperation (Kooperationsbeziehungen wissensbasiert und interdisziplinär) erweitern das Spektrum des Angebotes von Problemlösungen nachhaltig. Diese Chance haben jene Unternehmen, die den Anforderungen an dynamische Märkte gewachsen sind, sich den Marktveränderungen anpassen können und den Umgang mit Wissen als einen zentralen Erfolgsfaktor sehen.

Literatur

Bamberger, I., Essling, R., Evers, M., Wrona, T. (1995), Internationalisierung und strategisches Verhalten von Klein- und Mittelunternehmen. Ergebnisse einer empirischen Unersuchung. Arbeitspapier Nr. 5 Organisation und Planung, Universität Essen, Essen

Becker, F. (2008), A region in the throes of upheaval: structural Changelive. Unter: www.ebn24.info/pdf/frank_w._becker_1801.pdf

Bomsdorf, C., Dengel, B. (2008), Lego klotzt wieder in der Fertigung.Unter:www.ftd.de/unternehmen/industrie/:Spielzeugbranche%20Lego%20Fertigung/380922.html

De Weck, R. (2008): Die Schweiz nach dem Crash. In: Tages Anzeiger Magazin, 2008/40, S. 11–12

Financial Times Deutschland (2008), Deutsche Firmen holen Produktion zurück, 2. Juli 2008

Gibb, A., Scott, M. (1985), Strategic Awareness, Personal Commitment and the Process of Planning in the Small Business. In: Journal of Management Studies, Vol. 22/6, November, S. 597–634

Haeusslein, R. (1993), Strategisches Denken, Entscheiden und Handeln in kleinen und mittleren Industrieunternehmungen, Regensburg

Hotz, B. (2007), Wiedergeburt vermeintlich traditioneller Industrien. In: NZZ Nr. 288, S. 83 vom 2. Oktober 2007

Hotz, B. (2008), Reindustrialisierung als Chance. In: NZZ Nr. 55, S. 51 vom 6. März 2008

Kyora, S. (2008), Winzige bunte Bilder für die Ewigkeit. In: CASHdaily, 8. Oktober 2008, S. 6

o.V. (2005), Die Globalisierung zwingt Industrie und Hochschule zu neuen Kontaktformen. In: NZZ vom 19. April 2005, S. 38

o.V. (2006), Emotionen, Verantwortung und langer Atem bei Familienunternehmen. In: Wirtschaftswoche, 4. Dezember 2006

o.V. (2008a), Nicht mal eine Brise von Krise. In: Tages-Anzeiger, 19. März 2008, S. 29

o.V. (2008b), Weniger Produktionsverlagerungen ins Ausland. Unter: www.mittelstandsblog.de/2008/03/page/7/

Pressemitteilung medienbüro.sohn (2008), Archaische Verehrung des Industriekapitalismus führt Deutschland in die Sackgasse, 1. August 2008

Schmidt, K.-H. (1995), Ansätze einer ökonomischen Theorie des Erfolgspotenzials von KMU. In: Kemmetmüller, W., Kotek, H., Petermandl, M., Stiegler, H. (Hrsg): Erfolgspotenziale für KMU, Linz, S. 607–623

Spath, D., Hirsch-Kreinsen, H., Kinkel, S. (2008), Organisatorische Wandlungsfähigkeit produzierender Unternehmen, Fraunhofer IAO, Stuttgart

Trendletter (2008a), So führen die Besten ihre Innovationen zum Erfolg, Nr. 10, Oktober 2008, S. 4

Trendletter (2008b), Zwei Firmen zeigen, wie Wissen Werte schafft, Nr. 10, Oktober 2008, S. 7

Chapter 8
Wettbewerberanalyse eines internationalen Automobilzulieferers – Eine Fallanalyse

Adrienne Cansier und Heike Hundertmark

Summary. *The automotive supplier industry and its markets face massive changes. Cooperations (vertical/horizontal) and increasing cut-throat competition require an adoption of core competences and strategic positioning towards these trends. This paper aims at developing a competitors' analysis of an international, medium-sized automotive supplier and its main competitors. Multidimensional Scaling is an adequate method to analyze the situation. Internal and external experts are polled. Important criteria for success of the considered automotive supplier are identified and recommendations concerning positioning are deducted.*

8.1 Besonderheiten der Automobilzulieferindustrie

Steigender Wettbewerbs- und Kostendruck, hervorgerufen durch eine fortschreitende Konsolidierung und Globalisierung der Automobilbranche, betrifft sowohl die Automobilhersteller als auch die gesamte Zuliefererkette. Die Zukunft eines Zuliefererunternehmens hängt zunehmend von der Wahl der richtigen Kundenstrategie und der richtigen Positionierung im Wettbewerbsumfeld ab. Dabei befinden sich die Zulieferer in einer sog. *Sandwichposition*. Die Beschaffungs- und Nachfragerseite besteht in der Automobilindustrie aus *differenzierten Oligopolen* (Kotler 2007). Nur wenige Hersteller bieten die benötigten Rohstoffe an und kontrollieren durch künstliche Verknappung der Güter die Preise. Beim Absatz kontrolliert eine Anzahl von 12 internationalen Automobilherstellern den Markt und diktiert den Zulieferern durch ihre Marktmacht Preisvorgaben und Kostensenkungen.

Mit den sich ändernden Bedingungen auf dem globalen Automobilmarkt eröffnen sich auch neue Geschäftsfelder für die Zulieferer. Die steigenden Ansprüche an die Original Equipment Manufacturers (OEM) und ihre Zulieferer im Bereich der Umweltstandards, u. a. zur Reduktion des CO_2-Ausstoßes und der Verbesserung der Crash relevanten Bereiche, erfordern die frühzeitige Zusammenarbeit zwischen

OEM und Zulieferer. Premiumherstellern auf der anderen Seite bestimmt wird, müssen sich die Zulieferer auch darauf einstellen.

Das Zulieferergeschäft in der Automobilbranche besteht aus einer weitreichenden Lieferantenkette. Je nachdem, inwiefern ein Zulieferer mit einem OEM in direkten Kontakt tritt, gibt es 1st, 2nd und 3rd Tier-Zulieferer. Mit steigender Nähe zum OEM nimmt auch die Wertschöpfungstiefe der Produkte zu. Weiterhin unterscheiden sich die Zulieferer entsprechend Weil bei den OEMs der Markt durch die wachsende Nachfrage nach Billigautos auf der einen und der steigenden Nachfrage nach Oberklasseautomobilen von der Produktkomplexität. Während ein Entwicklungslieferant nach einer reinen Produktvorgabe und den gewünschten Eigenschaften des Produktes ohne ein neues Produkt inkl. Design, Material und Konstruktion mit eigenen Forschungs- und Entwicklungszentren (F&E-Zentren) entwickelt, produziert ein Build-to-Print Lieferant strikt nach Lastenheft und hält sich an die genauen Vorgaben des Auftraggebers, ohne eigenes Entwicklungs-Know-How zu benötigen. Entwicklungslieferanten sind häufig auch sog. Multi- oder Megazulieferer. Diese unterscheiden sich von ihren mittelständischen Wettbewerbern durch ihre Größe und Kapitalstruktur. Entsprechend der Wertschöpfungstiefe produzieren die Lieferanten Teile, Komponenten, Module oder ganze Systeme.

Die Differenzierung der Produkte für die Automobilbranche erfolgt je nach Produkt und Wertschöpfungstiefe über die Qualität, Produkteigenschaft, das Image und die angewandten Technologien und Innovationen. Entsprechend bewegen sich die Zulieferer selbst in einem vollkommenem bis monopolistischen Wettbewerb (Kotler 2007, S. 1091). Während der monopolistische Wettbewerb aus vielen Wettbewerbern besteht, die vollständig oder teilweise zur Differenzierung ihrer Produkte in der Lage sind, bieten beim vollkommenen Wettbewerb viele Anbieter das gleiche Produkt und die gleiche Leistung an.

In diesem Beitrag wird eine Mitbewerberanalyse für ausgewählte Konkurrenten des Automotivzulieferers Kirchhoff Automotive vorgenommen. Dies geschieht mit Hilfe Multidimensionaler Skalierung (MDS) unter Anwendung von SPSS 15.0. Die Geschäftsführung und Vertriebsabteilung von Kirchhoff wurden nach ihrer eigenen Einschätzung der Wettbewerber befragt. Dem wurde die Einschätzung durch Experten der OEM gegenüber gestellt. Dies erlaubt der Geschäftsführung ein Urteil, wieweit ihre Einschätzung zutreffend bzw. korrekturbedürftig ist.

8.2 Die Wettbewerber

Alle betrachteten Unternehmen sind in dem Bereich der Karosseriestrukturen tätig. Bei Kirchhoff Automotive liegt bei Modulen und Komponenten ein monopolistischer und bei Pressteile ein vollkommener Wettbewerb vor. Die Branche ist geprägt durch aktuelle Trends des Leichtbaus mit Hilfe hochfester Stähle und Hybridstrukturen, einer Kombination aus Kunststoffen und Metallen. Weiterhin strebt die Branche eine stetige Erhöhung der Sicherheit der Automobile und deren Insassen in den Crash-relevanten Bereichen an. Es herrscht intensiver Wettbewerb. Daher wird untersucht, worin mögliche Alleinstellungsmerkmale bestehen, die eine angemessene Positionierung zulassen.

Hauptwettbewerber von Kirchhoff Automotive sind die Zulieferer Benteler, Gedia Gebrüder Dingerkus, Gestamp Automoción, ISE (Innomotive Systems Europe), Linde & Wiemann, Magna Cosma, PWO (Progress Werke Oberkirch) und Tower Automotive. Wichtige Unternehmenskennzahlen geben in **Tabelle 1** einen Überblick über Größe, Kernkompetenzen, Standorte und weitere Faktoren der betrachteten Zuliefererunternehmen.

Tabelle 1 zeigt mögliche Faktoren, die die Positionierung von Unternehmen beeinflussen können. Aus den jeweiligen Kernkompetenzen ist der Grad der Wertschöpfungstiefe der Produkte abzuleiten, bei der die Systeme, gefolgt von den Modulen, die höchste und die Komponenten und Teile die geringste Wertschöpfungstiefe aufweisen. Systeme umfassen einen intensiven Einsatz von F&E-Kompetenz und somit Produktinnovationen. Dieser F&E-Einsatz sinkt mit sinkender Wertschöpfung. So ist für die Produktion von Komponenten und Teilen der Einsatz von F&E seitens des Zulieferers sehr gering. Die Anzahl der Standorte gibt Informationen über den Globalisierungsgrad der Unternehmen. Der Globalisierungsgrad drückt die Bereitschaft des Zulieferers aus, den OEMs an neue Standorte zu folgen. Die Mehrsprachigkeit der Homepages zeigt, wie global das Unternehmen denkt und handelt. Weiterhin ist die Unternehmensgröße, die Anzahl der Mitarbeiter und die Eigentümerstruktur wichtig, da die Eröffnung neuer Standorte von der Kapitalkraft der Unternehmen abhängt und ebenfalls zur Finanzierung eigener F&E-Zentren benötigt wird.

8.2.1 *Kirchhoff Automotive*

Kirchhoff Automotive plant, sich in dem aktuellen Wettbewerberumfeld von einem Prozessspezialisten mit Kostenführerschaft zu einem Entwicklungslieferanten mit gesteigerter Wertschöpfung zu verändern. Damit muss das Unternehmen sein bisheriges Produkt- und Leistungsangebot erweitern bzw. verändern. Der Weg Kirchhoff Automotives führt vom Pressteilehersteller zum *Full-Service-Supplier* (Goetz 2007). Die Komplexität der Produkte steigt und es werden mehr Module durch innovative Fertigungsprozesse und neuen Materialien entwickelt und produziert als zuvor. Diese Umpositionierung ist wichtig, um auf dem stark umkämpften Markt der Karosserieteile bestehen zu können. Die eigene Forschungs- und Entwicklungskapazität bildet eine der Schlüsselvoraussetzungen, um diesen Schritte realisieren zu können. Die Veränderung der Positionierung umfasst weitere interne und externe Anpassungen. Zur Umsetzung der Positionierungsstrategie und der Erreichung der neuen Position muss weiterhin eine Auswahl der strategischen Mitbewerber auf diesem Markt der Metallstrukturteile getroffen werden. Die aktuelle Herausforderung bei der allmählichen Umstellung des Unternehmens besteht in der Überschneidung der Produkte. Die Stanzteile als derzeit größter Umsatzgenerator müssen allmählich zu Gunsten der innovativen, aufwändigeren Produkte verringert und abgesetzt werden.

Tabelle 1 Wichtige Kennzahlen der Wettbewerber

Wett-bewerber	Magna Coama	Benteler	Gedia	Gestamp**	ISE	Kirchhoff	L&W	PWO	Tower
Umsatz (in Mio. €)	25.000	5.600	270	1.618	331	630	258	225	unbekannt
Anzahl der Mitarbeiter	13.900	22.000	180	8.700	1.780	4.000	1.600	1.400	11.000
Hauptsitz	Toronto	Paderborn	Attendorn	Madrid	Bergneustadt	Attendorn	Dillenburg	Oberkirch	Novi, Michigan
Eigentümer	AG	Familie	Familie	AG	Private Equity	Familie	GmbH KG	AG	Private Equity
Kern-kompetenz	System	Modul/ System	Teile	Komponen-ten/Module	Komponen-ten/Module	Komponen-ten/Module	Teile	Teile	Module
Kunden	alle OEMs	alle OEMs	Ford, GM, VW, Daimler	Daimler, Ford, GM, PSE, VW	Ford, GM, VW	BMW, Daimler, Ford, GM, Suzuki	große OEM	BMW, Daimler, Ford	großen OEMs
Standorte	33 int.	34 int.	5 EU	33 int.	7 int.	17 int.	11 int.	5 int.	39 int.
Homepage Sprache	engl., dt., jap.	dt., engl.	dt., frz., engl.	span., engl.	dt., engl.	dt., engl.	dt., engl.	dt., engl.	engl.

* Gesamtumsatz Magna Gruppe
** Angaben Gesamtp von 2005

8.2.2 Benteler

Benteler beschäftigt heute 22.000 Mitarbeiter an 150 Standorten in 34 Ländern. Die Benteler-Gruppe ist mit ihren Geschäftsbereichen Automobiltechnik, Stahl/ Rohr und Handel international tätig. Vor 130 Jahren gegründet, befindet sich das Unternehmen noch immer in Familienbesitz. Benteler bietet innovative Produkte, Module und Systeme und ist Partner in der Produktentwicklung. Dabei profitieren die Kunden von der Flexibilität und den kurzen Entscheidungswegen eines international tätigen Familienunternehmens. Die Integration neuer Funktionen in Produkte, die einen messbaren Mehrwert für die Kunden bedeuten, steht im Zentrum Bentelers Arbeit. Produktentwicklung und Engineering sind in die vier Produktgruppen Fahrwerkssysteme, Strukturteile, Abgassysteme, Motorapplikationen und den Bereich Engineering Services organisiert. Neben diesen technologischen Leistungen folgt Benteler den Kunden an Standorte in internationalen Märkten und bietet so direkte Unterstützung. Die Kernkompetenzen werden auf der Homepage öffentlich kommuniziert und so entsteht ein transparenter Eindruck des Unternehmens. Benteler ist weltweit präsent mit 150 Werken, Niederlassungen und Handelshäusern in 34 Ländern.

8.2.3 Gedia

Mit Hauptsitz in Attendorn besitzt Gedia Kernkompetenzen in den Bereichen Karosseriepressteile und Schweißbaugruppen sowie Sicherheits- und Aufprallschutzkomponenten. Auf der Homepage wird kommuniziert, dass das Unternehmen entwickelt und produziert. Das Unternehmen hat Standorte in Deutschland, Polen und Spanien.

8.2.4 Gestamp Automoción

Das spanische Unternehmen Gestamp Automoción ist in 12 Länder vertreten, besitzt 44 Produktionsstätten und sechs F&E-Zentren. Es kooperiert mit der Grupo Gonvarri in der Corporación Gestamp. Die Corporación Gestamp hat einen Umsatz von 3.100 Millionen € und beschäftigt 11.400 Mitarbeiter in 62 Produktionsstätten. Gestamp Automoción hat mehr als 8.700 Mitarbeiter. Die Hauptkunden sind Volkswagen, Renault-Nissan, PSA Peugeot-Citroen, Daimler-Chrysler, Ford und GM, aber beliefert alle großen OEMs. Das Unternehmen konzentriert sich auf umweltfreundliche Produkte und Techniken und erhöhte Sicherheit der Fahrzeuge und seiner Insassen. Ein großes Produktportfeuille im Bereich Tiefziehen und Warmverformung von hochfesten Stählen führt dazu, dass Gestamp im Bereiche Stamping europäischer Marktführer ist.

8.2.5 ISE (Innomotive Systems Europe)

ISE gehörte bis 1996 mit einem Werk in Bergneustadt zum ITT-Konzern. Dieser wollte das Werk verkaufen, doch die Geschäftsführung initiierte ein Management-Buy-Out. Nach erfolgreicher Durchführung war die ISE Innomotive Systems Europe gegründet mit einem Werk in Bergneustadt und zwei Werken in Südafrika. ISE befand sich seit Anfang April 2007 in der Insolvenz, wird aber seit Mai 2008 von dem Finanzinvestor Nordwind Capital gestützt (o.V. 2008). Kernprodukte des Unternehmens sind – Strukturbauteile für den Chassis-Bereich, A-, B- und C-Säulen – Komplette Komponenten wie Front- und Heckmodule oder Fahrwerkskomponenten.

8.2.6 Linde & Wiemann

Linde & Wiemann arbeitet überwiegend in dem Bereich *Stamping*, der Produktion von Pressteilen im Kaltpressverfahren. Das Unternehmen hat Standorte in Deutschland, Schweden, Tschechien, Spanien. Die Kernkompetenz liegt unter anderem in der *Profiltechnik*. Diese stellt ein innovatives Verfahren zur kontinuierlichen Metall-Umformung dar. Je nach Komplexität des Profilquerschnittes kommen bis zu 40 Umformstationen zum Einsatz. Bei der Verbindungstechnik wird durch Durchsetzfügen, Kleben, Widerstandsschweißen, Lichtbogenschweißen oder Laserschweißen eine dauerhafte Verbindung geschaffen.

8.2.7 Magna Cosma

Magna Cosma gehört zur Magna Group, einem der größten Zulieferer weltweit. Cosma International, eine hundertprozentige Gruppe der Magna International, bietet den Kunden ein umfassendes Spektrum an Karosserie-Fahrwerks- und Engineeringlösungen. Es ist ein *Systemlieferant*. Die folgende **Tabelle 2** zeigt, wie umfangreich das Produkt- und Serviceangebot des weltweit führenden Automobilzulieferers im Bereich der Metallumformung ist.

8.2.8 PWO (Progress Werke Oberkirch)

PWO hat fünf Standorte weltweit (Deutschland, Tschechien, Kanada, China, Mexiko). Auf der Homepage definiert PWO klar seine Strategie: „Für den Erhalt und Ausbau der Wettbewerbsfähigkeit des PWO-Konzerns verfolgen wir drei Hauptstoßrichtungen: Stärkung unserer technologischen Marktführerschaft, kontinuierliche Verbesserung unserer Ertragsstärke sowie Vergrößerung unserer Absatz-

Tabelle 2 Produktportfolio Magna Cosma International. *Quelle: Unternehmensangaben der Homepage Cosma International (http://www.cosma.com/cosma/de/media/fact/default.aspx), Verfügbarkeitsdatum: 16.11.2007*

Fahrwerksysteme	Karosserie-Systeme	Technologie-, Engineering- und Werkzeugsysteme
Komplette Fahrwerksrahmen	Komplett-Karosserien	Projektmanagement
Front-Struktursysteme	„Class-A"-Karosserieteile	Produktentwicklung
Fahrwerkmodule	Türen, Klappen	CAE Konstruktion und Entwicklung
Motorträger, Querlenker	Stoßfängersysteme	Virtuelle Prototypen und Fertigung
Montageträger	Seitenaufprallschutz	Prototypenbau
Federbeindome	Seitenrahmen-Baugruppen	Test und Validierung
Anhängerkupplungen	A-, B-, C- und D-Säulen	Forschung und Entwicklung
Querträger-Baugruppen	Mittlere/ Große Pressteile	

potenziale. Alle drei Zielsetzungen bedingen zahlreiche Aktivitäten, die meist eng miteinander verknüpft werden müssen." Die mittelfristige Prognose des Unternehmens ist ein Umsatzwachstum auf 350 Millionen € bis zum Jahr 2010.

8.2.9 Tower Automotive

Tower Automotive, das bereits 2005 mit Chapter 11 die Insolvenz beantragte, ist seit Juli 2007 von Cerberus Capital Management, L.P. übernommen worden. Mit einer Anzahl von 39 internationalen Standorten nennt das Unternehmen nicht nur seine Produktionsstandorte, sondern auch sämtliche Auslandsvertretungen und Präsenzen, die das Unternehmen vorweist. Es kommuniziert somit eine hohe globale Präsenz und eine starke internationale Ausrichtung. Weiterhin beliefert Tower alle großen OEMs. Eine Aufzählung dieser findet sich anbei in **Tabelle 3** entsprechend des generierten Umsatzes.

8.3 Interpretation der Positionierung mittels MDS

Es ist nun zu untersuchen, welche Position Kirchhoff inmitten dieser divergierenden Wettbewerber einnimmt. Mögliche Differenzen zwischen interner und externer Sichtweise geben dabei Aufschluss über mögliche Soll-Zustände und den aktuellen Ist-Zustand, bzw. die Position des Unternehmens. Es gilt weiterhin aufzudecken, wodurch Differenzen entstehen können und letztendlich welche Maßnahmen ergriffen werden sollten, um die Idealposition zu erreichen und die Wettbewerbs-

Tabelle 3 Kunden von Tower Automotive nach Umsatz

1.	Ford Motor Company (inkl. Volvo)
2.	Hyundai Kia
3.	Renault – Nissan
4.	Volkswagen AG
5.	Chrysler LLC
6.	Toyota Motor Corporation
7.	Fiat Auto
8.	BMW AG
9.	Daimler AG
10.	Honda Motor Co., Ltd.

fähigkeit zu optimieren. Bei der Beurteilung von Kirchhoff Automotives ist insb. sein größter und wichtigster Wettbewerber, Benteler aus Paderborn, zu beachten. Dieser fungiert als Benchmark Unternehmen. An welchen Stellen weicht Kirchhoff Automotive von diesem Unternehmen ab? Worin muss Kirchhoff sich verbessern und worin liegen Stärken und Schwächen des Zulieferers?

Im Folgenden werden die unterschiedlichen Wettbewerberpositionierungen entsprechend der Auswertung durch das Softwareprogramm SPSS mittels MDS dargestellt und interpretiert. Als Besonderheit der Auswertung mittels MDS ist zu betonen, dass als Ergebnis gefühlte Ähnlichkeiten der Befragten abgebildet werden, die es zu interpretieren gilt. So kann bspw. ein Unternehmen A als global aktiver empfunden werden als ein Unternehmen B, auch wenn B tatsächlich über mehr Standorte als Unternehmen A verfügt. Dies gilt es dann zu interpretieren. Im Folgenden wird sowohl eine Analyse Kirchhoff-interner Probanden als auch ein Vergleich der Kirchhoff-internen mit der Kirchhoff-externen Analyse vorgenommen. Die interne Analyse basiert auf Auskünften der Geschäftsführung, des Vertriebes und der F&E von Kirchhoff Automotives.

8.3.1 Interne Positionierung durch die Geschäftsführung

In der Abb. 1 wurden die Daten der befragten Experten aggregiert. Hier wurde zunächst die Geschäftsführung von Kirchhoff Automotives befragt. Die Anordnung der Unternehmen zeigt ihre Positionierung entsprechend ihres Globalisierungsgrades auf der horizontalen Achse von links nach rechts zunehmend, d. h. links sind die lokalen Unternehmen angeordnet und rechts die globalen. Der Globalisierungsgrad beschreibt die internationale Ausrichtung und die weltweite Kundenpenetration der Zulieferer. Auf der vertikalen Achse sinkt der Spezialisierungsgrad von oben nach unten, d. h. oben stehen die Unternehmen mit hoher und unten die Hersteller mit sehr geringer Spezialisierung. Der Spezialisierungsgrad beschreibt hierbei die speziellen Fertigungstechniken und Verarbeitungsmethoden, die die Unternehmen

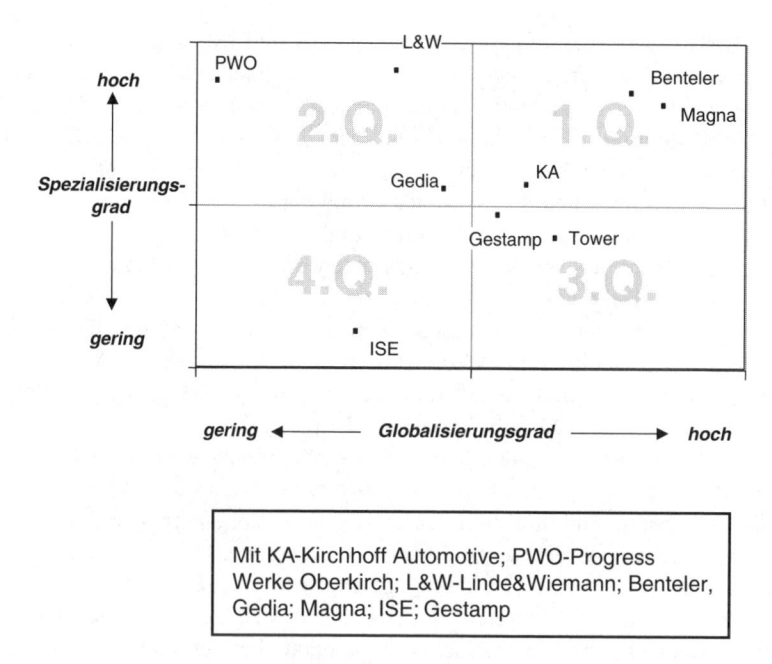

Abb. 1 Positionierung durch die Geschäftsführung Kirchhoffs

zur Bearbeitung der Metalle anwenden. Die Spezialisierung ist unabhängig von der Wertschöpfungstiefe der Produkte, da sowohl Teile als auch Module und Systeme in spezieller Weise bearbeitet werden.

Den höchsten Globalisierungsgrad erreichen die Unternehmen Magna und Benteler, die rechten oberen 1. Quadranten angeordnet sind. Mit 33 und 34 internationalen Standorten und allen großen OEMs als Kunden stellen Benteler und Magna sog. *Global Player* dar. Es folgt ebenfalls rechts oben Kirchhoff Automotive mit 17 Standorten weltweit. Die internationale Position Kirchhoffs ist auf dessen internationale Einstellung und Expansion zurückzuführen. Insbesondere in den letzten Jahren hat der Mittelständler seine Präsenz unter anderem in Mexiko und China ausgebaut. Im 3. Quadranten darunter, rechts unten, folgt mit geringerer Spezialisierung Tower Automotive mit insgesamt 39 weltweiten Standorten. Der hohe Globalisierungsgrad Tower Automotives ist auch nach der Insolvenz und Übernahme durch den Finanzinvestor Cerberus Capital weiterhin seine bedeutende Stärke. Interessanter Weise wird dieser Wettbewerber von der Geschäftsführung unter anderem auf Grund seiner geringeren Produktspezialisierung und mangelhaften strategischen Ausrichtung als weniger global empfunden als das eigene Unternehmen. Gestamp ist mit 33 internationalen Standorten ebenfalls als globales Unternehmen rechts unten links von Tower Automotive und Kirchhoff Automotive positioniert. Das spanische Unternehmen ist durch Verflechtungen in der Eigentümerstruktur mit Mittal Steel verbunden und weist somit eine diversifizierte und internationale Firmenkultur und -strategie auf. Links oben im 2. Quadranten ist Linde&Wiemann positioniert. L&W beliefert mit 11 internationalen Standorten ebenfalls alle großen

OEMs. Als lokal werden die Unternehmen Gedia und ISE mit fünf, bzw. sieben internationalen Standorten eingeschätzt. Gedia, ein lokaler Mittelständler, produziert überwiegend Komponenten und einfache Pressteile und verfügt über keine eigene F&E-Zentren. Es ist ein *Build to Print* Lieferant. Das bedeutet, dass es Produkte nach genauer Vorgabe zwar auch weiterentwickelt, aber nicht nach reinem Lastenheft entwickeln kann. Gedia ist mit fünf europäischen Standorten (in Deutschland, Polen, Ungarn und Spanien) und 1.800 Mitarbeitern verhältnismäßig klein und lokal aufgestellt. ISE, links unten im 3. Quadranten ist mit großem Abstand zu den übrigen Zulieferern positioniert und wird als ein lokales, gering spezialisiertes Unternehmen wahrgenommen. Im Gegensatz zu den übrigen lokalen Unternehmen Gedia, Linde & Wiemann und PWO weist ISE in Abb. 1 keinen hohen Spezialisierungsgrad auf. Als rein lokaler Wettbewerber werden die Progress Werke Oberkirch weit links außen oben eingestuft.

Linde & Wiemann weisen den höchsten Spezialisierungsgrad auf. Die Spezialisierung liegt in der *Profiltechnik*, einem innovativen Verfahren zur kontinuierlichen Metall-Umformung, und in der *Verbindungstechnik*. Bei dieser wird durch Durchsetzfügen, Kleben, Widerstandsschweißen, Lichtbogenschweißen oder Laserschweißen eine dauerhafte Verbindung geschaffen. Linde & Wiemann ist Experte für *Walzprofilieren*. PWO erreicht einen hohen Spezialisierungsgrad, der in der Fertigung von Gehäusen elektronischer Steuergeräte besteht. Es besetzt somit eine Nische. Das Unternehmen wird jedoch als sehr lokal empfunden und ist daher in der linken Hälfte der Abb. 1 dargestellt. Eine hohe Spezialisierung weisen die beiden Unternehmen Benteler und Magna auf. Auf Grund ihrer Größe sind sie in sehr vielen Bereichen tätig und auch spezialisiert. Benteler ist ein Rohrspezialist, der sich strategisch auf Module und Systeme in den Geschäftsbereichen Automobiltechnik, Stahl/Rohr und Handel konzentriert. Benteler bietet innovative Produkte, Module und Systeme und ist Partner in der Produktentwicklung. Produktentwicklung und Engineering sind in die vier Produktgruppen Fahrwerkssysteme, Strukturteile, Abgassysteme, Motor-Applikationen und den Bereich Engineering Services organisiert. Als positiv beurteilt die Geschäftsführung den Spezialisierungsgrad von Kirchhoff Automotive, dass relativ weit oben, in der oberen Hälfte der Abbildung positioniert ist. Entsprechend der Spezialisierung wird im Falle einer Auftragsvergabe Benteler mit einer Rohrlösung antreten, L&W mit einer Walzprofilierung und Kirchhoff mit einem Rohr oder mit zwei zusammengeschweißten Halbrohren. Gedia liegt etwas unterhalb von Kirchhoff. Die Spezialisierungen von Gedia liegen in den Bereichen Karosseriepressteile und Schweißbaugruppen sowie Sicherheits- und Aufprallschutzkomponenten. Gedia ist auf bestimmte Produkte im Bereich geringerer Wertschöpfungstiefe fokussiert. Darunter folgen Tower Automotive und Gestamp. Tower Automotive ist zwar im Bereich des Hydroforming Verfahrens aktiv, weist aber auch weitere Verfahrenstechniken und somit keine eindeutige Spezialisierung auf. ISE gilt als am wenigsten spezialisiert. Die Vielseitigkeit der Fertigungsverfahren und somit die mangelnde Spezialisierung auf Kernkompetenzen, werden als einer der Gründe der Insolvenz des Unternehmens gesehen. Die Positionierung spiegelt diese gering spezifizierte Aufstellung des Unternehmens wider.

Das Gesamtergebnis zeigt, dass der Grad an Globalisierung und Spezialisierung bei den Marktführern Benteler und Magna am stärksten ausgeprägt sind. Diese beiden Unternehmen sind *Systemanbieter* und präsentieren den höchsten Grad an Wertschöpfungstiefe, die ein Zulieferer erreicht. Magna Cosma International, eine hundertprozentige Gruppe der Magna International, bietet den Kunden ein umfassendes Spektrum an Karosserie-, Fahrwerks- und Engineering-Lösungen, vgl. Tabelle 2 für das umfangreiche Produkt- und Serviceangebot Magnas. Die Geschäftsführung misst die Wettbewerbsfähigkeit Kirchhoff Automotives an den stärksten Wettbewerbern Benteler und Magna und sieht das Unternehmen im Vergleich zu anderen Wettbewerben sehr gut aufgestellt.

8.3.2 Interne Positionierung durch den Vertrieb

Die Sichtweise des Vertriebs wird in Abb. 2 abgebildet. Die Achsen können wieder gemäß Spezialisierungsgrad und Globalisierungsgrad interpretiert werden. Die Unternehmen mit hohem Globalisierungsgrad und hohem Spezialisierungsgrad sind erneut Benteler und Magna. In dem linken, oberen Quadranten sind die Unternehmen, die sich durch eine hohe Spezialisierung und einen geringen Globalisierungsgrad auszeichnen. Dort sind von rechts nach links Linde&Wiemann und PWO positioniert.

In der unteren Hälfte der Abb. 2 befinden sich die Unternehmen, die nach Ansicht des Vertriebs eine geringere Spezialsierung aufweisen. Im rechten unteren Quadranten sind die Unternehmen Gestamp und Kirchhoff Automotive angeordnet. Während Gestamp aus Vertriebssicht als globaler empfunden wird, weist Kirchhoff Automotive einen etwas höheren Spezialisierungsgrad auf. Im linken unteren Quadranten befinden sich die restlichen Unternehmen: Im Gegensatz zu der Geschäftsführung schätzt der Vertrieb Gedia als ein lokales Unternehmen mit geringer Spezialisierung ein. Unterhalb von Gedia befinden sich Tower Automotive und ISE. Dieses Ergebnis ist darauf zurück zu führen, dass der Vertrieb Tower

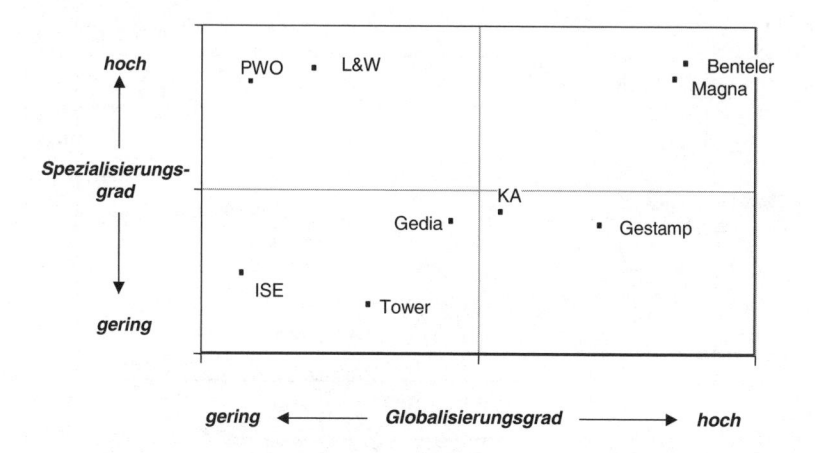

Abb. 2 Positionierung durch den Vertrieb Kirchhoffs

Automotive nicht als strategischen Wettbewerber wahrnimmt. Auf Grund mangelnder Spezialisierung wird auch die Globalisierung des Unternehmens nicht als sehr hoch empfunden. Auch ist es denkbar, dass der Vertrieb sich weniger an den gesamten Auslandsvertretungen von Tower Automotive orientiert, die als Standorte kommuniziert werden, sondern vielmehr nur auf die tatsächlichen Produktionsstandorte schaut, bei denen es sich um weniger als zehn Produktionsstätten handelt. Die Position von ISE zeigt eindeutig, dass die mangelnde strategische Ausrichtung bei dem Vertrieb als Wettbewerbsunfähigkeit eingestuft wird.

Im Vergleich zur Geschäftsführung sieht der Vertrieb das eigene Unternehmen nicht ganz so global und spezialisiert aufgestellt. Es sind keine eindeutigen Cluster in den vier Quadranten auszumachen, so dass zwar die Branchenführer Magna und Benteler dicht beieinander liegen, die übrigen Wettbewerber aber relativ breit gestreut sind.

8.3.3 Externe Positionierung durch die Kunden (Experten der OEM)

In Abb. 3 ist die Positionierung laut Experten der OEMs dargestellt. Befragt wurden Experten der großen deutschen Hersteller Daimler, BMW, GM Europe, Ford Europe, VW und Audi.

Es zeichnen sich nahezu zwei Wettbewerber-Cluster ab. Während sich die spezialisierten, internationalen Zulieferer im rechten oberen Quadranten befinden, sammeln sich die lokalen Unternehmen entsprechend ihres Spezialisierungsgrades in der linken Hälfe der Grafik. Auffällig ist dabei die sehr gute Positionierung von Tower Automotive, die weiterhin von einem hohen Ansehen des Unternehmens bei den OEMs zeugt. Das Unternehmen befindet sich rechts oben und weist aus Kundensicht einen hohen Globalisierungsgrad und eine hohe Spezialisierung (evtl.

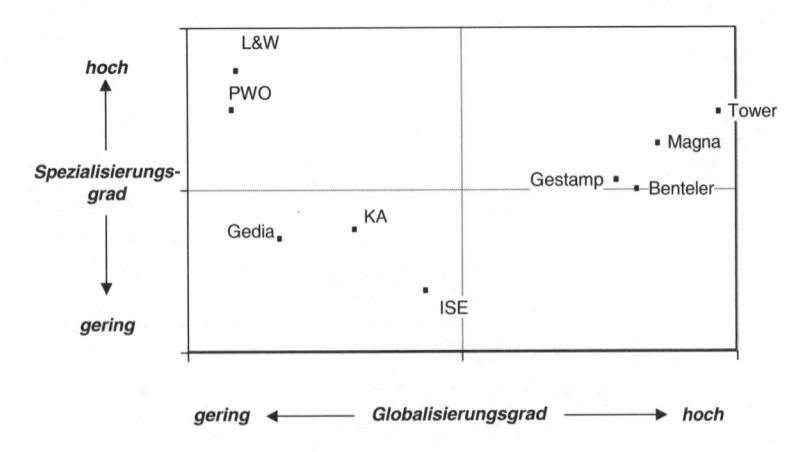

Abb. 3 Positionierung aus Kundensicht (aggregiert)

im Bereich Hydroforming) auf. Das Unternehmen verfügt über 39 internationale Standorte, befand sich jedoch von 2005 bis 2007 im Chapter 11, dem amerikanischen Insolvenzverfahren und wurde im Juli 2007 von Cerberus Capital Management, L.P. übernommen. Der Kunde empfindet das Engagement des Finanzinvestors als positiv und erwartet, dass das Unternehmen in dem bisherigen globalen Stil weitergeführt wird. Tower beliefert alle großen OEMs. Das Unternehmen ist vor allem auf die Produktion von Komponenten spezialisiert, die es weltweit produziert. Die Liste der Kunden zeigt die weitreichende Kundenpenetration, die das Unternehmen erreicht. Tower ging oftmals auf Kundenwünsche ein und erweiterte sein Produktportfolio entsprechend, wodurch eine konkrete Spezialisierung verloren ging. Preiszugeständnisse insbesondere bei den *Big Three* der amerikanischen Automobilindustrie ergänzten das erweiterte Produktportfolio, um die Kunden zu halten. Zu den so genannten „Big Three" der amerikanischen OEMs zählen Chrysler, GM und Ford.

Trotz hoher Kundenpenetration und hohem Globalisierungsgrad bleibt offen, ob diese Produkterweiterungen und die Preiszugeständnisse zur Insolvenz des amerikanischen Mutterkonzerns beitrugen. Magna und Gestamp weisen ebenfalls eine hohe Spezialisierung auf und sind unterhalb von Tower positioniert. Benteler befindet sich evtl. durch eine breitere Aufstellung des Produktportfolios von Komponenten, Modulen und Systemen im darunter liegenden. Die Spezialisierung Bentelers im Bereich Rohrfertigung wird von dem Kunden nicht in dem Maße berücksichtigt wie von der Geschäftsführung Kirchhoff Automotives. Die Unternehmen Linde&Wiemann und PWO weisen durch die Konzentration auf Pressteile mit der Profiltechnik, bzw. der Fertigung bestimmter Produkte (Gehäuse) einen hohen Spezialisierungsgrad auf. Linde&Wiemann wird als lokales Unternehmen empfunden und ähnelt damit der Positionierung, die es bei der Geschäftsführung Kirchhoffs in Abb. 1 einnimmt. PWO hat fünf Standorte weltweit (Deutschland, Tschechien, Kanada, China, Mexiko) und entwickelt unter anderem Gehäuse für elektronische Steuergeräte. ISE verfügt über einen akzeptablen Globalisierungsgrad bei geringer Spezialisierung der Produkte. Eines der Probleme, die ISE in die Insolvenz getrieben haben, war das stark diversifizierte Produktportfolio. ISE tätigte unter anderem etliche Zukäufe unter anderem im Bereich von Kunststoffen mit ISE Intex, ebenfalls insolvent und nun von Polytec aufgekauft. Kirchhoff und Gedia werden als lokale Zulieferer empfunden, die über einen geringeren Spezialisierungsgrad verfügen als Linde&Wiemann und PWO, die nur mit speziellen Techniken produzieren oder spezielle Nischenprodukte produzieren.

Wichtig ist nun die Gegenüberstellung der internen und externen Wettbewerberbeurteilung (Vergleich der Abb. 1 und Abb. 3) Die Positionierung der aggregierten Kundensicht deckt große Unterschiede zu der internen Sichtweise der Geschäftsführung von Kirchhoff Automotive auf. Insbesondere die großen und bekannten Zulieferer können bei den OEMs ihre Position gegenüber den mittelständischen Zulieferern als Innovationsführer und *Global Player* behaupten. Während die Geschäftsführung Kirchhoff Automotive zusammen mit Gestamp und Tower Automotive als ähnlich empfinden und diese Unternehmen nahe Magna und Benteler positionieren, sehen die externen Experten Kirchhoff Automotive als ein Unternehmen mit geringerer Spezialisierung als Gestamp und Tower Automotive. Die Befragten sehen Kirchhoff

Automotive in den ursprünglichen Bereichen der Pressteile angesiedelt. Die globale Präsenz Kirchhoffs findet nur begrenzte Berücksichtigung und Anerkennung durch die OEMs. Es zeigt sich, dass die subjektiv empfundenen Ähnlichkeiten, die in der Auswertung auf den Globalisierungsgrad und den Spezialisierungsgrad zurückgeführt wurden, stark divergieren. Die Ansichten des Vertriebs ähneln teilweise den Ansichten der Kunden. So entspricht die empfundene Spezialisierung bei den Unternehmen Linde & Wiemann und PWO und bei Benteler und Magna der Ansicht der Kunden. Dies liegt möglicherweise an der operativen Ausrichtung des Vertriebs, der einen vergleichbaren Blickwinkel auf die Wettbewerber einnimmt wie die Kunden. Es stellt sich die Frage, ob die OEMs mit mittelständischen Unternehmen grundsätzliche eher einen Nischenanbieter und einen hohen Spezialisierungsgrad erwarten als ein globales Auftreten. Gleichzeitig zeigt sich, dass die Meinung der Kunden auf frühere Erfahrungen mit den Zulieferern beruht. Dies zeigt sich besonders gut am Beispiel der unterschiedlichen Position on Tower Automotive.

8.4 Handlungsempfehlungen zur Wettbewerbspositionierung

Die Untersuchung zeigt, dass sowohl der Globalisierungsgrad des Unternehmens, als auch der Spezialisierungsgrad Einfluss auf die Position des Unternehmens ausüben. Durch die Methode der MDS wurde eine subjektive, vorher unbekannte Anordnung der Wettbewerber aus verschiedenen Blickwinkeln möglich. Die Subjektivität deckt weiterhin große Differenzen in der Positionierung der betrachteten Unternehmen auf. Auf Grund der hohen Wettbewerbsdichte in dem Bereich der Metallstrukturen ist es für die Automobilzulieferer besonders wichtig, die Position des eigenen Unternehmens realistisch einzuschätzen, um diese gezielt zu verbessern und sich behaupten zu können. Interne Unstimmigkeiten können aufgedeckt und behoben werden, um somit auch die externe Kommunikation zu vereinheitlichen. Die Analyse gibt Aufschluss über Stärken und Schwächen des Unternehmens aus Sicht der Kunden. Dass die Kundensicht eine wichtige Rolle spielt, liegt insbesondere an der Einkaufsmacht und Auftragsvergabe der großen OEMs.

Literatur

Ahrens (1974), Multidimensionale Skalierung, Weinheim 1974
Backhaus Klaus, Plinke Wulff, Erichson Bernd, Weiber Rolf (2006) Multivariate Analysemethoden, 11. Aufl. Berlin, Heidelberg, New York 2006
Borg (1993), Theorien und Methoden der Skalierung, Bern 1993
Brosius (2006), SPSS 14, Heidelberg 2006
Cox (2001) Multidimensional scaling, Boca Raton, Fla. 2001
Goetz (2007), Kaum kopierbar – Interview mit Hr. U. Schröder, Mitglied der Geschäftsführung Kirchhoff Automotive, in: Automobil-Produktion, Mai 2007
Hinterhuber (1990), Wettbewerbsstrategie, Berlin 1990
Kotler (2007), Marketing Management, 12. Aufl., München 2007

Kruskal (1976), Multidimensional scaling, in: Sage university papers, Quantitative applications in the social sciences.
Kruskal (1976), Multidimensional Scaling, Newbury Park 1976
o.V. (2008) Insolventer Autozulieferer ISE gerettet, in: Handelsblatt.
Perreault jr. (1980), Alternating least squares optimal scaling, in: Journal of Marketing Research 1980
Ramsay (1982), Some Statistical Approaches to Multidimensional Scaling Data, in: Journal of the Royal Statistical Society, Series A (General).
Rabinowitz (1975), An Introduction to nonmetric Multidimensional Scaling, In: American Journal of Political Science 1975
Shepard (1962), The Analysis of Proximities: Multidimensional Scaling with an Unkown Distance Function, in: Psychometrika, 1962
Shepard (1975), Multidimensional Scaling: Theory and Applications in the Behavioral Sciences, in: American Anthropologist, New Series 1975
Takane (1977), Nonmetric individual differences multidimensional scaling: An alternating least squares method with optimal scaling features, in: Psychometrika 1975
Togerson (1958), Theory and Methods of Scaling, New York 1958
Zwisler (1998), Multidimensionale Skalierung, Universität Regensburg 1998

Chapter 9
Mikro- und Makroökonomische Nachfrageanalysen als Grundlage für die Erarbeitung neuer Geschäftsmodelle im Personenluftverkehr

Marc B. Gasser

Summary. *In-depth analyses of customer behavior, customer values, and especially price-elasticity of customer demand, are key contributors to the development of sustained competitive strategies for new business models in the field of passenger air travel (airline, low-cost, and business aviation). Success in such highly competitive markets depends on innovative strategies built – among others factors – on a deep understanding of the correlation of these three issues. The past has shown that many new business models in passenger air travel have failed because of incorrect assumptions, lack of market knowledge, and factually flawed information.*

9.1 Einleitung

Der kommerzielle Luftverkehr ist geprägt durch seine geringe Flexibilität in der Anpassung des eigenen Angebotes und durch den Zwang, seine relativ hohen Fixkosten durch eine hohe und konstante Auslastung zu kompensieren, trotz der „Nicht-Lagerbarkeit" der eigenen Dienstleistungen.

Unterschiedliche mikro- und makroökonomische Faktoren in einer Gesellschaft wirken direkt oder auch indirekt auf das Nachfrageverhalten der Konsumenten. Dabei beeinflusst der Kundennutzen die Nachfrage im Personen-Luftverkehr massgeblich.

Um der steigenden Nachfrage, den neuen Anforderungen und anspruchsvolleren Wünschen der Kunden gerecht zu werden, entstanden in den vergangenen Jahren immer wieder neue Formen von Geschäftsmodellen für die Linien- und Geschäftsfliegerei. Auf Grund der vielen Variablen ist es für ein Unternehmen heute nicht einfach, das optimale Modell für die eigenen Verhältnisse zu bestimmen. Somit gehören eine detaillierte Analyse der Nachfrage sowie das Bestimmen der Nachfrageelastizität im Personen-Luftverkehr zu den grundlegenden Segmenten einer Unternehmensstrategie.

Bei der Erarbeitung neuer Business-Modelle im Personenluftverkehr, i. e. im Bereich des regulären Linien, aber auch Geschäftsverkehrs, sind nicht nur vertiefte Kenntnisse und Erfahrungen in der Luftverkehrsbranche, sondern vor allem auch ein Verständnis für das unterschiedliche Verhalten der verschiedenen Kundengruppen (i. e. VIP-, First-Class-, Business-Class-, Economy-Class- und Low-Cost-Kunden) von grosser Bedeutung für den nachhaltigen Erfolg. Das Identifizieren des/ der zu bedienenden Kundensegments oder -segmente, das korrekte Ermitteln der jeweiligen Preiselastizität und die daraus resultierenden Schlussfolgerungen sind dabei von grösster Wichtigkeit für einen nachhaltigen Wettbewerb im globalisierten Markt.

9.2 Hauptträger des Luftverkehrs

Der Luftverkehr ist als Gesamtsystem zu verstehen, dessen Träger sowohl auf nationaler als auch auf internationaler Ebene stark miteinander vernetzt sind.

Zu den Hauptträgern des Luftverkehrs gehören die Fluggesellschaften, die Flugplätze, die Flugsicherung, die Hersteller- und Ausbildungsbetriebe, die öffentlichen- und Sicherheitsdienste, die Dienstleistungsunternehmen (Versicherungen, Reisebüros, Hotels, Fahrzeugvermietung,...), aber auch flugnahe Unternehmen, wie zum Beispiel die Unterhaltsbetriebe, die Bodenabfertigungsgesellschaften oder die Catering Unternehmen. Alle diese Protagonisten sind derart eng miteinander verbunden, dass das Scheitern eines einzigen Unternehmens sofort zum Teil massive Auswirkungen auf die anderen Träger haben kann. Die enge Vernetzung und gegenseitigen Abhängigkeiten begrenzen stark die Steuerungsmöglichkeiten für den Staat.

Das Nachfrageverhalten der Kunden im Luftverkehr wird häufig als reine Annahme vermutet und basiert selten auf empirischen Studien. Dabei führt sowohl im intermodalen Wettbewerb (i. e. im Wettbewerb zwischen verschiedenen Industrien wie Flug, Schiene und Strasse) als auch intramodalen Wettbewerb (i. e. im Wettbewerb innerhalb der Luftverkehrsindustrie unter verschiedenen Fluggesellschaften) die Vernachlässigung der Charakteristik der einzelnen Marktsegmente bei der Luftverkehrsnachfrage zum Verlust von Marktanteilen und den daraus resultierenden wirtschaftlichen Nachteilen.

9.2.1 Sektoren des Luftverkehrs

Die Aufteilung des Luftverkehrs in seine vielfältigen Sektoren, sowie deren Definition sind eine komplexe Thematik. Ein durch die **I**nternational **C**ivil **A**viation **O**rganization (ICAO) erstellte Aufteilung, wurde durch die **E**uropean **A**viation **S**afety **A**gency (EASA) sowie durch die verschiedenen länderspezifischen Auf-

9 Mikro- und Makroökonomische Nachfrageanalysen als Grundlage   133

sichtsorgane weitgehend übernommen (Vgl. Abb.1). Meine folgenden Überlegungen beziehen sich ausschliesslich auf die in der Abbildung grau unterlegten Segmente des gesamten Luftverkehrs, welche entgegen der zeichnerischen Darstellung einen grossen Anteil am gesamten Luftverkehrsaufkommen umfassen.

9.2.1.1 Der kommerzielle Luftverkehr

Die Betreiber der kommerziellen Fliegerei stellen ihre Dienstleistungen jedermann im Rahmen der allgemein gültigen und der länderspezifischen Beförderungsbedingungen zur Verfügung. Das Dienstleistungsangebot beinhaltet nach der ICAO das Befördern von Personen, Fracht und Post gegen Bezahlung, sowohl im Bereich des planmässigen- (scheduled) als auch im Gelegenheitsverkehr (non-scheduled). In dieser Definition des kommerziellen Luftverkehrs schliesst die ICAO den kommerziellen Luftverkehr ohne die Beförderung von Passagieren, Fracht oder Post aus.

9.2.1.2 Der nicht-kommerzielle Luftverkehr

Im Gegensatz zum kommerziellen Luftverkehr dient die Dienstleistung des privaten Luftverkehrs den nichtgewerblichen Zwecken der Luftfahrzeugbetreiber. Darunter fallen vor allem die privaten Flüge, der gewerbliche Luftverkehr mit Kleinflugzeugen bis 5,7t und der Werksluftverkehr. Letzteres bedeutet, dass ein nicht-kommerzielles Luftfahrtunternehmen Flüge für den eigenen Unternehmens-

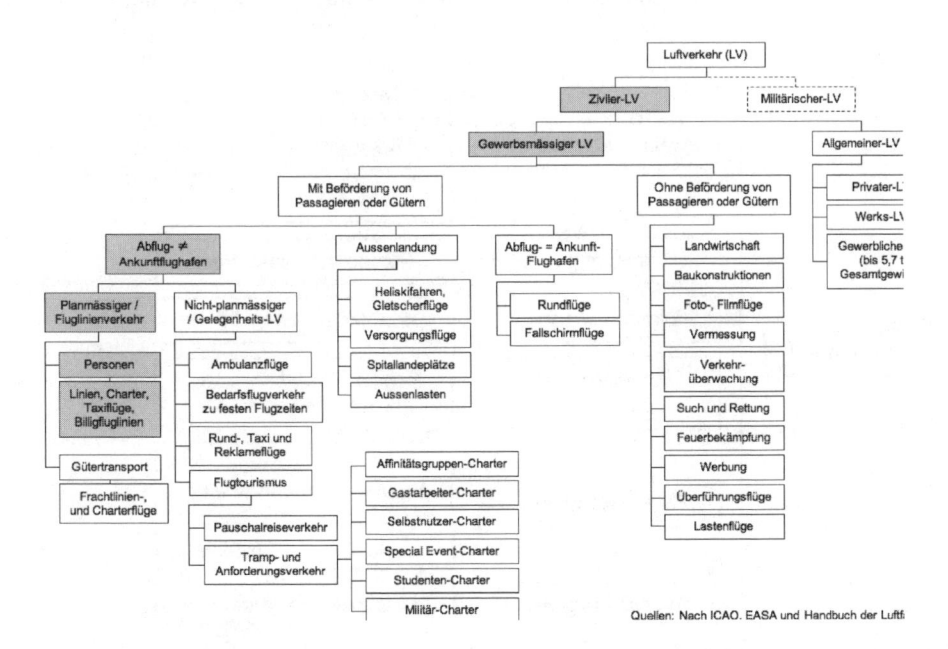

Abb. 1 Aufteilung des Luftverkehrs. *Quelle: Nach ICAO und Handbuch der Luftfahrt*

zweck durchführt. Die weiteren Ausführungen dieser Arbeit schliessen den nichtkommerziellen Luftverkehr aus.

9.2.1.3 Der „On-Demand" Luftverkehr

Zum On-Demand Luftverkehr zählt alles, was nicht zum planmässigen Linien-Luftverkehr gehört. Darunter fallen also Angebote aus dem Gelegenheitsluftverkehr, Luftverkehr mit Landungen auf Aussenlandeplätzen, Rundflüge, Werksverkehr, sowie auch der gewerbsmässige Luftverkehr ohne die Beförderung von Passagieren, Fracht oder Post. Auch diese Marktsegmente sind in den folgenden Überlegungen nicht weiter berücksichtigt. Für detaillierte Analysen der Nachfrage im Luftverkehr sind zusätzliche Unterteilungskriterien des kommerziellen Luftverkehrs-Marktes notwendig.

9.2.2 Strukturierung des kommerziellen Luftverkehr

Im Handbuch der Luftfahrt (Mensen 2003) wird der Luftverkehr wie in Abb. 2 strukturiert

Für die Analyse der Preiselastizität der Nachfrage im kommerziellen Luftverkehr sind insbesondere die in der Abbildung grau unterlegten Strukturierungs-Elemente entscheidend. .Der Gradient einer Nachfragekurve wird einerseits massgeblich beeinflusst durch den Reisezweck, d. h. ob es sich um eine Geschäfts- oder

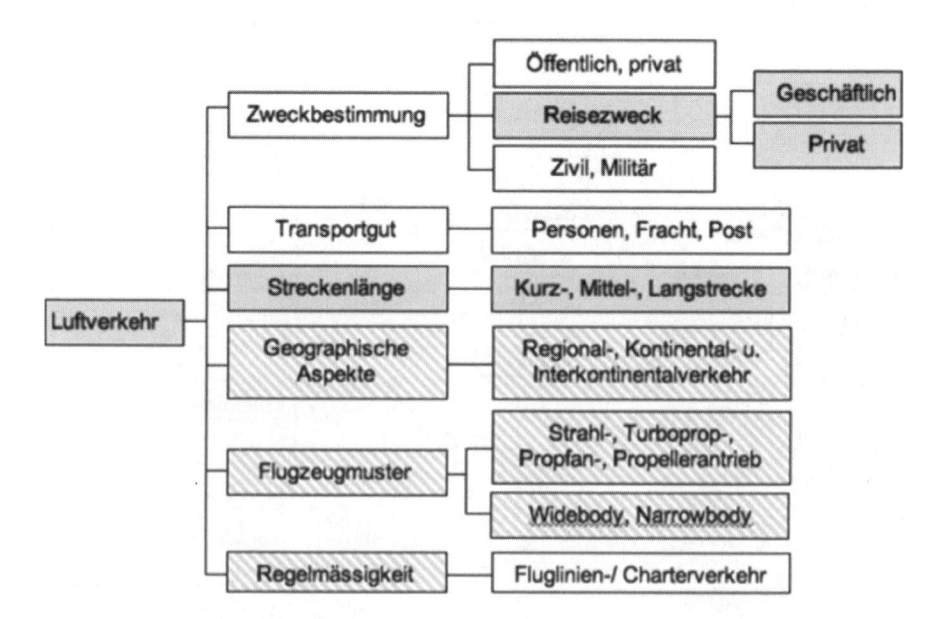

Abb. 2 Strukturkriterien des Luftverkehrs. *Quelle: Mensen 2003*

Privatreise handelt, und andererseits durch die Streckenlänge (Kurz-, Mittel-, oder Langstrecke).

In verschiedenen Studien (z. B. Department of Finance Canada, 2008) wird die Preiselastizität der Personen-Luftverkehrsnachfrage für jede der oben aufgeführten, grau unterlegten Marktgruppen untersucht. Die Nachfrage nach Flugleistungen ist jedoch stark beeinflusst durch das vom einzelnen Flugunternehmer offerierte Angebot. Dessen bestimmende Elemente sind in der Abb.2 schraffiert unterlegt. Das Flugleistungsangebot einer Gesellschaft im kommerziellen Luftverkehr ist in erster Linie geprägt durch das Streckennetz (Regional-, Kontinental-, Interkontinental, bediente Flughäfen), durch die Flugzeugflotte (Jets, Turboprops, Gross- oder Kleinflugzeuge) und durch den Flugplan (Frequenzen, Abflug- und Ankunftszeiten).

9.3 Angebot und Nachfrage im kommerziellen Luftverkehr

Die Definition des Angebotes einer kommerziellen Luftverkehrsgesellschaft umfasst vier, im Prinzip sequentiell zu treffende Entscheidungen: (1) Bestimmung der zu bedienenden Marktsegmente, (2) Festlegung des Streckennetzes, unter Berücksichtigung der nationalen und internationalen Abkommen und Restriktionen, (3) Wahl der Flugzeugtypen, (4) Erarbeitung des Flugplans.

Zentrales Kostenelement ist der gewählte Flugzeugtyp. Dessen Preis hängt hauptsächlich vom Hersteller, der gewählten Grösse und Triebwerksleistung, den angebotenen Klassen und der damit verbundenen Sitzplatzkapazität, sowie der Innenausstattung und der Cockpit-Instrumentierung ab. So bewegt sich heute der durchschnittliche Ankaufspreis eines Langstrecken-Passagier-Flugzeuges zwischen 135 und 160 Mio. US$, der eines Kurz- und Mittelstrecken-Flugzeuges zwischen 20 und 60 Mio. US$ und der eines Geschäftsreiseflugzeuges zwischen 10 und 45 Mio. US$.

9.3.1 Probleme des Angebotes

Die Folge hoher Ankaufspreise für die Flugzeuge sind hohe Fixkosten im Betrieb. Diese beschäftigungsunabhängigen Kosten können durch unterschiedliche Finanzierungsmodelle (z. B. Leasing oder Kauf) nicht wesentlich beeinflusst werden. Deshalb besteht das Ziel eines jeden Wettbewerbers darin, eine möglichst hohe Auslastung der angebotenen Kapazitäten zur Deckung seiner Fixkosten zu erreichen. Die Notwendigkeit einer höchstmöglichen Kapazitätsauslastung bildet somit bei den Dienstleistungsanbietern des kommerziellen Luftverkehrs einen Kernpunkt der Strategie. Das Erreichen einer hohen Auslastung wird zusätzlich durch den Umstand der Nicht-Lagerbarkeit der Dienstleistung erschwert. Jeder Anbieter in der Airline-Branche hat mit dem Problem der unbesetzten Sitzplätze zu kämpfen. Die Chance zur Erwirtschaftung des geplanten Ertrages für jeden angebotenen Sitz ist für alle unbelegten Sitzplätze unwiederbringlich verloren.

Ein weiteres Problem für die Airline-Branche ist ihre sehr eingeschränkte Flexibilität in der Anpassung ihres Angebotes an veränderte Marktbedingungen oder verstärkte Konkurrenz. Eine Flottenerweiterung zur Kapazitätserhöhung ist nur in den seltensten Fällen innerhalb eines vernünftigen Zeitrahmens durchführbar. Die Wartefristen für Neu- oder Occasionsflugzeuge, sind für alle Streckengebiete in den vergangenen Jahren stetig angestiegen. Das höhere Nachfragevolumen kann durch die Gesellschaft nur durch das teilweise Abziehen von Flugzeugen von weniger rentablen Routen oder über das Dienstleistungsangebot eines Fremd-Anbieters in vernünftiger Frist erreicht werden. Zu grösseren Problemen führt eine sinkende Nachfrage. Um eine Unterauslastung zu vermeiden können Flugzeuge stillgelegt werden. Sie verursachen dabei aber weiterhin hohe Fixkosten, welche von der verbleibenden fliegenden Flotte getragen werden müssen.

Dies bedeutet, dass es kurzfristig nur sehr schwer möglich ist ein bestehendes Angebot ohne grössere Rückwirkungen auf die Ertragslage zu erhöhen oder zu senken. Das Angebot einer kommerziellen Luftverkehrsgesellschaft ist deshalb relativ schwer zu verändern. Diese Inflexibilität ist nicht nur in Bezug auf die Flottenauswahl, sondern auch bei Veränderungen des Streckennetzes oder des Flugplans markant.

9.3.2 Probleme der Nachfrage

Die zunehmende Verbreitung des Internets führte in den letzten Jahren dazu, dass die angebotenen Dienstleistungen der verschiedenen Flugdienstanbieter für den einzelnen Kunden immer transparenter, aktueller und umfassender wurden. Der Kunde weiss heute zum Zeitpunkt seiner Kaufentscheidung ziemlich genau, welche Konkurrenzangebote zur Verfügung stehen.

Gleichzeitig haben zwei wichtige Elemente der Kundenbindung an Bedeutung eingebüsst. Erstens haben die Vielfliegerprogramme stark an Attraktivität verloren, seit die Einlösung der Meilengutschriften immer schwieriger, wenn nicht unmöglich wurde. Zweitens unterscheiden sich die Angebote der Luftverkehrsgesellschaften bezüglich Komfort (Sitzplatz, Verpflegung, Abfertigung), Flugplan und Streckennetz immer weniger. Beide Elemente haben zur sinkenden Kundentreue beigetragen.

In einem Markt mit schwächer werdender Kundenbindung bei gleichzeitig geringer Differenzierung der Konkurrenten spielt der Preis eine zunehmend wichtige Rolle. In gesättigten Märkten und erhöhter Markttransparenz wird die Preisgestaltung zum dominierenden Element im Konkurrenzkampf. Die Beeinflussung der Nachfrage durch höhere oder tiefere Preise, mit anderen Worten die Preiselastizität der Nachfrage ist je nach Kundengruppe unterschiedlich. Im gleichen Flugzeug werden die Passagiere je nach Klasse und geflogener Streckenlänge ungleich auf Preiserhöhungen oder -senkungen reagieren. Auch Kunden mit unterschiedlichem Reisezweck, d.h. ob sie geschäftlich oder privat unterwegs sind, sowie die Tages-, Wochen-, und Jahreszeit beeinflussen die Nachfragekurve. Es gehört deshalb zu den primären Aufgaben eines jeden Personenluftverkehrsanbieters genau zu definieren, welche Kundensegmente er mit seinen Flugzeugen auf jeder geflogenen Strecke, in jeder angebotenen Klasse ansprechen möchte.

9.4 Marktsegmente im kommerziellen Luftverkehr

Kennzeichnend für den Personen-Luftverkehr ist der indirekte Charakter der Nachfrage. Es handelt sich nicht um die Befriedung eines originären Bedürfnisses, d. h. der direkte Wunsch zu fliegen bildet in der Regel die seltene Ausnahme. Somit erfüllt der Passagier-Luftverkehr in erster Linie Bedürfnisse von Kunden, die aus privaten oder geschäftlichen Gründen ein bestimmtes geographisches Ziel erreichen wollen.

Einer kanadischen Studie (Department of Finance Canada 2008) zufolge können heute sechs klar ausgeprägte Marktsegmente identifiziert werden (vgl. Abb.3). In dieser Untersuchung wird die Nachfrage des Personen-Luftverkehrs grundsätzlich in die zwei Hauptgruppen „Short-Haul" und „Long-Haul" unterschieden, wobei letztere noch in „International-" und „Domestic Long-Haul" unterteilt wird. Inner-

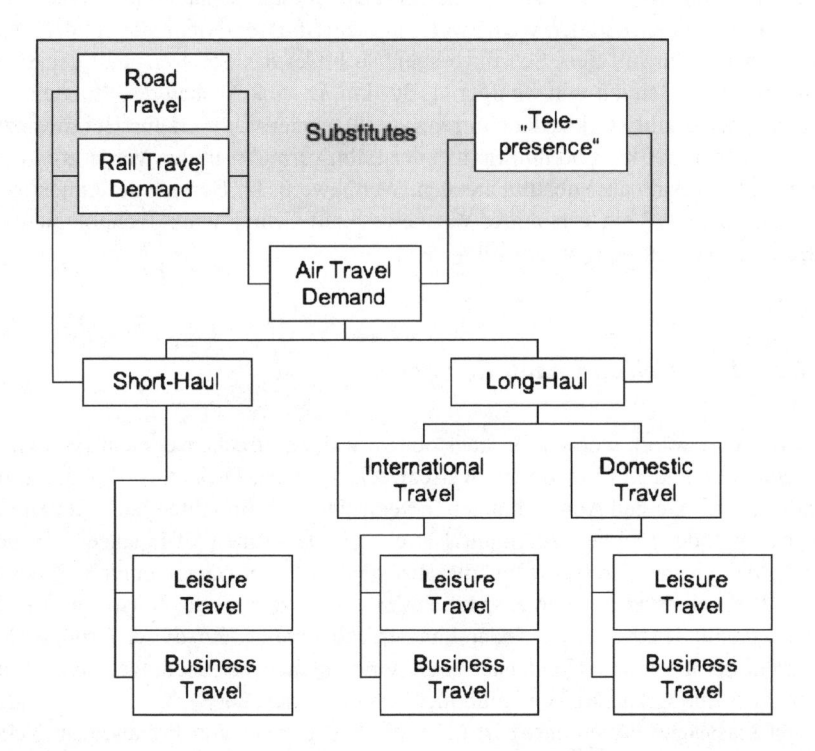

Abb.3 Marktsegmente der Personen-Luftverkehrsnachfrage. *Quelle: Department of Finance Canada „Air" Travel demand Elasticies" 2008*

halb dieser Hauptgruppen wird zusätzlich zwischen „geschäftlich" (Business) und „privat" (Leisure) unterschieden. Die Abb. 3 zeigt auch die unterschiedlichen Substitutionsangebote im Kurz- und Langstreckenbereich (graue Fläche), auf welche im Kapitel 4.3. näher eingegangen wird.

9.4.1 Unterteilung nach Streckenlänge

Die erwähnte Studie unterscheidet zwischen zwei entsprechend ihrer Kilometerdistanz definierten Streckeneinsätzen: Einerseits die Kurzstrecke (Short-Haul) mit einem Einsatzradius bis zu 1'500 km, andererseits die Langstrecke (Long-Haul) mit einem Einsatzgebiet ab
3'500 km. Der Zwischenbereich (1501 km – 3499 km) wird allgemein als die Mittelstrecke (Medium-Haul) bezeichnet, welche aber in der kanadischen Studie keine weitere Rolle spielt. Diese Einsatzradien werden jedoch in vielen Ländern unterschiedlich definiert. Jede Fluggesellschaft muss diese Segmente angepasst an ihr effektives Streckennetz festlegen. Sicher fallen die Definitionen in Nordamerika für Streckensegmente anders aus als in Europa.

Im Bereich der Kurzstrecke steht der Luftverkehr, je nach Einsatzradius, in einem starken intermodalen Wettbewerb mit dem Strassen-, Schienen- und an manchen Orten sogar mit dem Schiffsverkehr. So bildet das Strassen- und der Schienenverkehr im Bereich von weniger als 300 km, je nach Ausbau des Strassen- und Schienennetzes, die stärkste Konkurrenz zum Personen-Luftverkehr. Bei Einsatzradien zwischen 300 km und 800 km tritt der Bahn vermehrt in den Vordergrund und verdrängt das Auto als Substitut aus dem Wettbewerb. Im Bereich der Langstrecke ist für die Zukunft ein verstärkter Wettbewerb auf Grund neuer Technologien wie z. B. der „Telepresence" zu erwarten.

9.4.2 Unterteilung nach Reisezweck

Wie bereits erwähnt werden für jedes oben erwähnte Streckensegment zwei unterschiedliche Kundengruppen nach Reisezweck definiert. Diese zweistufige Aufteilung wird mit kleinen Abweichungen in verschiedenen Berichten und Studien verwendet (vgl. dazu Fichert 2008; und Bericht des Department of Finance – Canada, 2008). Als Geschäftsreisen zählt die Beförderung einer oder mehrerer Personen im Auftrag eines Unternehmens, für eine meist vordefinierte Zeitspanne für die Rückkehr, im Kurz-, Mittel-, oder Langstreckenbereich. Zu dieser Gruppe zählt nicht nur der klassische Handelsreisende, sondern auch Personen, welche z. B. ihre Geschäfts- und Urlaubsreisen kombinieren (vgl. Fichert 2008).

Der klassische Ferientourist ist der typische Vertreter von Privatreisen. Neben den Urlaubsreisen gehören auch Familienausflüge, sowie Migrations-, Studien-, oder medizinisch bedingte Reisen dazu (vgl. Fichert 2008).

9.4.3 Spezifikation der Kundenbedürfnisse

Innerhalb der erwähnten Marktsegmente nach Streckeneinsatz und Reisezweck lassen sich die spezifischen Bedürfnisse der einzelnen Reisenden detaillierter erfassen. So sucht der typische Geschäftskunde mehrheitlich nicht die sofortige Verfügbarkeit eines bestimmten Flugangebotes, sondern er plant seine Geschäftsreisen mindestens 24 Stunden, wenn nicht mehrere Tage oder gar Wochen im Voraus. Dabei legt er mehr Wert auf eine direkte Flugverbindung, d. h. einen Flug ohne Zwischenlandungen. Sein Bedürfnis zu fliegen ist wohl wichtig, aber nicht dringlich. Der entscheidende Mehrwert liegt für ihn im minimieren der Reisezeit, da diese häufig als unproduktiv angesehen wird, und eventuell in einer günstigen Abflugs- und Ankunftszeit, da dadurch seine Präsenz am Zielort optimal seinen Wünschen entspricht. Im Gegensatz zum obigen Beispiel sucht der typische „Notfall"-Geschäftskunde das sofortige Flugangebot. Hier spielt die eventuell damit verbundene Zwischenlandung eine nebensächliche Rolle. Der entscheidende Mehrwert liegt für diesen Kunden darin, möglichst bald am Zielort anzukommen. Im Vordergrund steht nicht die möglichst kurze Reisezeit.

Abbildung 4 zeigt die Priorität der Kundenwünsche, sowohl für Geschäfts- als auch für Privatreisende, wobei zusätzlich zwischen „Notfall"- und „Normal"-Geschäftskunden und zwischen „Weekend"- und Zweiwochen-Ferienreisenden unterschieden wird. Verschiedene Kundenbedürfnisse werden bewertet wie z.B. Sitz-Verfügbarkeit, Fahrplandichte, Zwischenlandungen, Komfort, und Preis. Die unterschiedlichen Prioritäten sind offensichtlich.

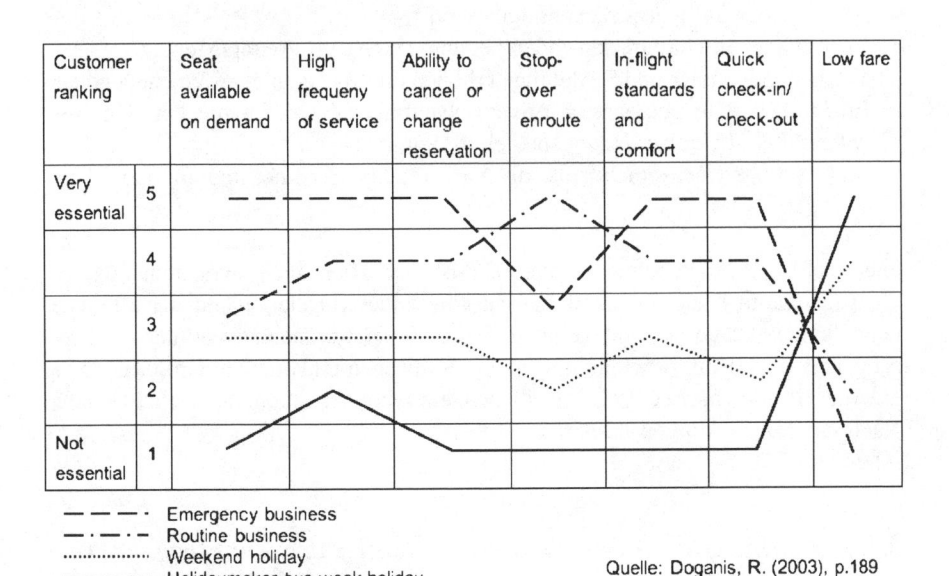

Abb. 4 Marktsegmentierung nach Reisezweck und Kundennutzen. *Quelle: Doganis 2003, S. 189*

In jedem einzelnen Kundensegment bestimmen neben den Kundenpräferenzen auch weitere Elemente die Nachfrage. Zu diesen gehören z. B. die Möglichkeiten zum Vergleich verschiedener Angebote, die Höhe des eigenen Einkommens, oder die zur Verfügung stehende Substitute. Im nächsten Kapitel soll der Einfluss der Preisgestaltung als zentraler Wettbewerbsfaktor im Luftverkehrsmarkt näher untersucht werden.

9.5 Die Nachfrageelastizität

Nach Bieger (2007) wird die Nachfrage massgeblich durch den Kundennutzen beeinflusst. Dieser definiert sich als der wahrgenommene Vorteil oder Gewinn durch die in Anspruch genommene Dienstleistung im Vergleich zu den anfallenden Kosten. Mit anderen Worten der Preis einer Dienstleistung wird durch den Kunden immer mit dem resultierenden Nutzen verglichen.

Wie erwähnt ist die Nachfrage im Personen-Luftverkehr durch ihren indirekten Charakter gekennzeichnet d. h. der Kundennutzen liegt nicht im eigentlichen Flug, sondern wird mittels der durch die Reise erzielten Vorteile erbracht. Dieser Kosten/Nutzenvergleich bestimmt die Elastizität der Nachfrage auf Preisveränderungen und damit den Gradienten der Nachfragekurve für eine definierte Kundengruppe.

Unterschiedliche regelmässige Zyklen prägen die Nachfrage im Personen-Luftverkehr und verhindern eine stetige und stabile Auslastung der Flugzeuge.
- Der typische Eintags-Geschäfts- oder Privatreisende fliegt v. a. zur Morgen- und Abendstunde auf Kurzstreckenflügen.
- Mehrtägige Geschäftsreisen enden/beginnen meist am Freitag/Montag.
- Wochenendpendler und Städteflüge erhöhen die Auslastung am Wochenende.
- Im Jahresverlauf zeigen sich private Nachfragespitzen um die Feiertage und während der Urlaubsreisezeit speziell im Sommer.
- Im Geschäftsreisesegment sinkt die Nachfrage im Sommer und um den Jahreswechsel.

Die Nachfrage im Personen-Luftverkehr ist zusätzlich auch stark abhängig von nicht planbaren Ereignissen. Es besteht eine hohe Korrelation mit der allgemeinen Wirtschaftslage und mit Veränderungen im Einkommensniveau der Bevölkerung; aber auch Reisebeschränkungen aus politischen und anderen Gründen, sowie externe Grossereignisse (9/11, Erdbeben etc.) können zu nicht vorhersehbaren Nachfrageschwankungen führen.

9.5.1 Einflussfaktoren auf den Gradienten der Nachfragekurve

Spezifisch wird der Gradient der Nachfragekurve vor allem bestimmt durch die verfügbaren Substitutions-Angebote, die Intensität des Konkurrenzkampfes im untersuchten Markt, den Zugang der Kunden zum direkten Preisvergleich, den Grad der

9 Mikro- und Makroökonomische Nachfrageanalysen als Grundlage 141

Homogenität der Angebote und durch die Dauer der untersuchten Zeitperiode. In der Praxis erfolgt eine Nachfrageveränderung nicht sofort, sondern mit einer gewissen Verzögerung. Je kürzer die Untersuchungsperiode desto geringer die Möglichkeit der Kunden ein verändertes Verhalten zu manifestieren. Über eine kurze Zeitperiode gesehen erscheint deshalb die Preiselastizität geringer zu sein (=„steile" Nachfragekurve), als sie sich über eine längere Periode zeigen würde (=„flachere" Nachfragekurve).

9.5.2 Die „direkte" Preiselastizität der Nachfrage

Die „direkte" Preiselastizität der Nachfrage misst, wie stark die Nachfrage nach einer bestimmten Flugdienstleistung auf eine Veränderung des dafür zu bezahlenden Preises reagiert. Der Flugpreis wird hier als einzige Variable angesehen. Der Flugpreis wird hier als einzige Variable angesehen. Generell bewirkt ein höherer Preis für eine Flugdienstleistung eine tiefere Nachfragemenge, vorausgesetzt, dass alle weiteren Einflussfaktoren auf die Nachfrage unverändert bleiben. Wie stark oder elastisch diese Veränderung der Nachfrage ausfällt (d.h. die Elastizität der Nachfrage) ist unterschiedlich und hängt von den angebotenen Flugdienstleistungen und entsprechenden den Märkten ab.

9.5.2.1 Die unelastische Nachfrage im VIP- und First-Class-Geschäft

Bei einer unelastischen Nachfrage, d.h. die Preiselastizität ist grösser als 1, wird generell der Umsatz durch eine Preissteigerung erhöht. Dies bedeutet, dass der Umsatzverlust durch die erlittene geringere Nachfrage kleiner ist als der Umsatzgewinn durch den erzielten höheren Preis. Umgekehrt führt eine Preissenkung zur Verminderung des Umsatzes (vgl. Abb. 5). Im Personen-Luftverkehr kann z.B. das Verhalten der VIP- und First-Class-Kunden als unelastisch eingestuft werden. Hier würde eine direkte Umwälzung der höheren Treibstoffkosten auf den Ticketpreis, sowohl im kurz- wie auch mittelfristigen Zeitrahmen, eine Umsatzsteigerung bewirken.

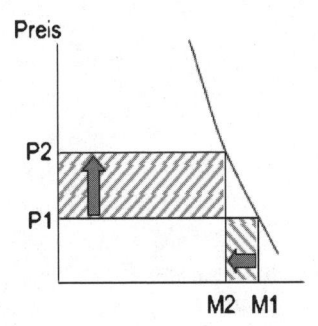

Abb. 5 Preiselastizität, unelastische Nachfrage

Die geringe Preiselastizität der Nachfrage bei den Geschäftsreisenden ist vor allem darauf zurückzuführen, dass der Preis keine zentrale Rolle spielt. Normalerweise werden die Reisekosten bei dieser Kundenklasse direkt den Unternehmensausgaben verrechnet. Wie bereits aus Abb. 4 ersichtlich, ist die Höhe des Preises für die „normalen"- und „emergency"- Geschäftskunden von sekundärer Bedeutung. Dies liegt darin, dass die Reisekosten im Vergleich zum gesamten Nutzen der Geschäftsreise relativ gering sind. Am besten lässt sich am Beispiel der VIP-Fliegerei verdeutlichen: Hohe Kosten von bis zu CHF 8 000,– pro Stunde sind für mittlere Businessjets keine Seltenheit.

Eine Preiserhöhung von P1 auf P2 bewirkt einen entsprechenden Rückgang der nachgefragten Menge von M1 auf M2. Die dadurch bewirkte Umsatzerhöhung (Fläche zwischen P1, P2 und M2), basierend auf der Preisveränderung, ist bei der unelastischen Nachfrage immer grösser als der Umsatzrückgang (Fläche M1, M2, und P1), verursacht durch die Mengenveränderung.

9.5.2.2 *Die elastische Nachfrage im Economy- und Low-Cost-Geschäft*

Bei der elastische Nachfrage, d.h. die Preiselastizität ist geringer als 1, wird der Umsatz entsprechend des kleineren Gradienten der Kurve durch eine Preissteigerung vermindert (vgl. Abb. 6). Im Personen-Luftverkehr verhält sich vor allem die Nachfrage im Economy-Class/Low-Cost-Segment im Kurz- und Mittelstreckenbereich elastisch. Hier herrscht grosse Konkurrenz und höhere Preissensitivität als im Langstreckenbereich. Dies ist hauptsächlich darauf zurückzuführen, dass im letzteren bis heute kein ernsthaftes intermodales Substitut mit der Flugdienstleistung konkurrieren kann (vgl. auch 4.3.1.).

Wie Abb. 6 zeigt, bewirkt eine Preiserhöhung von P1 auf P2 einen Rückgang der nachgefragten Menge von M1 auf M2. Die Umsatzerhöhung, verursacht durch den höheren Preis (Fläche zwischen P1, P2 und M2) ist bei einer elastischen Nachfrage immer kleiner, als der durch die mengenmässige Abnahme verursachte Umsatzrückgang (Fläche M1, M2, und P1). Die direkte Überwälzung der höheren Treibstoffkosten auf den Ticketpreis würde für die Fluggesellschaft wegen der elastischen Nachfrage gesamthaft zu einem Umsatzrückgang führen.

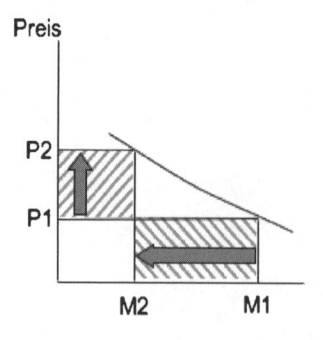

Abb. 6 Preiselastizität, elastische Nachfrage

9.5.3 Die Kreuzpreiselastizität

Die Kreuzpreiselastizität der Nachfrage misst den Einfluss der Preisveränderungen eines Drittproduktes (z.B. bei Komplementärgütern die Hotelpreise am Zielort) auf die Nachfrage nach Flugdienstleistungen zum Zielort. Mit anderen Worten, die Kreuzpreiselastizität zeigt die Korrelation zwischen Nachfrage nach eigenen Flugdienstleistungen und Preisfluktuation eines Drittproduktes.

Im Gegensatz zur Preiselastizität gilt hier nicht der eigene oder „direkte" Preis, sondern der „Kreuzpreis" als Variable.

$$\text{Kreuzpreiselastizität} = \frac{\text{prozentuale Änderung der Nachfrage nach Flugdienstleistern}}{\text{prozentuale Preisänderung z.B. der Hotelpreise am Zielort}}$$

Die Berechnung der Kreuzpreiselastizität findet sowohl im intermodalen Wettbewerb z.B. im Vergleich zum Schienenverkehr oder auch im intramodalen Wettbewerb d.h. innerhalb der Flugindustrie statt.

9.5.3.1 Faktoren welche eine Verschiebung der Nachfragekurve bewirken

Im Personenluftverkehr kann eine Verschiebung der ursprünglichen Nachfragekurve (d.h. nicht eine Verschiebung *auf* der Kurve) mehrere Ursachen haben (vgl. Abb. 7). Wichtige Einflussgrössen sind beispielsweise das verfügbare Haushaltseinkommen, die Preisentwicklung verwandter Güter (Substitutions- oder Komplementärgüter), die persönlichen Präferenzen und Erwartungen der Kunden, die Gesamtzahl der potentiellen Kunden, Umwelteinflüsse, Medienberichte und andere kundenbeeinflussende Faktoren.

Bei der unelastischen Nachfrage bewirkt die Verschiebung der Nachfragekurve eine geringere Nachfrageveränderung als bei der elastischen Nachfrage.

Abb. 7 Verschiebung der Nachfragekurve

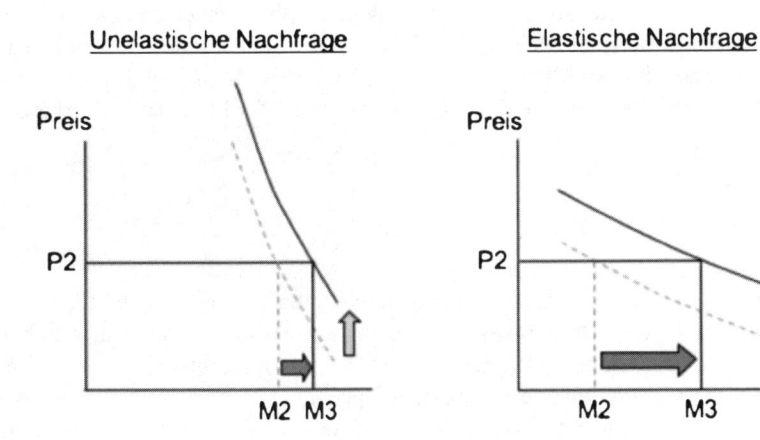

Die Kreuzpreiselastizität ist sowohl im Bereich der Substitutions- wie der Komplementärangebote zu beobachten.

Substitutionsgüter verfügen über eine positive Kreuzpreiselastizität. Dabei bewirkt der Preisanstieg des Substitutionsangebotes eine Nachfragezunahme nach den eigenen Flugleistungen.

Ein gutes Beispiel finden wir im intramodalen Wettbewerb über Kurz- und Mittelstrecken zwischen Business-Class-Kunden und Economy-Class-Kunden. Bei vielen Flugzeugtypen mit weniger als 100 Sitzplätzen wird die Klassentrennung nur noch durch Sichtschutz (z. B. Vorhänge) erzielt, während der zusätzliche Komfort (z. B. breitere Sitze, grösserer Sitzabstand, besser Verpflegung) weitgehend verschwunden ist. Dadurch ist die Bereitschaft der Kunden stark gesunken ein teures Business-Ticket zu kaufen. Mit anderen Worten, der Kundennutzen des Business-Class-Sitzes unterscheidet sich kaum mehr von dem der Economy-Class und rechtfertigt den höheren Ticketpreis immer weniger. Der Kunde steigt im Kurz- und Mittelstreckenbereich von der Business-Class auf die Economy-Class um und spart so mehr Geld als er an Komfort (Kundennutzen) verliert. Oder, der Kunden benützt ein Konkurrenzangebot mit für ihn höherem „Business-Class"-Nutzen. In beiden Fällen sinkt die Nachfrage im ertragsstarken Umsatzsegment der Businessklasse und steigt (oder stagniert) im ertragsschwächeren Economy-Class-Segment. So oder so, sinken die Gesamtumsätze der Gesellschaft.

Im intermodalen Wettbewerb konkurriert beispielsweise die Bahn mit dem Flugzeug. Mit dem kontinuierlichen Ausbau des Schienennetzes stellen schnelle Hochleistungszüge eine ernstzunehmende Konkurrenz zum Flugverkehr über immer grössere Distanzen dar. So bietet z. B. der TGV heute eine sehr gute Reisealternative gegenüber dem Flugzeug zwischen Zürich und Paris. Preissenkungen im konkurrierenden Hochleistungsschienenverkehr haben deshalb einen direkten negativen Einfluss auf die Nachfragemenge im Luftverkehr, und umgekehrt führen steigende Preise der Bahn zu einer höheren Nachfrage im konkurrierenden Luftverkehr.

Komplementärgüter weisen eine negative Kreuzpreiselastizität auf. Der Preisanstieg eines Drittgutes bewirkt nicht nur einen direkten Nachfragerückgang beim Drittgut, sondern auch bei der Nachfrage nach Flugdienstleistungen. Auch hier kann zwischen intermodalem und intramodalem Wettbewerb unterschieden werden. Ein typisches Beispiel wäre die bereits erwähnte Senkung der Hotelpreise an einer Feriendestination am Mittelmeer. Dies würde einerseits zu einer Zunahme der Hotelgäste führen, aber auch gleichzeitig eine Zunahme der Fluggäste bewirken.

9.6 Schlussfolgerungen

Der kommerzielle Luftverkehr ist geprägt durch seine geringe Flexibilität in der Anpassung des eigenen Angebotes und durch den Zwang, seine relativ hohen Fixkosten durch eine hohe und konstante Auslastung zu kompensieren, trotz der „Nicht-Lagerbarkeit" der eigenen Dienstleistungen.

Das Angebot eines Flugunternehmens im Personenverkehr definiert sich über die zu bedienenden Marktsegmente, über sein Streckennetz, sowie seine Flugzeugflotte und den Flugplan. Die optimale Flugzeugflotte erlaubt die effiziente Bedienung der anvisierten Marktsegmente über das Streckennetz des Unternehmens. Die Bestimmung der Marktsegmente ist der Ausgangspunkt für die strategische Ausrichtung des Flugunternehmens. Die gewählten Marktsegmente sollten idealerweise durch ihre Grösse und Kontinuität eine ausreichende und möglichst stabile Nachfrage generieren. Die Analyse der Marktnachfrage verlangt für jedes einzelne Kundensegment ein differenziertes Vorgehen, da je nach Segment die Kundenbedürfnisse und damit die Elastizität der Nachfrage auf Preisänderungen und andere Umfeldeinflüsse unterschiedlich ausfallen werden. Je nach Bedeutung eines einzelnen Kundensegmentes ist dabei nicht nur die Elastizität der Nachfrage auf die *eigene* Preisgestaltung zu ermitteln, sondern auch der Einfluss von Preisen für komplementäre oder substitutive Drittleistungen ist zu berücksichtigen. Dies bedingt kontinuierliche und zukunftsorientierte Analysen der wichtigsten beteiligten Marktsegmente, umso den Einfluss möglicher Veränderungen des Marktumfeldes und der Konkurrenz auf die eigenen Umsätze und Gewinne zu erkennen.

Wie die Vergangenheit immer wieder zeigte, sind Untersuchungen der mikro- und makroökonomischen Einflüsse auf die Preiselastizität der Nachfrage im Personen-Luftverkehr und auf die Reagibilität der angesprochenen Kundensegmente die Grundlage für ein neues innovatives Geschäftsmodell – bei dessen Erarbeitung sollten deshalb diese vorgängigen Analysen nie fehlen

Literatur

Bieger, T. (2007), What is driving the continued growth in demand for air travel? Customer value of air transportation, Journal of Air Transport Management 13, St.Gallen 2007

Chan Kim, W. (2005), Blue Ocean Strategy – how to create uncotetesd market space and make the compeition irrelevant, Boston 2005

Department of Finance Canada, (2008), Air Travel Demand Elasticities: Concepts, Issues and Measurement I Ottawa 2008

Fichert, F. (2008), „Charakteristik der Luftverkehrsnachfrage" – Vorlesung Luftverkehr, Hochschule, Heilbron 2008

Gasser, M. (2005), Ein Kompetenzzentrum für die schweizerische Luftfahrt, Zürich 2005

Hilzenbecher, U./Gasser, M. (2008), Strategischen Businessmodelle – die Fundamente des Unternehmenserfolges, Zürich 2008

Hilzenbecher, U./Gasser, M. (2008), Profitabilität von Geschäftsmodellen – Strategie statt Zufall, Zürich 2008

Mensen, H. (2003), Handbuch der Luftfahrt, Berlin, Heidelberg, New York, Hong Kong, London, Mailand, Paris, Tokio 2003

Part IV
Marketing Strategies

Chapter 10
Erfolgsfaktoren ausgewählter Marketing-Konzepte der Praxis

Ralph Berndt

Summary. *Typical marketing concepts developed by praxis are presented and discussed. Main offline concepts like lovemarks, guerilla marketing or ambush marketing and online-concepts like viral marketing or affiliate marketing are analyzed. Important success factors of these concepts are worked out.*

10.1 Einführung

Die Marketing-Kommunikation über traditionelle Medien wie Zeitschriften oder TV hat deutliche Schwächen gezeigt. Beim TV ist der Zapping-Effekt nicht zu unterbinden, so dass unter anderem auf Product Placements übergegangen worden ist. Bei Zeitschriften sind in der Regel die Reichweiten spürbar zurückgegangen, da seitens der Konsumenten des Medium „Zeitschrift" durch andere Medien substituiert worden ist. Die Kommunikationsmöglichkeiten im Internet – aufgrund der sehr beachtlichen Diffusion des Internets – sind stark gestiegen.

Gerade aus der Praxis heraus sind deshalb neue Marketing-Konzepte entwickelt worden. Ein Überblick hierüber zeigt Abb. 1. Sinnvollerweise wird zwischen Offline- und Online-Konzepten unterschieden. In diesem Beitrag sollen ausgewählte Marketing-Konzepte der Praxis dargestellt und deren Erfolgsfaktoren hinterfragt werden. Wesentliche Kriterien, die zur Beurteilung der Marketing-Konzepte herangezogen werden können, finden sich in Abb. 2.

```
                  ┌─────────────────────────┐
                  │  Marketing-Konzepte     │
                  │       der Praxis        │
                  └─────────────────────────┘
                              │
                  ┌───────────┴───────────┐
```

Offline-Konzepte	Online-Konzepte
• Lovemarks • Authentic Marketing • Guerilla Marketing • Ambush Marketing • Ambient Marketing	• Virales Marketing • Permissiom Marketing • Affiliate Marketing

Abb. 1 Ausgewählte Marketing-Konzepte der Praxis

Kriterien zur Beurteilung von Marketing- Konzepten

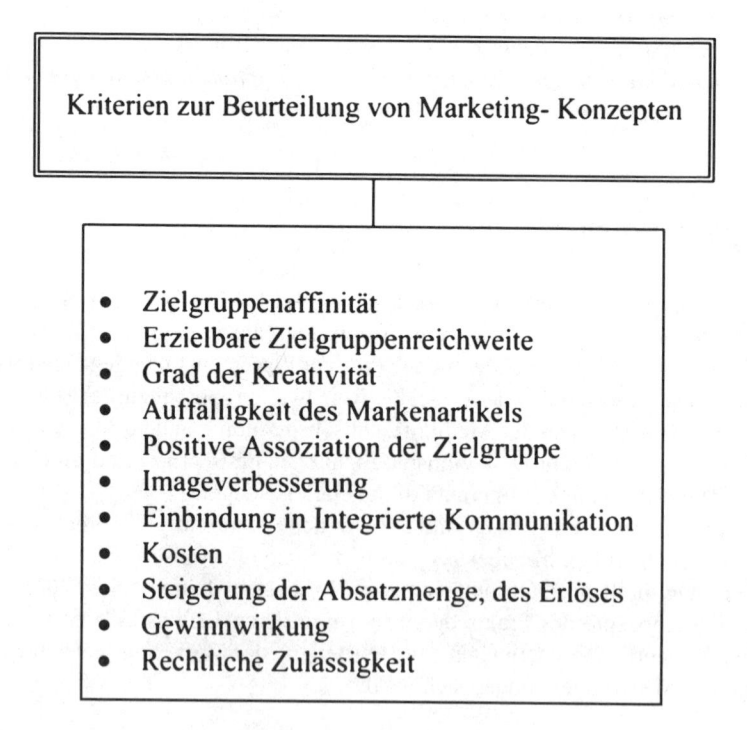

- Zielgruppenaffinität
- Erzielbare Zielgruppenreichweite
- Grad der Kreativität
- Auffälligkeit des Markenartikels
- Positive Assoziation der Zielgruppe
- Imageverbesserung
- Einbindung in Integrierte Kommunikation
- Kosten
- Steigerung der Absatzmenge, des Erlöses
- Gewinnwirkung
- Rechtliche Zulässigkeit

Abb. 2 Ausgewählte Beurteilungskriterien für Marketing-Konzepte

10.2 Offline-Konzepte

10.2.1 Lovemarks

Das Lovemarks-Konzept (Roberts 2005, 2007; Cooper/Pawle 2006) ist ein spezieller Ansatz der Markenpolitik eines Markenartikelproduzenten, der von Kevin Roberts, CEO bei der Werbeagentur Saatchi & Saatchi, maßgeblich entwickelt worden ist. Von zwei Beurteilungskriterien für Marken geht er aus:
- Love und
- Respect.

Dabei unterscheidet Roberts unter anderem Brands (Trustmarks) und Lovemarks (vgl. Abb. 3). **Trustmarks** sind Marken, die sich über jahrelange, positive Erfahrung der Konsumenten etabliert haben, sie liefern Orientierung, Sicherheit und Halt. Markenartikelproduzenten investieren große Summen in die Kommunikationspolitik ihrer Trustmarks, in ihr Design und ihre Qualität. Trustmarks verfügen daher bereits über eine Bindung der Konsumenten; diese entsteht aus dem Vertrauen des Konsumenten in die Trustmarks.

Doch von der Trustmark zur **Lovemark** ist es noch ein großer Schritt. Eine Lovemark bindet den Konsumenten auf lange Zeit an sich, es entsteht eine Tiefe, weit über das Vertrauen hinausgehende, emotionale Bindung zwischen Produkt und Konsument. Man kann in einer Produkt-Kategorie mehrere Trustmarks haben, aber nur eine Lovemark. Beispielsweise überzeugen sowohl Pepsi Cola als auch Coca Cola durch lange Tradition, Design hohe Qualität und Geschmack. Beide Marken sind zweifelsfrei als Trustmarks in der Kategorie Soft Drinks einzustufen. Doch wenn es um die Lovemark geht, so besitzt jeder Konsument einen Favoriten unter diesen beiden Soft Drinks. So hat, laut Roberts, jeder Mensch in jeder Kategorie nur eine Lovemark: "I'm sure that you can only have one Lovemark in any category". Eine Trustmark hat sich beim Konsumenten Respekt verschafft, der Kunde respektiert das Produkt, stuft es als vertrauenswürdig ein. Eine Lovemark hingegen wird nicht nur respektiert beim Konsumenten, sondern von ihm geliebt.

Bei der **Konzeption einer Lovemark** gilt es, eine Marke mit Zusatzinformationen und vor allem mit zusätzlichen, positiven Emotionen so anzureichern, dass sie den Konsumenten emotional berührt und dabei tief in ihm Sehnsüchte nach dem Besitz dieses Produktes erweckt. Auf dem Weg zur Lovemark müssen sechs Stufen durchlaufen werden (s. Abb. 4).

Jeder Konsument besitzt seine individuellen Lovemarks, mit denen er seine eigenen Emotionen verbindet. Es gibt daher sehr viele und sehr verschiedene Lovemarks. Auf der **aktuellen Lovemarks-Hitliste**, bei der jeder Konsument seine eigene Lovemark benennen kann, befinden sich Firmen wie IKEA, Guinness und Apple, Musiker wie die Beatles oder John Denver, Länder wie Australien oder bekannte Personen wie Oprah Winfrey oder Papst Johannes Paul II. ganz oben.

Dabei wird erneut deutlich, dass sich eine Lovemark in allen Kategorien bilden und aus allem entwickeln kann – aus einem Produkt, einer Marke, einer Erscheinung; sogar ein Land oder eine bestimmte Person kann zur Lovemark werden.

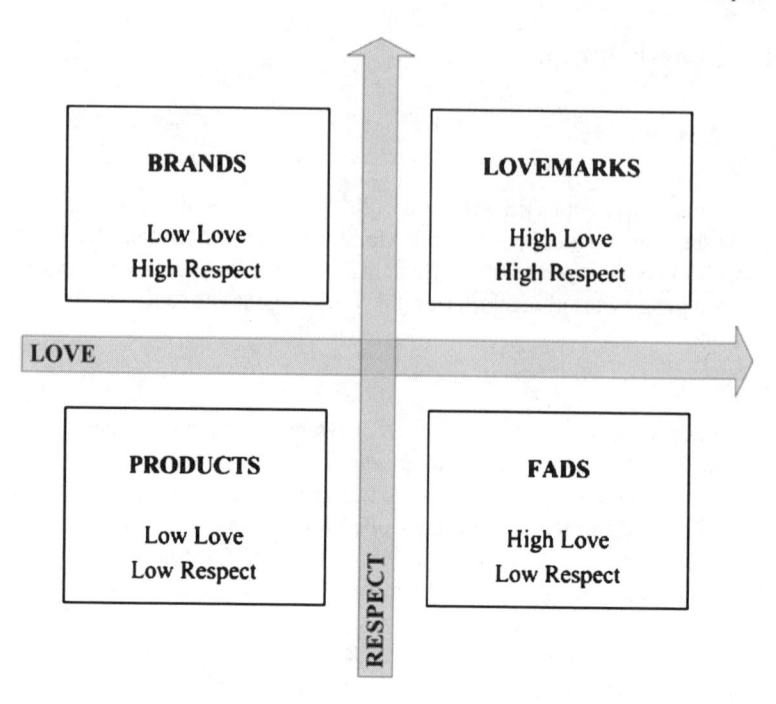

BRANDS	**LOVEMARKS**
Low Love	High Love
High Respect	High Respect
PRODUCTS	**FADS**
Low Love	High Love
Low Respect	Low Respect

Abb. 3 Positionierung von Brands und Lovemarks *Quelle: Roberts, 2007*

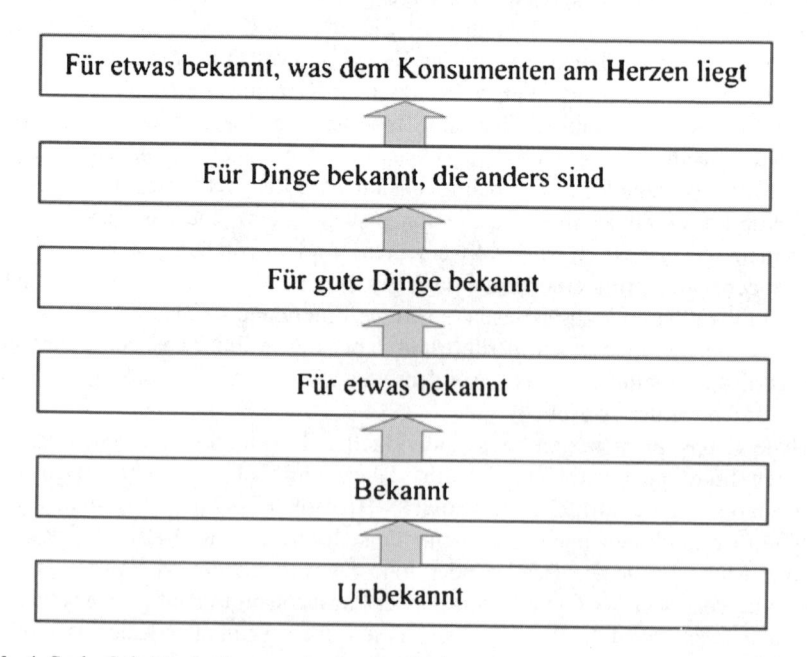

Für etwas bekannt, was dem Konsumenten am Herzen liegt

⇧

Für Dinge bekannt, die anders sind

⇧

Für gute Dinge bekannt

⇧

Für etwas bekannt

⇧

Bekannt

⇧

Unbekannt

Abb. 4 Sechs Schritte zur Lovemark. *Quelle: Simko, 2007*

Zwischen den Lovemarks gibt es jedoch deutliche Unterschiede im Ranking, einige Lovemarks sind global, andere dagegen lokal veranlagt. Ein absolut unumstrittenes **Beispiel** einer globalen Lovemark ist die Marke „Apple" (vgl. Abb. 5).
Welche **Erfolgsfaktoren** zeichnen Lovemarks aus?

- Die Zielgruppenbezogenheit, die einem aktuellen Zeitgeist zugrunde liegt,
- ein entsprechendes Design, eine entsprechende integrierte Kommunikation,
- eine Markenanreicherung (Brand Enrichment), welche starke positive Emotionen, Sehnsüchte entwickelt.

10.2.2 *Authentic Marketing*

Allgemein wird der Begriff „Authentizität" von dem griechischen Wort *„authentikós"* abgeleitet und bedeutet Glaubwürdigkeit oder Echtheit im Sinne „als Original befunden". Verbindet man Authentizität mit Marketing, können zwei Hauptaussagen gemacht werden, die authentisches Marketing näher definieren. Diese Aussagen finden sich bereits in William Shakespeares Hamlet (Auszug aus dem 1. Akt, 3. Szene):

„Dies ist über alles: Sei dir selber treu,
Und daraus folgt, so wie die Nacht dem Tage,
Du kannst nicht falsch sein gegen irgendwen.
Leb wohl! Mein Segen fördre dies an dir!"

Eine Aussage kann man bereits der ersten Zeile entnehmen – bleib dir selber treu. Sie besagt, auf unser Thema übertragen, Unternehmen möglichst wenige Änderungen an ihren Produkten im Zeitablauf vornehmen sollten, da die Konsumenten Wert auf Traditionen legen. Außerdem sollten die Produkte das Unternehmen repräsentieren und umgekehrt. Die Basis bildet hier die Persistenz. Aus der dritten Zeile resultiert die zweite Aussage – sei derjenige, der du vorgibst zu sein. Darunter versteht man, dass die Produkte und Dienstleistungen, die Unternehmen anbieten, genau das leisten sollen, was sie versprechen. Ehrlichkeit steht hier an erster Stelle. Somit sind Ehrlichkeit und Persistenz die Parameter, die dem authentischen Marketing zugrunde gelegt werden.

Vergleicht man das Authentische Marketing mit dem konventionellen Marketing, werden sowohl Gemeinsamkeiten als auch Unterschiede sichtbar. Ausgangsbasis des **konventionellen Marketing** stellt die Bedürfnisbefriedigung der Konsumenten dar. Um diese bestmöglich zu saturieren, ist eine Marktsegmentierung erforderlich. Dabei werden Segmente gebildet, indem vorher festgelegte Konsumentenmerkmale mit den Bedürfnissen der Konsumenten verglichen werden und diese Ergebnisse anschließend auf Ähnlichkeit bzw. Unterschiedlichkeit hin untersucht werden. Als nächstes versucht man durch die optimale Wahl marketingpolitischer Maßnahmen die Zielgruppen auf das Produkt oder die Dienstleistung des Unternehmens aufmerksam zu machen, um sie somit zum Kauf zu animieren. Mar-

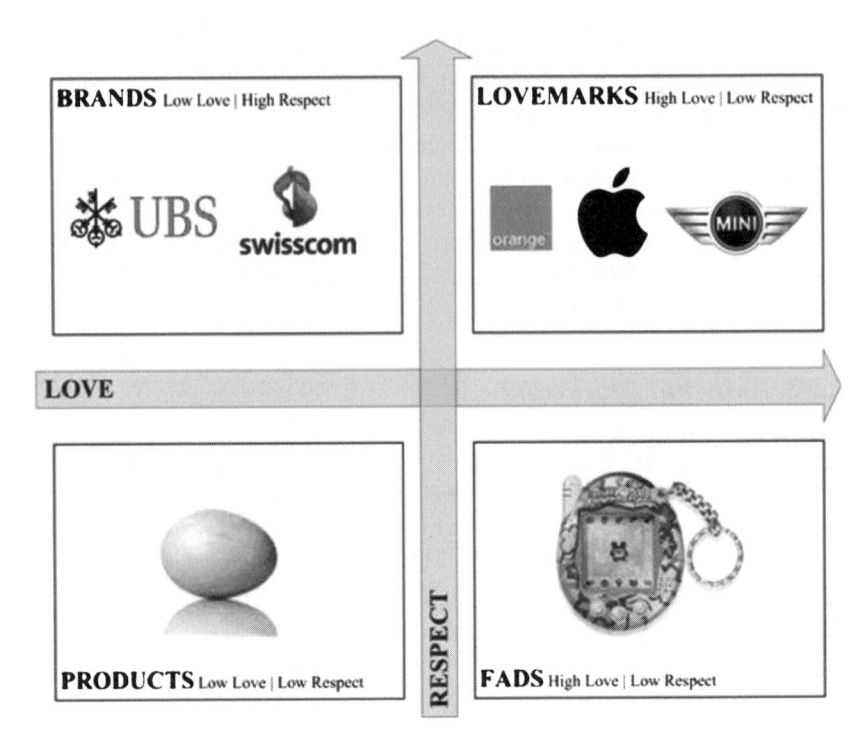

Abb. 5 Beispiele für Products, Brands, Lovemarks und Fads. *Quelle: www.martin-fritsche. ch/files/images/2007*

kenartikelproduzenten beschäftigen sich ständig damit, welcher Nutzen aus dem Produkt oder der Dienstleistung resultiert, welchen Preis die Kunden bereit sind zu zahlen, welche Medien einzusetzen sind, wie der Service erweitert werden kann. L'ORÉAL Deutschland GmbH kann als ein Beispiel für dieses Marketingkonzept genannt werden.

Authentisches Marketing (Moeran 2005; Gruner & Jahr 2008) beschäftigt sich zwar ebenfalls mit den Bedürfnissen der Konsumenten, jedoch liegt der Schwerpunkt an anderer Stelle. Dadurch dass die Nachfrager die „Qual der Wahl" haben, fällt es ihnen schwer das passende Produkt zu wählen bzw. die richtige Dienstleistung in Anspruch zu nehmen. Aus diesem Grund müssen Unternehmen nach außen hin ernsthaft und glaubwürdig erscheinen, ihre Produkte bzw. ihre Dienstleistungen sollten den Konsumenten genau den Nutzen bringen, den sie versprechen. Es darf nicht verheimlicht werden. Ein typisches **Beispiel** für Authentisches Marketing ist die Dove-Werbekampagne, bei der Anzeigengestaltung wird nicht auf junge, superschlanke Models gesetzt, sondern auf sehr sympathische, erwachsene Frauen mit altersgemäß „normalen" Figuren. Ergänzt durch die Kampagnen „Initiative Für Wahre Schönheit" (vgl. Abb. 6). Zwischen Sommer 2004 und Winter 2006 sind die Markensympathien und die Kaufbereitschaft von Dove Körperpflegemittel deutlich gestiegen (G+J Werbewirkungspanel 2008).

10 Erfolgsfaktoren ausgewählter Marketing-Konzepte der Praxis

Abb. 6 Beispielhaftes Werbemittel für Dove und der Kampagne „Initiative Für Wahre Schönheit"

Wesentliche **Erfolgsfaktoren** des Authentic Marketing sind
- eine klare Zielgruppenorientierung,
- die Akzeptanz der Maßnahmen durch die Zielgruppen,
- der Aufbau einer notwendigen Reichweite durch die Kommunikationspolitik,
- der klare Markenartikel-Bezug,
- die Entwicklung einer Integrierten Kommunikation.

10.2.3 Guerilla Marketing

Die ersten Guerilla-Taktiken sind aus der Antike bekannt. Im Verlauf der Geschichte kann man erkennen, dass meist kleine Gruppen die Guerilla-Taktiken im Krieg anwenden. Der Grund ist einfach. Oft haben sie nicht die Möglichkeit, auf konventionelle Weise wirkungsvoll gegen ihren Feind zu kämpfen. Vielmehr ist ihr Hauptziel, den Gegner mit unkonventionellen Angriffen zu schwächen oder zu stürzen.

Die ersten Unternehmen, die Guerilla-Marketing (Schulte/Pradel 2006; Jäckel 2007) einsetzten, waren kleine und mittelständische Unternehmen (KMU). Sie benötigten eine Strategie, die auf einfachen, kostengünstigen und flexiblen Ideen basierte. Die KMUs setzten Guerilla-Marketing gezielt im Kampf gegen Großunternehmen ein.

Was ist Guerilla-Marketing? „Guerilla-Marketing ist die Kunst, den von Werbung und Marketing übersättigten Konsumenten, größtmögliche Aufmerksamkeit durch unkonventionelles bzw. originelles Marketing zu entlocken. Dazu ist es notwendig, dass sich der Guerilla-Marketing möglichst (aber nicht zwingend) außerhalb der klassischen Werbekanäle und Marketing-Tradition bewegt". Typische Merkmale des Guerilla-Marketings sind: unkonventionell, überraschend, originell, frech, provokant, kostengünstig/effektiv, flexibel, witzig, spektakulär wie auch ansteckend. Guerilla-Marketing zielt darauf ab sich von den Marketingaktivitäten der Wettbewerber abzugrenzen, anders zu sein und aufzufallen. Typische **Beispiele** für Guerilla-Marketing sind
- braune Taxis, die oben auf dem Dach ein Schild (weiß auf blau) haben „Nivea Sun-Selbstbräunungs-Spray" mit einer Darstellung der Spray-Flaschen,
- Coffee-to-go-Becher mit der Aufschrift „Café au lait, 26,99€, Rom inclusive",
- Hubschrauber über Hamburg mit 2 Fahnen übereinander „HSV" und „Radio Hamburg".

Erfolgsfaktoren des Guerilla-Marketings sind:
- *Akribie statt Aktionismus*, d. h. die Zielgruppe, das Timing, die externen Partner, der Ressourceneinsatz und die Aktionsziele (Bekanntheit, Umsatz etc.) müssen festgelegt werden und das Vorhaben muss rechtlich geprüft werden.
- *Brain statt Budget*: die Idee sollte auf eine Kernbotschaft reduziert werden, diese sollte möglichst spektakulär inszeniert werden, eine überraschende Geschichte dazu erzählt werden und beeindruckende Bilder dazu produziert werden.

- *Mut statt Mainstream*: Auf Irritation/positives Stören setzen, um so kognitive Dissonanz beim Betrachter auszulösen (zu beachten ist, dass nicht gegen ethische/moralische Normen verstoßen wird).
- *Marke statt Masche*: Die Aktion muss zu der Firma und den Produkten passen. Auch muss die Hinleitung zur Marke sichergestellt werden.
- *Keine Idee um der Idee willen*: Keine Aufmerksamkeit um jeden Preis.
- *Spaß-Event statt Staatsakt*: Menschen sollen unterhalten werden, sie sollen zum Mitmachen, zur Interaktion angeregt werden, um so die Chance auf „virale" Effekte (Mundpropaganda) zu erhöhen.
- *Bewertung statt Beliebigkeit*: Response-Elemente sollten integriert werden, z. B. durch Verbindung der Aktion mit dem Internet-Auftritt (Clickrate) oder speziell markierten Gutscheinen.
- *Laut statt leise*: Die Presse mit einbeziehen (Vorabinformation, Nachbearbeitung), Redakteure zur Aktion einladen, Fotos machen und Zitate/O-Töne dokumentieren.

10.2.4 Ambush Marketing

Ambush Marketing (Farelly 2005; Liebetrau 2007) ist eine aktuelle Begleiterscheinung zum Sponsoring. **Sponsoring** beinhaltet eine zielgerichtete, vertraglich vereinbarte Zusammenarbeit zwischen einem Sponsor (Marketingartikelproduzent) und einem Gesponserten (Sportler, Verein, Nationalmannschaft) nach dem Motto Leistung (i. d. R. Geld) gegen Gegenleistung (i. d. R. Bekanntheitssteigerung, Image-Transfer). Dabei sind zwei Punkte zu beachten:
- die Geldleistungen sind z.T. sehr hoch und
- die Anzahl der Sponsoren (z. B. branchenmäßig) begrenzt.

Verständlicherweise hat sich daher das **Ambush Marketing** entwickelt. Von Ambush Marketing spricht man, wenn ein Unternehmen (der Ambusher) mit seinem Produkt bzw. seiner Marke absichtlich Aufmerksamkeit auf sich lenkt, indem es sich mit einem Event in Verbindung bringt, bei dem es nicht offizieller Sponsor ist. Dies kann sich auf jede Art von Events aus dem Bereichen Sport, Kultur, Umwelt etc. beziehen.

Die **Ziele**, die durch Ambush Marketing erreicht werden sollen, unterscheiden sich kaum von den Zielen des Sponsorings. Um diese zu erreichen, gibt es für Ambusher grundsätzlich zwei Strategien. Eine Strategie ist das Einbringen einer Marke in ein Event direkt vor Ort. Die andere Strategie ist das Einbringen der Marke außerhalb des Austragungsortes des Events. Unter **erstere Strategie** fällt beispielsweise die Bereitstellung von Speisen und Getränken bei einem Großereignis. Auch die absichtliche Verdeckung des Logos eines offiziellen Sponsors durch einen Athleten während des Events fällt unter diese Strategie. Bei den Olympischen Spielen 2000 in Sydney beispielsweise verdeckte der australische Schwimmer Ian Thorpe das Logo des Teamsponsors Nike, weil er persönlich von Adidas gesponsert wird. Eine weitere Möglichkeit ist die Außenwerbung beispielsweise durch das

Nutzen des Luftraums am Austragungsort eines Events. Hier gibt es Möglichkeiten wie Werbung auf einem Zeppelin, einem Heißluftballon oder einem Banner, das an einem Flugzeug angebracht ist, zu platzieren.

Fernsehwerbespots während der Werbepausen oder Werbung, die sich auf das Event bezieht oder dessen Bilder und Logos einbringen, fällt unter die **zweite Strategie**. Auch das Sponsoring eines einzelnen Athleten oder Teams ohne offizieller Sponsor zu sein, besonders wenn er/es eine Favoritenrolle einnimmt, fällt unter diese Strategie. Hier wird z.B. bei Presseauftritten oft die Taktik des Verdeckens des Hervorhebens seines eigenen Sponsors durch einen Athleten genutzt. So trat bei den Olympischen Spielen 1996 der 100m-Sprinter Linford Christie bei einer Pressekonferenz mit blauen Kontaktlinsen auf, die das Puma-Logo zeigten. Offizieller Sponsor der Olympischen Spiele war allerdings Reebok.

Ein sehr effektives und auch legales Ambush Marketing ist das **Sponsoring eines Fernsehprogramms**, das die Übertragungsrechte für den Event erworben hat. So erreicht der Ambusher ein weitaus größeres Publikum als der offizielle Sponsor des Events und kann seine Markenbekanntheit stärker erhöhen. Oft versuchen direkte Konkurrenten eines offiziellen Sponsors das Programmsponsoring zu übernehmen, wie bei der Sommer-Olympiade 1984 in Los Angeles. Fuji war offizieller Sponsor, das Fernsehprogramm wurde jedoch von Kodak gesponsert. Auch kreative Werbeslogans können die gewünschte Wirkung der Assoziation mit dem Event hervorrufen wie dieses Beispiel eindrucksvoll zeigt: Der Werbeslogan von American Express zur Zeit der Olympischen Winterspiele in Lillehammer 1994 lautete: "If you're travelling to Norway this winter, you'll need a passport but – you don't need a visa". Visa war der offizielle Sponsor der Winterspiele. Weitere wesentliche **Erfolgsfaktoren** des Ambush Marketing sind:
- die Legalität der durchgeführten Maßnahmen,
- die Planung und Durchsetzbarkeit (Kontrolleure des Events/der Sponsoren sind zu beachten),
- das Erreichen einer angemessenen Reichweite (unter Beachtung der anfallenden Kosten), bewertet zum Beispiel anhand der Wirtschaftlichkeitskennziffer Tausender-Kontaktpreis).

10.2.5 Ambient Marketing

Ausgangspunkt des Ambient Marketing (Förster/Kreuz 2006) sind low-involvierte Konsumenten, die nicht Produktinformationen haben wollen, wie sie klassische Werbeträger vermittelt werden, die zum Beispiel beim Fernsehen zappen, wenn Werbespots gezeigt werden. Beim Ambient Marketing erfolgen Werbemaßnahmen im unmittelbaren Lebensumfeld spezieller, häufig jüngerer Zielgruppen. Durch möglichst kreative Werbemittelgestaltung sollen Kontakte mit den Zielgruppen erreichet, Aufmerksamkeit erzeugt werden. Typische **Beispiele**:
- Postkarten in Szenelokalen, die dort unentgeltlich mitgenommen werden und ggf. noch verschickt werden können (vgl. Abb. 7),
- Werbung in Fitnesszentren.

10 Erfolgsfaktoren ausgewählter Marketing-Konzepte der Praxis

Abb. 7 Beispiel für Ambient Marketing

Wichtige Faktoren für ein erfolgreiches Ambient Marketing sind:
- die Zielgruppenorientierung, der vorherrschende Life Style,
- die Kreativität bei der Werbegestaltung,
- die Akzeptanz durch die Zielgruppenpersonen und die ausgelöste Bereitschaft, selbst als Werbeträger zu agieren im Sinne des Viralen Marketings.

10.3 Ausgewählte Online-Konzepte

10.3.1 Virales Marketing

Virales Marketing (Godin 2002; Goldsmith 2002; Klinger 2006) bezeichnet alle Techniken und Strategien, die genutzt werden, um Menschen zu animieren, angebotene Produkte und Dienstleistungen anderen weiter zu empfehlen. Kommunikationsbotschaften von Anbietern von Produkten sollen durch eine Art Mund-zu-Mund-Propaganda gezielt und kontrolliert verbreitet werden. Der Begriff „viral" stammt aus der Medizin, da sich die Werbebotschaft wie ein Virus von Mensch zu Mensch ausbreiten soll. Die Information über ein Produkt bzw. eine Dienstleistung liegt bei einigen Menschen vor und wird von diesen weiter versendet. Die Empfänger werden „infiziert" und versenden diese Information ihrerseits erneut innerhalb ihres sozialen Netzwerkes, d. h. sie benachrichtigen ihre Freunde und Bekannten (vgl. Abb. 8).

Hauptziel des viralen Marketings ist es somit durch Streuung und Platzierung von Informationen den Kunden zu animieren, empfangene Botschaften in seinem sozialen Netzwerk zu verbreiten und seinerseits den Empfänger zur Weitergabe anzureizen. Auf diese Weise sollen regelrechte Werbeepidemien entfacht werden. Hierfür eignet sich das Medium Internet sehr gut, da es schneller und effektiver als klassische Kommunikationsmedien wie z. B. das Telefon ist. Neben ökonomischen Zielen wie Verkaufsteigerung und Marktpenetration lassen sich beim viralen Marketing auch außerökonomische Ziele wie z. B. Image, Kundenakquisition, Kundenzufriedenheit und Kundenbindung nennen:

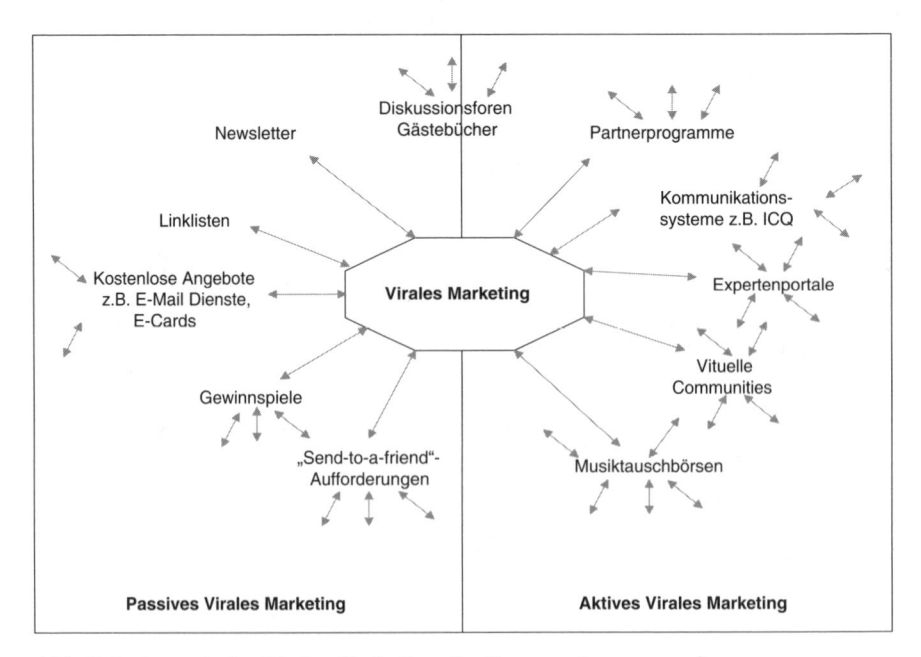

Abb. 8 Instrumente des Viralen Marketing. *Quelle: www.4 managers.de*

- **Steigerung der Markenbekanntheit**
  Durch spielerische Auseinandersetzung mit einem Produkt oder einer Dienstleistung soll die Markenbekanntheit erhöht werden. Dies geschieht z. B. durch das Versenden eines lustigen Werbeclips oder das Weiterleiten einer komischen E-Mail. Der Konsument setzt sich während dieser Unterhaltung teilweise unbewusst mit der Marke und dem Unternehmen auseinander.
- **Anstieg der Besucherzahlen und damit verbundenem Online-Absatz**
  Ist das virale Marketing durch die Animierung des Kunden erfolgreich gewesen, lässt er sich eher dazu ermutigen z. B. in einer E-Mail dem Link zu einer Website zu folgen. Da viele Unternehmen ihre eigene Website zur Bereitstellung von Produktinformationen oder zur Unterbreitung konkreter Online-Angebote benutzen, kann auf diese Weise die Verkaufssteigerung sowie Kundenakquisition vorangetrieben werden.
- **Gewinnung von Kundeninformationen**
  Durch den Einbau einer Art Hürde in den Empfehlungsprozess sollen persönliche Daten der Konsumenten gewonnen werden. Ein Beispiel hierfür wäre, dass der User sich erst auf einer Website registrieren muss, bevor er ein besonderes Unterhaltungsangebot abrufen kann. Diese Daten können dann für gezielte Marketing-Strategien genutzt werden. Typische **Beispiele** für das Virale Marketing sind
  - das kostenlose Computerspiel „Moorhuhn-Jagd" von Johnny Walker, das innerhalb eines halben Jahres von 40 Millionen Nutzern heruntergeladen wurde oder
  - das Auktionshaus eBay, welches über die Hälfte der Kunden durch Empfehlungen von Freunden und Bekannten gewann.

Wesentlicher **Erfolgsfaktor** des Viralen Marketings ist die Kreativität der Werbegestaltung, der Unterhaltungsfaktor. Daneben müssen angemessene Reichweiten erreicht werden. Außerdem muss ein geeigneter Bezug zum Markenartikel gegeben sein; d. h. der Markenartikel muss angemessen eingebunden, präsentiert sein. Positive Assoziationen der Zielgruppen zum Markenartikel müssen entstehen.

10.3.2 Permission Marketing

„Gib mir Deine Adresse und ich schreib Dir was Nettes", so könne man Permission Marketing beschreiben. Permission Marketing (Schäfer 2006; Schwarz 2001, 2006) ist ein Onlineverfahren, bei dem potentielle Käufer um Erlaubnis gefragt werden, dass ihnen per E-Mail ein Produkt oder eine Dienstleistung angeboten werden darf. Man bezeichnet es auch als „Opt-in E-Mail". Damit eine Werbemaßnahme erfolgreich umgesetzt werden kann, soll sie auf die individuellen Bedürfnisse der Kunden perfekt angepasst sein und nicht eine zufällige Botschaft an einem zufälligen Ort zu einem zufälligen Zeitpunkt sein. Kennzeichnend für Permission Marketing (PM) ist, dass es erwartet, persönlich und relevant ist. Erwartet in dem Sinne, dass sich die Menschen darauf freuen, sie zu hören, sehen oder zu lesen. Persönlich so, dass sich die Kunden direkt angesprochen fühlen und relevant darin, dass sich die Vermarktung direkt auf die Wünsche der Kunden angepasst sind und die potentiellen Kunden auch interessiert. Das Internet stellt die optimale Plattform dar. Im World Wide Web kann man auf einfachster Weise einen sehr großen Kundenstamm ansprechen. Durch E-Mails kann man Kunden über unbegrenzte Distanzen in „No-Time" erreichen und sehr leicht einen Dialog zwischen Vermarkter und Verbraucher aufbauen.

Derzeit gibt es **vier Geschäftsmodelle**, die im Internet ihre Anwendung finden (siehe Abb. 9), um Permissions Marketing durchzuführen. Erklären lassen sich diese Modelle anhand von zwei Dimensionen: Erlaubnisintensität und Anzahl der Werbetreibenden. Die Erlaubnisintensität lässt sich wiederum durch drei Faktoren charakterisieren: hohe Informationsqualität, hohe Informationsmenge und die Flexibilität der Informationsnutzung. Bei den Vermarktern kann es sich entweder um ein einzelnes Unternehmen handeln oder um einen Zusammenschluss von mehreren Unternehmen, die mittels eines Intermediärs das Ziel verfolgen, eine höhere Erlaubnis der Kunden zu bekommen. Damit diese Geschäftsmodelle auf Dauer erfolgreich sind, ist eine kontinuierliche Partizipation der Verbraucher notwendig. Damit die Verbraucher aber dauerhaft aktiv teilnehmen, muss für sie natürlich ein Nutzen, bspw. in Form von Kosteneinsparung oder Einsparung anderer Transaktionskosten, vorhanden sein. Eine steigende Anzahl von Abonnementen ist für ein Unternehmen hierbei ein großer Nutzen, da es so seinen Kundenstamm und damit den Gewinn deutlich steigern kann.

In **Feld I** spricht man vom „Ad Market". Hier unterrichtet ein Verbraucher einen Intermediär, wie z. B. mypoints.com oder chooseyourmail.com, detailliert über seine Interessen, Wünsche, Vorzüge etc. Dieser verwendet wiederum diese Infor-

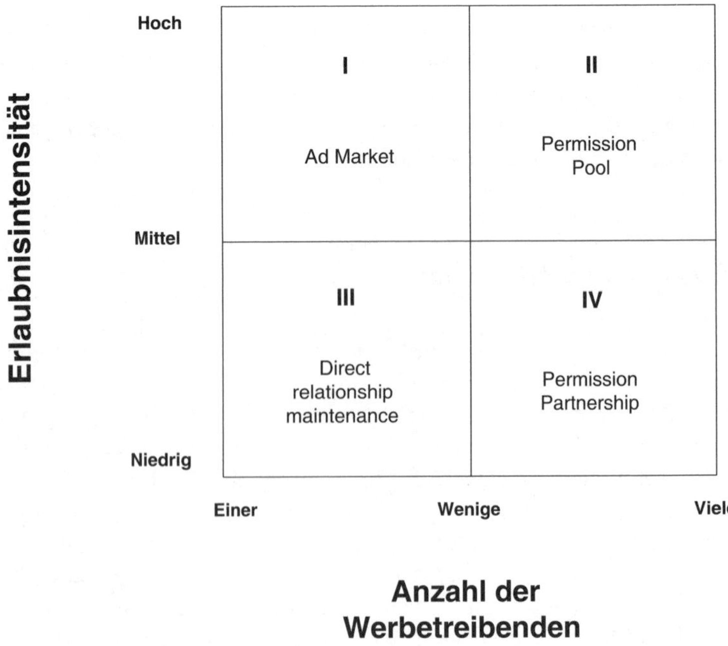

Abb. 9 Permission Marketing Geschäftsmodelle. *Quelle: Krishnamurthy 2001, S. 5*

mationen, um einen entsprechenden Anbieter zu finden, welcher die Vorgaben des Verbrauchers mit vollster Zufriedenheit erfüllen kann.

Feld II, „Permission Pool", beschreibt eine Situation, in der eine große Anzahl von Kunden einer Vielzahl von Unternehmen die Erlaubnis erteilt hat, ihnen Werbung zu schicken. Die Unternehmen sammeln die Informationen in einem großen Pool, bspw. bei yesmail.com, und schicken dann ihre Werbung gebündelt an die im Pool enthaltenen Adressaten. Dadurch sind die Unternehmen in der Lage, eine größere Produktpalette anbieten zu können.

Das „Direct relationship maintenance" Model, **Feld III**, stellt eine direkte Verbindung zwischen dem Anbieter und Nachfrager dar. In diesem Model existiert kein Intermediär, der für eine bessere Kommunikation sorgt und gezielte Vertragspartner sucht. Man kann hier auch von „One-to-one" Marketing sprechen. United Airlines bietet bspw. seinen Kunden die Möglichkeit an, über Billigangebote informiert zu werden. Es wird als ein zusätzlicher Service angesehen, um eine enge Kundenbeziehung aufrechtzuerhalten.

Im vierten Feld, dem „Permission Partnership", erteilen potentielle Kunden einem Unternehmen wie Lycos.com oder Nytimes.com, die Erlaubnis, dass sie von deren Partner Werbung erhalten möchten. Alle Kunden, die sich dort anmelden, erhalten dann die Angebote sämtlicher Partner, die mit dem Portal einen Vertrag haben. Dieses Modell wird häufig dazu verwendet, um den Verkehr auf Websites zu steigern.

Folgende fünf **Schritte zum Erfolg**: Der **erste Schritt** besteht darin, das Interesse des Potentiellen Kunden zu wecken, indem ihm etwas angeboten wird, damit er sich zu einem Dialog mit dem Anbieter bereit erklärt. Dabei soll der Kunde für den zeitlichen Aufwand, den er für das Studieren der Werbebotschaft aufbringt, entschädigt werden. Dieses Angebot kann in Form von Informationsaustausch, Unterhaltung, einem materiellen Wert, Bonuspunkte oder sogar monetär sein.

Nachdem der Anbieter die Aufmerksamkeit der Kunden einmal erlangt hat, geht der Anbieter zum **zweiten Schritt** über. Es wird ein langfristiger Lehrplan ausgearbeitet, welcher den Kunden in Zukunft mit den nötigen Informationen über das Produkt oder die Dienstleistung versorgt. Vorteilhaft ist hierbei, dass er sich in den künftigen Dialogen stärker auf die Vorteile seines Produktes konzentrieren kann, da er bereits im ersten Schritt das Interesse des Kunden erhalten hat.

Der Anbieter darf sich jedoch nicht auf seinen „Lorbeeren" ausruhen. Er muss sich deshalb im **dritten Schritt** darum bemühen, den Anreiz aufrecht zu erhalten und gegebenenfalls den Anreiz sogar zu verstärken, um den Kunden weiterhin an sich binden zu können. Dies ist allerdings nicht allzu schwer, da es sich im Permission Marketing um einen Dialog und keinen Monolog handelt. Der Erlaubnisvermarkter ist deshalb leicht in der Lage, sich den veränderten Bedürfnissen anzupassen.

Im **folgenden Schritt** soll dann das Wissen über den Kunden ausgedehnt werden, natürlich ebenfalls mit dessen Erlaubnis. Vom Kunden sollen somit zusätzliche detaillierte Daten über seine Interessen, Bedürfnisse, Wünsche usw. gewonnen werden. Gelingt es dem Vermarkter die Erlaubnis auszuweiten, ist der Kunde oftmals gegenüber neuen Angeboten aufgeschlossener.

Im **letzten Schritt** kann der Anbieter unter Umständen sogar in der Lage sein, den Kunden zu beeinflussen. Hat man die Erlaubnis als Vermarkter einmal erhalten, wird dies zu seinem Vorteil. Nun kann der Prozess beliebig oft wiederholt und dem Kunden immer mehr und mehr Produkte verkauft werden. Das Ziel des Vermarkters ist dabei, zusätzliche Markenanteile zu gewinnen, um möglichst seinen Gewinn zu steigern.

10.3.3 Affiliate Marketing

Das Affiliate Marketing (Duffy 2005; Goldsmith 2003) ist ein onlinebasiertes Marketingkonzept, das auf dem Prinzip der Vertriebs- und Netzwerkpartnerschaft zwischen einzelnen Unternehmen basiert ist. Das Affiliate Marketing bezeichnet also die Teilnehmer an einem internetbasierten Partnerprogramm. Dieses Marketingkonzept beruht auf der Kooperation zwischen einem Anbieter (Merchant) und einem Affiliate-Partner. Es wird vereinbart, dass der Affiliate die Anwendung seiner Webseite erlaubt um für bestimmte Produkte oder Dienstleistungen des Anbieters zu werden, mit Hilfe von Online-Marketing-Medien. Als Gegenleistung bezahlt der Anbieter eine Provision an den Affiliate für alle generierten Verkäufe.

Der **Affiliate-Netzbetreiber** ist ein Dienstleister – spezialisiert in der Vermarktung von Partnerprogrammen – der eine technische Plattform für beide Parteien zur Verfügung stellt. Ebenso koordiniert und vermittelt er zwischen Programm-Betreibern und Affiliate-Partnern. Aber für die Beziehung mit den Affiliates und die Marketing-Umsetzung ist der Anbieter verantwortlich. Der Affiliate-Netzbetreiber selektiert die Partnerprogramme, deshalb ist der Eintritt auf die Plattformen, die über ein wichtiges Netz verfügen, Wie TradeDoubler oder Zanox, relativ teuer. Der Affiliate-Netzbetreiber finanziert sich durch eine Provision an jeder erfolgreichen Transaktion. Der wichtigste Teil der Bezahlung ist mit der Leistung ihres Affiliates verbunden und beträgt normalerweise 30% ihrer Bezahlung. Die berühmtesten deutschen Affiliate-Netzbetreiber sind Afflinet, Zanox und Trabledoubler (vgl. Abb. 10).

Anbieter (merchants) stellen ihre online angebotenen Produkte über das Affiliate-System zur Verfügung und ermöglichen den angeschlossenen Vertriebspartnern die Vermarktung der Produkte über deren Websites. Vermittelte Umsätze bezahlt der Anbieter durch vorher festgelegte Umsatzprovisionen.

Vertriebspartner (affiliates) nutzen das Affiliate-System zur Kooperation mit den Anbietern. Sie stellen eine On-Line-Anzeige (z.B. eine Fahne) auf die Website des Anbieters. Sie profitieren durch den Verkauf der auf den eigenen Internetseiten beworbenen Produkte des Anbieters.

Das **Hauptziel** des Affiliate Marketings ist es, der Marke zu ermöglichen, auf dem ganzen Netz gefunden werden zu können, ebenso Absatz zu erzielen und Umsatz zu erwirtschaften. Des Weiteren kann der Anbieter dadurch auch Marktanteile gewinnen. Mit diesem Marketingkonzept kann also die Bekanntmachung optimiert werden. Man erwartet von Affiliate-Marketing, normalerweise 20% des Besucherstroms einer Webseite zu generieren. Kundenzufriedenheit und Kundenbindung werden auch erzielt.

Für den Affiliate ist die Hauptmotivation, Einkommen und Gewinne zu generieren. Affiliate-Marketing bietet nämlich die Möglichkeit an, Die Besucherströme ihrer Webseiten aufzuwerten. Folglich sollten die Affiliates das Angebot möglichst attraktiv platzieren.

10 Erfolgsfaktoren ausgewählter Marketing-Konzepte der Praxis

Abb. 10 Beispiel für ein Partnerprogramm-Netzwerk (Zanox)

Die Vorteile der Verwendung einer Plattform sind für den Anbieter zahlreich. Die Verwaltung wird damit erleichtert und zentralisiert, ebenso rekrutieren die Affiliate-Netzbetreiber ständig neue Affiliates. Auch kann der Anbieter seine Werbemittel gleichzeitig mehreren Affiliates zur Verfügung stellen und die Auszahlungen auch über die Plattformen gesammelt vornehmen. Ferner profitiert der Anbieter von der Erfahrung des Affiliate-Netzbetreibers. Eine Plattform ist insbesondere vorteilhaft für den Anbieter, wenn sie über ein wichtiges Affiliate-Netzwerk verfügt.

Die Forschungsmannschaft MarketingSherpa bewertete 2006, dass Teilnehmer weltweit 6,5 Milliarden US-Dollar an Prämien und Kommissionen verdienten, mit einer Vielfalt von Quellen in Einzelhandel, persönliche Finanzservices, Glücksspielen, Reisen, Telekommunikation und Ausbildung.

Folgende **Erfolgsfaktoren** des Affiliate Marketing sind gegeben:
- Wahl des geeigneten Partners (starkes Image, hohe Besucherzahl, geeignete Zielgruppenansprache),
- angemessene Beziehungen mit den Partnern (z. B. Kapazität des Anbieters, sein Affiliate-Netzwerk zu beleben),
- sinnvolle Vergütungsstrategie (motivierend und wettbewerbsfähig),
- Qualität der Werbelinks.

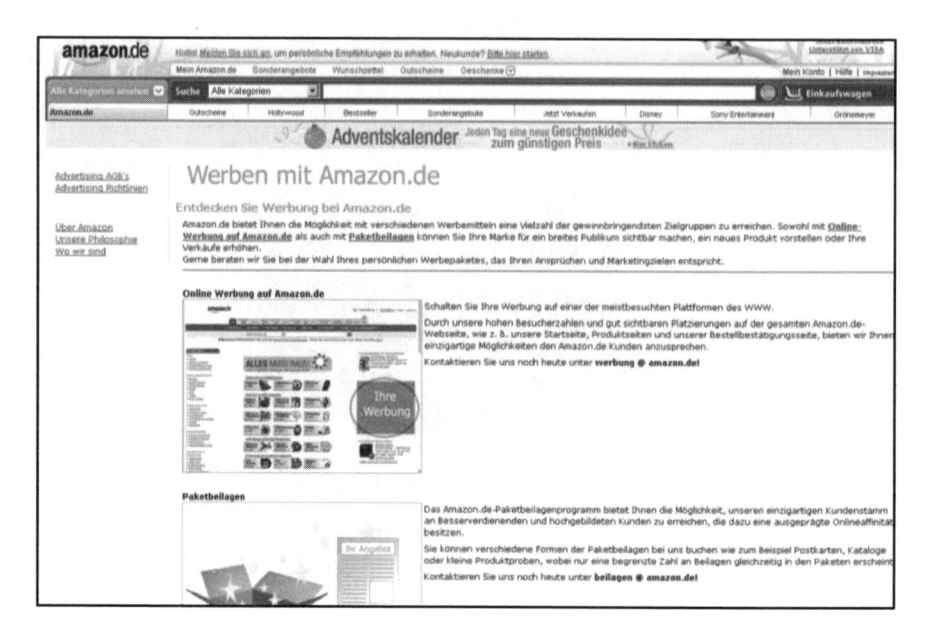

Abb. 11 Vorstellung des Affiliate-Programms von Amazon

10.4 Fazit

Ausgewählte Marketing-Konzepte, die in der Praxis entwickelt worden sind, folgen jeweils gewissen Erfolgsbedingungen. Einerseits sind die treffenden Rezipienten zu beachten: die Zielgruppen, die dort erreichbaren Reichweiten, die erzielbaren Wirkungen (positive Wahrnehmung, positive Einschätzung, wunschbare Einstellungsveränderungen). Andererseits sind der jeweils zugrundeliegende Markenartikel von besonderer Bedeutung; die auffällige Einbindung des Markenartikels in die Marketing-Maßnahme und insbesondere in einer Integrierten Kommunikation.

Literatur

Berndt, R. (2006), Low Budget Marketing für KMU, in: Management-Konzepte für kleine und mittlere Unternehmen, Hrsg. R. Berndt et al., Berlin 2006, S. 199–220

Berndt, R. (2005), Marketingstrategie und Marketingpolitik, 4., vollst. überarb. und erw. Auflage, Berlin u. a. 2005

Beverland, M.B. (2006), The ‚real thing': Branding authenticity in the luxury wine trade, in: Journal of Business Research, 2006, S. 251–258

Beverland, M.B., Lindgreen, A., Vink, M.W. (2008), Projecting Authenticity through advertising, in: Journal of Advertising, Vol. 37, No. 1, S. 5–15

Brooks, G. (2006), Attracting Customers, in: New Media Age, 2006, S. 9–11

Chaffey, D. (2003), Internet Marketing: Strategy, Implementation and Practice, 2. ed., New York 2003.

Chatterjee, P. (2002), Interfirm alliances in online retailing, Journal of Business Research, Vol. 57, S. 714–723

Cooper, P., Pawle, J. (2006), Measuring emotion – Lovemarks, the future beyond brands, in: Journal of Advertising Research, Vol. 46, No. 1

Drees, N., Jäckel, N. (2008), Guerilla-Marketing – Grundlagen, Instrumente und Beispiele, in Transfer, Werbeforschung und Praxis, 2008, Nr. 2, S. 31–37

Duffy, D.L. (2005), Affiliate Marketing and Its Impact on e-commerce, Journal of Consumer Marketing, 2005, S. 161–163

Farelly, F. et al. (2005), Defending the co-branding benefits of sponsorship B2B partnerships: the case of Ambush marketing, in: Journal of Advertising Research, Vol. 45, Nr. 3, S. 339–348

Förster, A., Kreuz, P. (2006), Marketing-Trends, Innovative Konzepte für Ihren Markterfolg, 2. Aufl., Wiesbaden 2006

Fritz, W. (2001), Internet-Marketing: marktorientiertes E-Business in Deutschland und den USA. 2., überarb. und erw. Aufl., Stuttgart 2001

Frosch-Wilke, D., Raith, Ch. (2002), Marketing-Kommunikation im Internet: Theorie, Methoden und Praxisbeispiele vom One-to-One- bis zum Viral-Marketing, Braunschweig, Wiesbaden 2002

Gallaugher, J.M., Auger, P., Barnir, A. (2001), Revenue Streams and Digital Content Providers: An Empirical Investigation, Information and Management, Vol. 38, S. 473–485

Godin, S. (1999), Permission Marketing: Kunden wollen wählen können, München 1999

Godin, S. (2002), Unleashing the Ideavirus: How to turn you ideas into marketing epidemics, London 2002

Goff, C. (2006), Affiliate Marketing, in: New Media age, Special Section,2006, S. 11

Goldsmith, R. (2002), Viral marketing: get your audience to do your Marketing for you, London 2002

Goldsmith, S., Junghagen, S., Haris, U. (2003), Strategic Affiliate Marketing, EE Publishing 2003

Gruner & Jahr Media Sales (2008), G+J Werbewirkungspanel 2008, Hamburg 2008

Jäckel, M. (2007), Guerilla-Marketing – Grundlagen, Instrumente und Beispiele, Erfurt 2007

Jones, C., Anand, N., Alvarez, J.L. (2005), Guest Editors' No. 5, S. 893–899

Klinger, M. (2006), Virales Marketing: Die Macht der sozialen Netzwerke, Saarbrücken 2006

Kolbmüller, B. (2007), Ziele und Strategien des Affiliate Marketing für Dienstleistungspartnerschaften, GRIN Verlag 2007

Krishnamurthy, S. (2001), A comprehensive analysis of permission marketing, (http://jcmc.indiana.edu/vol6/issue2/krishnamurthy.html), Journal of Computer-Mediated Communication, 6(Jan. 2001), S. 2

Langner, S. (2007), Viral-Marketing: wie Sie Mundpropaganda gezielt auslösen und Gewinn bringend nutzen, 2., aktualisierte und erw. Aufl., Wiesbaden 2007

Liebetrau, M. (2007), Ambush-Marketing – eine qualitative Analyse am Beispiel der FIFA Fußballweltmeisterschaft 2006, Erfurt 2007

MarketingSherpa (2006), www.marketingsherpa.com

Mau, G. et al. (2008), Determinanten des Weiterempfehlens im viralen Marketing, in: Transfer, Werbeforschung und Praxis, 2008, Nr. 2, S. 18–30

Moeran, B. (2005), Tricks of the Trade: The Performance and Intpretation of Authenticity, in: Journal of Management Studies, Vol. 42, No. 5, S. 901–922

Peppers, D., Rogers, M. (1994), Die 1:1 Zukunft: Strategien für ein individuelles Kundenmarketing, Freiburg i.Br. 1994

Pine, B.J., Gilmore, J.H. (2008), Keep it real, in: Marketing Management, Vol. 17, No. 1, S. 18–24

Roberts, K. (2005), Lovemarks – the future beyond brands, 2. Aufl., New York 2005

Roberts, K. (2007), The Lovemarks effect – winning the consumer revolution, New York 2007

Sakar, M., Butler, B., Steifeld, C. (1995), Intermediaries and Cybermediaries: A Continuing Role for Mediating Players in the Electronic Marketplace. Journal of Computer Mediated Communication, 1995, Vol. 1

Schäfer, B. (2006), Permission Marketing: Erfolgsfaktoren, Instrumente und Praxis des elektronischen Direktmarketings, Saarbrücken 2006

Schmahl, D. (2007), Moderne Online-Marketing-Methoden: Affiliate-Marketing, Suchmaschinen-Marketing, Viral-Marketing und Web 2.0, Saarbrücken 2007

Schulte, T., Pradel, M. (2006), Guerilla Marketing für Unternehmertypen, 2. Aufl., Sternenfels 2006

Schwarz, T. (2001), Permission Marketing: macht Kunden süchtig,2. Aufl., Würzburg 2001

Schwarz, T. (2005), Leitfaden Permission Marketing, Absolit Dr. Schwarz Consulting, Waghäusel 2005

Simko,P.(2008), Lovemarks Url :http://www.marketin.ch/eventberichte/marketingtag.asp

Zeff, R.L., Aronson, B. (1999), Advertising on the Internet, 2. ed., New York 1999

Chapter 11
Is Your Brand Only Going Half the Distance?

Edgar C. Britschgi

Zusammenfassung. *Die Bedeutung und der Wert von Marken sind längst anerkannt und aus dem heutigen Marketing nicht mehr weg zu denken. Noch immer gibt es jedoch unklare Begriffsdefinitionen und oft wortreiche aber falsche Interpretationen. Einige davon sind hier klargestellt. Marken die 2010 und darüber hinaus erfolgreich sein wollen, müssen den gesamten Zyklus der Brand experience abdecken und die Kundenerwartungen mehr als erfüllen. Die Begegnungssituationen und Berührungspunkte zwischen Kunde und Marke sind vielfältig und werden immer bedeutender. Die Markenführung richtet sich daher nicht nur nach aussen, sondern vermehrt an die Markenbotschafter in der Organisation. Dieser Beitrag erörtert das Thema und zeigt Wege auf, die Marke nach innen stabil zu verankern.*

11.1 A Brand is a Brand is a Brand?

"I'd rather own a brand than a factory" with this statement Peter Drucker (19. November 1909 in Vienna; † 11. November 2005 in Claremont, CA), the late doyen of management strategy, anticipated more than 20 years ago what is now common understanding in marketing management. In a world where intangible assets are more valuable than brick and mortar, in a society where traditional loyalty can no longer be taken as granted, a strong brand is the key success factor to many businesses. In a global competitive environment, where speed has replaced stability and the economic base has shifted from the sphere or rationality to the realm of desire, from the objective to the subjective, sensible brand stewardship can make the difference between success and failure, winning market share or losing customers. The terms brand, brand management and branding are widely used expressions and many definitions are lectured in business schools and discussed in publications. However, often the expressions are used interchangeably, and incorrectly so. A commonly accepted definition of the brand stems from Prof. David Aker, University of California, Berkley, USA: "A brand is a set of differentiating promises that link a product or service to its customers, or an institution to its constituencies. The brand assures the customer of consistent quality plus superior value – for which the customer is willing to give loyalty and pay a price, which brings a reasonable return to the brand." It is important to add that a brand has an emotional link that creates a strong bondage.

Over the years the vocabulary on brand management got cluttered and confused. Here is a brief glossary of the most common expressions:

In our global world that is hyper-branded there is neither room nor time to question what a brands stands for. "A brand exists in our minds", is the key learning. All brands only exist in our heads, that also means each mind may have a different understanding and each individual its own bonding structure to the brand. Consid-

Table 1 Glossary of Brand Terminology. *Source: L.P. Upshow "Brand Identity", 1995; A.P. Adamson "Brand Simple", 2006; EMM Europe "Manners2Brand", 2006; E.C.Britschgi "Brand Stewardship", 2007*

Brand idea	The simple, differentiated, and relevant meaning you establish for your brand. A brand idea is what a brand stands for in people's mind
Business strategy	The plan you have to sell a product or service. How your company makes money.
Brand strategy	The plan you have to use your brand idea to deliver on your business strategy. A brand strategy requests understanding what branding signals will best reinforce your brand idea.
Branding	The process of creating and managing the associations that generate images and feelings about a brand. Associations are transmitted by way of signals. Branding is the process of creating signals that communicate to consumers how your brand is different and relevant.
Brand signals	The actual expressions of a brand that generate feelings and opinions about it and create the experience of the brand. Anything that is an expression of the idea the brand is trying to convey is a brand signal, e.g. name, colours, music, communications, online experience.
Brand equity	The total accumulated value or worth of a brand, the tangible and intangible assets that the brand contributes to its corporate parent, both financially and in terms of selling leverage
Brand personality	Outward face of a brand, refer to Brand signals
Brand character	Internal constitution of the brand in terms of integrity, honesty, trustworthiness, based on the brand's soul or core values.
Brand stewardship	The development and guidance of a brand through its life cycle, responsibility for any changes, extensions etc. Comparable to the caring "godfather" of a child.
Manners2Brand™	The method and process of harmonizing corporate values and brand values and to secure synchronized expressions and communications in all aspects.

11 Is Your Brand Only Going Half the Distance?

ering the multi-cultural setting, the diversity of the constituency of a global brand this adds to the challenge of brand management.

However, the good news is, powerful brands have five critical factors in common. According to BrandAsset Valuator™ (Trademark of Young & Rubicam Brands, a WPP company) the largest data base and research of more than 30'000 brands with more than 400'000 consumers in 48 countries over the last 15 years, all successfully managed brands are built on four pillars:
- **Differentiation**: a brand's point of difference, what's unique, what's different
- **Relevance**: how appropriate the brand is to consumer needs, does the differentiation matter
- **Esteem**: how the brand is regarded
- **Familiarity**: how intimately the brand is understood

Power brands are solidly anchored on all four pillars. One pillar is built at a time. Differentiation is the first, most critical step. This is the "raison d'être" of a brand. However, differentiation without relevance is of no value. The relationship between differentiation and relevance provides an indication to the brand's strength. Esteem and familiarity define the brand's stature. A high level of esteem enjoys a stellar reputation. In connection with familiarity this strengthens the bonding and enhances loyalty. Successful brands like Nike, Google, Coke, BMW, Apple, and Microsoft show a high rating on all four pillars. Research reveals one more critical factor for power brands:
- **Simplicity**: all the relevant differentiation must be understood by customers in order to develop esteem for a brand and eventually engage in a strong bonding.

A clear, consistent and easy to grasp definition of the brand (often called brand idea, brand statement or brand driver™ (Trademark of Landor Associates, a WPP company), a simple phrase or statement that sums up exactly what the brand is all about. As simple as it sounds, this is a very critical step in successful brand stewardship. To define the core of a brand in one sentence, describing the promise and value.

11.2 Brand Touch Points are Everywhere

A brand has many facets and communicates with many different target groups on several levels and touch points. It is no longer enough for a brand to distinguish itself through a creative ad campaign or a fancy promotion. Global brand leaders are successful because of the relevant and unique experiences they offer to customers – be it online, in the retail shop, or through the products and services themselves. And most important through the encounter the customer has with the people who deliver the brand's promise to them. The advertising slogans "we try harder" or "always at your service" or "we – the innovators" are wasted efforts if the brand does not live up to them and the employees – on all levels – don't make it real. The contacts between customers and brand through formal media (TV, print, outdoor, online, etc.) will not disappear, however, they will no longer be the main platform for a customer to learn about a brand. Direct interfacing and personal experiences will have a stronger impact. The traditional Word of Mouth always related to sales and brand performance. Today and even more so in the near future, it will get more influence. Increased distrust of consumers of traditional marketing tools, the overwhelming choice of products and services in most categories and the new technology which offers quick dispersion of information will increase WOM. This will go far beyond the chat at the coffee table or the e-mail sent to a friend. Mobile phone communication, blogs, on-line community, advocacy and buzz lines are already in use and will be extended. Google, Starbucks, Procter and Gamble to name just a few engaged in a WOM strategy, some others, like Vichy, Wal-Mart or Sony experienced their own blog debacle.

The impact of personal relationship and touch points beyond the traditional marketing and communication channels is increasing. All cross roads and key points on a customer–brand journey must therefore be on the radar screen of brand management. For multinational brands and global companies the cultural and diversity dimension increase the challenge.

Each time a brand touches a customer, an opportunity is created for the company to build a relationship, elicit an emotional attachment, earn trust and build loyalty. People are often busy with the operational aspects of the business and forget to think about their customer perspective. A customer journey framework is a useful way to understand the connections a brand makes with customers along the way. The customer journey can be used by management and employees alike to focus

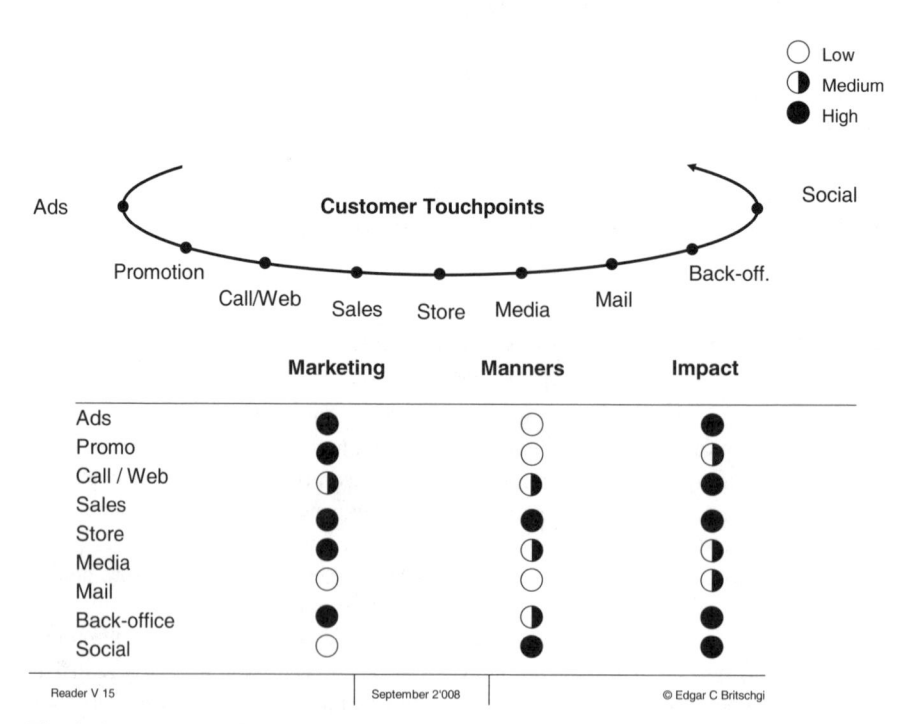

Fig. 1 Customer-Brand touch points. *Source: Brand stewardship, E.C.Britschgi, 2007*

on important touch points identify on and off-brand delivery, benchmark areas for improvement, and find places where they can create a special event that will be memorable to the customer and enhance loyalty. For management, the customer journey helps them define the strategic imperatives they must commit to in order to deliver on the brand promise. It is a first step to prepare a brand engagement programme for the entire corporation. Satisfaction of buyers is a prerequisite not a goal; loyal customers multiply the experience ten times unhappy buyers multiply it 100 times. The same holds true for employees. In order to deliver a brand promise and support all brand efforts they must be convinced and motivated. A quick check-up reveals issues to be analysed and discussed further.

1. Why do customers prefer the brand?
2. How do customers discover the brand?
3. How do customers experience the brand?
4. Has the brand promise ever been broken?
5. How do brand ambassadors support?
6. Why do customers break their loyalty?
7. What do customers remember about our brand?

11.3 Bringing a Brand to Life – Live the Brand

To bring a brand to life and explore its full potential sounds simple. Just put the brand at the centre of the business and make sure everything you do and say delivers on it, always keeping the customers firmly at the forefront of any decisions. To do this, all employees on all levels and all ranks must understand the brand promise thoroughly. The brand promise must become a filter for their entire decision making. So if a brand promises "we try harder" customers expect from all the people at this company to go an extra mile to over-deliver. If the brand claims to be the "most innovative" service in its category, target audience requests innovative solutions on all levels, customer service as well as payment systems as well as employment procedures. The role of brand management is no longer to develop a fancy promotion program and maybe a brief introduction of the brand to the sales people. To be successful in today's brand landscape on a global level, a brand needs brand stewardship. This role, like "godfather" nurtures the brand, oversees all its phases in a life cycle, introduces it to the target audience and the entire corporation, develops new releases, and launches. The focus on the internal brand engagement programme is as important as the marketing strategy. It must capture employees' hearts and minds so customers can get brand experience that is better than expected.

Successful brand engagement programmes aim to inspire, educate and enable employees to deliver the brand in their day-to-day roles. They shift the brand to the centre of the organisation, where it becomes the focus of everything the company and its employees think about and do. With this new mindset, the brand becomes not only a medium of communication with the outside world but also a driver of internal values. The result is a transformation in the way business is conducted throughout an organisation – and more importantly, the delivery of a differentiated customer experience. Manners2Brand™ (Trademark of EMM, London) delivers the concept and method to achieve this.

Making the brand the centre of a business is admittedly a long-term effort, not an overnight fix. This is a concept shift, a new way of brand management. And is has nothing to do with most of the so called internal branding seminars or employee incentive programmes which were so popular in the 90s. Considering a global brand, the cultural diversity of all the employees on different continents doesn't make the task easier. Remember: "A brand is in our mind." This holds true for employees as well. An inspirational long-term programme needs to be developed based on the actual status and taking care of the individual employee communities. Many systems may need to be revisited, such as operational processes, organisational structure, training, key performance indicators and employee rewards. Manners2Brand™ engagement will provide an inspiring dimension as well as a practical component that grounds the brand in day-to-day activities. It must encompass the entire cultural web of the brand. Results of this multi step approach are:

1. All people on all levels have a sound understanding of the brand idea and brand promise.
2. Everyone understands his/her day-to-day role in delivering the brand experience to customers
3. All people are inspired by the brand promise; they have their own brand experience and are passionate to pass it on to customers.

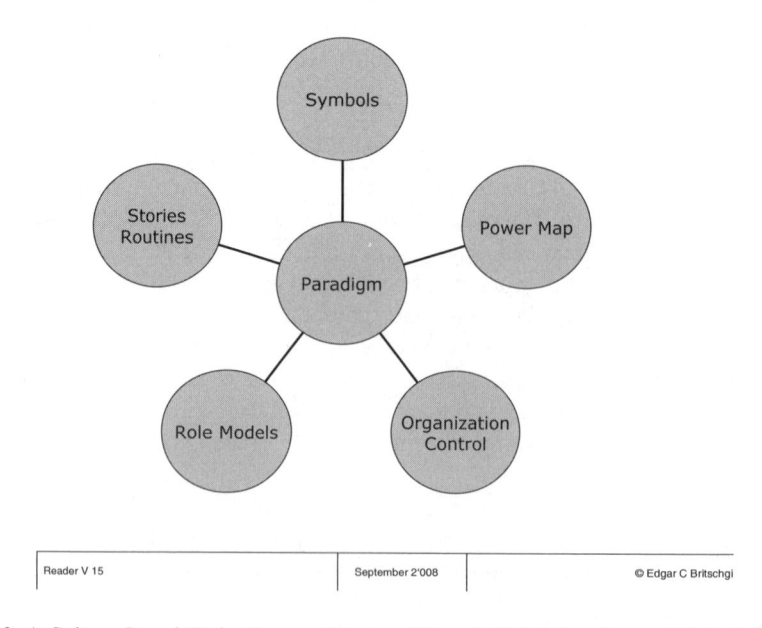

Fig. 2 A Culture Brand Web. *Source: Manners2Brand, EMM, London and E.C. Britschgi 2007*

11.4 All Hands on Brand Deck – Manners2Brand™

Focusing the entire organisation to live the brand and deliver its promise to customers requires an initiative from the centre and must spread out in every corner. Just consider these examples. A printing company claiming "we deliver added value" produces a high quality brochure, perfect in colours and finishing and right on time. All the craftsmen are proud and looking forward to a positive customer reaction. It doesn't come, on the contrary the customer complains. Not about the quality or the timing, but about the delivery. The people who delivered the packages just threw them on the floor at the customer's premises. They didn't understand the customer-brand touch points and didn't know that they are part of the brand promise delivery. The customer-brand journey goes all the way to the end. Or think about the telecommunication company that claims "at your services all the time" leaving it's clients in endless waiting loops and making the request call a hassle, the client will always remember. Now add the global dimension, i.e. aligning the people in Asia, America, Central Europe to the same standards and behaviour in delivering the brand promise. The cultural differences, the understanding of quality and service, the expectations of work-life balance and the attitude towards community, family and business make any brand engagement more complex and hence require a well planned and organized Manners2Brand™ programme. Based on extensive research this approach has proven to be successful in most environments and even in multi-cultural and multi-dimensional cases. However, achieving the results requested is not a quick fix. It requires top management involvement, the will to implement, investment and expert advice.

Manners2Brand™ is a concept for an organisation to manage its brand promise to customers and ensures they are happily surprised as often as possible. It does this by focusing on developing a self-confident organisation to live the brand, which means looking at customers, employees and leaders understanding that the discrepancy between brand promise and brand delivery through personal interaction can be fatal to a brand. Top management must focus on the company's collective behaviour and communication towards all stakeholders of the brand. The purpose of the Manners2Brand™ concept is to provide a framework for an organisation to illustrate how self-confident the organisation is currently and how self-confident the organisation needs to be in the future to deliver the brand.

A 5-step approach to Manners2Brand™
1. Defining the gaps: Key questions to analyse at the start:
   - Does your corporation have the right dream?
   - Does your company have the right team?
   - Does your company have the right strategy?
   - Does your corporation have the right implementation?
2. Defining Brand Ambassadors
   - What are the circles of brand ambassadors?
   - How does authority flow, from customer up the organization?
   - Do employees get customer insight, to what degree?
   - Are people on all levels practicing servant leadership?
   - What are the incentives for out-performers

Table 2 Authority Flow: Source: Accenture, Check up on Brand Manners, 2004

Hierarchical Authority	Semi-Hierarchical Authority	Modified Authority	Modified Representative Authority	Representative Authority
Authority flows down from the senior management team towards the customer-facing staff	Authority is mostly derived from the senior management team, with some consultation of the regionally/ divisionally based management teams	Authority is partially delegated down the organisation	Authority is passed to customer facing management	Authority flows into the organisation from the customer and up to the management team
The senior management team define how customer interactions will be managed	The senior management team define how customer interactions will be managed, with some reference to the experience of the regionally/ divisionally based management team	The management team in conjunction with some elements of the regional/ divisional organisation, define how customer interactions are to be managed	Customer interactions, although defined centrally, are developed in consultation with customer facing management	Customer facing staff act as the customer's agent and advocate quality customer service throughout the organisation
Customer facing staff can appear unresponsive	Customer facing staff can appear to be largely unresponsive	Customer facing staff have a degree of responsiveness but this is closely supervised	Customer facing staff are responsive to customer needs	Customer facing staff are anticipative of customer needs
The management style is rules-based and hierarchical	The management style is rules based and hierarchical, with some consultation of the regional/ divisional organisation	The management style is rules based and hierarchical with some consultation of the customer facing management	The management style is consultative and representative of customer facing staff	The management style is adaptive and responsive to customer needs
Communications are structured and exclusively top-down in nature.	Communications are structured, mostly top-down in nature, but with some upward communications from the regional/ divisional organisation.	Communications are mostly downward, but some upward communications come from the regional/ divisional organisation.	Communications flow in both directions but upward communications, are not openly asked for from customers.	Communications flow in both directions and upward communications are supported and encouraged, especially from customers. This results in a sense of energy and mobilisation throughout the organisation.

3. Brand Ambassador Health check
   - How fit is the organisation currently?
   - How flexible is brand organisation to fulfil customers' needs?
   - How is the level of understanding and attitudes?
4. Closing the gaps
   - Core values of the brand must be protected and defended
   - Top management must live the brand as role model
   - Establish objective measures on manners and communication
   - "No broken windows" Employees on all levels need continuous reinforcement
   - Closeness to market and customers is a must
   - Recognize the corporations status in society
   - Implement cycle of brand value tours
5. Making it to the finishing line
   - Develop a higher-vision for your brand behaviour – the dream
   - Always remember and remind all Brand Ambassadors A – brand is a precious asset – Unlock the potential of the staff as brand ambassadors
   - Ensure that your brand vision is lived throughout the company – the Team Stay close to customers, markets and society on all levels the strategy
   - Be consistent, true, fair in all communications and on all brand touch points – the implementation

Brand Ambassador Health Check

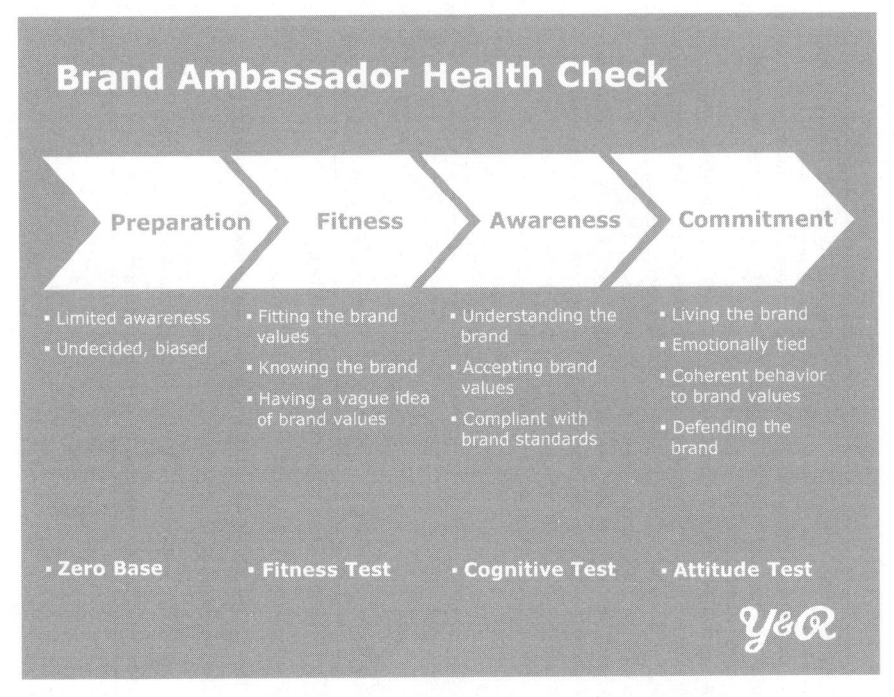

Preparation > Fitness > Awareness > Commitment

- Limited awareness
- Undecided, biased

- Fitting the brand values
- Knowing the brand
- Having a vague idea of brand values

- Understanding the brand
- Accepting brand values
- Compliant with brand standards

- Living the brand
- Emotionally tied
- Coherent behavior to brand values
- Defending the brand

• Zero Base   • Fitness Test   • Cognitive Test   • Attitude Test

Y&R

Fig. 3 Brand Ambassador Health Check. *Source: Manners2Brand™, EMM, London 2005*

Table 3 Customer Led Organisation. *Source: Accenture Brand Management 2004*

Centrally Led	Regionally or Divisionally Led	Evolved	> Customer Led
The decision making process of management does not involve the consultation of customer-facing staff Decisions flow down the organisation for interpretation and implementation The organisation is led from the centre – all other parts of the organisation execute centrally defined procedures which are rigid and fixed Exceptions tend to be referred to 'Head Office' on an ad-hoc basis.	Decisions may be informed by some 'war stories' regarding customer service 'Received wisdom' regarding the customer service experience may be considered by the management team Decisions are taken centrally, but some reference may be made to the experience of more junior management teams Exceptions are referred to 'Head Office' on an ad-hoc basis	Customer facing staff may be invited to provide input in a formal manner to the decision making process Indirect feedback from customers is formally included in any review of the operating structure Decision making is predominantly led by customer imperatives Most categories of exception can be handled by the customer facing staff, others have to be escalated to supervisors for resolution.	Decisions are made in consultation with all parts of the organisation, informed by customer experiences of all employees Decisions are made collaboratively, with the needs of the customer central to the discussion Decision making is driven off continuously improving the customer experience Customer facing people are empowered to resolve service issues and are responsive to customer needs.

Table 4 Words of Wisdom. *Source: GSBA Hearing, Marketing Strategy, 2008*

- The unseen is more truly real than the visible!
- Every action is pregnant with consequences!
- Mind is the creator of brands – and of happiness and suffering!
- Do what you do best!
- Knowledge is useless without being transferred!
- How we live now can cost us our entire future!

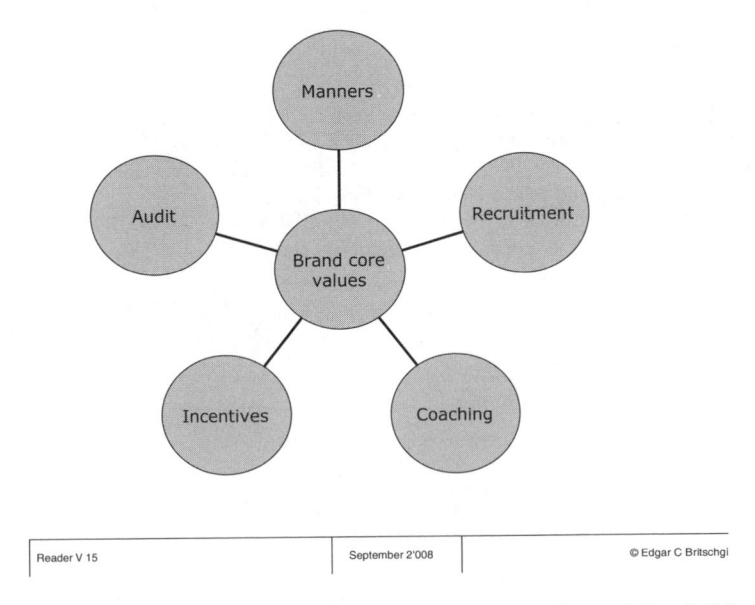

Fig. 4 Closing the Gap on Manners2Brand™. *Source: Brand Stewardship, E.C.Britschgi 2006*

11.5 Conclusions

Manufacturers and marketers continue to invest heavily into their brands, some still the same way the used to in the 90s. This will not suffice to survive the new century and the global challenge. The race has already started, unfortunately some Western marketer still believe they are in pole position. The lesson 1 that a fancy brand without a differentiating promise that is relevant to an important group of prospects should be learnt by now. As well as lesson 2 that a brand without a sound business model doesn't produce revenue and hence will sooner or later disappear. These lessons hold true for any business, B2B, B2C, locally or globally active. Lesson 3 to learn is that a brand cannot communicate as it did in the past. If the brand promise is not delivered along the customer-brand journey at all touch points customer satisfaction is not secured. Customers might turn away, prospects not even start trying. Despite all the communication technology the personal interface is still and may become even more important. All employees of an organisation are brand ambassadors whether they are trained or not. In our times of rapid dispersion of good news and bad experiences go around quickly. A brand that will be successful 2010 has a sound brand stewardship that takes care of the entire customer-brand journey and unlocks the great potential of all staff as brand ambassadors.

Bibliography

Aaker, D. (2001), Managing Brand Equity, New York 2001
Adamson, A.P. (2006), Brand Simple, New York 2006
Hankinson, G., Gowking, Ph. (2000), The reality of global brands, London 2000
Sills-Levy, E. (2007), Brand values, New York 2007
Silvester, S. Britschgi, E.C. (2005), You're getting old, GDI Impulse, Zurich 2005
Silvester, S. (2007), Brand AssetValuator, London/New York 2007

Chapter 12
Verhandlungsmanagement als betriebswirtschaftlicher Erfolgsfaktor

Uta Herbst

Summary. *Negotiations occupy a central position within business. This is due to the fact that negotiations take place whenever people cannot achieve their objectives single-handedly. Consequently, diverse forms of business negotiations exist ranging from internal discussions within teams to competitive bargaining situations within the supply chain. The more surprising does it seem that the management of negotiations has been treated deficiently in literature so far. Against this background we develop a management-oriented approach to the research area of negotiation. In this sense we propose that business negotiations turn out to be most successful when they have been subjected to a comprehensive management process including the planning-, organizing-, implementing- and controlling-phase. After a brief outline over the status quo of negotiation management in practice we discuss managerial implications as well further research in the area business negotiations.*

12.1 Zur Bedeutung von Verhandlungen in Unternehmen

Verhandlungen spielen in nahezu allen betriebswirtschaftlichen Aufgabenfeldern eine zentrale Rolle. Während der Einkauf Konditionen und Lieferbedingungen mit Zulieferern aushandelt, ist es Kernaufgabengebiet des Vertriebs, spiegelbildlich zu der Verhandlungsaufgabe des Einkaufs, Verhandlungen mit Handel, Einkaufsgemeinschaften oder Einzelkunden zu führen. Demnach spielen Verhandlungen vor allem im Business-to-Business Umfeld eine zentrale Rolle. Denn hier sind Preis und Leistung in der Regel nicht im Vorfeld durch den Verkäufer determiniert, vielmehr müssen diese in einem gemeinsamen Entscheidungsprozess zwischen den Marktparteien festgelegt werden.

Daneben spielen Verhandlungen aber auch im Zusammenspiel der innerbetrieblichen Unternehmensbereiche eine entscheidende Rolle. So gehört es zu den Aufgaben der Personalabteilung oder der Geschäftsleitung, mit aktuellen oder potenziellen Mitarbeitern Verhandlungen über Arbeitsbedingungen, Karrierewege sowie Löhne und Gehälter zu führen. Und selbst Forschungs- und Entwicklungsabteilungen sind regelmäßig gezwungen, benötigte Ressourcen intern in Verhandlungen durchzusetzen oder Zulassungen für von ihnen entwickelte Neuprodukte auszuhandeln.

Obwohl Verhandlungen demnach zweifelsohne einen Großteil der betrieblichen Abläufe kennzeichnen, ist in der betrieblichen Praxis nur selten ein systematisches Verhandlungsmanagement vorhanden. Einer der Gründe hierfür ist darin zu sehen, dass Verhandlungen definitionsgemäß einen in der sozialen Interaktion begründeten Austausch zwischen mindestens zwei Parteien darstellen, der der Lösung eines gemeinsamen Entscheidungsproblems dient. Damit einhergehend entzieht sich der Entscheidungsprozess der Steuerung und Kontrolle der Unternehmensführung, da Verhandlungen durch den dualen Einfluss einen stark situativen Charakter aufweisen. Ein anderer Grund für das defizitäre Management ist darin zu sehen, dass viele betriebswirtschaftlichen Aktivitäten zwar die konstitutiven Merkmale von Verhandlungen erfüllen, jedoch oftmals nicht als Verhandlungstätigkeiten eingestuft werden. Dies ist darauf zurückzuführen, dass Verhandlungen vielfach ein sehr enges Verständnis entgegengebracht wird. So laufen viele Verhandlungen innerhalb von Unternehmen aber auch außerhalb mit externen Partnern implizit ab, wie bspw. informelle Abstimmungsprozesse im Rahmen von Teammeetings oder aber Absprachen auf Messen und Kongressen.

In jüngerer Zeit ist jedoch zu beobachten, dass die Forderung nach einem systematischen Management von Verhandlungen in Wissenschaft und Praxis lauter wird. Vor dem Hintergrund eines immer größer werdenden Effizienzdrucks sehen sich Unternehmen gezwungen, die „managementfreie" Zone Verhandlungen zu erschließen und damit Gewinnsteigerungspotenziale zu realisieren. Der vorliegende Beitrag gibt einen Überblick über wichtige Managementaufgaben bei Verhandlungen. In Anlehnung an die planenden, steuernden und kontrollierenden Aufgaben von Managementprozessen werden diese überblicksartig vorgestellt. Aufbauend auf einer kurzen Abgrenzung des Untersuchungsgegenstandes „Verhandlungen" (Kapitel 2) wird in Kapitel 3 der Status Quo des betriebswirtschaftlichen Verhandlungsmanagements aufgezeigt. Hieraus wird in Kapitel 4 der konzeptionelle Ansatz eines wissenschaftlich fundierten, dabei für die Praxis relevanten Verhandlungsmanagements vorgestellt. Kapitel 5 zeigt abschließend anhand einer empirischen Untersuchung auf, inwiefern die beschriebenen Aktivitäten bereits in der Praxis Anwendung finden. Der Beitrag schließt mit einem kurzen Fazit.

12.2 Begriff und Erscheinungsformen von Verhandlungen

Für den Begriff „Verhandlungen" existiert in der Literatur kein einheitliches Begriffsverständnis. Das „begriffliche Wirrwar", das zum Teil besteht, zeigt sich schon daran, dass die in der Verhandlungsforschung dominierende angloamerikanische Literatur die in Frage kommenden Begriffe „bargaining" und „negotiation" teilweise synonym, teilweise in Abgrenzung zueinander verwendet. Sofern keine Gleichsetzung erfolgt, wird „bargaining" eher mit „Feilschen" in Verbindung gebracht, während „negotiation" eher als formaler Problemlösungsprozess verstanden wird (Lewicki/Saunders/Minton, 1999). Trotz aller begrifflichen Unterschiede haben sich allerdings inzwischen einige konstitutive Merkmale herauskristallisiert, die Verhandlungen kennzeichnen und zugleich von Nicht-Verhandlungen abgrenzen.

1. Eine Verhandlung ist eine Entscheidungsfindung zwischen zwei oder mehr Personen bzw. allgemeiner zwischen zwei oder mehr Parteien („Multipersonalität/-organisationalität").
2. Die Parteien haben ein gemeinsames Einigungsinteresse, da sie ein komplementäres, übergeordnetes Verhandlungsziel verfolgen, das darin besteht, eine Einigung über einen oder mehrere Verhandlungsgegenstände (Austauschobjekte) her beizuführen (z.B. Kaufen/Verkaufen) („Zielkongruenz").
3. Die Verhandlungspartner weisen mehr oder weniger von einander abweichende Verhandlungspräferenzen auf („Präferenzkonflikt").
4. Es besteht die Möglichkeit, durch die Verhandlung eine Lösung herbeizuführen, welche beide Verhandlungspartner besser stellt, als wenn auf eine Einigung verzichtet wird („Lösungsexistenz").
5. Die Einigung stellt das Ergebnis eines interaktiven Prozesses dar, bei dem die Verhandlungsparteien durch Manipulationsversuche der Verhandlungsgegner versuchen, ihre Verhandlungspräferenzen soweit wie möglich durchzusetzen („Interaktionsprozess").

Jeder Interaktionsprozess, auf den diese fünf Merkmale zutreffen, ist als Verhandlung zu bezeichnen, unabhängig davon, ob er in privaten Partnerschaften, im Rahmen einer tarifpolitischen Konfliktlösung oder aber bei Gütertransaktionen auf freien Märkten stattfindet. Vor diesem Hintergrund verwundert es nicht, dass sich eine kaum überschaubare Vielzahl unterschiedlicher Verhandlungssituationen identifizieren lassen. Allein im betriebswirtschaftlichen Kontext lassen sich diese grob in drei Bereiche untergliedern (vgl. Abb. 1). So findet eine Vielzahl geschäftlicher Verhandlungen innerhalb von Unternehmen statt (*intraorganisationale Verhandlungen*). Abgrenzungsmerkmal solcher interner Verhandlungssituationen ist dabei, dass die Verhandlungsparteien aus dem gleichen Unternehmen stammen. Derart intraorganisationale Verhandlungen lassen sich sinnvollerweise weiter nach ihrem Funktionsbezug differenzieren. Zu unterscheiden ist dabei aus Sicht eines Unternehmens zwischen Einkaufsverhandlungen, Vertriebsverhandlungen, Personalverhandlungen etc. Wesentlich ist hier, dass die funktionale Zuordnung von Verhandlungen automatisch Verhandlungsgegenstände, Verhandlungspräferenzen, aber auch Verhandlungszuständigkeiten prädisponiert. So gehören beispielsweise Einkaufsverhandlungen naturgemäß in den Zuständigkeitsbereich der Einkaufsabteilung, die aufgrund ihrer funktionalen Aufgabe naturgemäß eher kaufmännische Konditionen thematisieren wird.

Von *interorganisationalen Verhandlungen* wird gesprochen, wenn die Verhandlungsparteien verschiedenen Organisationen zugehörig sind. Wie in Abb. 1

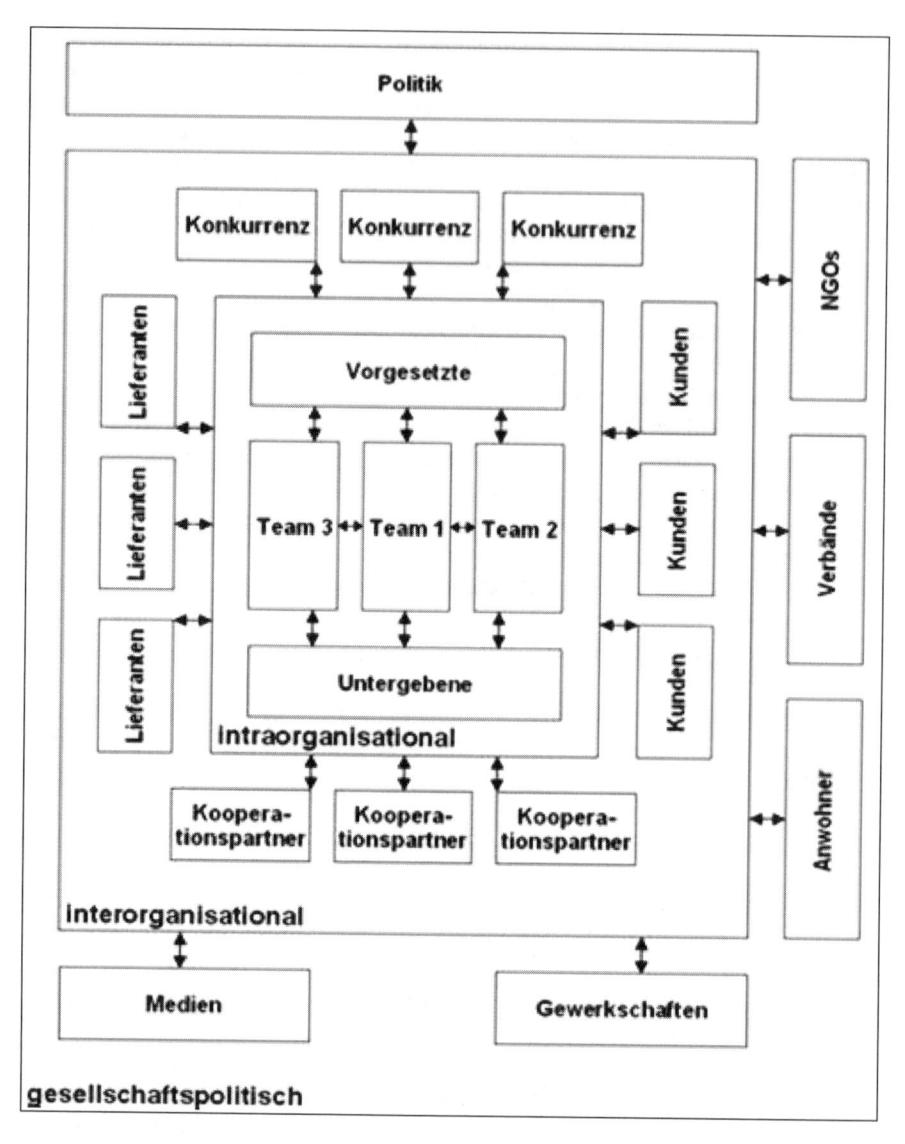

Abb. 1 Erscheinungsformen von betriebswirtschaftliche Verhandlungen

verdeutlicht, führen Unternehmen interorganisationale Verhandlungen typischerweise mit Lieferanten, Kooperationspartnern oder Kunden, ggf. auch mit Konkurrenten. Ob der Typus des externen Verhandlungspartners dabei einen Einfluss auf Ablauf und Ergebnis der Verhandlungen aufweist, hängt vor allem von der jeweiligen Machtsituation ab, in der sich das verhandelnde Unternehmen gegenüber der anderen Verhandlungspartei sieht. So werden z. B. Verhandlungen mit wichtigen A-Kunden ähnlichen Mechanismen unterliegen wie Verhandlungen mit Rohstofflieferanten, die augenblicklich alleine über freie Kapazitäten im Markt verfügen und daher im Gegensatz zum Wettbewerb lieferfähig sind. Ganz unabhängig davon ist allerdings ein wesentliches Charakteristikum interorganisationaler Verhandlungen, dass die Zugehörigkeit zu unterschiedlichen Organisationen dazu führt, dass die Verhandlungspartner durch mehr oder weniger voneinander abweichende Werte und Normen sowie durch verschiedenartige Unternehmenskulturen geprägt sind. Aus diesem Grunde müssen sich die Verhandlungspartner bei interorganisationalen Verhandlungen am Beginn häufig zunächst einmal auf gemeinsame „Spielregeln", nach denen die Verhandlungen erfolgen sollen, verständigen.

Schließlich sind gesellschaftspolitische Verhandlungen als dritte Erscheinungsform von betriebswirtschaftlichen Verhandlungen zu sehen. Bei Verhandlungen zwischen Unternehmen bzw. Arbeitgeberverbänden und Gewerkschaften oder zwischen Unternehmen und der Politik ist zwar auch das Merkmal interorganisationaler Verhandlungen erfüllt (die Verhandlungspartner gehören verschiedenen Organisationen an), zugleich jedoch sind diese Verhandlungen dadurch geprägt, dass das Verhandlungsergebnis von öffentlichem Interesse ist. Daher besteht eine Besonderheit gesellschaftspolitischer Verhandlungen darin, dass diese häufig unter starker öffentlicher Aufmerksamkeit erfolgen. Dies prägt dann auch den Verhandlungsstil der Beteiligten, da sie bei ihrer Verhandlungsführung nicht nur die Wirkung auf die andere Verhandlungsseite, sondern auch auf die Öffentlichkeit im Auge haben müssen (Voeth/Herbst 2009).

Zusammenfassend zeigen die verschiedenen Erscheinungsformen von Verhandlungen – die keineswegs vollständig sind und lediglich als Anschauung zu verstehen sind – nochmals die Vielfältigkeit von Verhandlungen auf. Auch wenn wir uns hier allein mit für Unternehmen relevanten Verhandlungen beschäftigen (und damit bereits viele andere Arten von Verhandlungen, wie z. B. diplomatische/politische Verhandlungen oder private Verhandlungen ausgeblendet haben), machen die Differenzierungen deutlich, dass es nicht die geschäftliche Verhandlung gibt. Ein betriebswirtschaftliches Verhandlungsmanagement, das den Anspruch hat, auf alle für Unternehmen relevante Verhandlungen angewendet werden zu können, muss demnach entsprechend umfassend angelegt werden. Darüber hinaus sollte es wissenschaftlich fundiert sein, um nicht nur für einzelne Branchen oder Unternehmen relevante Empfehlungen zur Verfügung zu stellen, sondern einen wirklich generalisierbaren Erkenntnisbeitrag zu liefern

12.3 Verhandlungen als wissenschaftliches Erkenntnisobjekt

Problematisch an dieser letzten Forderung erscheint, dass es nicht die Verhandlungstheorie gibt. Dies ist vor allem darauf zurückzuführen, dass die Breite des Untersuchungsfeldes „Verhandlungen" (private, geschäftliche, politische Verhandlungen etc.) dafür verantwortlich ist, dass sich eine ganze Reihe verschiedener wissenschaftlicher Disziplinen mit Verhandlungen beschäftigt hat. Neben den Wirtschaftswissenschaften sind dies vor allem die Psychologie, die Informatik, die Politikwissenschaften, die Rechtswissenschaften und die Soziologie (Bichler/Kersten/Strecker 2003). Da jede Disziplin andere Fragestellungen verfolgt, eigene Forschungsparadigmen aufweist und andere Forschungsstile präferiert, stellt sich die Verhandlungsforschung als ein buntes wissenschaftliches Potpourri unterschiedlicher Ideen, Ansätze, (Teil-)Theorien und Methoden dar. Werden diese verschiedenen wissenschaftlichen Zugänge dahingehend untersucht, ob sie Ansatzpunkte für ein betriebswirtschaftliches Verhandlungsmanagement enthalten, dann wird man vor allem bei wirtschaftswissenschaftlichen, psychologischen und soziologischen Arbeiten fündig. Diese, als einschlägig zu deklarierenden Beiträge lassen sich dabei in theoretische und managementbezogene Ansätze unterteilen (Voeth/Rabe 2004). Während es den eher theoretischen Arbeiten der Verhandlungsforschung um die Aufdeckung allgemeiner Zusammenhänge geht, stehen „praktische Empfehlungen" im Mittelpunkt der managementbezogenen Ansätze. Die theoretischen Bemühungen lassen sich des Weiteren in analytisch-präskriptive, deskriptiv-verhaltenswissenschaftliche Arbeiten, sowie die diese Arbeiten zusammenführende Negotiation Analysis Forschungsrichtung unterteilen.

12.3.1 Theoretische Ansätze der Verhandlungsforschung

Im Rahmen der theoretischen Ansätze untersuchen analytisch-präskriptive Ansätze Verhandlungen als ein in sich geschlossenes und zwischen mindestens zwei Parteien bestehendes interdependentes Entscheidungsproblem, das mit Hilfe mathematisch-formaler Modelle gelöst werden soll. Die axiomatisch-deduktive Sichtweise kommt darin zum Ausdruck, dass unter Annahme vollständiger Rationalität optimale Verhandlungsergebnisse logisch-stringent abgeleitet werden, wobei Optimalität bedeutet, dass die Ergebnisse für die beteiligten Parteien nutzenmaximal sind. Zu diesem Forschungsansatz zählt vor allem die auf Arbeiten von Von Neumann/ Morgenstern (1944) zurückgehende „mathematische Theorie strategischer Spiele". Hierfür gingen die beiden Mathematiker davon aus, dass Akteure in interdependenten Entscheidungssituationen über individuelle Nutzenfunktionen verfügen, die sie zu maximieren versuchen. Da die hierzu von Von Neumann und Morgenstern (1944) entwickelte Nutzenfunktion (VNM-Nutzenfunktion) ein kardinales Maß für die Beurteilung der Entscheidungsalternativen eines Individuums darstellt, wurde sie in Folge zu einer wichtigen Grundlage der allgemeinen Spieltheorie.

Die allgemeine Spieltheorie beschäftigt sich mit strategischen Interaktionssituationen, in denen mindestens zwei Akteure in ihrem Entscheidungsverhalten simultan voneinander abhängig sind. Die Akteure müssen daher in ihrem eigenen Entscheidungskalkül die Entscheidungen der anderen Akteure antizipieren (Osborne/ Rubinstein 1994). Zielsetzung der Spieltheorie ist es vor diesem Hintergrund, mit Hilfe formaler Überlegungen optimale Spielausgänge bzw. Entscheidungen zu entwickeln. Als rational wird das Verhalten der Akteure dabei dann bezeichnet, wenn sie auf Basis einer VNM-Nutzenfunktion ihre eigenen Ziele verfolgen und sich somit streng eigennutzenmaximierend verhalten. Ähnlich wie in den Arbeiten von Von Neumann und Morgenstern (1944) wird dabei jener Spielausgang als optimal betrachtet, bei dem die Entscheidungsträger ihren individuellen Nutzen maximieren. Da es sich auch bei Verhandlungen um interdependente Entscheidungssituationen handelt, wundert es nicht, dass die Spieltheorie das zentrale Theoriegebäude für die Analyse von Verhandlungen im Bereich der analytisch-präskriptiven Ansätze darstellt. Die hauptsächliche Problemstellung, die von der Spieltheorie in diesem Zusammenhang untersucht wird, kann dabei wie folgt beschrieben werden: "Individuals have before them several possible contractual agreements. Both have interests in reaching an agreement but their interests are not entirely identical. What will be the contract, assuming that both parties behave rationally?" (Rubinstein 1982, S. 97).

Damit wird deutlich, dass die zumeist auf spieltheoretischen Überlegungen aufbauenden analytisch-präskriptiven Forschungsansätze ein streng formales Instrumentarium rationalen Entscheidungsverhaltens für die Analyse von Verhandlungen bereitstellen. Ihr Ziel ist es, für die unterschiedlichen Verhandlungssituationen rationale Entscheidungsregeln abzuleiten und hierauf aufbauend optimale Ergebnisse zu prognostizieren. Damit liefert die Spieltheorie Verhandlungsführern klare Vorgaben zur Problemstrukturierung und Anhaltspunkte zur Identifikation optimaler Lösungen. Problematisch ist jedoch, dass diese insgesamt sehr allgemein gehalten sind und zudem zumeist auf der realitätsfernen Prämisse aufbauen, dass von vollständigen Informationen (insbesondere über die Verhandlungspräferenzen der Gegenseite) ausgegangen wird. Daher sind selbst die aus spieltheoretischen Überlegungen abgeleiteten generellen Empfehlungen mit Vorsicht zu behandeln und für die konkrete Ausgestaltung eines betriebswirtschaftlichen Verhandlungsmanagements nur in Grundzügen geeignet.

Die verhaltenswissenschaftlichen Ansätze der Verhandlungsforschung stellen quasi das Gegenstück zu den analytisch-präskriptiven Ansätzen dar. Denn sie weichen von der logisch-stringenten Formal-Logik dieser Ansätze ab und versuchen eine „congruence with real decisions" (Gimpel 2006) herzustellen. Hierfür geht die verhaltenswissenschaftliche Verhandlungsforschung der Frage nach, wie Verhandelnde tatsächlich agieren und welche sozialpsychologischen Determinanten für ihr Verhandlungsverhalten verantwortlich sind. Dabei standen in den 1960er und 1970er Jahren insbesondere eigenschaftstheoretische Aspekte (z. B. soziodemografische Merkmale und Persönlichkeitsmerkmale der Verhandelnden) im Mittelpunkt des Untersuchungsinteresses. Vor allem ging es darum, Einflussfaktoren auf die individuelle Verhandlungsleistung zu untersuchen. Obwohl diese frühen sozialpsychologischen Verhandlungsstudien das generelle Verständnis von Verhandlungen und der individuellen Verhandlungsleistungen verbesserten, haben sie die Verhandlungsforschung nicht nachhaltig geprägt, da sie nur teilweise zu einheitlichen Erkenntnissen in Bezug auf Verhandlungsverlauf und -ergebnis führen.

Mit der Entwicklung der BDR (Behavourial Decision Research) ließ sich z. B. ginn der 1980er Jahre ein Umdenken in der verhaltenswissenschaftlichen Verhandlungsforschung feststellen. Dieser Forschungsbereich betrachtet Verhandlungen als interaktive Entscheidungssituationen unter Unsicherheit und erklärt Abweichungen realer Entscheidungen in Verhandlungssituationen von den Vorhersagen ökonomisch-analytischer Modelle durch individuelle Abweichungen von rationalem Verhalten (Bazerman und Neale 1991). Darüber hinaus formuliert die BDR Richtlinien zur Neutralisierung dieser Verhaltensabweichungen. Vor diesem Hintergrund rücken vermehrt kognitive Aspekte in das Interesse verhaltenswissenschaftlicher Forschung. Im Zentrum stehen die Aufnahme, Verarbeitung und Speicherung von Informationen der Entscheidungsträger.

Die Ausführungen machen deutlich, dass verhaltenswissenschaftliche Ansätze einen besseren Erklärungsansatz für das Handeln realer Akteure sowie ihrer Beziehungen untereinander ermöglichen. Damit liefern sie zahlreiche Anhaltspunkte, die der Gestaltung von Verhandlungen dienlich sind. So beschreiben sie bspw. die konkrete Ausgestaltung von Verhandlungtaktiken und ermöglichen Korrekturen von Fehleinwirkungen, die durch das Vorliegen unvollständiger bzw. asymmetrisch verteilter Informationen entstehen. Allerdings erscheint auch ihre Anwendung auf praktische Verhandlungssituationen nicht unproblematisch, da resultierende Handlungsimplikationen häufig nur wenig präzise definiert werden. Hierin kommt der deskriptive Charakter verhaltenswissenschaftlicher Forschung zum Ausdruck. Den Forschungsarbeiten geht es in aller Regel allein um das Aufzeigen von Verhandlungsrealitäten. Weniger steht der Versuch im Vordergrund, diese im Hinblick auf bestimmte Zielsetzungen – z. B. von Unternehmen – zu beeinflussen.

Auf Raiffa (1982) geht schließlich die Negotiation Analysis zurück, die die formale Struktur der analytisch-präskriptiven Ansätze mit dem verhaltenswissenschaftlichen Ansatz zu kombinieren versucht. Hintergrund hierfür war seine Annahme, dass Verhandlungsakteure immer dann optimale Ergebnisse erzielen können, wenn sie mögliche Verhandlungsalternativen unter Berücksichtigung ihrer eigenen Motive und Verhaltensweisen als auch der ihrer Verhandlungspartner generieren, strukturieren und auch quantitativ priorisieren. Zielsetzung von Raiffa (1982) ist es daher, den Verhandlungsführern optimale Verhandlungsergebnisse aufzuzeigen und ihnen zu erläutern, inwiefern reale Phänomene das Zustandekommen dieser Ergebnisse fördern oder ihnen entgegenstehen können. Hierfür löst auch er sich von der Annahme vollkommener Informationen, unterstellt den Verhandlungsführern jedoch ein rationales Agieren unter Unsicherheit. Die Beibehaltung des Rationalitätsaxioms fungiert somit als Verknüpfung spieltheoretischer und verhaltenswissenschaftlicher Ansätze.

Die im Bereich Negotiation Analysis vorgeschlagene Verknüpfung der theoretischen Ansätze als auch die hierauf aufbauenden Implikationen für eine verbesserte Verhandlungsführung haben sich mittlerweile als sinnvoller und Erfolg versprechender Ansatz der Verhandlungsführung etabliert (Herbst, 2007). Dies liegt nicht zuletzt daran, dass die Herangehensweise der Negotiation Analysis Verhandlungsführern konkrete Systematiken an die Hand gibt, die sowohl die Subjektivität der Wahrnehmungen als auch Möglichkeiten für eine quantitative Einschätzung der in der Verhandlung erzielbaren Erträge berücksichtigen. Damit liefert die Negotiation Analysis zwar wichtige Bausteine, auf die ein betriebswirtschaftliches Verhandlungsmanagement aufsetzen kann. Allerdings konzentriert sich die Negotiation Analysis auch insbesondere auf die Verhandlungsvorbereitung und -führung, nicht aber auf vorgelagerte und nachfolgende Managementaufgaben im Zusammenhang mit Verhandlungen. Zusätzlich fehlt es der Negotiation Analysis an der einen oder anderen Stelle an Realitätsnähe, da sich die empfohlenen Instrumente, Taktiken und Strategien in betriebswirtschaftlichen Verhandlungen nicht immer einsetzen lassen.

12.3.2 Management-bezogene Ansätze der Verhandlungsforschung

Die Vorstellung der theoretischen Ansätze der Verhandlungsforschung hat deutlich gemacht, dass das Thema bislang nahezu ausschließlich von der Mikroökonomie aufgegriffen wurde. Gerade die spieltheoretisch fundierten Ansätze weisen so eindeutig einen volkswirtschaftlich-mikroökonomischen Hintergrund auf, wohingegen die verhaltenswissenschaftliche Forschung eher der Psychologie und Soziologie zuzurechnen sind. Im Gegensatz hierzu sucht man Forschungsbemühungen, die in der Betriebswirtschaftslehre verankert sind, im Zusammenhang mit Verhandlungen vergeblich. So spielt dieses Thema, trotz der unzweifelhaft hohen Bedeutung die Verhandlungen im betrieblichen Alltag zukommt, in der Betriebswirtschaftslehre keine entsprechende Rolle (Macharzina/Wolf 2005). Die geringe Beachtung, die Verhandlungen in dieser wissenschaftlichen Disziplin gefunden hat, lässt sich beispielsweise daran ablesen, dass in den führenden betriebswirtschaftlichen Zeitschriften kaum Forschungsergebnisse zu Verhandlungen zu finden sind. In der deutschsprachigen Literatur finden sich etwa in der „Zeitschrift für Betriebswirtschaftslehre" (ZfB) seit 1969 allein 5 Beiträge, in der Zeitschrift „Die Betriebswirtschaft" (DBW) im gleichen Zeitraum 2 Beiträge und in der „Zeitschrift für betriebswirtschaftliche Forschung" (ZfbF) 2 Beiträge, die das Thema „Verhandlungen" zumindest am Rande aufgreifen. Abbildung 2 gibt einen Überblick über die angeführten Beiträge, die in ZfB, DBW und ZfbF zu Verhandlungen in den letzten 40 Jahren zu finden sind.

Nr.	Verfasser	Beitrag	Zeitschrift	Jahr
1	Fandel, G.	Zur Anwendbarkeit spiel- und aushandlungstheoretischer Lösungsansätze auf Prozesse von Tarifverhandlungen	Zeitschrift für Betriebswirtschaft	1981
2	Wiese, H.	Das Theorie-Praxis Paradoxon der Kostenrechnung aus verhandlungs-theoretischer Sicht	Zeitschrift für betriebswirtschaftliche Forschung	1994
3	Siebe, W.	Management der Differenzen: Das Raiffa Programm der analytischen Verhandlungsberatung	Zeitschrift für Betriebswirtschaft	1996
4	Kossbiel, H.	Verhandlungen über Löhne und Arbeitszeit bei technischem Fortschritt	Zeitschrift für Betriebswirtschaft	2001
5	Pfeifer, T.	Kostenbasierte oder verhandlungsorientierte Verrechnungspreise	Zeitschrift für Betriebswirtschaft	2002
6	Kloyer, M.	Opportunismus und Verhandlungsmacht in F&E Lieferbeziehungen – eine empirische Untersuchung	Zeitschrift für betriebswirtschaftliche Forschung	2004
7	Koeszegi, S./Srnka, K.J./Pesendorfer, E.-M.	Electronic Negotiations – A Comparison of Different Support Systems	Die Betriebswirtschaft	2006
8	Pesendorfer, E.-M./Graf, A./Koeszegi, S.	Relationship in Electronic Negotiations: Tracking Behavior Over Time	Zeitschrift für Betriebswirtschaft	2007
9	Pibernik, R./Sucky, E.	Verhandlungsbasiertes Master Planning in Supply Chains	Die Betriebswirtschaft	2008

Abb. 2 Beiträge mit Bezug zum Thema „Verhandlungen" in führenden deutschsprachigen betriebswirtschaftlichen Zeitschriften zwischen 1969 und 2008

Stärker wurde das Thema „Verhandlungen" in der anwendungsnahen, praxisorientierten Forschung aufgegriffen. Dort entwickelte sich in den 1980er und 1990er Jahren zunehmend auch eine sehr stark praktisch ausgerichtete Verhandlungsforschung, die sich insbesondere um die Formulierung strategischer Ratschläge für Manager und Verhandelnde bemüht. Ein in der Praxis besonders beliebter Ansatz stellt dabei das erstmalig von *Fisher und Ury* (1981) Anfang der 1980er Jahre entwickelte „Harvard-Verhandlungskonzept" dar. Dieses Konzept basiert auf der Überlegung, dass ein für alle Beteiligten zufriedenstellendes Verhandlungsergebnis oftmals deshalb nicht erreicht werden kann, da sich die Parteien zu stark auf das Aushandeln ihrer eigenen Positionen konzentrieren, anstelle die der Verhandlung zu Grunde liegenden (oftmals beidseitigen) Interessen in den Vordergrund zu stellen. Ihr Ansatz zielt daher darauf ab, einen Leitfaden für richtiges, weil sachbezogenes Verhandeln bereit zu stellen.

In Bezug auf das „Harvard-Verhandlungskonzept", aber auch viele andere managementbezogenen Ansätze ist einerseits zu konstatieren, dass die Stärke dieser Ansätze in ihrer Einfachheit sowie in der Vermittlung konkreter Ratschläge zu sehen ist. Anderseits sind diese Ansätze aber auch mit Vorsicht zu betrachten. Eine Überprüfung der Ansätze mit wissenschaftlichen Methoden steht zumeist noch aus, da sie sich aufgrund ihrer situationsübergreifenden Ausrichtung auf hohem Abstraktionsgrad bewegen und daher empirisch kaum überprüfbar sind. Zudem fehlt vielen dieser Ansätze die theoretische Fundierung. Sie stellen vielmehr eher Erfahrungswerte von Verhandlungsexperten aus der Praxis dar.

12.3.3 Beurteilung des Status Quo der Verhandlungsforschung für die Betriebswirtschaft

Wie bereits angedeutet, stellt die Verhandlungsforschung ein sehr breites und facettenreiches Forschungsgebiet dar, das zahlreiche Erkenntnisse über Verhandlungen zutage gebracht hat. Auffällig ist allerdings, dass die Betriebswirtschaftslehre das Thema bislang nur am Rande aufgegriffen hat, obwohl das Thema in der betrieblichen Praxis eine außerordentlich große Rolle spielt. Daher sind die wissenschaftlichen Erkenntnisse in Bezug auf unternehmensrelevante Verhandlungen bislang noch sehr dürftig. Im Gegensatz dazu liegen viele wissenschaftliche Erkenntnisse aus anderen wissenschaftlichen Teildisziplinen vor, die sich allerdings aufgrund der dortigen etwas anderen Forschungsperspektive nur in Teilen auf die Belange eines betriebswirtschaftlichen Verhandlungsmanagements übertragen lassen. So weisen beispielsweise die Ergebnisse der analytisch-präskriptiven Forschung nicht die notwendige Handlungsbezogenheit auf, die für ein betriebswirtschaftliches Verhandlungsmanagement benötigt wird. Und die Erkenntnisse der deskriptiv-verhaltenswissenschaftlichen Forschung sind häufig allein für einzelne Teilfragestellungen eines Verhandlungsmanagement-Systems nutzbar. Grundsätzlich breiter einsetzbar sind die Erkenntnisse der Negotiation Analysis. Allerdings konzentrieren sich die Handlungsempfehlungen der Negotiation Analysis auch nur auf Teilbereiche des

Verhandlungsmanagements, die zudem häufig wenig Realitätsnähe aufweisen. Schließlich sind die vorliegenden managementbezogenen Ansätze zwar sehr praxisnah, zugleich jedoch – wie etwa das Harvard-Verhandlungskonzept – sehr allgemein gehalten und zudem nicht empirisch überprüft.

Zusammenfassend lässt sich also festhalten, dass es nicht die Erkenntnis oder den Ansatz der vorliegenden Verhandlungsforschung gibt, auf den sich ein betriebswirtschaftliches Verhandlungsmanagement stützen könnte. Stattdessen erscheint es sinnvoller, die verschiedenen Erkenntnisse in einen neuen Ansatz für das betriebswirtschaftliche Verhandlungsmanagement zu integrieren.

12.4 Entwicklung eines Management-Ansatzes für Verhandlungen

Wenn ein Ansatz für ein betriebswirtschaftliches Verhandlungsmanagement entwickelt werden soll und dieser Ansatz einerseits die vorhandenen Erkenntnisse der Verhandlungsforschung aufgreifen soll, andererseits aber vor allem managementorientiert ausgestaltet sein soll, ohne dabei allein Teilbetrachtungen wie die vorliegenden managementbezogenen Ansätze vorzunehmen, dann macht es Sinn, den Ansatz über die eigentlichen Aufgaben des „Managements" abzuleiten. Als problematisch erweist es sich dabei, dass der Begriff „Management" (noch immer) einen recht schillernden Begriff darstellt, da er einerseits immer wieder mit anderen Begriffen wie Unternehmensführung, Administration oder Unternehmenspolitik gleichgesetzt wird (Marcharzina und Wolf, 2005, S. 38) und andererseits in der Literatur sehr unterschiedlich definiert wird. Geht man allerdings vom etymologischen Ursprung des Wortes aus – „manus" bedeutet im Lateinischen „Hand" und „maneggiare" bedeutet im Italienischen „an der Hand führen" – dann stellt die Beeinflussung von Verhalten und Tätigkeiten Dritter ein zentrales Wesensmerkmal von Management dar. Folgerichtig definiert Stoner (1982) bereits Anfang der 1980er Jahre Management als „the process of planning, organizing, leading, and controlling the efforts of organizational members and the use of other organizational ressources in order to archieve stated organizational goals". Aus diesem Begriffsverständnis lässt sich darüber hinaus für die Formulierung eines Management-*Ansatzes* auch ableiten, dass ein solcher Ansatz prozessorientiert gestaltet werden sollte, um den verschiedenen, aufeinander aufbauenden Teilaufgaben des Managements gerecht werden zu können.

Die „*planning*"-Aufgabe bei Verhandlungen setzt dabei voraus, dass zunächst die Ausgangssituation, in der anschließend verhandelt wird, detailliert untersucht wird. Daher sollte eine systematische *Verhandlungsanalyse* am Beginn des Verhandlungsmanagement-Prozesses stehen. Insbesondere ist in diesem Zusammenhang zu untersuchen, welche Art von Verhandlung ansteht, durch welche „Vorgeschichte" die Verhandlung gekennzeichnet ist und welche relevanten Informationen über die andere Verhandlungspartei benötigt bzw. beschaffbar sind.

Anschließend steht im Management-Prozess die „*organizing*"-Aufgabe an. Auf Verhandlungen bezogen ist dieser Aufgabenschritt in zwei separaten Bestandteilen wahrzunehmen: zunächst ist die konkrete *Verhandlungsorganisation* vorzunehmen. In diesem Zusammenhang muss beispielsweise festgelegt werden, welche Mitarbeiter an anstehenden Verhandlungen in welcher Funktion teilnehmen sollen. Ebenso gilt es zu überlegen, ob auf das auf der Gegenseite zu erwartende Verhandlungsteam Einfluss genommen werden kann (z. B. Ausschluss von vermutlich weniger geneigten Verhandlungspartnern und Integration von „Freunden" auf der Gegenseite). Anschließend ist das ausgewählte Verhandlungsteam anzuhalten, eine entsprechend detaillierte „*Verhandlungsvorbereitung*" vorzunehmen. So sind etwa die eigenen Verhandlungsziele festzulegen, Vorstellungen über die Verhandlungsziele des Verhandlungspartners zu entwickeln sowie Verhandlungsstrategien und -taktiken vorzubereiten.

Ein dritter Schritt eines umfassenden Management-Prozesses für Verhandlungen sollte entsprechend dem Verständnis von Stone die Wahrnehmung der „*leading*"-Aufgabe sein. Diese erfolgt in der Phase der „*Verhandlungsführung*". Über Kultur und Werte, aber auch durch konkrete Vorgaben hinsichtlich Effizienz und Ergebnisorientierung der zu führenden Verhandlungen kann das Management Einfluss auf die Verhandlungsführung nehmen. Auch gilt es im Vorfeld Regeln für potenzielle Verhandlungsabbrüche, Deeskalationen, Veränderungen des eigenen Verhandlungsteams oder Prüfmechanismen erzielter Verhandlungsergebnisse zu entwickeln und den Verhandelnden im Vorfeld der zu führenden Verhandlungen zu kommunizieren.

Schließlich steht am Ende des Management-Prozesses die „*Controlling*"-Aufgabe. In Verhandlungen ist so nach Verhandlungsende zu prüfen, ob und inwieweit die in der Verhandlungsvorbereitung festgelegten Ziele erreicht worden sind und welche Gründe ggf. dafür verantwortlich gemacht werden können, dass Gaps zwischen Zielen und Verhandlungsergebnissen aufgetreten sind. Das *Verhandlungscontrolling* verfolgt dabei das Ziel, aus den Erkenntnissen über vergangene Verhandlungen für eine verbesserte Gestaltung zukünftiger Verhandlungen lernen zu können.

Die Gesamtheit der Aufgaben, die in einem umfassenden Management-Ansatz zu berücksichtigen sind, sind nochmals in Abb. 3 verdeutlicht. Zu beachten ist, dass diese grundsätzliche Ansatzpunkte und Richtlinien, die für die Gestaltung des Interaktionsprozesses „Verhandlungen" zur Verfügung stehen, darstellen. Denn angesichts des situativen Charakters von Verhandlungen gilt es, die beschriebenen Phasen problemspezifisch umzusetzen.

12.5 Zum Stand des Verhandlungsmanagements in der Praxis

Trotz der Tatsache, dass das im voranstehenden Kapitel vorgestellte Management-Konzept auf grundlegenden Managementprinzipien basiert, die im Einzelfall angepasst werden müssen, ist der Entwicklungsstand des Verhandlungsmanagements in der Praxis als äußerst gering einzustufen. Dies verwundert umso mehr, verge-

12 Verhandlungsmanagement als betriebswirtschaftlicher Erfolgsfaktor

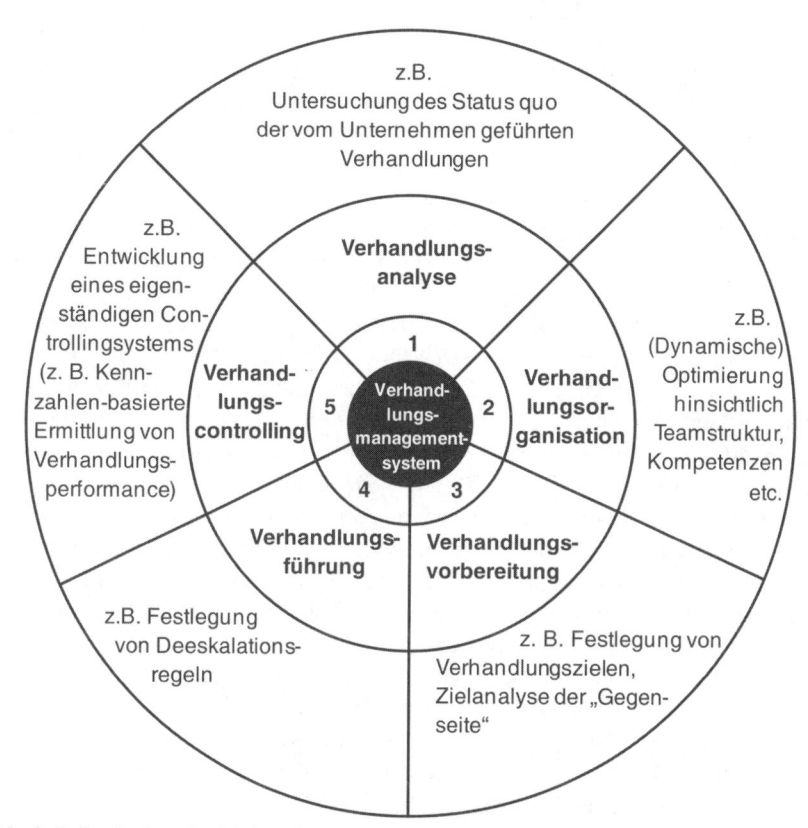

Abb. 3 Teilaufgaben des Verhandlungsmanagements

genwärtigt man sich die unzweifelhaft hohe Bedeutung, die Verhandlungen in der betrieblichen Praxis zukommt.

Denn obgleich zum Entwicklungsstand des Verhandlungsmanagements in Unternehmen bislang kaum empirische Untersuchungen vorliegen, deuten erste kleinere Untersuchungen zu dieser Frage an, dass Verhandlungen in vielen Unternehmen nicht im Management-Fokus stehen. So kommt eine Studie der Universität Hohenheim, in deren Rahmen 250 Verhandlungsakteure aus der Praxis befragt wurden, zu dem Ergebnis, dass in den wenigsten Unternehmen Tools und Instrumente des Verhandlungsmanagements eingesetzt werden (Voeth/Herbst 2009). Wenn überhaupt sind erste Ansätze eines systematischen Managements in den Bereichen der Verhandlungsvorbereitung und Verhandlungsführung zu sehen. Auch wenn sich immer noch beobachten lässt, dass Mitarbeiter ohne spezifische Ausbildung oder Schulung, ohne Anleitung und ohne die Möglichkeit zum anschließenden Erfahrungsaustausch in Verhandlungen entsandt werden, scheinen Unternehmen hier den Handlungsbedarf entdeckt zu haben. Ein Indiz hierfür ist darin zu sehen, dass in den vergangenen Jahren das Schulungs- und Trainingsangebot für (häufig allerdings psychologische) Verhandlungsführung stark zugenommen hat.

Deutlich größere Defizite lassen sich allerdings in den übrigen Feldern des Verhandlungsmanagements beobachten. Nur in den wenigsten Unternehmen wird so eine explizite Verhandlungsanalyse, eine bewusste Verhandlungsorganisation und ein zukunftsgerichtetes Verhandlungscontrolling durchgeführt. Gerade das Verzichten auf Maßnahmen im Bereich des Verhandlungscontrollings erscheint dabei bedenklich. So lassen sich Verbesserungen bei Verhandlungsprozess und -ergebnissen mittel- und langfristig nur dann erzielen, wenn aus in der Vergangenheit geführten Verhandlungen betriebswirtschaftliche Konsequenzen gezogen werden. Dies überrascht dabei umso mehr, als dass bereits die Verwendung einfacher Kennzahlen wie bspw. die expost-Erfassung von Zielerreichungsgraden oder die Ermittlung von prozessbezogenen Verhandlungskosten häufig umfassende Optimierungsmöglichkeiten sichtbar werden lassen. Vor diesem Hintergrund muss Unternehmen, die ein umfangreicheres Verhandlungsmanagement planen, empfohlen werden, den Einstieg in die Implementierung des Verhandlungsmanagement-Ansatzes retrograd vorzunehmen. So zwingt die Einführung von Verhandlungscontrolling Verhandlungsakteure zugleich zu einer intensiveren Auseinandersetzung mit den vorgelagerten Schritten des Verhandlungsmanagements (z. B. Verhandlungsvorbereitung).

Insgesamt lässt sich damit feststellen, dass sowohl in Wissenschaft als auch Praxis viel zu tun ist. Während die Wissenschaft sich vor allem konzeptionell mit der Zusammenführung sowie der sich anschließenden empirischen Überprüfung der breit gefächerten Forschungserkenntnisse aus den unterschiedlichen Disziplinen beschäftigen muss, ist es Aufgabe der Praxis, Verhandlungen nicht länger als „management-freie" Zone aufzufassen. Denn in Zeiten von zunehmendem Effizienz- als auch Effektivitätsdruck sollten die im Verhandlungsmanagement liegenden Potenziale nicht ungenutzt bleiben.

Literatur

Bazerman, M. H. Neale, M. A. (1991), Negotiator Rationality and Negotiator Cognition: The Interactive Roles of Prescriptive and Descriptive Research, in: Negotiation Analysis, Ann Arbor S. 991, 109–130

Bichler, M. Kersten, G. E. Strecker, S. (2003), Towards a structured design of electronic negotiations, Group Decision and Negotiation, 2003, 12 (4), S. 311–335

Fisher, R. Ury, W. Patton, B. M. (2004), Das Harvard-Konzept: Der Klassiker der Verhandlungstechnik, 22. Aufl., Frankfurt am Main 2004

Gimpel, H. (2006), Possession, Obsession, and Concession – Preferences and Attachment in Negotiations, Karlsruhe 2006

Herbst, U. (2007), Präferenzmessung in industriellen Verhandlungen, Wiesbaden 2007

Lewicki, R. J. Saunders, D. M. Minton, J. W. (1999), Negotiation 3. Aufl., Boston 1999

Macharzina, K. Wolf, J. (2005), Unternehmensführung: Das internationale Managementwissen. Konzepte – Methoden – Praxis 4. Aufl., Wiesbaden 2005

Raiffa, H. (1982), The Art and Science of Negotiation, Cambridge 1982

Voeth, M. Rabe, C. (2004), Preisverhandlungen auf Industriemärkten, in: Backhaus, K. Voeth, M. (Hrsg.) Handbuch Industriegütermarketing, Wiesbaden 2004, S. 1015–1038

Voeth, M. Herbst, U. (2009), Verhandlungsmanagement – Steuerung, Planung und Analyse, Wiesbaden 2009

Von Neumann, J. Morgenstern, O. (1944), Theory of Games and Economic Behavior, New York 1944

Part V
Operations Management Strategies

Chapter 13
Future Trends in Supply Chain Management – The "Green Factor"

Uwe Hermann

Zusammenfassung. Die Forschung im Bereich des Supply Chain Managements (SCM) und insbesondere im Bereich Logistik wurde jahrelang von blühendem Wachstum and kontinuierlicher Gewinnakzeleration charakterisiert. Dieser Artikel hinterfragt solche Prognosen angesichts der aufkommenden Finanzkrise und Rezession und untersucht stattdessen wirtschaftliche und ökologische Optimierungspotentiale auf der Basis eines hypothetischen Industriemodells unter Nichtbea*chtung von Time Window Constraints (TWC) zwischen Absender und Empfänger. Unter Anwendung von meta-heuristischen Simulationsmodellen wird demonstriert, dass diese Potentiale eine weitere tiefgehende Forschungsarbeit und eine mögliche Übertragbarkeit in die Praxis verdienen.*

13.1 Introduction

Before attending to the topic of SCM and its future trends and strategies, it is prudent, in view of the present global economy and research in business economics, to address two elementary questions. For one – and given the present situation – allow me to dispute all forms of economic analyses for all of the SCM considering the enduring world-wide financial crisis and the adherent recession; for the other, it poses the question of whether SCM and therefore also logistics is a separate science in business studies or not?

For years, SCM and the logistic branch in particular have been inspired by marked growth and enjoyed continual appreciation; this is especially the fact for all businesses listed on the global stock markets. Typical examples for this are the companies DHL, UPS, Kuehne and Nagel and many more. Also characteristic for this industry is a consistent commitment in the field of company acquisitions by

M & A on a global basis in order to cover geographical positions, filling of service niches, expansion of the range of services and many more reasons. This is a branch which subsequently has boomed for many years on the basis of past economical growth and most of all has profited, based on customer requirements through the internet, from an increased national and international shipping volume on all routes of transportation on land, water and in the air. All in all, the entire industry could look forward to highly positive growth prospects in spite of a massively risen crude oil price if it would not be for the continuing world depression since September 2008 which considerably influences the financing of further growth and the prediction of a most likely subsequent worldwide recession. This article will follow these questions and find out the potential consequences thereof as well as expose possible solutions for new trends and strategies.

The second part of this article will in its methodology touch upon the question if and in how far SCM and logistics may be attributed with a scientific basis. Science thereby is generally defined as the acquisition of new knowledge through research. Therefore, is SCM an area unsuitable for research, and does one not acquire new knowledge in this field? The primary objective of science is the rational, comprehensible finding of coherencies, processes, causes and legitimacies of natural, historical and cultural realities; [...] The key feature in science is seen as [...] factual objectivity based upon valuations, sentiments and outside determination moments which, in addition to the methodical consensus, includes the capacity for generalisation and overall verifiability of scientifically profound statements. This article is supposed to give considerations to these claims instead of merely falling back upon simplistic application of already known methods for technical company analyses by quoting case studies.

13.2 SCM – Future Trends and Strategies

Following the critical comments in the introduction, the subsequent article is supposed to make a contribution towards the further establishment of SCM as a scientifically based research rather than to devote more time to the question of the nucleus or the hype of individual case studies which predominantly pay critical flattery to individual companies.

Various media types in different European countries assess future trends, strategies and SCM developments in such a different way that at the present time it is impossible to make any standardised and sustainable predictions with regards to their future development against the backdrop of scientifically-based research. This statement is supported in particular as a result of the definitive world economic crisis since September 2008 and the subsequently threatening or already occurring recession.

If one takes a look at the SMC trend research before September 2008, the following topics were of superior priority and simultaneously denoted trends for global added value networks.

13.2.1 Increase of Globalisation and Continuing Production Relocation to Low-Wage Countries

On the strength of opinion polls, researchers assume that European production companies alone will have relocated more than 50% of their added values to the so called low wage countries. In relocating these capacities abroad, companies want to achieve an average of 17% in savings which are predominantly derived from material and personnel costs. These goals, however, are achieved only by about one third of all companies. That, therefore, is reason enough to raise doubts about these trends and strategies, especially when all the associated risk are taken into consideration!

13.2.2 Enhancement of Delivery Quality, Product Quality and Flexibility

Product quality, product safety, delivery quality and flexibility are nowadays global market requirements which, after the scandal about Chinese milk products in the year 2008 and the ramifications thereof for babies and infants have gained even more in importance.

Consistent with the product and delivery quality, SCM is more in the spotlight today than ever before. At this, the worldwide operative logistic service providers play just as an important role as do the many small companies with their specialisations and client identification. The latter have not concentrated on their niches only, but they have also remained in the family for generations where growth was carefully nurtured.

It is a matter of course that a perfectly functioning supply chain can generate definitive market advantages. Not quite so natural, however, is to carry into effect such an implementation with distributors, partners, clients and other people involved in the process. Therefore, a company's ability to communicate with all involved organisations before and after the actual process is of paramount importance. If in this context one looks at the trend research in SCM, one will notice that although the significance of this is often emphasized, analyses for the implementation thereof are coming off badly in many studies. Existing studies such as those of Klinkner R. and Wimmer Th. (2008) and Wolff, S. and Groß, W. (2008) focus much too close on national lobbies and their own infrastructure. What are in much greater demand are interdisciplinary networks of raw material suppliers, production, distribution networks and client interests as consistent and straightforward service units. Bearing in mind a consistent cost orientation, it is the SCM's job to link and steer these logistically.

13.2.3 Introduction of New Technology in SCM

The introduction of new technologies such as the RFID system will undoubtedly have a positive effect on the SCM world, and it will make a lasting advantageous contribution towards the quality of delivery (Wolfram, G., 2008). However, this and many other technologies are still in their infancy and have been caught up in cost discussions for many years. Furthermore, it must be anticipated if not feared that in this context the question of compatibility of systems on crossing geographical, cultural and company-specific boundaries will also be raised. Research in this area of SCM is, therefore, still at the beginning, and it should be advocated that efforts in this particular research area are very much intensified over the coming years if not given priority.

13.2.4 The "Green" Factor in SCM and Logistics

Up until only a few months ago, this SCM aspect was a completely new territory. On the contrary, people were more occupied with the further optimisation of SCM costs and utilisation and the linkage of supply chains rather than to concern themselves with intensive internet research about the effects of our global pursuits and our "next-day-deliveries". The protection enforced by European inner cities by issuing carbon emission stickers (based upon each individual delivery vehicle's emissions) was only the beginning but at the same time an 'aid package' for lorry manufacturers to fill their order books by either labelling all vehicles as being air polluters, impose a fine or eventually banish them off the roads. It did not alleviate the actual logistics or SCM "green factor" problem at all or at best only very little; fine particulate air pollution in our inner cities has not improved after these measures. The same applies to all the aerospace industries. There, noisy and high-emission aircraft are asked to pay up through excessive start and landing fees in order to give both the monopolists as many new orders in the aerospace industry as possible. So, the questions remain how to make SCM overall more "green". Quite possibly, SMC is able to refer to a good deal of very positive success stories. There are certainly enough examples to show for it. For instance, the reusable packing issue is only one of many successes regarding innovative "green" trends and strategies in SCM. Yet a "green" SCM is and remains the global challenge to everybody involved in the added value chain, be it in micro-economical or macro-economical lobbies. This question and problem will keep us all busy to a greater extent, because before the background of instable world markets the responsibility for a "green" SCM is as vital as is the matter of economical optimisation.

13.2.5 Conclusion

Continual globalisation and relocation of manufacturing facilities far away from the consumers' market will proceed relentlessly for as long as we, in today's climate, can register an imbalance in between purchasing power and real income and for as long as we can cost-effectively conquer logistic distances via budget air and sea travel. With this, increasing client requirements with regards to delivery quality, product quality and flexibility will continually set new standards, the fulfilment of which is going to be a task for the industry and trade. If and how much these two branches are going to commit themselves to the "green" issue is, however, in question at this point. In most cases, it is politics which of necessity will in the end enforce such perceptions through the necessary sanction measures. In this context, Switzerland and Austria must be named as being the political pioneers.

Bearing in mind the present recessive market changes and financial risks, there is an urgent requirement to research new strategies and tendencies for SCM and to make scientifically proven studies available to the general public. Without intending to criticise the already existing trend researches or wanting to challenge them altogether, we all will have to concern ourselves with environmentally new solutions. Before this background, the following chapter will deal with a research paper from the university in Glasgow/Scotland with an initially economical tenor but which, in the present circumstances, reveals more ecological than economical brisance.

13.3 Economical and Ecological Effects of Time Windows (TWC) in Client Deliveries

Many things have been written and researched about the economical effects of TWC, especially with the "Travelling Salesman Problem" in mind (Potvin, J.-Y., et. al., 1996, Bengio. S. 1996, Saverlsbergh, M. W. P., 1992 and Fisher, M. L. et. al., 1994, Copacino, W. C. and Lapide, L., 1984, Charikar, M., et. al., 2001, Laporte, G., Gendreau, M., Potvin, M.-Y. and Semet, F., 2000, Hines, T., 2004, Göpfert, I. 2001, Chao, I.-M., Golden, B. and Wasil, E., 2008 and many more). They all have researched and published the effects of TWC on an economical basis in connection with or without distribution planning systems. In that process, the most diverse assumptions regarding the different effects of TWC have played a role in many research projects, but none of these papers have concentrated in detail on the ecological effects of TWC as yet.

The question of 'what are TWC in distribution and what bearing do they have in connection with future trends and strategies in SCM' must be answered and scientifically contained as follows:

TWC are time limits regarding the arrival of goods imposed by the recipient of logistic services. For example, the consignee of drugstore articles might stipulate that his goods must be delivered only in the mornings in between 08.00–11.00 hours on Mondays, Wednesdays and Fridays of each week. In doing so, he gives his supplier clear delivery instructions and imposes time windows for the logistics. The same thing happens millionfold in every country on earth.

The chronological order of deliveries, the suboptimal layout for route planning and the delivery vehicle's load capacity has therefore been pre-programmed for both the supplier of goods and the consignor. This also poses an additional ecological burden for our environment and especially for municipal infrastructures, the effects of

which had not been known up to now. An analysis study at the University of Glasgow examined this phenomenon and has reached the conclusions as described in the following.

13.3.1 *As-Is State of Ecological and Economical Effects*

By the end of 2006, the German kitchen furniture industry comprised of 96 manufacturers with a turnover of Euro 3,877 million (Federal Office of Statistics, Wiesbaden, Technical Series 4, Para 4.1.1). Using the example of the German kitchen furniture industry, the despatch dates of a total of 12 manufacturers from the year 2006 were taken as a data basis for analysis into their respective 'as-is' state. The German kitchen furniture industry delivers to smaller businesses in inner cities, on the outskirts and larger furniture stores in the open "Green Fields". Hence, the delivery structure is wide-spread and permit broad generalisation. In addition, these deliveries are usually made by special purpose vehicles, and their universal use for other kinds of transportation cannot necessarily be assumed.

Another factor which makes this selection particularly interesting and sensible from an ecological point of view is the fact that these vehicles are still largely used for the company's own purpose. That means that the vehicles, as in commercial transport of goods, are not loaded to capacity for round-trips as done by shipping agents but that they have an average loading capacity of 80% on outward journeys and are loaded to an average of 20% on return journeys. If this is translated to the complete route, the loading capacity computes to an average of 50%. This phenomenon applies to many trade deliveries such as bakeries, drugstores, textile shops, supermarkets, grocery shops and many more. The assignability of utilisation rates and transport efficiency to many other areas is, therefore, acceptable if not actually sensible.

This research focussed on all deliveries on continental Europe and the United Kingdom. The outcome is shown on the following table. The database containing a total of 1954 deliveries (tours) used for the research at the University in Glasgow came from an alphanumerical selection of all chosen furniture manufacturers, each with an allotment of one calendar month. With it, individual, seasonal and ex works variances were largely avoided respectively harmonised. In total, the initial database contained 26,379 tours and 171,612 deliveries to clients within one calendar year.

That means that in the 'as-is' state of 1954 trans-European tours, 11,917 clients from the chosen spectrum received deliveries. Over this period, the vehicles occa-

Table 1 Client: Time Window Constraints

Client: Time Window Constraints Day for Delivery

Data Set	ID No.	Client ID	Country	Postal Code	Location City	Street Address	Delivery Time From	Delivery Time Until	Mo	Tu	We	Th	Fr
100	37.718	12.345	D	38789	St. Leon-Roth	High Street 44	700	1200	1	1	0	1	1
100	46.443	12.346	D	46443	Blumberg	Tevestr. 2C	800	1100	1	0	1	0	1

Table 2 Description of Base-Data 1 / with TWC

Description of Base-Data 1 / with TWC

	N		Data Sets	Average	Median	Standard Deviation	Min.	Max.	Total
	Valid	Missing							
Units	1.954	0	0	71,78	68,50	59,60	0,00	234,00	140.255
Volume in m³	1.954	0	0	26,83	25,81	22,12	0,00	88,67	52.418
No. of Clients	1.954	0	0	6,10	5,00	4,44	1,00	25,00	11.917
Kilometres	1.954	0	0	1.412,80	1.099,20	1.034,74	10,20	4.996,50	2.760.614
Cost in €	1.954	0	0	918,84	740,65	594,17	25,50	3.046,40	1.795.415
Weight	1.954	0	0	2.502,58	2.349,25	2.054,03	0,00	10.648,86	4.890.046

sioned overall costs to the amount of Euro 1,795 million and emitted 2,152 tons of CO_2. The calculation of CO_2 per vehicle was based upon the average value of comparable vehicles by 5 car manufacturers in accordance with the manufacturers' data and allowing for the actual kilometres driven.

13.3.2 Simulation Model of Ecological and Economical Effects

In order to achieve an optimal theoretical methodology of economical and ecological effects, the ascertained data were subjected to a meta-heuristic simulation process. That means that all delivery dates were freed from existing time windows (see Table 1) and subsequently calculated afresh. This simulation process resulted in base data 2 as shown in the following table.

During the next step of this meta-heuristic simulation process, all deliveries previously freed from existing time windows were planned again but this time under consideration of optimal traffic routing and route planning (Base Data 3). The outcome of this investigation has exceeded all expectations (see Table 2). The numbers of driven kilometres were reduced by 43.52% and the costs – believe it or not – by 50.97%. In order to investigate the question of the so-called significance of independent variables such as the number of client deliveries, consignment volume or number of tours in comparison to the significance of costs as an economical dependent variable, several multivariate regression processes of the most commonly known approaches were carried out.

Table 3 Sequential Base Data 1–3 Comparison

Sequential Base Data 1–3 Comparison					
	Base Data-1	Base Data-2	Base Data-3	Variance1-3	in %
Base Data Totals					
No. Clients	11.917	11.917	11.917	0,00	0,00%
No. of Tours	1954	1954	830	−1.124,00	−57,52%
Total m³	52.418	52.418	52.418	0,20	0,00%
Total Cost	1.795.415	1.634.813	880.330	−915.085	−50,97%
Total KM	2.760.614	2.450.996	1.559.107	−1.201.506	−43,52%
Individual Cost (€)					
per Tour	918,84	836,65	1.060,64	141,80	15,43%
per M³	34,25	31,19	16,79	−17,46	−50,97%
per KM	0,65	0,67	0,56	−0,09	−13,18%
per Client	150,66	137,18	74,62	−76,04	−50,47%

13 Future Trends in Supply Chain Management – The "Green Factor"

The regression function of the random sampling is defined as follows (in general):

$ý = b0 + b1x1 + b2x2 + \ldots + bjxj + \ldots + bJxJ$

The equation of linear progression is defined like this (basic):

$ý = b0 + b1x$

The equation of multiple linear regressions is defined as follows:

$ý = b0 + b1x1 + b2x2 + \ldots + bjxj + \ldots + bJxJ$

These regression processes were also applied proportionally to the dependent variables of CO_2 emission. In this experiment, the CO_2 emission of vehicles showed a linear reduction for the kilometres to be driven by 937 (–44%) tons to a total of 1,216 tons.

Table 4 Regression Analysis on Base Data-1 with TWC

1	0,996(a)	0,992	0,992	53,182

a. Predictors: (Constant), Kilometres, Kilometres on Tour, Volume, Volume in m^3

This provided the evidence that the influence of kilometres to be driven has the highest effect on economical as of ecological factors in this theoretical model.

13.4 Approaches to Information Transfer

The previously described model of complete reduction of time windows is a purely theoretical one exclusively for the purpose of research. However, it could still be applied for practical uses or even directly to areas in distribution logistics; therefore, it could also be transferred to areas between manufacturer and trade and thus warrants further research. Of course, the outcome would be different depending on the specific branches, and they would show different ecological and economical results. Nevertheless, one should adhere to the fact that the proven cost savings and reduction of CO_2 emission permits this model sufficient scope for a transfer to the actual processing in everyday life. In order to facilitate this, the following thoughts and conclusions should serve as stimulus guidance.

The consideration that a 40 ton lorry uses an average of 30 litres Diesel per 100 km (fully loaded, less when empty) and causes an emission of 0.263 Kilograms of CO_2, then this results in

$301 \times 263 \text{ gr. } CO_2 / (1 \times 100 \text{ km}) = 789 \text{ gr./km or } 0.789 \text{ kg/km}$

Furthermore, one may deduce from the above idea that the calculated economical and ecological savings in this model for a single kitchen furniture manufacturer

Table 5 Industry Related Model Conclusions

Industry Related Model Conclusions					
Base Data Totals	Base Data-1	Base Data-3	Variance 1–3	Variance-X	Variance-Y
Clients	11.917	11.917	0		
Tours	1.954	830	–1.124	–107.904	–161.865
M³	52.418	52.418	0		
Cost in €	1.795.415	880.330	–915.085	–87.848.160	–131.772.240
KM	2.760.614	1.559.107	–1.201.507	–115.344.672	–173.017.008
CO_2 Emission in Tons	2.153	1.216	–937	–89.969	–134.952

may also be applied to the overall branch of 96 manufacturers with an additional calculation of shares for empty runs. The following table shows both these transfers of information.

Variance 1–3
This column shows the difference from the initial database and the calculation of deliveries for an individual manufacturer, freed of all theoretically possible time windows.

Variance-X
This column shows the linear projection for all 96 German kitchen furniture manufacturers.

Variance-Y
Here, the values of all 96 manufacturers were ascertained with regards to the average idle capacities on the vehicles on the assumption that 50% of all deliveries take place with the company's own transport fleet and with completely empty vehicles on the return journey, the remaining tours are taken on by shipping agents. The outcome of these calculations shows significant ecological and economical results or, in other words, optimisation potential.

In summary, this means that the costs for this delivery model are reducible by 76% and by a total of 65% for CO_2 emissions.

13.5 Summary and Conclusions

In practice, ideas and calculations of this kind are usually dismissed already in the rudimentary stage, yet the willingness to give more thoughts to the actual implementation of such models always prevails over the criticisms in favour of non-realisation. The following thoughts are, just like all of these in this model, purely theoretical considerations and are merely supposed to be an incentive for further development of such models, and to at least discuss the feasibility of actual application or promote further research thereof.

The model of just one single branch has demonstrated that in addition to an economical savings potential to the amount of 76% and an ecological savings potential of 65%, there are many more interesting options to aid the restructuring of traditional way of thinking. If one takes into account that the total CO_2 emission of all lorries in Germany amounts to 49 million tons per year, then this model on its own with just one single branch shows a cutback of approx. 0.3%. This is an opportunity which absolutely deserves to be explored much further. Nonetheless, at this point the possibility of practical assignability must also get its fair share of attention.

The basis for the aforementioned thoughts is today's method, namely that the traders specify the time of delivery to the manufacturers. The previously described model with a complete and theoretical abolition of time windows for client deliveries might become more realistic if the manufacturers were to pass on a share of the savings – resulting from the model – to the traders. With this in mind, it would then also be conceivable that the manufacturers would stipulate a time window to the traders one week in advance to the actual delivery. This would be a simple swap over of time window stipulation in exchange for a reduced sales price. One may assume that in the branch of kitchen furniture manufacturers the costs for Europe-wide deliveries amount to 6–8% of manufacturers' sales prices to commercial businesses. With a cost saving as demonstrated in the model and following up on previous thoughts, a trade price reduction of 3–4% in exchange for an effective time window delivery stipulation is quite plausible. This is surely a credible and rational alternative, taking into account that the German furniture industry's profitability lies at 8–10% on sales and before tax.

This model has given options for an economical and ecological optimisation which must surely be worthy of supporting further research in this matter. Less time and effort should be spent on how logistics and SCM will fare towards further growth which, in the face of an impending world depression, is justifiably doubtful.

Bibliography

Chao, I.-M., Golden, B., and Wasil, E. (2008), A computational study of a new heuristic for the site dependent vehicle routing problem, Retrieved 03 26, 2008, from http://findarticles.com: http://findarticles.com/p/articles/mi_qa3661/is_199908/ai_n8870873/

Charikar, M., Khuller, S., and Raghavachari, B. (2001). Algorithms for capacitated vehicle routing. (S. f. Mathematics, Ed.) Siam J. Comput, Society for Industrial and Applied Mathematics, 2001

Clarke, G., and Wright, J. (1964),. Scheduling vehicles from a central depot to a number of delivery points. Operations Research, 1964

Copacino, W., and Lapide, L. (1984),.The impact of uncertain transportation cost on physical distribution planning. Journal of Business Logistics, Vol. 5 (No. 1), 1984

Dror, M. Vehicle Routing with Stochastic Demands: Properties and Solution Framework. Transportation Science, Vol. 23 (No. 3), 1989

Fleischmann, B. (1993), Designing Distribution Systems with Transport Economies of Scale. European Journal of Operational Research, 1993

Forker, L. B. (1997), Total quality management in the supply chain: what is the impact on performance? Int. Journal of Production Research, Vol. 35 (No. 6), 1681–1701

Gehring, H., and Homberger, J. (1999), A parallel hybrid evolutionary metaheuristic for the vehicle routing problem with time windows. In K. Miettinen, M. Mäkelä, and e. Toivanen, Proceedings of Eurogen99 – Short course on evolutionary algorithms in engineering and computer science, Reports of the department of mathematical information technology No. A2. Finnland: University of Jyväskylä 1999

Gillet, B., and Miller, L. (1974), A heuristic algorithm for the vehicle dispatch problem, Operations Research 1974

Gendreau, M., Laporte, G., and Potvin, J.-Y. (1994), Metaheuristics for the vehicle routing problem. (C. d. Universite`de Montreal, Ed.) CRT Publication 1994

Grams, T., and Tempelmeier, H. (2004) Sieben Grundlegende Heurisken. http://www.fhfulda.de/~grams/heuristik/Laktionen/Heuristiken pdf

Hainovich, M., and Rinnoy, K. (1985), Bounds and heuristics for capacitated routing problems. Mathematics of Operations Research, Vol. 10 (No. 4), 1985

Hines, T. (2004), Supply Chain Strategies, Customer-driven and Customer-focussed, Oxford 2004

Kipshagen, L. (1983), Die Planung von Distributionssystemen der Konsumgüterindustrie unter besonderer Berücksichtigung der Tourenauslieferung, 1983

Klinkner, R. and Wimmer, Th. (2008), Werte Schaffen – Kulturen verbinden – Nutzen stiften im Netzwerk der Logistik, in Baumgarten, H. (Hrsg.). Das beste der Logistik, Berlin, Heidelberg, New York 2008

Laporte, G., Gendreau, M., Potvin, J.-Y., and Semet, F. (2000),Classical and modern heuristics for the vehicle routing problem. Int. Transactions in Operational Research, 2000

Laporte, G., Louveaux, F., and Van Hamme, L. (2002), An integer L-shaped algorithm for the capacitated vehicle routing with stochastic demands. Operation Research, Vol. 50 (No. 3), 2008

Lin, S., and Kernigan, B. (1973), An effective heuristic algorithm for the traveling salesman problem. Operations Research (21), 1873

Morgan, J., and Monczka, R. (2003), Why Supply Chains must be strategic, Purchasing 2003

Potvin, J.-Y., and Bangio, S. (1996), The Vehivle Routing Problem with Time Windows, Part II: Genetic Search. INFORMS Journal on Computing, Vol. 8 (No. 2), 1996

Potvin, J.-Y., Kervahut, T., and Garcia, B.-L. (1996) The Vehicle Routing Problem with Time Windows, Part I:Tabu Search. INFORMS Journal on Computing, Vol. 8, 1996

Ralphs, T., Kopman, L., Pulleybank, W., and Trotter, L. (2001),On the capacitated vehicle routing problem. Mathematical Programming, Vol 94 (2/3), 2001

Schulze, J., and Fahle, T. (1999), A parallel algorithm for the vehicle routing problem with TWC. In J. E. Beasley, and Y. Sharaiha, Combinatorial optimization: Recent advances in theory and praxis. Special issue of Annals of Operations Research, Vol. 86, 1999

Stumpf, P. (1998), Vehicle Routing and Scheduling for Trunk Haulage. In Fleischmann, V. Nunen, Speranza, and Stähly, Advances in Distribution Logistics, Berlin, Heidelberg, New York 1998

Toulouse, M., Cranic, T., and Gendreau, M. (1996), Issues in designing parallel and distributed search alogorithms for discrete optimizations problems. Publication CRT-96-36, Centre de recherche sur les transports, Université de Montreal 1996

Tseng, Suyan, Ong, G., and Huang, H. (2003), A comparative study of metaheuristics for vehicle routing problem with stochastic demands. Asia-Pacific Journal of Operational Research, 2003

Waller, and Alan, G. (1983), Computer Systems for Distribution Planning. Int. Journal for Physical Distribution and Logistics, Vol. 13, 1983

Weber, J. E. (2001), Logistikkostenrechnung (2 ed.), Berlin, Heidelberg, New York 2001

Wolfram, G. (2008) Auf dem Weg zur Prozesskette der Zukunft – RFID in der Handelslogistik, in Baumgarten, H. (Hrsg.). Das beste der Logistik, Berlin, Heidelberg, New York 2008

Wolff, S. and Groß, W. (2008), Dynamische Gestaltung von Logistiknetzwerken, in Baumgarten, H. (Hrsg.). Das beste der Logistik, Berlin, Heidelberg, New York 2008

Part VI
Management Information Systems/IT

Chapter 14
Information or Informing: Does it Matter?

Eitel J. M. Lauría and Salvatore Belardo

Zusammenfassung. *Ein gleichermaßen komplexes als auch schlecht verallgemeinerbares Konzept wie Information kann nicht in eine abstrakte analytische Definition synthetisiert werden, welche alle Anwendungsbereiche abdeckt. Der Begriff Information ist charakterisiert durch eine Vielzahl von Bedeutungen. Insofern behaupten wir, dass wenn er überhaupt eine Bedeutung hat, dann bezieht sich diese auf den Prozess des jemanden über etwas informieren. Dieser Artikel versucht sich diesem Thema zu nähern und stellt Information aus einer multidimensionalen Perspektive dar basierend auf den vielfältigen Sichtweisen der Forschung, um Argumente für die richtige Anwendung des Begriffs Informierung in der IS profession consulting and education zu liefern. Zudem wird die Notwendigkeit der Implementierung von Informationssystemen, die wirklich der Verbesserung von Informationsbeschaffungsprozessen dienen, hervorgehoben.*

14.1 Introduction

Imagine, it's the late 1940's and many of the finest electrical engineers, physicists, mathematicians, and what will later be referred to as computer scientists are meeting in New York at the Macy Conference to plan the future of the young computer industry. They realized the potential of the technology to do more than provide projection tables for the military and very rudimentary transaction processing support for certain industries. As a result of this meeting, they coined an expression that they believed would bring to fruition an industry, that would change forever the way people live, work and play; ways unimaginable at that time. The abbreviation of this expression is IS. But instead of 'I' referring to the noun information, they used the letter 'I' to refer to the verb *informing;* hence informing systems.

Would they have been correct in using the verb informing instead of the noun? What changes would this seemingly simple change have meant for an industry that today accounts for nearly 9% (nearly one trillion dollars) of the GDP in the US? What would such a change mean for companies like IBM, Microsoft, SAP, Accenture, etc? Would business education be the same? How might society be different today?

They may have been right in using the word informing rather than information given that we have to date been unable to establish a readily agreed upon definition of the term information. Many articles and books have been written in an attempt to describe the term information but to no avail. But still you might ask, does it really matter that we don't have a readily agreed upon definition? Raymond McInnes (1997) thinks so. He contends that the term is used too loosely to have any useful meaning, and that this is a problem in education where, as he states, "we foist the term upon students as a concept."

In business the lack of a concise and readily agreed upon definition can create problems as well and just might be a major reason for the dismal statistics that accompany the development and implementation of information systems. Lemon, Bowitz and Hackney (2002) state that well over 30% of all systems that are begun will be canceled before completion. And even more troubling, only 13% of the information systems projects that are completed are considered successful by the executives who sponsored them. Users cannot be satisfied with the *information* output of systems that is either of no value to them or not understandable.

What kind of paradigm shift would this change cause? Would we still refer to the current era as the information age? How would the word informing change how we interact with one another or how we think about and use technologies such as the Internet?

The verb informing suggests a process rather than product. Being a process means that there must be a knower involved in the act of observing something whether the knower be a human or a devise constructed by a human. What is observed or heard relies on the cognition, perception and experience of individuals or in the case of a device, human understanding of a phenomenon such as, for example, infrared light. No one has seen infrared light but we have designed devices that convert our notion of what we believe infrared light to be into "information". As Stonier (1997) reminds us, we must not confuse the detection of information with information itself.

Choo (2002) suggests that the basic goal of information management in an organizational context is to harness the information resources and information capabilities in order to enable the organization to adapt to its changing environment. He points out that the information process must address the social and situational contexts of information use. In his words "information is given meaning and purpose through the sharing of mental and affective energies among a group of participants engaged in solving problems or making sense of unclear situations". It is this process of *informing*, staged in terms of identification, acquisition, organization, storage, distribution and use that should drive the actions of IS organizations by encompassing the entire information value-chain. Information technology can raise the efficiency and reliability of the organization's 'informing' process. In a rather controversial article, Nicholas Carr (2003) has argued that the information technology infrastructure, as many other former technology infrastructures, has become a commodity, and as such, it is no longer a source of competitive advantage. A recent article in the Wall Street Journal (Basu and Jarnagi 2008) reports that top executives at most companies agree with Carr's point of view, failing to recognize the value of IT. In spite of its inherent transformational nature, there is still a tendency to consider IT as a basic utility, like the telephone or electrical service.

Although it is certainly true that some of the core functions of IT – data storage, processing, and distribution – have become available to all, Carr's argument that IT is inconsequential to strategic advantage fails to recognize that competitive advantage derives from the innovative use of what the IT infrastructure is capable of providing. The human brain can be thought of as a commodity. We all have one. While each of us has potential to access to the same "information" not all of us gain the same advantages. In a world that holds 300 million Web pages, with about one million added daily, and where it is widely believed that 99% of the information is of no interest to 99% of the people (Garofalakis et al 1999) it is hard to believe that organizations have no need for an 'informing' driven IT infrastructure. Some authors have suggested (Nunamaker et al 2001) that organizations need to move from information technology to value creation technology. In this information era in which society is immersed, value creation comes at a huge cost or it is simply not possible if the process of *informing* is not well understood.

This paper begins with a discussion of the term information, drawing upon a number of disciplines to make the case for the use of the verb informing. It concludes with a discussion of what such a change would mean to educators, information systems professionals and society in general. It is our sincere hope that as a result of reading and reflecting on the ideas presented in this paper, readers will be motivated to explore the topic, raise provocative questions and pursue interesting research.

14.2 The Futile Search for a Definition of Information

The problem of defining information has puzzled thinkers for many years. The excessive freedom with which we make use of the word "information" on a daily basis gives way to a wide variety of meanings and interpretations, adding to the general noise level that surrounds the definition of the term. It is surprising, if not embarrassing that, living in what has been deemed the "Information Age", there is still no generally accepted, all-encompassing definition of information.

So, what is information? We cannot less than agree with Saracevic (1999) who states that in a scientific sense, the answer to the question is that we don't know. This is hardly surprising. Information is such a powerful and flexible concept that it can be associated with several explanations. Claude Shannon (1993) was very cautious at addressing the issue of the meaning of information:

The word "information" has been given different meanings by various writers in the general field of information theory. It is likely that at least a number of these will prove sufficiently useful in certain applications to deserve further study and permanent recognition. It is hardly to be expected that a single concept of information would satisfactorily account for the numerous possible applications of this general field.

We have a broad understanding of the use of the term that we apply on a daily basis. But this is not enough to attain a more formal meaning and understanding of information. Barlow (1994) has said that information is by nature intangible and hard to define. There is a lack of consensus about what information is because different fields and writers have developed different meanings for information in different contexts. Goffman (1970) has argued that the definition of information is a fruitless task. The confusion that emanates of everyday usage of the term information can only be compared to the disparity of approaches found in academic literature. Machlup (1983) identified some forty disciplines focused on the study of information in one form or another, thus highlighting enormous variation in approaches to information.

Information has different connotations in different fields. It has to do with sensory perception and cognitive processes, from the perspective of psychology. In some fields, the notion of information is broadly associated with messages, encoding and the reduction of uncertainty / complexity. Business environments have coined the term business intelligence to describe the transit from raw data into actionable data (aka information) to attain knowledge for decision-making purposes. In the physical and natural sciences, attempts are been made to view information as a basic property of the universe (Stonier 1997).

Capurro (1978), who investigated the etymological roots of the term *information*, states that key theories of Greek ontology and epistemology based on the concepts of *typos, idéa* and *morphé* gave way the Latin term *informatio*. This approach continued throughout the Middle-Ages but disappeared as scholasticism was replaced by modern science. According to Capurro, since the 1700s, the term *information* is used by western languages in the sense we use it today: "to instruct, to furnish with knowledge", replacing the original meaning of "giving form to something". Information is related to the process of telling something to somebody and to the content being transmitted. There are those who see information as a tangible entity that can be processed, moved, changed and so on (Buckland 1991). Others, generally speaking, see information as an abstraction resulting as a consequence of symbol processing in the human brain. In this point of view information is seen as subjective and ambiguous; what matters is the process and how it affects people (Browne 1993).

Information as a basic phenomenon and the role of science

The definitions of information are ambivalent. Belkin (1978) reports numerous different ways of defining information: a mathematical equation, a cause of uncertainty, a matter of study of physics or semantics, a context of the message, a base for classification, a property of matter or consciousness, a process of information retrieval. Saracevic (1999) presents the perspective of information as a basic phenomenon, and as such, closely tied to point of view of scientific research. In his words:

"Information is a basic phenomenon and as in may basic phenomena – energy or gravity in physics, life in biology, justice in jurisprudence – the same "we-don't know" answer applies. However, the investigation of the basic phenomena is proceeding – that is the basic point of all these fields. It is proceeding by investigating the manifestations, behavior, and effects of phenomena under question. While we do not know what information is, or what some of its derivative notions, such as relevance, may be, over the years we have learned a lot about their various manifestations, behaviors, and effects. And we are continuing to learn about them through scientific investigations".

In order to put this definition in context let us briefly examine the role of science. According to the Cambridge Dictionary of American English (2000) science is "(knowledge obtained from) the systematic study of the structure and behavior of the natural and physical world by observation and experiment". In fact, this definition only captures part of the definition of science. Summers et. al. (1999) suggest that no agreement has been achieved on a single definition of science, however, it is widely agreed that science involves the "systematic study of a particular area of interest, with the development of hypotheses or laws to help explain the phenomena that are observed". Science provides a systematic framework for gathering knowledge about the universe and organizing and condensing that knowledge into testable laws and theories.

As Sagan (1996) has stated, the heart of science is an essential balance between two seemingly contradictory attitudes: an openness to new ideas, no matter how bizarre or counterintuitive, and the most ruthlessly skeptical scrutiny of all ideas. According to American Physical Society (1999), the success and credibility of science are based on the determination of scientists to a) present their ideas and results to independent testing and replication by others, so that results of experiments are communicated in such a manner that anyone can reproduce the experiment to see if the same results occur; b) modify or abandon previously accepted conclusions after verifying the existence of more complete or reliable experimental or observational evidence. Analyzing these various definitions, we find several elements are common:

1. Science is the attempt to explain natural, physical, human or social phenomena in a demonstrable, replicable manner.
2. Modern science is characterized by its systematic bottom-up approach, from experimental or observational evidence to generalization.
3. The dynamic balance between creative thinking and critical scrutiny drives the essence of science.

These basic principles provide a mechanism for self-correction on which credible science is founded. As Bertolt Brecht (Life of Galileo has said, "The aim of science is not to open the door to infinite wisdom, but to set a limit to infinite error. The view of information as a phenomenon is quite interesting as it places information as a central object of scientific research.

Philosophical issues related to information include questions about the status of information as an entity, independent from a physical format, its physical and measurable manifestations and the relations between information quantities. As an abstract phenomenon (Wright 1977), information is defined as nonphysical; independent of and external to human actions (Rohde 1986); a metaphorical, nonliving organism, or a source of uncertainty, a statistical probability; (Machlup 1983). As a physical phenomenon, information has been defined as a property in the environment (Stonier 1997).

This is quite similar to the approach synthesized by Otten and DeBons (1970) when comparing information to energy and its condition of fundamental phenomenon, capable of being described abstractly and analytically independent of its form.

"Information, like energy, can be viewed as a fundamental phenomenon. Energy is manifested in a variety of attributes (heat, electrical energy, chemical energy, etc) Similarly the attributes of information are experienced in a variety of forms (knowledge, news, etc). Energy can be described abstractly and analytically independent of its form. Likewise one might postulate that information can be approached on the same terms"

The approach is specially attractive in the sense that it is built around a quantitative concept of information, close or within the realm of the physical sciences, and where the mathematical toolbox that so elegantly can be used to describe the physical world can be applied with rigor and without remorse.

Several attempts have been made to apply this reductionist, quantitative approach in finding a sole definition for information. With his 1948 paper entitled 'A Mathematical Theory of Communication', Claude E. Shannon devised a mathematical definition of the concept of information. The paper initiated the field of 'Information Theory', a new branch of probability theory with extensive potential applications (communications systems among them) and surely one of the great scientific events in this century. Shannon was concerned with transmitting signals through communication channels. His theory is concerned with the mathematical laws governing the transmission, reception and processing of information. The definition of information according to Shann is limited to just one aspect of information, namely its property of expressing something new: information content is defined in terms of newness. This relates merely to the greater surprise effect that is caused by a less common symbol. Information thus becomes a measure of the improbability of an event.

Tom Stonier (1997) has discussed the troublesome aspects in the relationship between information and entropy (say, one of the many prices that physics has to pay for neglecting information as a fundamental property of the universe). According to Stonier, operationally, just as energy is defined in terms of its capacity to perform work, so is information defined in terms of its capacity to organize a system.

Information is a measure of the decrease of uncertainty, and its representation requires an organized notation. Entropy is a measure of the increase of randomness. If one takes an organized body of information and randomizes it (adds noise) then there is less information and higher entropy (Jones, Reeker and Deshmukh 2002). Information itself has different connotations in this context, however, because organization can mean many things. In thermodynamics, it is molecules behaving in an organized fashion. In Shannon's communication theory, it is strings of symbols sent from a sender arranged in a way that can potentially reduce uncertainty at the receiver's end, where symbols are decoded. The work of Solomonoff, Kolmogorov and Chaitin (Chaitin 1998) links information conveyed by symbols in logical systems with computational complexity, and relates them to Shannon's measures as well. In the Kolmogorov approach, the concept of randomness appears related to the concept of complexity of algorithms.

Earlier, in 1935, the statistician R.A. Fisher had proposed a measure of information in a statistical sample, which in the simplest case of a normal distribution amounts to the reciprocal of the variance. Balasubramanian (1996) extended formulation of the Minimum Description Principle and has shown that Fisher's Information is a measure of distance in the space of distributions and provides a novel justification for the use of *Jeffreys'* prior in Bayesian inference, which may have important consequences for model selection and statistical machine learning. It has even been suggested (Rodriguez 1998) that there is a natural link between the equations that describe "the only physical place there is out there, namely: space-time" and the Riemannian structure of regular statistical models. Parameterizations correspond to choices of coordinate systems and the Fisher information matrix in a given parameterization provides the metric in the corresponding coordinate system. By thinking of statistical models as Riemannian manifolds, hypothesis spaces become *places* that may very well be regarded as models of space-time.

14.3 The Information Process, or the Process of Informing

All these perspectives share in common the advantage of allowing quantitative statements to be made about relationships that had previously defied precise mathematical description. Measurement of information must be one of the most fundamental and challenging topics for the information scientist. Without a measurement is there really a defined concept?

But on the other hand this one-dimensional, phenomenological approach says nothing about the intrinsic meaning of the information phenomenon, the nature of information transfer, the context, motivation and social issues, the role of information management and policy. The problem of information content is that it is "about *something*". Shannon's 1948 paper had nothing to do with 'meaning', the word 'communication' was used in its title advisedly. But his ideas were captured *and* applied in others domains (it should be noted that many of the written about it are fallacious as Shannon's mathematics are applied to different fields for which the results of his paper are not applicable.); what Capurro (1999) calls the *source-channel-receiver paradigm in Information Science*, for example.

Shannon's approach to information is exclusively related to its transmission and storage, without any consideration to the qualitative nature of the data, Shannon's definition of information may be invaluable for the design of communication systems but provides very little insight to the design and implementation of information systems. It is possible that in the years to come we will be witnesses of a unification of probability and the physical world and as such, a reassessment of the notion of information. Advances in quantum physics, statistics and information theory have shown that this is a very feasible path. But this does not mean that an abstract description of information can suit the needs of information systems. We contend that managers engaged in improving their (MIS/DSS/EIS) information systems would be much more interested in approaches that *embody* the notion of information as a process, namely the process of informing.

Saracevic (1999) proposes an ordered sequence (or a continuum) of increasing complexity to describe the different manifestations of information. His "narrow sense" described information in terms of signals, or messages, or as a fundamental property of nature without taking into consideration its content and/or meaning. Information can be treated as the property of a message, which can be estimated by some probability.

From a broader perspective, the so called *representation paradigm* considers human beings as observers of an outside reality. The information process leads to acquiring knowledge of things through their representation and codification in the human's brain. Tague-Sutcliff's (1995) definition of information fits this interpretation:

"Information is an intangible that depends on the conceptualization and the understanding of a human being. Records contain words or pictures (tangibles) absolutely, but contain information relative only to a user.. Information is associated with a transaction between text and reader, between a record and user".

In the broadest sense, information involves intentionality and depends on the context. Business managers use information systems in the context of improving their decisions. Information systems consist of users, information needs, sources and solutions to these information needs. Dervin (1976) argues that there is a gap between information consumers and the understanding of their information needs. These issues are closely related to the views of information as a process and the relationship among data, information and knowledge. Data is "a set of discrete, objective facts about events" (Davenport 2000). For these data to be of value, however, they must be processed (put in a given context) to obtain information. In other words, information is "data that makes a difference", which "moves around organizations through hard and soft networks" (Davenport 2000). Such information is considered actionable if actions are based on it. Knowledge is created when "pattern-understanding processes are used to interpret actionable information" (Bellinger et. al 1997). The "information overloading" is a social problem that started in science, and now has spread to society in general.

14.4 Communication and Information: Two Poorly Understood Terms

In the so-called "Information Age", because of technologies such as the Internet, we often hear people complain that they are drowning in information or exclaim that information like the technology that provides it has become a commodity. These overused statements reflect a lack of understanding of the term information and may help explain why so many information systems efforts are deemed to be failures, and perhaps why so many business decisions that depend upon information result in less than satisfactory outcomes.

Information would be a commodity if it were objective and independent of the unique cognitive capabilities and experience of individuals. When a message is essentially random, it is colloquially said that no information was received and no information was transmitted. We are not drowning in information, we are being over informed with *stuff* that is of no value to us.

Capra (1996) notes that the term information is used in information theory in a highly technical sense, which is quite different from our everyday use of the word, and has nothing to do with meaning. This, he states has resulted in endless confusion. According to a conversation Capra had with Heinz von Foerster, a regular participant in the Macy Conferences and editor of the written proceedings, 'the whole problem of definition is based on a very unfortunate linguistic error – the confusion between "information" and "signal," which led the cyberneticists to call their theory a theory of information rather than a theory of signals."

Maturana and Varela (1987) identified a major concern for systems developers and communication specialists when they proposed that communication is not the transmission of information, but rather the coordination of behavior between structurally coupled entities. Information, they argue, results only when there is a communication about a communication. Communication about a communication is equivalent to the algorithm that enables a communication to have meaning and be understood.

In all communication protocols, in addition to the bits that are transmitted there must be an algorithm that encodes these bits at one end of the communication continuum and decodes them on the other. This algorithm must be passed along with the bits otherwise the bits will be meaningless to the receiver.

In order for the communication between two entities, say two individuals, to be understood, that is to say, that in order for information to result from the informing process, it is necessary for the sender's message to be correctly interpreted by the receiver. In order for this to happen, one of three conditions must be met: the sender and the receiver must have had similar experiences in a given domain; the sender must be able to anticipate what the receiver knows or does not know; the receiver must be able to ask the right questions. The first condition is met when both the sender and the receiver have had similar experiences. In such situations, a degree of conformity exists between the tacit knowledge of both the sender and the receiver. This helps ensure the efficient and effective transfer of knowledge (Belardo et al.

2004). The second and third conditions, we contend, can only be satisfied when either or both parties employ critical thinking.

Critical thinking involves logical thinking and reasoning including skills such as classification, sequencing, associative thinking, analogies, deductive and inductive reasoning, etc. Unfortunately these skills are not easily learned and therefore not readily employed by most people. In order to make them accessible to students, educators have devised a taxonomy named for the lead author of the classic book "The Taxonomy of Educational Objectives: Classification of Educational Goals, Handbook" Benjamin Bloom (1956). This taxonomy consists of three learning skills domains: cognitive; affective; and motor skills. The higher level thinking skills (i.e., critical thinking skills) correspond to the top three levels of the cognitive domain, namely analysis, synthesis, and evaluation. Bloom's taxonomy is a tool that educators have successfully employed to organize their lectures, and ensure that what they have communicated to the students is understood as intended. Associated with each level in the cognitive domain, are learning objectives. Associated with these objectives are questions that suggest activities (analyze, discriminate, generalize, assess, etc.) that can be employed as a means of assessing what a student knows and has learned. This framework can be effectively employed to address the second and third conditions identified above.

14.5 From Informing to Information

Earlier we stated that it was our hope that as a result of reading and reflecting on the ideas presented in this paper that the reader would be motivated to explore the topic further, raise questions, and pursue interesting research. We believe that the use of the word informing in place of information could have a significant impact on society, on how we teach, and learn, how we do business, and how we communicate and relate to one another. In what follows, we discuss three areas, where problems result from a poor understanding and use of the term information, and propose potential research questions that stem from the introduction of the term informing.

14.5.1 Education

We have long known that experts are better able to describe what they know about a theory or construct than novices. Experts are not only able to use more words but words that reveal a deeper understanding of the theory or system under study. In the context of physics, when show an inclined block with a box on it, a novice would typically describe the system in terms of what he sees, that is to say, surface features such as box and inclined surface. The expert on the other hand will use terms such friction, and inertia. These terms demonstrate not only a richer vocabulary but also a deeper understanding of how such a system will behave, and how principles associated with such a system might be employed or extended to other situations. In Bloom's Taxonomy this is an example of the higher-level skill of synthesis

As noted earlier, the statistics that accompany the development of information systems are really quite troubling. One reason for the unsatisfactory statistics associated with systems development can be found in a review of the IS educational research literature Cope (2002). The author contends that an appropriate depth of understanding of concepts of an IS for new graduates has not been described in this literature. He goes on to say, that the development of a deep understanding of the concept of an IS, is not emphasized in IS undergraduate textbooks or teaching. As a result, IS graduates are entering practice without an appropriate depth of understanding of the concepts at the core of the discipline. This inadequate understanding of the concepts on the part of the undergraduate IS majors may explain, in part, poor communication with clients during requirements gathering in practice, and hence the possible failure of information systems (Cope 2000; Weber 1996). Companies should not be lost in translation when addressing information systems needs. As reported by Basu and Jarnagin (2008), some of the greatest blunders in information technology implementation occurred in the late 1990s when CEOs blindly embraced IT initiatives and their related business models without understanding the possibilities and limitations of the technology being implemented.

14.5.2 The IS Profession

From the beginning of the computer era systems analysts have been bedeviled by the difficulty of producing systems that satisfactorily meet user needs. These systems developed at considerable time and expense, are often not used primarily because the result does not meet the user's expectations and requirements.

Wong (1989) has suggested that information systems professionals should refer to the history of architecture and engineering to seek the advancement of the IS profession, given the fact that both fields have at least several aspects in common: they share similar patterns of evolution, they affect people in similar ways and follow common threads in research and development.

Like architecture, IS has evolved from mere construction (computer programming in this case) to become a multidimensional discipline marked by the plurality of ideas and simultaneous concern for function, form, technology and ergonomics. Information systems, like the architect's product, are persistent artifacts; investments that affect individuals (users) and organizations over long periods of time.

But it is the intrinsic nature of the IS end product that differentiates it from others, and makes the task of developing well behaved information systems, that serve the needs of the community of users with similar levels of quality and effectiveness as those found in products coming from traditional engineering practice, so daunting. In his famous paper "No Silver Bullet", Brooks (1986, 1995) outlined some of these issues, linking them to the inherent complexity and abstraction of software, and the fact that it is constantly subject to pressures for change and conformity to arbitrary, conflicting and sometimes, nonsensical business rules. The sad fact that the IS discipline has to face is that, after nearly twenty years of dumbfounding progress in the IT industry, Brook's analysis is still state of the art.

It is clear that one of the most significant factors in this failure is ineffective communication between the users and developers (Holtzblatt and Beyer 1995). Accordingly any action that enhances the effectiveness of the knowledge transfer process between user and developer would be a major contribution to developing systems deemed to be successful. Traditionally the development team has strong IS skills but is not necessarily familiar with the knowledge domain of the client. Conversely, the user group may have superficial knowledge of IS, but this is not sufficient to judge which development options would meet their needs. In general the development and user groups have different mental frameworks; therefore, a statement that is perfectly understandable and meaningful to one party is either not well understood or misinterpreted by the other party. The quality of the knowledge transfer between users and developers is inherently deficient.

Knowledge transfer requires language understanding, and benefits from understanding the context (previous experiences, similar events in different settings) related to the knowledge to be transferred. As tested by Szulanski (2000), a knowledge recipient that shares a common language with the source has better chances of successfully climbing the learning curve. Terms and expressions have special (shared) meaning for those who have undergone similar experiences. This is what Brodbeck (1968) calls psychological meaning. In this sense, this is similar to Kumar's approach to understanding (Kumar et al 1998), in which the lack of experiential understanding measured in terms of cultural values is the ingredient that jeopardizes an information systems project.

Information Systems professionals come from fields as diverse as computer science, MIS engineering, mathematics, business and social sciences. An IS consulting firm or IS department typically includes staff with all of the aforementioned backgrounds. The so called IS professionals are still in the search of "a common formal language or tradition of debate on the merits and demerits of various design options" (Wong 1989). With an industry formed by individuals of such diverse backgrounds, dealing with a complex, abstract, and constantly changing problem statement, and lacking appropriate methods to enable the 'informing' process one wonders how IS development teams go about producing good information systems. Certainly, at least one research question comes to mind: how can this situation be reverted? What paradigm shift should be introduced in a profession in desperate need for quality, consistency, reliability, and above all, credibility?

Belardo, Ballou and Pazer (2004), have devised a framework designed to help ensure that developer and end user groups understand what is being communicated during the information requirements stage of the systems development process. Their framework is the result of juxtaposing the cognitive domain of Bloom's learning taxonomy (vocabulary, comprehension, application, analysis, synthesis, and evaluation) with a four-factor measure of quality (accuracy, timeliness, consistency, completeness). In this way it will be possible to ensure that when the user group uses a term such as revenue that it is understood exactly as it used in the users domain. This framework helps ensure that each group has basically the same vocabulary needed to describe and understand important tasks and that the terms used are consistent and timely. This means that not only can they agree on a precise and common understanding of words used to describe an expression but that, for example, the development team understands how the term is used in this specific environment at this time. To ensure more successful system development efforts, not only must system developers be educated and trained differently, but management consulting firms must approach systems development much differently than in the past. An initial pre-analysis stage whereby the mental models shared by members of the two groups, is assessed, will ensure more successful systems analysis and ultimately more successful systems. Such an assessment will enable better project management especially when several projects are undertaken simultaneously. Once information system developers and end users come to understand the significance of the difference between the noun information and the verb informing we believe that the sagging, or as Lawrence Ellison (Lohr 2003) describes it, the graying information technology industry will be revitalized. Not only will this enable developers to help managers make better use of the stuff that clogs the organizations decision-making arteries, but it will mean that systems development efforts, which are highly affected by cultural and idiomatic barriers, will less likely be outsourced off shore.

14.5.3 Society in General

An instance in society where we can see the difference between information and informing quite clearly is in the realm of medical research, and in particular the activity of obtaining informed consent. Brody (2001) states "obtaining informed consent is one of the most intrinsic moral values realizable in the clinical setting." He goes on to say that unfortunately, it can sometimes be thought of a sham designed primarily to manage risks where in some cases the consent forms can run more than twenty pages. Can anyone truly understand what is being communicated in these documents that they sign hoping to get access to a cure for their debilitating disease. Brody discussed a controlled trial of arthroscopic surgery for osteoarthritis of the knee where he and his colleagues attempted to assess whether the prospective patients understood what they were signing on for. Along with the usual signature on the consent form the patients were required to write in their own handwriting that they understood that they might be getting pretend surgery. Not surprisingly, they had a significant refusal rate.

14.6 Conclusions

We live in a society where information has grown to be a dominating characteristic. John Wheeler (2000) has said *"think of my lifetime in physics as divided in three periods. In the first period ... I was in the grip of the idea that Everything is Particles ... I call my second period Everything is Fields. Now I am in the grip of a new vision, that everything is Information"*. While this may be a thoughtful definition of the silent revolution in the physical sciences it is difficult to envision how a reductionist perspective can be comprehensive enough as to describe information in all its dimensions. In looking at the role of information systems and their impact on organizations and society in general we should consider whether they are doing a good job at contributing to the cognition process. Are information systems really informing users? Informing is about communicating data organized into a form that is meaningful to human consciousness. And it is still not totally clear that we have been able to shape our information systems to consistently accomplish such task.

Bibliography

American Physical Society (1999), Statement on 'What is Science?', http://www.aps.org/statements/99.6.html
Balasubramanian, V. (1996), A Geometric Formulation of Occam's Razor for Inference of Parametric Distributions, Princeton University, http://arxiv.org/abs/adap-org/9601001
Barlow, J. (1994). A Taxonomy of Information, *Bulletin of the American Society for Information Science*, June/July, 13–17
Basu A., Jarnagin C., "How to Tap IT's Hidden Potential", Business Insight, MIT Sloan Management Review, produced in cooperation with the Wall Street Journal , March 10, 2008
Bates, M. J. (1999). The Invisible Substrate of Information Science. *Journal of the American Society for Information Science* 50(12), 1043–1050
Belardo, S., Ballou, D., and Pazer, H., Analysis and Design of Information systems: A Knowledge Quality Perspective, "in The Past and Future of Information Systems Butterworth Heinemann Information Systems Series edited by Andersen and Vendelo 2004
Belkin, N. (1978). Documentation Concepts for Information Science. *Journal of Documentation* 34(1), 55–85
Bellinger, G., Castro, D., and Mills A. (1997). Data, Information, ledge Wisdom,://www.outsights.com/systems/dikw/dikw.htm
Berry M., Dumais S., and O'Brien G.(1995), Using Linear Algebra for Intelligent Information Retrieval, *SIAM Review* 3(4), 573–595
Brodbeck M., "Meaning and Action" in M. Brodbeck (Ed.) *Readings in the Philosophy of the Social Sciences*. New York: Macmillian 1968
Brooks, F. *The Mythical Man-Month, 20th Anniversary Edition*, Addison Wesley, 1995
Browne, M. (1993). *Organizational Decision Making and Information*, Norwood, NJ, Ablex 1993
Buckland, M. (1991). Information as a Thing, *Journal of the American Society of Information Science* 44(4), 204–211
Capra, F. (1996) *The web of Life*, Anchor Books, New York 1996
Carr, N. "IT doesn't matter", Harvard Business Review, May 2003
Chaitin, G. (1998), *The Limits of Mathematics – A course on Information Theory and the limits of Formal Reasoning,* Berlin, Heidelberg, New York 1998
Choo C, *Information Management for the Intelligent Organization* (3rded), Information Today Inc, Medford, New Jersey 2002
Cover, T. and Thomas, J. (1991), "*Elements of Information Theory*", Wiley, 1991
Davenport, T.H. and L. Prusak (2000), *Working Knowledge: How Organizations Manage What They Know*. Paperbacked., Boston 2000
De Geus, A. (1997), *The Living Company*, Longview Publishing Limited
Derr, R. (1983). The Integration of Theory and Practice in Professional Programs. *Journal of Education for Librarianship* 23(3), 193–206.

Garofalakis M., Rastogi R., Seshadri S. , Shim K., (1999) "Datamining and the Web: past, present and future", Proceedings of the second international workshop on Web information and data-management, Kansas City, Mi, USA, pp 43–47

Goffman, W. (1970). Information Science: Discipline or Disappearance, *ASLIB Proceedings* 22(12), 589–596

Han, J., Kamber, M. (2000), *Data Mining Techniques*, Morgan Kaufmann Publishers, 2000

Jones, A., Reeker L., Deshmukh, A. (2002), On Information and Performance of Complex Manufacturing Systems, *Proceedings of the Manufacturing Complexity Network Conference*, University of Cambridge 2002

Kumar K., van Dissel H., Bielli P. (1998), Merchant of Prato – Rvisited: Toward a Third Rationality of Information Systems, MIS Quarterly 22, 2

Lemon, W.F., Bowitz, J., Burn, J., and Hackney, R.(2002). Information Systems Project Failures: A Comparative Study of Two Countries, *Journal of Global management*, April–June, Vol. 10 Is. 2, 2002

Lohr, S., A New Technology, Now That New is Old, *New York Times*, Saturday May 4, section 3, New York 2003

Machlup, F. and Mansfield, U. eds. (1983). *The Study of Information: Interdisciplinary Messages*, New York 1985

MacKay, D. (1972), *Information, Mechanism and Meaning*, MIT Press 1972

Maturana, H. and Varela, F. (1987), *The tree of Knowledge*, Shambhal, Boston 1987

McInnes, R. (1997), What is Information? A Discussion From The CRISTAL-ED Listserv http://lrs.stcloudstate.edu/cim/courses/im577/infodef.html

Meadows, A. J. (1990). Theory in Information Science. *Journal of Information Science*, 16, 59–63

Nunamaker J. , Briggs R., de Vreede G., "FormInformation Technology to value creation technology", in Information Technology and the new enterprise, G. Dickson and G. DeSanctis (Eds.) Upper Saddle River, NJ 2001

Otten, K., and Debons, A. (1970) Toward a Metascience of Information: Informatology , *Journal of the American Society of Information Science*, 21, 84–94

Rodriguez, C. (1998), Are we cruising a hypothesis space? In W. Von der Linden, V. Dose, R. Fisher and R. Preuss, *Maximum Entropy and Bayesian Methods*, Kluwer Academic Publishers, Netherlands, 18, 131–140

Rohde, N. (1986). Information Needs. In: W. Simenton, *Advances in Librarianship*. Orlando, Florida, Academic Press.14, 49–73

Sagan C.(1996), T*he Demon Haunted World – Science as a candle in the Dark*, Ballantine Books 1996

Saracevic T. (1995), The interdisciplinary nature of information science, *Ciencia da Informacao*, 24, 1, Artigos 1995

Saracevic T. (1999), Information Science, *Journal of the American Society for Information Science*, October 1999, 1153–1162

Shannon C., Weaver W. (1949), *The Mathematical Theory of Communication*, Urbana, University of Illinois Press 1949

Shannon, C. E. (1993), Collected Papers, Los Alamos, CA: IEEE Computer Society Press 1993

Stonier, T. (1997). *Information and meaning: An evolutionary perspective*, Berlin, Heidelberg, New York 1997

Summers, R., Oppenheim, C., Meadows, J., McKnight, C., and kinnel, M. (1999). Information Science in 2010: A Longhborough University View. *Journal of the American Society for Information Science*, October, 1051–1063

Szulanski, G. (2000), The process of knowledge transfer: A diachronic analysis of stickiness. *Organizational Behavior and Human Decision Processes, 82*(1), 9–27

Wheeler, J. (2000) *Geons, Black Holes and Quantum Foam: A life in Physics*, New York 2000

Wong L. (1989), "Toward an Architecture of Information Systems", Information Systems Review, Volume 3, 1989

Wright, H. (1977) Inquiry in Science and Librarianship. *Journal of Library History* 13(3), 250–264

Chapter 15
Extending Corporate Boundaries: Managing Electronic Networks of Practice

Peter Otto

Zusammenfassung. *Elektronische Praxisnetzwerke können einer Organisation helfen, Wissen effektiver zu entdecken und zu teilen, indem das Lernen sowohl innerhalb der Organisation als auch von Einheiten außerhalb der Organisation erleichtert wird. In solchen Fällen, in welchen Firmen Verbindungen mit außenstehenden Organisationen haben, findet jedoch die Beschaffung und das Teilen von Informationen unabhängig von Einschränkungen wie Hierarchie oder lokalen Regeln statt. Diese Netzwerke können charakterisiert werden als lose strukturiert und sich üblicherweise selbst organisierend, bestehend aus Individuen, die freiwillig am Aufbau und Teilen von Wissen partizipieren. Der Aufbau eines Online-Netzwerks ohne formelle Grenzen ist eine herausfordernde Aufgabe für eine Organisation. Und zwar aus dem Grund, dass diejenigen, die für den Aufbau verantwortlich sind, nicht nur die Nutzung eines neuen Tools fördern müssen, sondern sich gleichzeitig davon abhalten müssen, zu häufig oder zu stark einzugreifen. Das Ziel dieses Artikels ist es, ein Simulationsmodell zu entwerfen, mit dem die Effekte von strukturellen Eingriffen in elektronische Praxisnetzwerke getestet werden kann. Das beschriebene Simulationsmodell basiert auf einer explizit dynamischen Theorie, die aus der relevanten Literatur abgeleitet wurde. Die Simulationsergebnisse weisen darauf hin, dass (a) die Abschaffung von struktureller Kontrolle durch Regeln und Regulierungen zu einer abnehmenden Attraktivität des Netzwerks führen kann; (b) im Gegensatz zu den Annahmen das Gruppenengagement nicht die Form eines sozialen Onlinenetzwerks beeinflusst.*

15.1 Introduction

Given the growing complexity and dynamic nature of today's global markets, firms need to continuously innovate. To do this they need to learn faster than ever, certainly faster than their competitors. In order to facilitate this need for rapid learning firms must find ways to help their knowledge-based workforce discover and share knowledge. While practices designed to encourage learning within and across organizations have been in place for some time now, only recently have organizations become aware of the potential benefits that can accrue to the firm from practices designed to facilitate learning from entities outside the organization including even nominal competitors. Knowledge sharing within an organization is highly structured and well defined in terms of corporate policies that establish rules for sharing and retrieving knowledge from organizational stakeholders. In those instances where firms have linkages with outside organizations the acquisition and sharing of knowledge takes place free from the constraints of hierarchy and local rules. Professional associations often employ electronic networks as part of their membership benefits. Examples of successful networks include those engaged in open source software development where programmers voluntarily code software for the benefit of a broader community. The practice of establishing linkages with entities outside the organization recently gained attention when the CEO of Pfizer, Mr. Kindler, announced ("Billion dollar pills" The Economist, Jan 25th 2007) that he wants his secretive researchers to open up and work more closely with outsiders. To encourage such collaboration Pfizer has decided to put the company's drugs pipeline on the Internet for all to see. His intention in doing this is to establish linkages to individuals and organizations outside Pfizer in order to leverage knowledge in hopes of improving the efficiency of Pfizer's R&D efforts.

Managing these loosely structured electronic networks, without formal boundaries, is a challenging task for an organization, echoing Andrew McAfee (2006) who stated the following: *"...leaders have to play a delicate role [to ensure the success of Online Communities], and one that changes over time, if they want to succeed. They have to at first encourage and stimulate use of the new tools, and then refrain from intervening too often or with too heavy a hand."* The main goal of an electronic network is to develop linkages with practitioners outside the boundary of the firm, while at the same time providing some structure so as help ease access, facilitate collaboration and ensure quality of the knowledge being transferred. Thus, the main problem in building and sustaining electronic networks of practice is to balance a loosely structured environment with some control levers.

The concept of networks of practice (NoP) has lately achieved recognition within both academic and practitioner literature as a useful way not only to help facilitate learning, but also to help create identity, and even motivation within working groups. NoPs have been characterized as fluid social arrangements/relations, enacted among a self-selected group of participants (Lave and Wenger 1991). In contrast to communities of practice, where people may meet face-to-face, to coordinate activities and communicate with each other, networks of practice consist of a larger, loosely knit, geographically distributed group of individuals engaged in a shared practice without the need to meet face-to-face (Brown and Duguid 1991). With recent advances in computer mediated communication NoPs can extend the reach and social interactions needed to sustain the community.

Wasko and Faraj (2005) define an electronic network of practice as a self-organizing, open activity system focused on a shared practice that exists primarily through computer-mediated communication. Members of the network are willing to engage with one another to help solve problems or make contributions common to the practice. An important aspect of networks of practice is that members create, seek, and share knowledge and thus establish a community where new knowledge is acquired from the network and transferred among network members.

While previous studies on traditional communities of practice suggest that knowledge sharing is positively related to social factors such as strong ties (Wellman and Wortley 1990), co-location (Allen, 1977; Kraut et al. 1990), demographic similarity (Pelled 1996), status similarity (Cohen and Zhou, 1991), and a history of prior relationship (Krackhardt 1992), these factors have not been shown to positively influence knowledge sharing in electronic networks of practice (Wasko and Faraj 2005). In an analysis of data from a study of members of a national legal professional association in the United States, Wasko and Faraj (2005) found that network centrality is an important indicator of whether individuals choose to contribute knowledge; an actor with high degree centrality maintains contacts with numerous other network actors. Inkpen and Tsang (2005) argue that the concept of networks is one that suffers from being overstretched. They have shown that the extent and value of the knowledge transferred varies across network types and contend that all networks are, at their core, about social relationships, and, therefore, social dimensions have applicability, regardless of the network type. While the literature is replete with contributions on knowledge transfer both within traditional and online communities, little is known about an organization's ability to actively intervene to encourage the growth of electronic networks of practice (e.g., Kunda 1992; Contu and Willmott 2003).

The goal of our research is to better understand the effects of interventions, in particular structural interventions when organizations establish an electronic network of practice. For example, ease of access or openness helps to grow the network at the beginning, while there is little control over who is gets into the network. As the network begins to grow, there is a need to have some rules and policies to maintain the quality of the content; this subsequently can affect the attractiveness of the network. To gain insights into the policy levers needed to build and nurture a network of practice, we propose a theoretical framework with which we can simulate the effects of structural interventions. Our conceptual framework is based on the notion that at the core of a network of people is a social factors (Inkpen and Tsang 2005).

15.2 Electronic Networks of Practice

Thibaut and Kelley (1959) and Thorn and Connolly (1987) contend that person who shares their knowledge lose the unique value they once possessed, and that only the recipients of the shared knowledge really benefit. Assuming that those who have knowledge to share employ a rational calculus it thus seems irrational that individuals voluntarily contribute their time, efforts, and knowledge toward the collective benefit of others, rather than stay passive and use what others have contributed. However, if everyone stayed passive and waited for that other individual, an electronic network of practice would cease to exist.

Coleman (1990) and Putnam (1993, 1995) provide some theories of collective action to explain why individuals in a collective choose to make contributions. They argue that individuals contribute their knowledge because of the influence of social capital, which Lin (2001) defines as "resources embedded in a social structure that are accessed and/or mobilized in purposive action". While knowledge sharing is needed to sustain an electronic network of practice, Brown and Duguid (2000), and Nonaka (1994) contend that significant levels of social capital and knowledge exchange will not develop in electronic networks of practice. Studies have focused on group level social capital factors to explain the creation of intellectual capital within organizations (Nahapiet and Ghoshal 1998) and on individual relationships as primary source for the generation of social capital in electronic networks of practice (Wasko and Faraj 2005). However, it is suggested that different network types have distinct social capital dimensions. Inkpen and Tsang (2005) examined the boundary conditions of social capital among three network types, (Intra-corporate Network, Strategic Alliance, and Industrial District). Their study summarizes that the three network types involve different dynamics between organizational and individual capital, and conclude that when studying network (not an exhaustive list) behavior, it is important to first examine the nature of the network type concerned and how it differs from other types.

The network of practice we chose for our study is Wikipedia, more specifically the group of people who are contributing, administrating, and editing the collective knowledge of this online encyclopedia. Wikipedia is an international online project which attempts to create a free encyclopedia in multiple languages. Using Wiki software, thousands of volunteers have collaboratively and successfully edited articles. Within three years, the world's largest Open Content project has accumulated more than 1,500,000 articles in the English-language version and more than half a million in the German-language version. There are 250 language editions of Wikipedia, and 18 of them have more than 50,000 articles each.

Wikipedia defines itself as *"a multilingual, Web-based free content encyclopedia project. The name is a portmanteau of the words wiki and encyclopedia."* The content of the Wikipedia encyclopedia is written collaboratively by volunteers, allowing most articles to be changed by almost anyone with access to the Web site. We have chosen Wikipedia for a number of reasons. First, it is an open source project with a dynamic environment where people join and leave the network and collaborate on making knowledge available to a larger audience. Wikipedia consists of a number of administrators, a small number of experts who oversee the content quality, and editors, people who contribute by editing existing articles or uploading new knowledge. Second, the structural dimension of social capital within Wikipedia involves the patterns of relationships between the network actors and thus, enables analysis of how structural interventions change networks ties, network configuration, and network stability.

Like many other open source project relying on collective knowledge creation or sharing by volunteers Wikipedia faces a number of challenges. For example, Wikipedia needs a lot of people to keep a project alive. Poor involvement of editors or even inactivity also challenges the sustainability of the project. Credibility of content is another issue, inexperienced editors need to build a certain level of credibility. If they fail to establish their credibility or take too long a time, the project might falter. Thus the success of an open network of practice, with its editors and administrators at the core, depends in part on how to encourage participation and to provide the structural dimension and ties as fundamental aspects of social capital. As described in the prior sections, the objective of this paper is to evaluate how structural interventions in networks of practice affect sustainability. To test our assumptions that interventions change the nature of the social capital dimension, we propose a set of conditions that facilitate the creation and sustainability of a network of practice.

Proposition 1. A loosely structured environment accelerates the growth of an electronic network of practice at the early stage

Proposition 2. As networks begin to grow, the structural environment needs to be increased to shape the value of the network

Proposition 3. Strengthening social ties or group commitment will have a positive effect on the growth of an electronic network

These propositions will be examined using a system dynamics model. System dynamics (Forrester 1961) is a well established methodology in management science to aid the modeling and simulation of complex dynamic feedback systems. It enables the researcher to maintain a one-to-one correspondence between his verbal description of the real world system of cause and effect and the flow diagram representing this causal chain, and between his flow diagram and the set of equations in the computer program to simulate this model of causality.

15.3 Contextual Framework

As stated earlier, our aim is to develop a theory of how networks of practice respond to structural interventions. While a simulation model should capture real-world behavior, it is at the same time a lens through which the modeler views the environment. Given the challenges of operating in a rather complex environment, we believe that the feedback structure shown on Fig. 1 represents a high-level perspective of how the key variables in a network of practice are interconnected. The structure of this causal loop feedback diagram presented here can be expanded to

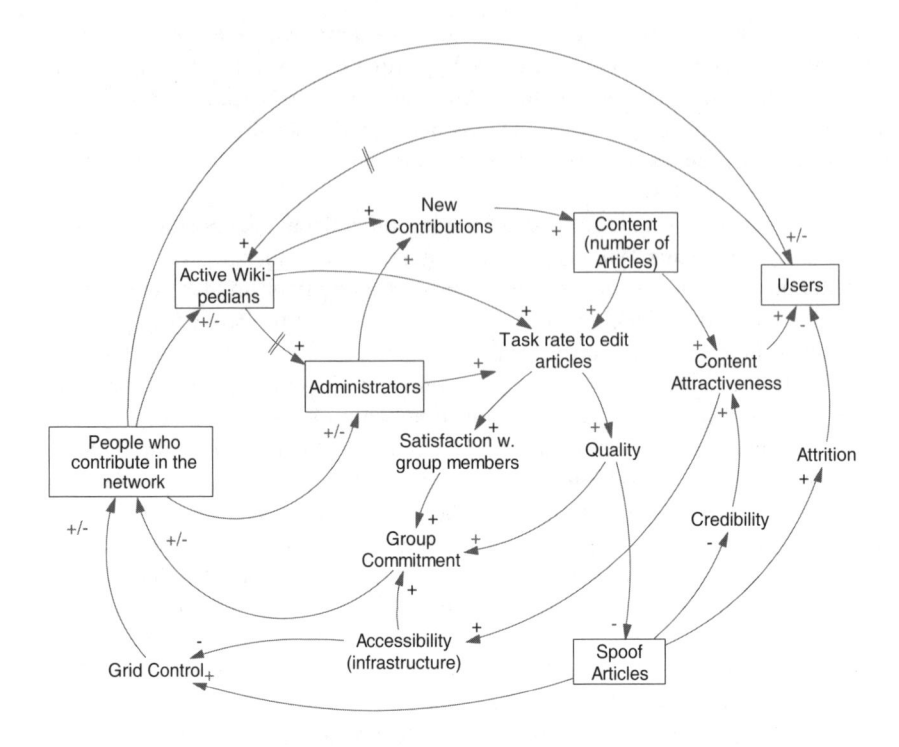

Fig. 1 Causal feedback loop diagram for the network of practice. The polarity of the informations feedbacks denotes the sign of the relationship between independent and depend variables, e.g., $X \to {}^+Y \to (\partial Y/\partial X) > 0$

divide the cultural bias into smaller segments. Such disaggregating can be useful to the discussion of motivation and knowledge sharing within a network of practice. In addition, one can extend the model to consider the effects of external perturbations, such as technology changes for example.

Modeling these details introduces additional model complexity without necessarily providing more insights. Moreover, there is little understanding about the interrelated nature of the cultural bias within the social dimension in an online network. Thus adding complexity to the model may not provide more insights into the fundamental implication of structural interventions in a network of practice.

The focal point of our study is to simulate how structural interventions may change motivational factors to contribute, which in turn may increase or decrease the number of active Wikipedians (individuals who upload articles) and administrators (individuals who control the quality and also upload articles). As the number of individuals who contribute increases, content attractiveness increases and thus the network attracts more people (users) to use Wikipedia as online encyclopedia. The rationale for this feedback effect is based on data analysis from Wikipedia (http://commons.wikimedia.org/wiki/Category:Wikipedia_statistics). The data suggests a *0.84* correlation between the number of administrators and "reach", and *0.95* one between active Wikipedians and reach. Alexa.com defines "reach" per million viewers. When Wikipedia's reach per million hit 10,000 in June 2005, it meant that 1% of internet users with the Alexa toolbar were visiting Wikipedia each day. In September 2006 this figure reached 50,000 or 5%. The percentage of internet users who visit Wikipedia in a longer period, such as a week or a month, will be higher than that, as further internet users visit it each day, but it cannot be calculated from the information published by Alexa. In our model we use the term "user", which is the number of viewers going to the Wikipedia website.

Wikipedia's founder accepts that the site's open and egalitarian nature renders it vulnerable to attacks such as spoof articles. Where an increase of spoof articles increases, the credibility of Wikipedia decreases. The loss of credibility has caused commentators to question whether Wikipedia is destined to follow the Wikitorial LA Times's doomed experiment in unrestricted internet comment, (Times Online December 15, 2005) which had to be closed down after just two days under a bombardment of pornographic postings. While the open and egalitarian nature of Wikipedia invites people to contribute, a network of practice cannot exist in the long run without structural components or boundary objects, such as documents, terms, policies, concepts, and other forms through which the network can organize the interactions (Wenger 1998). Wenger suggests that if boundary objects are an important structural dimension, it follows that there may be opportunities for organizations to encourage the growth of a network of practice by creating initial boundary objects in the form of monuments (symbols), instruments (infrastructure), and points of focus (focal concepts), around which it is hoped that future network members may congregate and interact. However, as stated earlier, too much structure are likely to result in the demise of a community.

We conceptualize the level of structural intervention in our model as feedback effect, where the number of spoof articles determines the grid control. The variable "grid control" is highly aggregated in our model which at the broader level acts to intervene with rules and regulations when the number of spoof articles increases. This feedback effect is intended to address the problem of observed in the LA Times NoP experiment where a lack of control mechanisms resulted in the loss of credibility and subsequently the demise of the network community. Grid control is linked to number of people who contribute within the network of practice. The second variable, which influences cultural bias in our causal feedback model is group commitment. This variable is also highly aggregated since it only shapes the level of group commitment based on the notion that good contributions from the group may increase motivation and subsequently group ties.

15.4 Model Development

The success of Wikipedia stems from a certain seeding structure that provided a fertile environment for the cultivation of a vibrant online community. The seeding structure was a piece of software or Wiki, which is a collection of hypertext documents that can directly be edited by anyone. Every edit is recorded and thus can be retraced by any other user. Each version of a document is then available with its revision history and can be compared to other versions. After a surge in the number of spoof articles and vandal attacks, Wikipedia imposed a set of new rules or controlling structure to maintain its integrity. The simulation model we describe in this section is designed to help us to understand how structural interventions influence the growth or decline of a network of practice.

While previous research (cf. Kunda 1992; Contu and Willmott 2003; Thompson 2005) focused on the interrelationship between a network of practice and its host organization and the communicative interaction around these structures, we extend the boundary for our simulation model but at the same time use an aggregated perspective. We conceptualize a computer model to represent a network of practice but aggregate from an individual to a group level. Our model consists of the following clusters (or accumulation) of individuals: (1) Administrators (people who control the content of submitted articles and thus maintain the quality of the network), (2) Users (individuals who use the network), and (3) Wikipedians (people who contribute to build collective knowledge).

The graph on Fig. 2 shows how Wikipedia grew since its launch in early 2003. By end of October 2006, 14'600 Wikipedians (or active contributors) participated

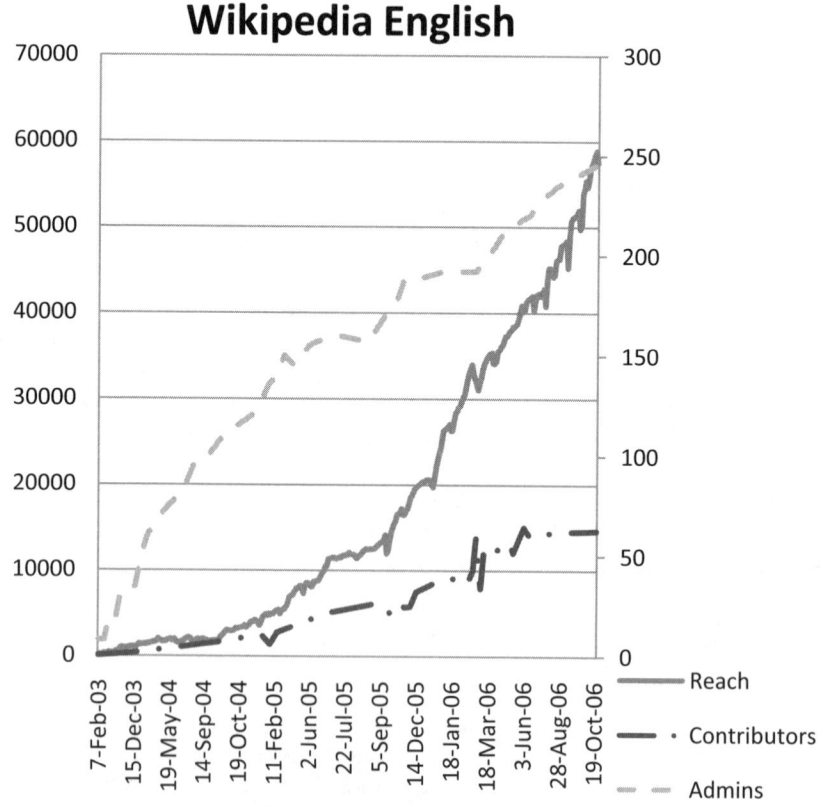

Fig. 2 Time Series Data for the English Version of Wikipedia. (http://commons.wikimedia.org/wiki/Category:Wikipedia_statistics)

in building collective knowledge for the English version of Wikipedia, guided by 250 Administrators. Wikipedia's reach per million hit 56'000 in October 2006, which means that about 5.6 percent of Internet users were visiting Wikipedia each day (http://www.alexa.com). We use the English version of Wikipedia as reference mode and to calibrate our model. However, because most of the variables used in the model are hard to measure, calibrating against real data does not mean the model is valid. Thus, testing the validity of the model is not an easy task.

Sterman (2000), Richardson and Pugh (1981), and Forrester (1961) have all argued that no model can ever truly be validated because every model represents a simplification of reality, not reality itself. The goal of model validation in system dynamics is to determine whether a model is appropriate for a given purpose and whether model users can have confidence in it. This is accomplished through testing and calibration. Sterman (2000) offers 12 tests, examining models on both structural and behavioral grounds. Other tests focus on collaborative model building projects that include both modelers and model users. Richardson and Pugh (1981) divide confidence-building tests into those that test for suitability and those that test for consistency. Suitability tests determine whether the model is appropriate for the problem it addresses, while consistency tests examine whether the model is consistent with the particular aspect of reality it attempts to capture. For dimensional consistency and extreme condition tests, we used the simulation software VENSIM to a) ensure that the units of all variables are consistent and b) to see how the model responds when changing parameters to extreme values. In order to perform parameter confirmation test, we searched the literature for available knowledge about the real system. For parameters for which we did not have empirical values we used a 'best-guess' approximation, tested the value of our assumptions using VENSIM's sensitivity analysis, and adjusted parameters to replicate the time series data on Fig. 3 and Fig. 4.

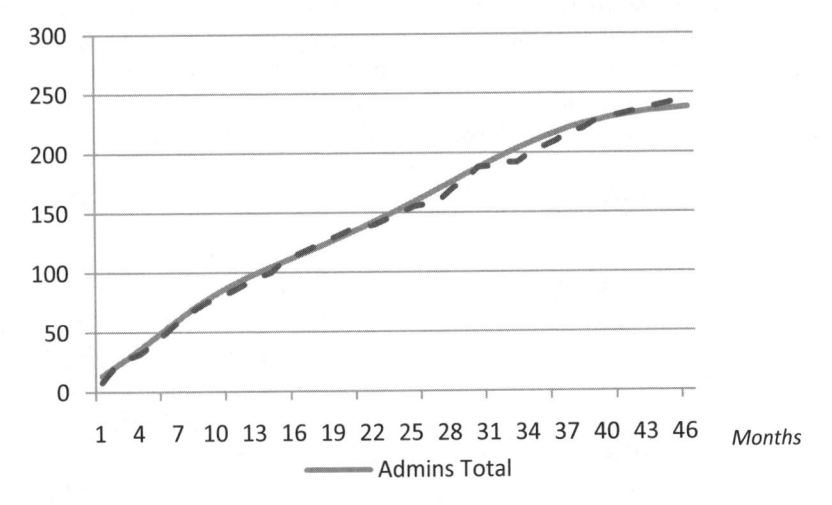

Fig. 3 Time series data for the English Version of Wikipedia Administrators. (http://commons.wikimedia.org/wiki/Category:Wikipedia_statistics, accessed Dec. 2007)

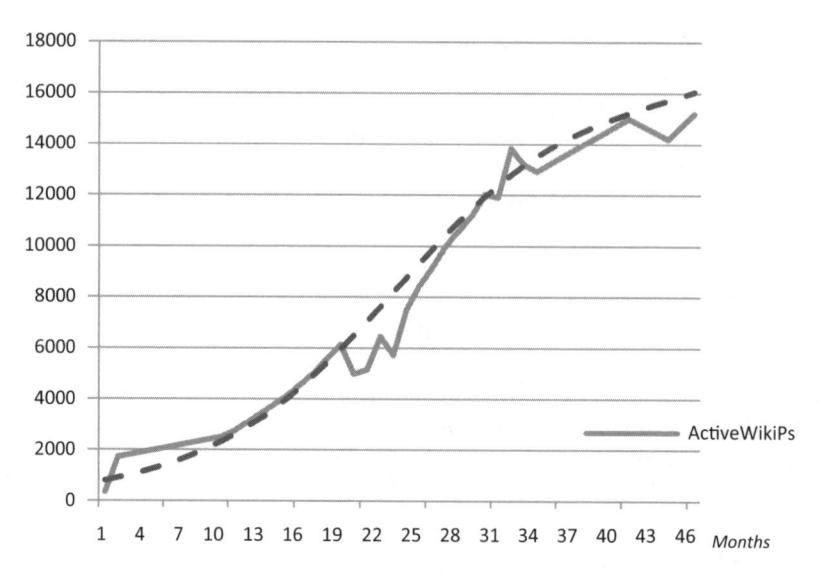

Fig. 4 Time series data for the English Version of Wikipedia Contributors

The graphs on Fig. 3 and 4 show a fairly good visual fit between model data and the actual numbers of how Wikipedia grew since its launch in early 2003. To calibrate the model, we adjusted parameter values, using our best judgments rather than precise statistical estimates. For example, the inflows into the stocks consist of 'maturation periods' which capture the time it takes for people to either become 'administrators' or 'active Wikipedians'. The outflows are also controlled by a time constant, which we adjusted to replicate the base line. The timeline of the model is 45 months, which is the time since interception of Wikipedia (February 3, 2003) and the last data point reported on the Internet (October 19, 2006). The data we were able to retrieve from the Internet were scattered both for 'administrators' and 'active Wikepedians', so we interpolated the missing data points in Excel to close the gaps. However, because most of the variables used in the model are hard to measure, calibrating against real data does not mean the model is valid. But those interested in seeing the detailed model, including its documentation, can contact the author.

15.5 Model Structure

The stock and flow system depicted on Fig. 5 is proposed as a model for a social network in which dynamics arise from exogenous and endogenous events to control for the growth or sustainability of the network. Some of the variables in the model have been omitted on Fig. 5 to simplify the structural dimension of the simulation model. However, the high-level map, shown on Fig. 5, determines the boundary of the model and follows typical system dynamics-diagramming practices (Lane 2000):

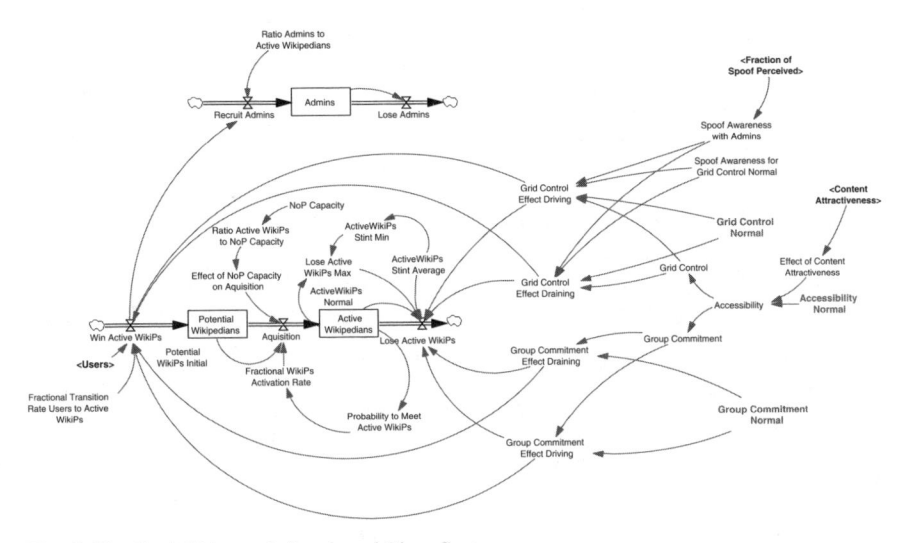

15 Extending Corporate Boundaries: Managing Electronic Networks of Practice

Fig. 5 The Social Network Stock and Flow System

- Rectangles represent state variables, called stocks, where things (e.g. people, widgets, dollars, etc.) accumulate.
- Stocks increase due to inflows and decrease due to outflows. Flows are shown as "pipes" connected to the rectangle.
- Flows are controlled by valves, which look like small inverted bow ties.
- Arrows between variables show causality

Considering the stock "Active Wikipendians" [W], where the stock W is the accumulation of the acquisition rate A less the loss rate L:

$$W_t = \int_{t_0}^{t}(A_T - L_T)d\tau + W_{t_0} \qquad (1)$$

Losses from the stock W may arise from a natural wear-out effect as well as the effects from management interventions, e.g. imposing too much control in the network may result in the loss of active Wikipendians. The acquisition rate depends on the number of "potential Wikipendians" [P], i.e. individuals who have not made the transition to become committed to the online network yet, and the average acquisition lag λ. In general, λ may depend on the probability for active Wikipendians to meet with potential Wikipendians. The stock "potential Wikipendians" [P] is simply the accumulation of individuals who use the online encyclopedia "winning active Wikipendians" [WA] less those who became "active Wikpendians".

$$P_t = \int_{t_0}^{t}(WA_T - A_T)d\tau + P_{t_0} \qquad (2)$$

While we keep exogenous variables as constants, the model is able to dynamically capture how interventions – or management policies – shape the structure of the online network. The policy levers to simulate structural interventions are: Grid

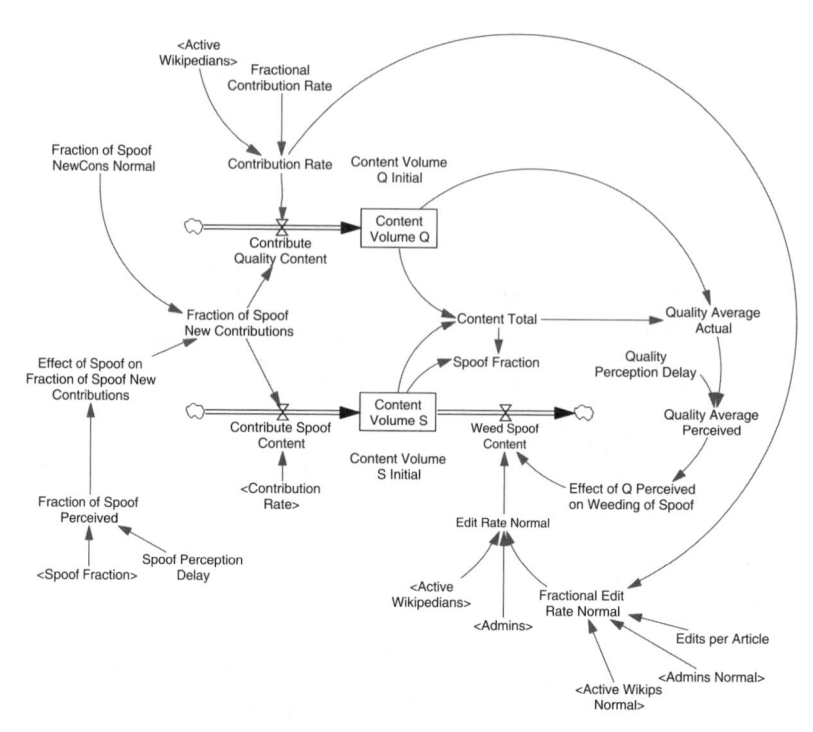

Fig. 6 Content sector for Wikipedia

control, group commitment, and accessibility. While feedback effects, e.g. fraction of spoof articles, determine grid control, we can change the initial values of the management levers for policy tests. The ratio between active Wikipedians and administrators is determined by market data from Wikipedia and suggests that this value has not changed since interception.

Figure 6 presents the content sector. This sector keeps track on the number of articles (Content Volume Q) and the spoof articles (Content Volume S). The stock "Content Volume Q" does not have an outflow for we assume submitted articles remain accessible for a longer period of time.

As previously stated, Wikipedia experienced a surge in the number of spoof articles and vandal attacks for the open structure of the network and a lack of rules. To control the amount of spoof articles, we conceptualize a rate (Weed Spoof Content) which is a function of the edit rate based on resources and a perception ratio based on the amount of quality content and spoof. Other variables in this sector, which are not shown in the diagram on Fig. 6 are "content attractiveness" (determined by total content, content normal, and attractiveness normal) and "credibility perceived" (determined by the spoof fraction and credibility normal).

The sector on Fig. 7 encapsulates the growth of users, operationalized as the number of Internet users visiting Wikipedia each day (measured in millions). Winning new users is a function of word-of-mouth (with a generic WOM structure) and effects from content attractiveness and the perceived quality of the network, which increase the probability of becoming a user. Losing users, on the other hand, is determined by a fractional attrition rate and perceived credibility.

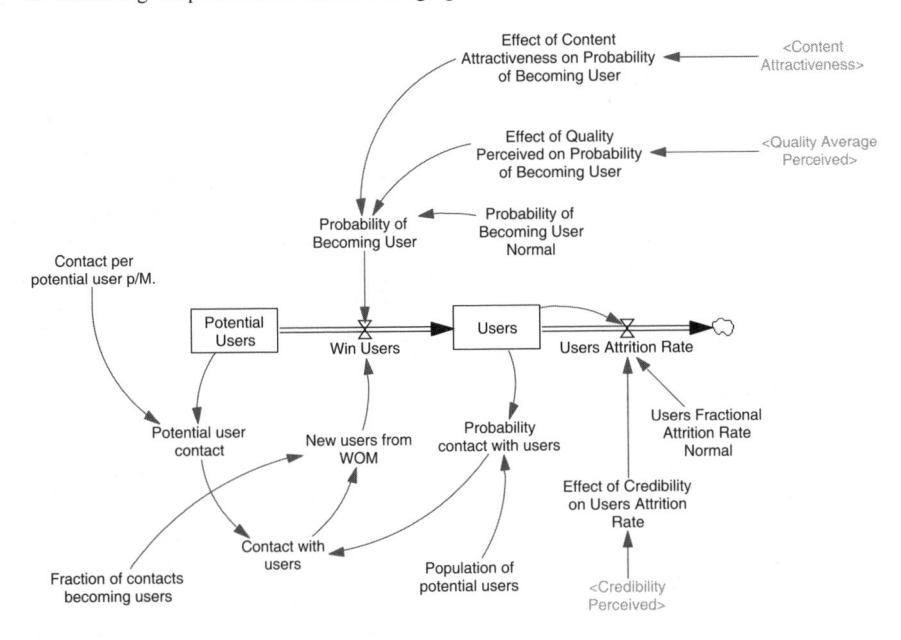

15 Extending Corporate Boundaries: Managing Electronic Networks of Practice   239

Fig. 7 Model sector for online network users

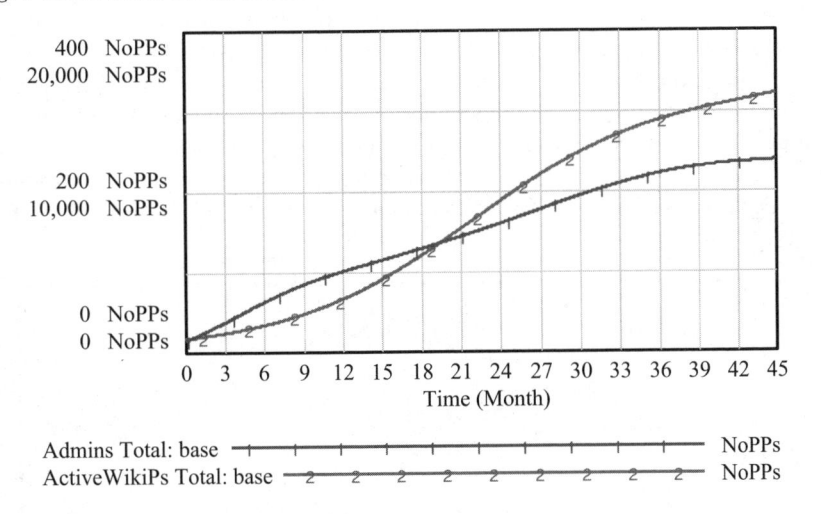

Fig. 8 Base Case for the Wikipedia Network of Practice

15.6 Base Case Simulation

The graph on Fig. 8 shows the base condition for the stock "Active Wikipedians" and "Administrators". The model is fitted to the data from the English Wikipedia site, as shown on Fig. 3 and 4. We have set the model parameter values in the base case to control the structural environment of the network of practice (accessibility, group commitment, and grid control) to our best judgment rather than precise statistical estimates. The values for "accessibility normal" and "group commitment normal" are set to 0.5, (on a scale from 0–1) assuming a moderate level of accessibility and group commitment at the interception of the network. Grid control normal is set to 0.3, (on a scale from 0–1) which reflects an open environment with little control and rules of conduct.

The initial values for the stock of active wikipedians is adjusted to 200 people, assuming that at the time of interception the network already created interest to participate. For the user group we chose an initial value of 1000 people, considering the buzz which was created before the network was launched.

15.7 Policy Experiments

To investigate how structural interventions may determine growth or decline in an online community network, we use the 'group commitment' and 'grid control' policy levers. We keep accessibility unchanged to assume a moderate level of access for users and those who want to contribute to the growth of the network. Figure 9 shows how the system might respond when an organization would impose no rules and regulations, which we simulate by changing the lever 'grid control normal' from its initial base value of 0.3 to 0. This policy for 'grid control' suggests that the organization or governance body behind a social network would not impose any rules about how people contribute or facilitate exchange within the network.

To have a better overview reading the graph, we only select to compare the base conditions for the group "Administrators" against the behavior when we remove grid control. While this policy result in gaining more "Administrators" during the growth phase, the model suggests that removing all rules and regulations from the network is not sustainable. This observation is illustrated by looking at content

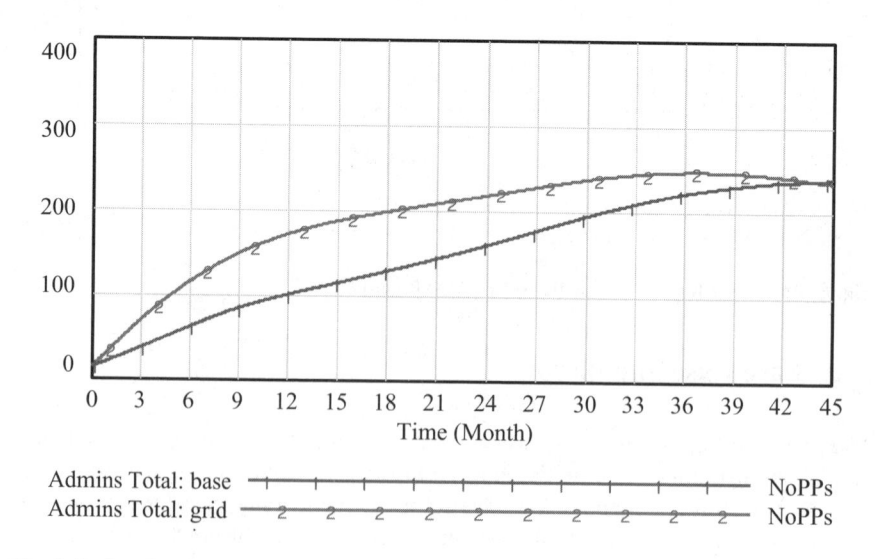

Fig. 9 Policy Test Low Grid Control

Content Attractiveness

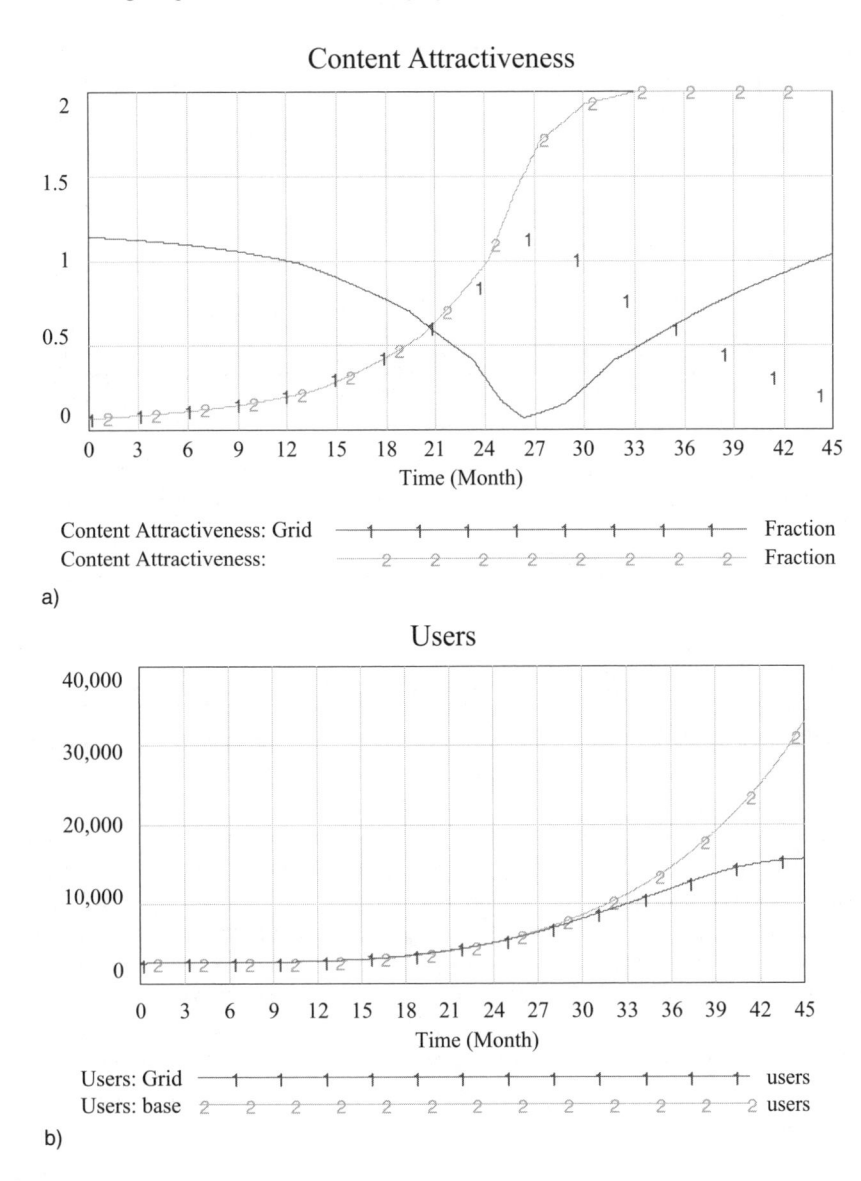

[Graph showing Content Attractiveness vs Time (Month) from 0 to 45, with y-axis from 0 to 2. Curve 1 (Grid, Fraction) starts near 1.1, dips to near 0 around month 27, then rises back to ~1. Curve 2 (base, Fraction) starts near 0 and rises to ~2 by month 33, staying flat.]

Content Attractiveness: Grid —1—1—1—1—1—1—1—1— Fraction
Content Attractiveness: ----2---2---2---2---2---2---2---2--- Fraction

a)

Users

[Graph showing Users vs Time (Month) from 0 to 45, with y-axis from 0 to 40,000. Curve 1 (Grid) rises to ~15,000 by month 45. Curve 2 (base) rises more steeply to ~35,000 by month 45.]

Users: Grid —1—1—1—1—1—1—1—1—1—1—1— users
Users: base ---2---2---2---2---2---2---2---2---2---2---2---2--- users

b)

Fig. 10a,b Contend Attractiveness and Number of users

attractiveness and the number of users. Both values decrease when we remove grid control, as shown in Fig. 10a and Fig. 10b (curve 1 captures how the system behaves when grid control is removed, against curve 2, which is the base line behavior).

The next policy test assumes no group commitment at any point in time, which means all effects influencing group cohesion are neutralized and the initial values for this policy lever is set to zero from the base line value of 0.5. However, we do not change the value for accessibility and grid control.

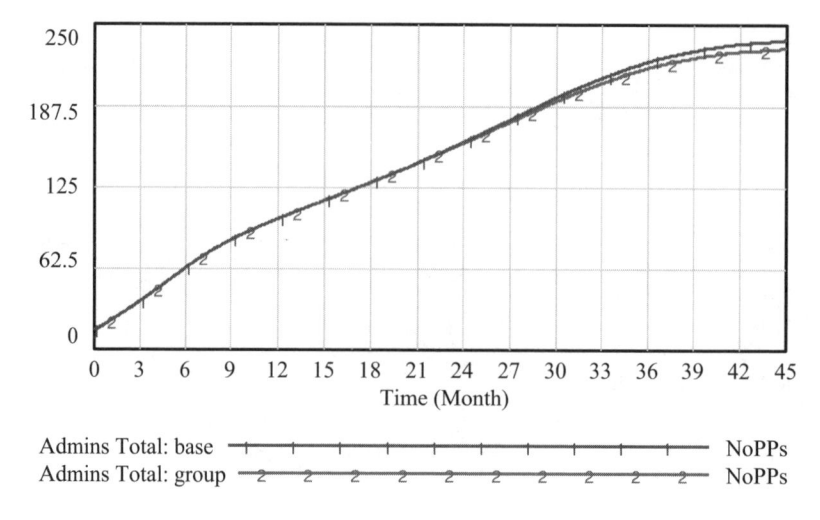

Fig. 11 Result from Policy Test without Group Commitment

As shown on Fig. 11, having no structural interventions in an online network of practice to build group commitment does not affect the shape of the network too strong, i.e. the number of administrators is only marginally lower compared with the base condition. Changing this policy lever in a real system means that the organization or governance body behind the social network would not make any efforts to create mutual commitment for members of the community to collectively pursue common means. Wikipedia, for example, strengthens group ties by providing people who regularly contribute and share knowledge with special privileges, such as easier upload or editing capabilities.

This policy test shows that focusing on group commitment results in counterintuitive behavior. Removing this lever does not lower performance, as long as boundary related policies hold. This insight is contrary to our third proposition that group commitment is positively related to the growth of the network. So management policies aimed at building group commitment might not achieve the desired result.

15.8 Discussion

Online social networks are an important architecture for the distribution and sharing of knowledge within and beyond the boundary of an organization and show promise to become an important medium for resource sharing in different domains. However, in spite of their potential importance, there has been little empirical research into the impact of user behavior and the dynamic nature of their operation.

Thus, this article seeks to close this gap by providing a dynamics view on how structural interventions may shape the growth of a social online network and so help organizations to gain insights in policy levers to manage an environment for online collaboration. The findings of our study have practical implications that can be used in corporate settings, given that at the core of an online network are social dimensions. Network operators can use our model to assess how structural interventions shape online network growth and what policies must be in place to achieve sustainability. While many factors, internal as well as external, may contribute to the success of an open network of practice, the aim of this modeling work was to gain insights into how high-level interventions change the shape of an online network of practice.

Despite some limitations, which we will address shortly, experiments with the simulation model provide useful insights to help manage an open network of practice more effectively. The model supported our proposition that a network of practice needs some structural control for having no control degreases attractiveness and subsequently the number of users. Contrary to our belief, the simulation model suggests that group commitment is not a policy lever, which may influence the shape of on online network, given that other boundary related policies are in place.

The simulation thus reveals counterintuitive behavior regarding a control action and its effect, resulting from our inability to understand how structural interventions effect the different social characteristics of the people who shape an open network of practice. Even though the simulation model is highly aggregated and simplified, it can be used to help develop a better understanding of the underlying non-linear dynamics in an open network of practice and to provide management support by enabling speculative analysis.

However, the simulation model presented in this paper has limitations and can be enhanced in several ways. First, the model framework can be represented in more detail to capture how other endogenous variables can contribute to the collective knowledge creation. Second, some of the variables in the model should have an empirical base, instead of using judgment, to increase the validity of simulation experiments.

While the simulation model presented in this paper is aimed at providing an effective tool to gain insights into the interrelated nature of key drivers affecting the success of an electronic network of practice, it is important to emphasize that such a model focuses on understanding the dynamics of complex systems and, thus, is a powerful methodology to complement quantitative research.

Bibliography

Allen, T. J. (1977), Managing the Flow of Technology, Cambridge, MA 1977
Altman, Y., Y. Baruch (1998). Cultural Theory and Organizations: Analytical Method and Cases. Organization Studies, 19(50: 769–785
Brown, J. S., P. Duguid (1991), Organizational learning and comunities of practice: Toward a unified view of working, learning, and innovation. Organizational Science, 2(1): 40–57
Brown, J. S., P. Duguid (2000), The Social Life of Information, Boton, MA 2000
Cohen, B. P., X. Zhou (1991), Status Processes in Enduring Work Groups. American Sociological Review, 56: 179–188

Coleman, J. S. (1990), Foundations of Social Theory, Cambridge, MA 1990
Contu, A., H. Willmott. (2003), Re-embedding situations: The importance of power relations in learning theory. Organization Science, 14(3): 283–296
Forrester, J. W. (1961), Industrial Dynamics, Boston MA 1961
Inkpen, A. C., Eric W. K. Tsang (2005), Social Capital, Networks, and Knowledge Transfer. Academy of Management Review, 30(1): 146–165
Krackhardt, D. (1992), The Strength of Strong Ties: The Importance of Philos in Organizations. In N. N. a. R. Eccles (Ed.), Organizations and Networks 216–239. Boston, MA 1992
Kraut, R. E., C. Egido, J. Galagher (1990), Patterns of Contact and Communication in Scientific Research Collaboration. In R. E. 1990
Kraut, C. Egido, J. Galagher (Ed.), Intellectual Teamwork, Hillsdale, NJ
Kunda, G. (1992), Engineering Culture, Philadelphia, PA 1992
Lane, D. C. (1994), Modelling as Learning: A Consultancy Methodology for Enhancing Learning in Management Teams. Modelling for Learning Organizations. J. D. W. Morecroft and J. D. Sterman. Portland, OR, Productivity Press: 85–117.
Lave, J., E. Wenger (1991), Situated Learning: Legitimate Peripheral Participation, Cambridge, UK 1991
Lin, N. (2001), Social Capital, Cambridge UK 2001
McAfee, A. (2006), Enterprise 2.0: The Dawn of Emergent Collaboration. Sloan Management Review, Spring 2006
Nahapiet, J. S. G. (1998), Social Capital, Intellectual Capital and the Organizational Advantages. Academy of Management Review, 23(2): 242–266
Nonaka, L. (1994), A Dynamic Theory of Organizational Knowledge Creation. Organization Science, 5(1): 14–35
Pelled, L. H. (1996), Demographic Diversity, Conflict, and Work Group Outcomes: An Intervening Process Theory. Organization Science, 7: 615–631
Putnam, R. (1993), Making Democracy Work: Civic Traditions in Modern Italy, Princeton, NJ 1993
Putnam, R. (1995), Bowling Alone: America's Declining Social Capital. Journal of Democracy, 6: 65–78
Richardson, G. P., A.L. Pugh III. (1981), Introduction to system dynamics modeling with DYNAMO, Cambridge, Mass 1981
Sterman, J. D. (2000), Business Dynamics: System Thinking and Modeling for a Complex World, Irwin McGraw-Hill 2000
Thibaut, B. K., H. H. Kelly (1959), The Social Psychology of Groups, New York 1959
Thompson, M. (2005), Structural and Epistemic Parameters in Communities of Practice. Organization Science, 16(2): 151–164
Thorn, B. K., T. Connolly (1987), Discretionary Data Bases. A Theory and Some Experimental Findings. Communication Research, 14(5): 512–528
Wasko, M. M., S. Faraj (2005), Why should I share? Examining social capital and knowledge contribution in electronic networks of practice. MIS Quarterly, 29(1): 35–57
Wenger, E. (1998), Communities of Practice, Cambridge UK 1998

Part VII
Human Resources Management

Chapter 16
Global Realities for MNEs: Implication for International Human Resource Management

Randall S. Schuler and Susan E. Jackson

Zusammenfassung. Vieles ist auf der ganzen Welt passiert in den letzten Jahren und es ist wahrscheinlich, dass die Geschwindigkeit, mit der Dinge sich ändern, nur noch zunimmt. Die Dinge, die sich verändern, sind die globalen Gegebenheiten für multinationale Unternehmen (MNEs). Der Grund für viele Veränderungen ist die Globalisierung: Globalisierung führt zu Veränderungen in den wirtschaftlichen, politischen, sozialen, behördlichen, kulturellen, technologischen, Unternehmens- und Arbeitskräftebezogenen Gegebenheiten von MNEs. Das Management von MNEs überall in der Welt muss kontinuierlich die Veränderungen in diesen Gegebenheiten beobachten und interpretieren und die Implikationen für ihre Unternehmen durchdenken. Und da viele dieser Veränderungen der Gegebenheiten große Auswirkungen auf das Human Resources Management in Unternehmen haben, müssen Führungskräfte mit Linienfunktion und andere personalführungsbeauftragte auch diese Veränderungen beobachten und über Implikationen für das Human Resources Management nachdenken. In diesem Artikel werden einige Gegebenheiten und die auftretenden Veränderungen beschrieben und daraufhin einige Implikationen für das internationale Human Resources Management aufgezeigt.

16.1 Introduction

The past fifteen years have witnessed tremendous advancements in the research and practice of international human resource management (Sparrow and Brewster 2006; Sparrow and Braun 2006). Brewster, Sparrow and Harris 2005; Taylor, Beechler and Napier 1996). Broadly speaking, the consensus is that **international human resource management (IHRM)** is about the worldwide management of human resources (e. g., Brewster and Suutari 2005; Schuler and Jackson 2005; Briscoe and Schuler, and Claus 2009).

The purpose of IHRM is to enable the firm, the multinational enterprise (MNE), to be successful globally. Because observations about large multinational enterprises (MNEs) are also applicable to small and medium sized enterprises (sometimes referred as SMEs) (Sparrow and Brewster, 2006), the singular term MNE refers to both throughout this chapter. For an MNE being successful globally today entails being: (a) competitive throughout the world; (b) efficient; (c) locally responsive; (d) flexible and adaptable within the shortest of time periods; and (e) capable of transferring knowledge and learning across their globally dispersed units (Schuler and Tarique 2007; Sparrow and Brewster 2006). These requirements are significant, and the magnitude of the reality is indisputable. IHRM for many enterprises is likely to be critical to their success, and effective IHRM can make the difference between survival and extinction for many MNEs (Briscoe et al. 2009).

16.2 Globalization

Clearly, the field of IHRM has become substantially more important in every way because of globalization. Broadly speaking, we conceptualize **globalization** as being about movement, change and adjustment: **movement** in goods, information, knowledge, people and service across borders facilitated and accelerated by **changes** in economic, social, legal, political, cultural, technological, educational and workforce conditions that require constant **adjustment**. It is the characteristics of these conditions (the realities) that are also important for MNEs. Indeed, the field of IHRM has become important because of these realities for MNEs. Thus human resource management in this global context requires developing an understanding of the issues facing multinational enterprises of all sizes (Evans, Pucik and Barsoux, 2002 Briscoe et al 2009). In turn this requires an understanding of the global realities these enterprises confront.

16.3 Global Realities for MNEs

A significant aspect of international human resource management is that IHRM policies be linked with the needs of the enterprise (Schuler and Tarique 2007). These needs in turn are driven by the global realities of MNEs. So IHRM needs to understand these global realities and then develop the implications of these for IHRM. A partial listing of these realities of MNEs is shown in Exhibit 1. Because of the importance of the realities of MNEs for IHRM, it is important for IHRM practitioners to understand them further and think through their implications for IHRM policies and practices (Sparrow and Brewster 2006; Evans, et al 2002)

As shown in Exhibit 1, there are a variety of global realities for MNEs that have implications for how they manage their human resources internationally. These realities include factors such as the economic conditions, social characteristics (geo-

Exhibit 1 MNES Economic Characteristics. *Source: *Based upon R.S. Schuler and I. Tarique, "International HRM: A North American Perspective, a Thematic Update and Suggestions for Future Research", International Journal of Human Resource Management, May, 2007: 15–43; R.S. Schuler and S. E. Jackson, "A Quarter-Century Review of Human Resource Management in the U.S.: The Growth in Importance of the International Perspective," Management Review, 16, 4, 2005: 11–35; and D. Briscoe, R. S. Schuler and L. Claus, International Human Resource Management 3e. London: Routledge, 2009; Pricewaterhousecoopers, 9th Annual Global CEO Survey: Globalisation and Complexity, New York: PWC; Trade and Development Report 2005; Trade and Development Report 2006 (Geneva: UNCTAD); R. Schuler, "Globalisation: Realities and Trends: Implications for IHRM, MNEs/SMEs and Employees," keynote presentation at the 9th IHRM Conference in Tallinn, Estonia, June 12–15, 2007 © R. Schuler, 2007; and S. Garelli, "The World Competitiveness Landscape in 2006," IMD World Competitiveness Yearbook 2007, IMD: Lausanne, Switzerland*

Global Realities of MNEsEconomic Characteristics

- Globalization and free trade are the biggest realities and have many supporters and critics
- There are huge disparities in income and standards of living worldwide
- The biggest markets for products and services are increasingly global
- There are increasing demands on energy, raw materials and in-frastructure
- Concern by societies for worldwide competitiveness and job creation
- Growth in foreign direct investment (FDI)

Social Characteristics (Geopolitical, cultural and technological)

- More integration and expansion within the EU, ASEAN, WTO, COMESA, NAFTA, GCC
- Increased recognition of relationship between government effi-ciency and business efficiency
- Greater concern by societies for sustainability
- More complexity, volatility and unpredictability
- Still many local and regional legal and cultural qualities
- Technology is making the world flatter, more accessible and less costly

Strategic (Enterprise) Characteristics

- A increasingly larger number of MNEs and SMEs
- Consolidation through increased merger and acquisition activity
- Opportunities for growth and expansion are in the emerging markets
- Global competitive advantage attained through scale, scope, lo-cal adaptation, knowledge management and optimal relocation
- Costs, risks and uncertainties are high, so greater need for alli-ances such as IJVs
- There is a need to change business and organisation models con-stantly

Workforce Characteristics

- There is a huge potential labour force that is more highly edu-cated and growing
- But MNEs find increasing skilled labour shortages
- Workers can be adaptable to workplace styles and human re-source practices
- Emigration flows will accelerate in some areas; reverse in others
- Workers need not move: work can move to them through off-shoring and outsourcing

political conditions, country cultures, and technological); enterprise characteristics; and workforce characteristics (see the work of House et al 2004; Trompenaars 1993; Hofstede 2001; and Sparrow and Brewster 2006). Because these characteristics are ever changing, it seems apparent that international human resource management needs to include a constant scanning and understanding of these factors (see also Schuler and Tarique 2007; Gooderham and Nordhaug 2006; Dowling, Welch and Schuler 1999; Barney and Wright 1998; Jackson and Schuler 1995).

To most effectively use the remaining pages of this chapter, we focus on the implications for IHRM policies and the issues for those individuals managing human resources, either as line managers or HR practitioners, as a consequence of the global realities for MNEs.

16.4 Implications for IHRM Practitioners

The global realities of MNEs shown in Exhibit 1 have many implications for those individuals managing human resources internationally, be they line managers or HR practitioners, as shown in Exhibit 2. Here we highlight a few that seem most significant for these individuals. Although there are four sets of implications for IHRM shown in Exhibit 2, we highlight these implications into 3 major categories: 1) Gaining and sustaining global competitive advantage; 2) Managing the global workforce; and 3) Cross-border alliances in this chapter.

16.4.1 Gaining and Sustaining Competitive Advantage

While a great deal of the earlier discussion of competitive advantage was most applicable to a domestic context (Schuler and MacMillan 1984), a more recent discussion of gaining competitive advantage in the global context has emerged (Gupta and Govindarajan 2001). To achieve global competitive advantage, a firm may need to develop IHRM polices that are appropriate for its specific context (Gupta and Govindarajan 2001). For example, a North America manufacturer competing on the basis of cost might adopt the policy of performance-based pay and then develop an individual piece-rate pay system that specifically supports that strategy and fits within the context of the North American culture of individualism. Our interpretation of the academic and professional literature/practice is that several approaches to gaining competitive advantage may exist, but that "lasting" **global** competitive advantage from human resource management comes from developing IHRM policies that are appropriate for an organization's specific context including its culture, legal and political systems (Briscoe, et al. 2009; Florkowski 2006). Additional bases of global competitive advantage come from: 1) effectively using economies of scale and scope; 2) transferring learning and knowledge across operations worldwide; and 3) relocating operations around the world (Gupta and Govindarajan 2001; Bourdeau and Ramstad, 2002, 2003). Each of these bases of gaining global competitive advantage have distinctive implications for IHRM.

16.4.1.1 Economics of Scale and Scope

For example, MNEs today are seeking to gain global competitive advantage through such means as economies of scale and are yet being sensitive to local conditions (Gooderham and Nordhaug 2006; Gupta and Govindarajan 2001; Sparrow and

Exhibit 2 Implications for IHRM of the Global Realities for MNES. *Source: *Based upon R.S. Schuler and I. Tarique, "International HRM: A North American Perspective, a Thematic Update and Suggestions for Future Research", International Journal of Human Resource Management, May, 2007: 15–43; R.S. Schuler and S. E. Jackson, "A Quarter-Century Review of Human Resource Management in the U.S.: The Growth in Importance of the International Perspective," Management Review, 16, 4, 2005: 11–35; and D. Briscoe, R. S. Schuler and L. Claus, International Human Resource Management 3e. London: Routledge, 2009; Pricewaterhousecoopers, 9th Annual Global CEO Survey: Globalisation and Complexity, New York: PWC; Trade and Development Report (Geneva: UNCTAD, 2005, especially Chapter V); R. Schuler, "IHRM: Realities and Trends for MNEs: Implications for the IHRM Field and IHR Professionals," Presentation at the Rutgers Business Conference, Rutgers University, New Brunswick, NJ, March 24, 2006. ©R. Schuler, 2006; The Global Competitiveness Report 2006–2007, World Economic Fourm: Davos, Switzerland, 2006; and S. Garelli, "The World Competitiveness Landscape in 2006," IMD World Competitiveness Yearbook 2007, IMD: Lausanne, Switzerland*

The Implications for IHRM of the Global Realities for MNEs

Implications for IHRM: Societal Level

- Globalization will open new markets and create new economies to enter
- CEOs will be concerned about multiple stakeholders
- There is a need to consider the issues of multiple stakeholders, e.g., the environment, ethics, providing jobs, the impact of relo-cating and restructuring as well as profits
- When doing relocating and restructuring, there is a need to be socially sensitive
- Need to think/act globally, regionally and locally
- Need to think about workforce equality worldwide

Implications for IHRM: Strategic Level

- Gaining global competitive advantage depends upon effective IHRM practices
- Need to consider the context of all IHRM policies and practices: legal, cultural, socio-political, religious, economic, etc.
- Need to systematically link IHRM policies and practices horizon-tally and vertically to the MNE, that is, IHRM has to be strate-gic
- Need to cross-border alliances, so need to know and manage the many IHRM issues in IJVs and IM&As
- Greater need for learning, knowledge transfer and knowledge management
- Greater need to rely more on people than structure for coordi-nating and controlling global operations
- Offshoring and outsourcing will continue to be strategies for MNEs
- MNE expansion will be greater in the developing markets than the developed market

Implications for IHRM: Workforce Level

- Greater need for transnational and diverse teams, global leader-ship, and borderless careers
- High quality managers, those that can motivate employees to in-novate, will be in big demand
- High talent individuals, those who have skills and are flexible and innovative, will be in big demand
- Need for global mindsets and cross-cultural competencies
- Need to think of IHRM policies and practices in terms of the global workforce but also in terms of regional and local work-forces and how to mesh them
- Need to prepare employees to deal with complexity, volatility and change
- The challenge of managing employees of an MNE will increase as MNEs get larger

Implications for IHRM: HR Practitioners and MNE Level

- All companies need to think of themselves as MNEs and act ac-cordingly
- HR professionals (leaders and staff) can play a major role in all this
- All employees need to think of themselves as part of the global workforce

Brewster 2006; Garelli 2006). IHRM practitioners need to know how IHRM policies can help the organization achieve economies of scale, such as through shared service centres, yet also stay sensitive to and reflect local conditions (Brewster et al 2005). Of course, as MNEs get larger, an IHRM challenge will be to keep employees engaged and committed to an increasingly larger and perhaps distant organization (Davis and Stephenson 2006; Bryan and Zanini 2005; Friedman 2005).

16.4.1.2 Knowledge Management

As suggested by Gupta and Govindaranjan (2001), MNEs can gain global competitive advantage if they do an effective job of maximizing learning and knowledge transfer. So IHRM practitioners may wish to understand why individuals give up knowledge and how can trust be developed (Jackson, Hitt and DeNisi 2003). In addition, there are several other related inquiries here including the extent to which there are country and cultural differences in the extent to which individuals are willing and able to learn and share knowledge. Another inquiry for IHRM involves the most effective IHRM policies to use to help achieve this needed learning and knowledge sharing (Jackson et al. 2003).

16.4.1.3 Location, Location, Location

Just as MNEs may need economies of scale and scope to help achieve a global competitive advantage, they may also need to choose optimal locations for operations, and yet be sensitive to local conditions (Gupta and Govindarajan 2001). And as conditions change, optimal locations will change as well. This implies that individuals and organizations will need to change and move. IHRM practitioners might make a major contribution here by understanding the most effective policies to enable individuals and organizations in making these changes. A list of due diligence factors and possible sources for some of this information is provided on Exhibit 3.

16.4.1.4 Be Global, Be Local, Be Regional

If MNEs need to be sensitive to local conditions yet be global and regional at the same time, IHRM needs to craft policies for the entire MNE and also adapt their IHRM policies to multiple countries and regions, each with their own special and unique cultures (Sparrow and Brewster 2006; Begin 1997). IHRM might wish to investigate the ways MNEs can be most effective in making global policies, and then tailoring IHRM policies in order to be sensitive to local or regional conditions in efficient ways. A related issue of investigation here is the extent to which local and regional conditions can accommodate to a broader range of IHRM policies than might otherwise have been expected or predicted (Von Glinow et al. 2002; Gannon and Newman 2002; Hofstede 2001). Alternatively, investigations may wish to analyze a country's culture more closely. The result may reveal multiple cultures

Exhibit 3 Guidelines for Country Descriptions for IHRM

Due Diligence in Location Decisions: Guidelines for Country Descriptions for IHRM and Websites for Relevant Information
General Facts of Country

Size, location, population, Infrastructure, country culture, cus-toms, business etiquette, political systems, natural resources, educational system.(odci.gov/cia/publications/factbook; getcustoms.com; cyborlink.com; economist.com/countries; //news.bbc.co.uk/2/hi/country_profiles/default.stm;geert-hofstede.com; executiveplant.com; foreignpolicy.com; bsr.org; export.gov/marketresearch.html
• **Attractiveness of Country to Business** (economist.com; do-ingbusiness.org; sustainability.org; bsr.com; //news.bbc.co.uk/2/hi/business/5313146.stm)
• **Competitiveness factors** (imd.ch/research/center/wcc/index.cfm)
• **FDI flows/levels** (economist.com;census.gov/foreigntrade/balance
• **Labour Market:** regulations, size, competencies, ease of hiring/firing, costs, unemployment rates, demand(doingbusiness.org;atkearney.com;wfpma.org; pwc.com; mckinsey.com;ilo.org/public/English/employment/index.htm; fredlaw.com)
• **HR Policies (actual/likely):** Wage levels for several job classes; talent management; human resource planning; union qualities; T&D support; Safety and health (dol.gov; ilo.org; atkearney.com; economist.com/countries; busi-nessweek.com; ft.com; iht.com; bcg.com; mckinsey.com; //jobzing.com)

within a single country, some more compatible with an MNE's global IHRM policies (House, et al. 2004; Sparrow, Schuler and Jackson 1994; Gannon and Newman 2002). Alternatively, it may also reveal that a country's culture is no longer the same as it had been described at an earlier time due to forces of convergence. Of course, the culture may be even more different from what it had been described due to forces of divergence (Brewster et al. 2005).

16.4.2 Managing a Global Workforce

From these global realities and trends are several important implications for managing human resources globally. These implications, in turn, have implications for IHRM practitioners and line managers.

16.4.2.1 Expatriates

Managing a foreign workforce can be significantly different and more complex than managing a domestic workforce (Schuler and Tarique, 2007). Yet many North American organizations operating internationally for the past twenty-five years adopted the human resource policies of the parent country to the local conditions (only a few adopted the local HR policies). In addition, they used their expatriates as a major means of staffing the senior management cadre of local subsidiaries.

By staffing with expatriates, the North American parent attempted to exercise control over the foreign operation (Jaussaud and Schapper 2006; Tarique and Caliguri 2004). Because this ethnocentric approach was widely adopted by North American MNEs as they began to internationalize, most of the early practice and research in IHRM focused on expatriate selection and compensation (Reynolds 2004; Tarique and Caliguri 2004; Mendenhall et al. 2002; Schuler and Jackson 2005).

16.4.2.2 Locals and Third Country Nationals

While managing expatriates continues to be a significant practice and an active area of research, it no longer dominates IHRM. With the enhanced pace of globalization and rising costs associated with expatriates, MNEs have decreased their reliance on the traditional expatriate (Tarique, Schuler and Gong 2006). They have turned to third country nationals and host country nationals as vital sources of staffing, for both non-managerial and managerial positions (Reynolds 2004; Pucik, Tichy and Barrnett 1993; Schuler and Jackson 2005). In doing this the MNEs shifted their staffing focus from one primarily driven by the parent country to one better described as "global." In addition to thinking about and managing this new **global workforce (GWF)**, MNEs also shifted to thinking about and managing the **regional workforce (RWF)**. This fits the MNEs that pursue a more regional strategy rather than a more global strategy (Rugman 2003). No doubt, however, local staffing conditions and considerations are also important to MNE staffing strategies (Scullion and Collings 2006; Ghemawat 2005).

If IHRM needs to be more related to the realities of MNEs, IHRM may need to think about their workforces to reflect these realities. For example, if the realities for MNEs are to be global and local at the same time, MNEs may think about their employees in at least two separate groups: a global workforce and a local workforce (Greenwald and Kahn 2005). IHRM practitioners need to think if and how MNEs can do this and still operate as a single entity with employees around the world learning, and transferring their learning as well as knowledge, activities vital for global competitive advantage (Scullion and Collings 2006; Gupta and Govindarajan 2001; Jackson, et al., 2003). The difficulty of doing this, however, is exactly why the enterprise can gain the global competitive advantage (Gupta and Govindarajan 2001; Schuler and MacMillan 1984). But this may be even more complex and challenging if there are more than two separate workforces, i.e., global and local.

Yes, it is still important to think and act global and local, but practitioners are seeing the importance of thinking and acting **regionally** as well (Rugman 2003; Ghemawat 2005) so, if MNEs are thinking and acting globally, locally **and** regionally, IHRM practitioners will need to consider not only two separate workforces but three (Tarique, et al. 2006). Then they may wish to conceptualize the need for multiples sets of IHRM policies and the need and challenge for coordinating them and moving employees in and out of these groups. It will, of course, be necessary for MNEs to attain cooperation across employee groups if they expect to be competitive (Gupta and Govindarajan, 2001).

16.4.2.3 Global Mindsets

With the greater need for coordinating and controlling with and through people across a wide variety of countries and cultures, there is some evidence that MNEs are trying to create **global mindsets** (Evans et al. 2002). Further study might investigate the more effective ways of doing this and the specific IHRM policies that can be used. A similar investigation might be done into the activity of global career development and career systems (Thomas, Lazarova and Inkson 2005) That is, IHRM practitioners may wish to learn how to most effectively construct them (viz, a global workforce), again, in a global context, and yet be sensitive to regional and local differences (Adler and Bartholomew 1992; Gregersen et al. 1998; Gooderham and Nordhaug 2006).

16.4.2.4 Transnational Teams

As MNEs globalize themselves, and thus need to coordinate themselves more closely than ever, MNEs increasingly rely on transnational teams (Evans et al. 2002; Brewster et al. 2005). This area appears to offer an important opportunity for IHRM practitioners. More knowledge and experience on how MNEs can develop cross-cultural teamwork would be helpful here. Also, more research could offer helpful details on exactly how organizations can design IHRM systems that support and facilitate the utilization of knowledge-intensive teamwork (KITwork) to develop and sustain a competitive advantage (see Jackson, Chuang, Harden and Jiang 2007).

16.4.2.5 Global Leadership Development

The study of global leadership development has received considerable theoretical and practical attention during the last few years. (e.g., Brewster and Suutari 2005; Suutari 2002; Morrison 2000; Conner 2000). The evidence, thus far, suggests that that there has been a positive trajectory of growth with respect to the number of organizations identifying and developing leaders who are capable of functioning effectively on a global scale and with a global perspective. For instance, in the early 1990s, Adler and Bartholomew (1992) surveyed organizations headquartered in the United States and Canada and found that most organizations had taken a global approach to overall business strategy, financial systems, production operations, and marketing but lacked globally component managers. More recently, Gregersen, Morrison, and Black (1998) found that among U.S *Fortune* 500 firms, 8% of companies reported already having comprehensive systems for developing global leaders, 16% had some established programs, 44% used an ad hoc approach, and 32% were just beginning. Overall, it is clear that the strategic preparation of global leaders has become a major component of IHRM's contribution to MNE effectiveness. Even more recently, Mendenhall, Osland, Bird, Oddou and Maznevski 2008) indicated that senior managers and HRM executives identified developing leaders as the most important HRM goal for global effectiveness

16.4.2.6 Global Talent Shortages Better Attraction and Retention

With the reality of highly educated labour pool worldwide, MNEs think and act like they can locate virtually anywhere. The increasing reality, however, is that the "qualified" labour pool within some countries may not be totally unlimited. For example, in India and China there is growing recognition that there is a shortage of qualified and skilled workers, not just for MNEs, but for local companies as well (Budhwar 2004; Bryan and Zanini 2005; Sengupta 2006). One consequence of this for individuals is that wages and employment opportunities are increasing, so job mobility is enticing which is leading high rates of employee turnover. Another consequence is that MNEs may just not find the employees they need. So MNEs are having to concern themselves with being an attractive place to work (i. e., becoming an **"employer of global choice"**). Equally important, they must concern themselves with being attractive places for employees to stay.

Yet, as MNEs recognize the value of and need for retaining employees, they appear to be encouraging a contradictory policy. This is the policy that encourages employees to be responsible for their own careers and success within organizations. Put simply, it is a policy of **"Me, Inc."** that conceptualizes individual learning and mobility as positive and necessary. The result of this policy may be employees leaving an organization and moving to another one, even though the present employer is wholly acceptable, just because the individual is led to think about mobility in very positive career terms. Thus as MNEs conceive of IHRM policies and practices that might facilitate becoming an employer of global choice, they may need to assess the potential contradictory effects of other IHRM policies that are actually harmful to the enterprise.

16.4.2.7 Appraising

Related to the above issue of investigation is whether or not MNEs can embrace the reality of the GWF or at least RWFs, and develop appraisal practices that are identical for all. While some MNEs attempt to practice a common global performance management system (e. g., Morgan Stanley or Booz Allen Hamilton), some still believe that there are too many significant cultural differences that suggest they need multiple systems (Greene 2005). In this scenario, IHRM practitioners might investigate the extent to which employees might accept a new appraisal system and/ or how employees could be assisted in adapting to new systems (Briscoe and Claus 2008; Varma, Budhwar and DeNisi 2008; Brewster, et al. 2005; Lane, Maznevski, Mendenhall and McNett 2004).

16.4.2.8 Compensation

A final issue of practice and investigation relates to IHRM policies addresses compensation or remuneration (Gomez-Mejia and Werner 2008). If MNEs embrace the reality of the GWF or at least RWFs, they may desire to create more equality in their remuneration schemes. IHRM practitioners may wish to investigate here such things as whether or not money is more important to some members of the GWF, and whether or not some forms of payment are fungible and so equal compensation schemes could actually be composed of different specific forms of compensation (Reynolds, 2001; 2004).

Exhibit 4 IHRM Implications in the Four Stages of the IJV Process. *Copyright: R. S. Schuler, Rutgers University and GSBA Zurich, 2008*

IHRM Implications in the Four Stages of the IJV Process

Organizational Issues	IHRM Implications
Stage 1 – Formation	
Identifying reasons	The more important learning is the greater the role for HRM
Planning for utilization	Knowledge needs to be managed
Selecting dedicated manager	Systematic selection is essential
Finding potential partners	Cast a wide net in partner search
Selecting likely partners	Be thorough for compatibility
Handling issues of control, trust and conflict	Ensure extensive communications
Negotiating the arrangement	More skilled negotiators are more effective. Integrative strategies for learning
Stage 2 – Development	
Locating the IJV	Concerns of multiple sets of stakeholders need to considered for long term viability and acceptance
Establishing the right structure	The structure will impact the learning and knowledge management processes. These are impacted by the quality of IJV managers
Getting the right senior managers	Recruiting selecting and managing senior staff can make or break the IJV
Stage 3 – Implementation	
Establishing the vision, mission, values, the strategy and structure	These will provide meaning and direction to the IJV and employees
Developing HR policies and practices	These will impact what is learned and shared
Dealing with unfolding issues	Need to design policies and practices with local – global considerations
Staffing and managing the employees	The people will make the place
Stage 4 – Advancement and Beyond	
Learning from the partner	Partners need to have the capacity to learn from each other
Transferring the new knowledge to the parents	HR systems need to be establish to support knowledge flow to the parent and learning by the parent
Transferring the new knowledge to other locations	Sharing through the parent is critical

16.4.3 Cross-Border Alliances (CBAs): Major Extension of the IHRM Field

Another important global reality for MNEs is developing and managing CBAs (Schuler, et al. 2004). CBAs in general involve two or more firms agreeing to cooperate as partners in an arrangement that is expected to be "mutually beneficial" (Hagedoorn 1993). Such an alliance can take the form of an acquisition, merger or a creation of a third entity, an international joint venture (IJV) (Schuler, Jackson and Luo 2004; Gulati 1998; Koka and Prescott 2002).

All types of CBAs have major implications for IHRM policies. Some of these IHRM implications from an IJV are shown in Exhibit 4. These implications are described in great detail elsewhere (Schuler 2001).

The IHRM implications from IM&As are shown in Exhibit 5. These implications are also described in great detail elsewhere (Schuler and Jackson 2001).

Exhibit 5 IHRM Implications in the Three Stages of the IM & A Process. *Copyright: R. S. Schuler, Rutgers University and GSBA Zurich, 2008*

IM&A STAGE Organizational Issues	IHRM Implications
Stage 1 – Pre-Combination	
Identifying reasons for the M & A Forming M & A team Searching for partners Planning for the benefits Planning for the M or A process Planning to learn	Composition of team determines what reasons are given Systematic extensive selection are essential Conducting thorough due diligence of all areas is vital Planning for the combination minimizes problems later
Stage 2 – Combination	
Designing/Implementing teams Retaining/motivating key employees Selecting the integration manager Communicating to all employees Creating the new HR Ps & Ps Creating the new structure/strategies Building trust and knowledge	Team design and selection are critical for transition and combination success Recruit and select the candidate Communicating is essential Deciding on who stays and goes New culture, structure, and HR Ps & Ps are essential
Stage 3 – Solidification and Advancement	
Assessing the new strategies and structures Assessing the new culture Assessing the new HR Ps & Ps Assessing the concerns of stakeholders Revising as needed Learning from the process	Creating a new structure and culture requires fine tuning and evaluation Molding two cultures needs assessment and revision The concerns of all stakeholders need to be addressed and satisfied The new entity must learn

16.5 Conclusion

There has been a tremendous growth in globalization over the past fifteen years (Friedman, 2005). With globalization has come a wide variety of new global realities of MNEs. Many of these global realities are associated with economic, legal, regulatory, cultural, strategic (enterprise), and workforce characteristics. The implications of these realities of MNEs are significant. For IHRM, these realities have many implications and offer IHRM practitioners many opportunities. And as MNEs evolve to deal with the current realities, it is likely that the realities will evolve as well and so will the implications for IHRM. Continual assessment of the evolving realities for MNEs and their extrapolation for IHRM implications will then become an integral component of IHRM and the professional lives of those managing human resources internationally.

Bibliography

Adler, N and Bartholomew, S. (1992). 'Managing globally competent people', *Academy of Management Executive*, 6: 52–65

Barney, J and Wright, P. (1998). 'On becoming a strategic partner: The role of human resources in competitive advantage', *Human Resource Management*, 37: 31–46

Begin, J.P. (1997). *Dynamic human resource systems cross-national comparisons*, Berlin/New York: de Gruyter

Bourdeau, J and Ramstad, P. (2003). 'Strategic I/O psychology and the role of utility analysis models', In W. Borman, D. Ilegen and R.Klimoski (eds.) *Handbook of Psychology*, New York: Wiley: 193–221

Brewster, C and Suutari, V. (2005). 'Global HRM: aspects of a research agenda', *Personnel Review*, 34: 5–21

Brewster, C. Sparrow, P. and Harris, H. (2005). 'Towards a new model of globalizing human resource management', *International Journal of Human Resource Management,* 16: 949–970

Briscoe, D. and Claus, L. (2008). "Global performance management systems", *Journal of International Management Reviews*, September

Briscoe, D., Schuler, R. and Claus, L. (2009). *International human-resource management:Policies and practices for the global enterprise 3rd ed.* London: Routledge

Bryan, L and Zanini, M. (2005). 'Strategy in an era of global giants', *McKinsey Quarterly* Fall, 4: 25–36

Budhwar, P.S. (2004) *Managing human resources in asia-pacific*, London: Routledge

Conner, J. (2000). 'Developing global leaders of tomorrow', *Human Resource Management*, 39: 147–157

Csoka, L and Hackett, B. (1998). 'Transforming the HR function for global business success', (Report No. 1209-98-RR), New York: The Conference Board

Davis, I. and Stephenson, E. (2006) "Ten trends to watch in 2006," The McKinsey Quarterly: The Online Journal of McKinsey & Co., January

Dowling, P., Welch, D. and Schuler, R. (1998). *International Human Resource Management (3rd edition),* Cincinnati, OH: South-Western College Publishing

Evans, P, Pucik, V and Barsoux, J.-L. (2002). *The Global Challenge. Frameworks for International Human Resource Management*. Boston, MA: McGraw Hill Higher Education

Florkowski, G. (2006). *Global Legal Systems,* London: Routledge

Friedman, Thomas L. (2005). *The World is Flat*, New York: Farrar, Straus and Giroux

Gannon, M and Newman, K. (2002). *Handbook of Cross-Cultural Management,* London: Blackwell

Garelli, S. (2006). "The World Competitiveness Landscape in 2006," *IMD World Competitiveness Yearbook 2006,* IMD: Lausanne, Switzerland: 46–51

Ghemawat, P. (2005). 'Regional strategies for global leadership', *Harvard Business Review,* December: 98–108

Gomez-Mejia, L. and Werner, S. (2008). *Global Compensation Systems,* London: Routledge

Gooderham, P. and Nordhaug, O. (2006), "HRM in multinational corporations: strategies and Systems." In H.H. Larsen and W.Mayerhofer (eds.) *Managing Human Resources in Europe,* London: Routledge: 87–106

Greenwald, B and Kahn, J. (2005. 'All strategy is local', *Harvard Business Review,* September: 95–104

Greene, R.J. (2005), "Effective performance appraisal: A global perspective," Alexandria, VA: SHRM White Paper, 1–11

Gregersen, H., Morrison, A. and Black, S. (1998). 'Developing leaders for the global frontier', *Sloan Management Review,* 40: 21–33

Gupta, A and Govindarajan, V. (2001). 'Converting global presence into global competitive advantage', *Academy of Management Executive,* 15: 45–56

Gulati, R. (1998). 'Alliances and networks', *Strategic Management Journal,* 19: 293–317

Hagedoorn, J. (1993). 'Understanding the rationale of strategic technology partnering: Interorganizational models of co-operation and sectoral differences', *Strategic Management Journal,* 14: 371–386

House, R. Hanges, P. Javidan, M., Dorfman, P and Gupta, V. (2004). Culture, leadership, and organizations: The Globe study of 62 societies, Sage: Thousand Oaks

Hofstede, G. (2001). *Culture's Consequences: Comparing Values, Behaviors, Institutions and Organizations Across Nations,* SAGE Publications

Jackson, S., Hitt, M., and DeNisi, S. (eds.) (2003). *Managing knowledge for sustained competitive advantage: Designing strategies for effective human resource management,* San Francisco, CA: Jossey Bass

Jackson, S., Chuang,C., Harden, E and Jiang, Y. (2007). 'Toward developing human resource management systems for knowledge-intensive teamwork', In J. Martocchio (ed.) *Research in Personnel and Human Resource Management,* Elsiver: The Netherlands

Jackson, S and Schuler, R. (1995). 'Understanding human resource management in the context of organizations and their environments' In M. Rosenweig and L. Porter (eds.) *Annual Review of Psycholog,* Palo Alto, CA: Annual Reviews

Jaussand, J. and Schaaper, J. (2006). "Control mechanisms of their subsidiaries by multinational Firms: A multinational perspective," *Journal of International Management,* 12: 23–45

Koka, B and Prescott, J. (2002). 'Strategic alliances as social capital: A multidimensional view', *Strategic Management Journal,* 23: 795–816

Lane, H.W., Maznevski, M.L., Mendenhall, M.E. and McNett (eds.) (2004). *The Blackwell Handbook of Global Management: A guide to managing complexity,* Blackwell: London

Mendenhall, M., Kuhlmann, T., Stahl, G. and Osland, J (2002). 'Employee Development and Expatriate Assignments', In M. Gannon and K. Newman (eds.) *Handbook in Cross-Cultural Management,* London: Blackwell

Mendenhall. M., Osland, J. Bird. A. Oddou, G. and Maznevski, M. (2008). *Global Leadership: Research, Practice and Development,* Routledge: London

Morrison, A. (2000). 'Developing a global leadership model', *Human Resource Management,* 39: 117–131

Pucik, V., Tichy, N and Barnett, C. (1993). *Globalizing management.* New York: John Wiley and Sons

Reynolds, C. (2004). 'A short history of the evolution of IHRM in the U.S.: A personal perspective', In D.R. Briscoe and R.S. Schuler, *International Human Resource Management,* 2nd edition, London: Routledge

Reynolds, C. (2001). 'Compensation and benefits in a global context', In C. Reynolds (ed.) *Guide to global compensation and benefits,* San Diego, CA: Harcourt

Schuler, R. (2000). "IHRM Implications from International Joint Ventures," *International Journal of Human Resource Management,* January: 1–52

Schuler, R and Tarique, I. (2007). "International hrm: A North American perspective, a thematic update and suggestions for future research," *International Journal of Human Resource Management (*May): 15–43

Schuler, R. and Jackson, S. (2001). "HR issues and activities in mergers and acquisitions," *European Journal of Management,* 19(3): 239–253

Schuler, R and Jackson, S. (2005). 'A Quarter-Century review of human resource management in the U.S. The growth in importance of the international perspective', *Management Revue,* 16: 11–35

Schuler, R and MacMillan, I. (1984). 'Gaining competitive advantage through human resource management practices', *Human Resource Management*: 241–255

Schuler, R., Jackson, S. and Luo, Y. (2004). *Managing Human Resources in Cross-Border Alliances,* London: Routledge

Scullion, H and Collings, D. (2006) *Global staffing,* London: Routledge

Sengupta, S. (2006). "Skills gap threatens technology boom in India," *The New York Times,* October 17: A1;A6

Sparrow, P. and Braun, W (2006). 'Human Resource Strategy in International Context', In M.M. Harris (2005) (Ed.) *Handbook of Research in International Human Resource Management.* Lawrence Erlbaum's Organizations and Management Series

Sparrow, P and Brewster, C. (2006). 'Globalizing HRM: The growing revolution in managing employees internationally'. In C. Cooper and R. Burke (eds.), *The Human Resources Revolution: Research and Practice*, London: Elsevier

Sparrow, P., Schuler, R and Jackson, S. (1994). "Convergence or divergence: Human resource practices and policies for competitive advantage worldwide," *International Journal of Human Resource Management,* 5: 267–299

Suutari, V. (2002). 'Global leader development: an emerging research agenda', *Career Development International,* 7: 218–33

Taylor, S., Beechler, S. and Napier, N. (1996). 'Toward an integrative model of strategic international human resource management', *Academy of Management Review* 21: 959–985

Tarique, I and Caligiuri, P. (2004). 'Training and development of international staff', In A. W. Harzing and J. Van Ruysseveldt (eds.), *International human resource management.* Thousand Oaks, CA: Sage Publications

Tarique, I., Schuler, R and Gong, Y. (2006). 'A model of multinational enterprise subsidiary staffing composition', *International Journal of Human Resource Management,* 17: 207–224

Thomas, D., Lazarova, M. and Inkson, K. (2005). "Global careers: New Phenomenon or new perspectives?" *Journal of World Business,* 40:340–347

Trompenaars, F. (1993), *Riding the Waves of Culture*. Nicholas Brealy, London

Varma, A., Budhwar, P. and DeNisi, A. (2008). *Global Performance Management Systems,* Routledge: London

Von Glinow, M., Drost, E. and Teagarden, M. (2002). 'Converging on IHRM best practices: Lessons learned from a globally distributed consortium on theory and practice', *Asia Pacific Journal of Human Resources,* 40: 146–166

Chapter 17
View from the Top: The Increasing Prevalence of Co-Heads as an HR Strategy within Professional Services Firms

Maria Arnone and Stephen A. Stumpf

Summary. *In professionellen Serviceunternehmen wird oft eine Struktur aufgebaut, bei der zwei Führungskräfte die Verantwortung für eine Position teilen. Diese Struktur wird oft formal mit dem Titel „co-head" (Stellvertretende Leitung) bezeichnet. In den 80er Jahren war dieser geteilte Titel selten und ist primär in Positionen mit unternehmensweiter Verantwortung aufgetreten. Mit einem starken wirtschaftlichen Wachstum dieser Firmen im letzten Jahrzehnt hat auch diese Human Resource (HR) Strategie auf Gruppen- oder Bereichslevel Akzeptanz gefunden, wo in der Vergangenheit eine einzige Führungskraft die Führungsposition übergeben wurde. Die Ergebnisse von Interviews mit 19 stellvertretenden Führungskräften und 10 ihrer direkten Vorgesetzten zeigen auf, dass diese Art von Personalstrategie auf Seniorlevel Vor- und Nachteile hat. Die meisten Interviewpartner sind der Meinung, dass die Rolle eine weitere Definition, geteilte Erwartungen bei der Ausgestaltung und eine klare Ausstiegsstrategie benötigt. Implikationen für das globale Personalmanagement und die Personalbesetzung auf Seniorlevel werden diskutiert.*

17.1 Introduction

Becoming a leader with firm-wide responsibilities has a strong gravitational pull among high revenue producers in PSFs. Yet, every CEO knows that leadership success requires skills that go beyond those which drive revenue production. Several research studies confirm this belief (Bernthal and Wellins, 2004; Fulmer 2006; Salob and Greenslade 2005):
- Organizations with strong leadership bench strength have approximately 10% higher total shareholder return than their counterparts.

- Companies with above average financial returns have more comprehensive succession planning processes and are committed to developing future leaders.
- Employees with strong leaders are more satisfied, engaged, and loyal than employees with weak leaders.
- Comprehensive programs to develop and retain high-potential managers provide strategic leverage for corporate initiatives.

To add to this leadership development challenge, the recent wave of globalization has stimulated rapid business expansion in the developing and emerging regions of the world. As Brazil, Russia, India, and China – the "BRIC" economies – and other emerging markets become integrated into the global economy, management talent from multinational companies (MNCs) is being stretched to adapt to these country contexts. As Western companies enter and expand in dynamic markets, there is increasing competition for scarce leadership talent. A counter-intuitive solution to this scarcity problem is for the firm to assign two people to co-lead a unit (Heenan and Bennis 1999; Miles and Watkins 2007; Pearce and Conger 2002). The rationale for such duplication in leadership roles is the subject of this research. We explore:

- What opportunities and expectations have evolved with the increased use of co-heads at the group level?
- How has the prevalence of this role changed the landscape of leadership from the perspective of those participating in shared leadership?
- Are there common pitfalls to be avoided and what are firms doing to support the advantages and minimize the risks of a co-head structure?
- Under what circumstances do co-heads work most effectively?

17.2 Interview Methodology

The co-heads interviewed were at the senior levels of leadership within top tier financial and professional service firms. To gain an understanding of the roles and views of the co-head function, a structured interview approach was taken. To ensure an accurate view of the practices in a select group of highly competitive firms, all co-heads were guaranteed confidentiality and were assured that their views would not be presented as representing the firms they were leading. An initial convenience sample of 5 was drawn from direct business contacts. Fourteen additional interviews were gained through referrals. All of those contacted agreed to take part in the research project. Interview length ranged from a single 45 minute interview to several hours across multiple sessions. Most respondents devoted more than 90 minutes to this topic. The interviews were taped and transcribed. In addition, two coaches of co-heads were interviewed for context, as well as 10 direct reports of past co-heads to explore issues which may not have been raised during the interviews with co-heads.

Informal discussions with several industry leaders who had been in or supervised co-heads led to a preliminary list of the top five benefits of co-heads, and several common pitfalls. Subsequent interviews with 19 co-heads included two separate areas of discussion: (1) an initial conversation about their experiences, and (2) a forced-choice ranking of the benefits and pitfalls of the co-head experience. Respondents were given cards with a single item on each card and asked to rank them in order of importance, with the option of not ranking an item if they did not find it relevant and adding an item if they thought it was important. From the last request, the item, "lack of respect for partner" was added to the sort. It did not emerge as a highly cited item. (See the Appendix for a list of questions and card sort items.)

17.3 The Co-Head Function Gains Acceptance

Following Goldman Sach's lead in the mid-70's, the role of co-head as a power sharing strategy has gained acceptance within the global professional services industry. Previously, only those at the head of organizations would be considered for this role – as in the shared co-chairmanship at Charles Schwab and Company for several years (Charles Schwab and David Pottruck). Now, the roles of co-heads are used at the business and sector levels despite mixed reviews on the effectiveness of the function. Factors contributing to the rise of this shared leadership strategy range from external business considerations to internal political demands.

Globalization, mergers, and acquisitions have collectively contributed to exponential growth within the top tier financial service organizations. As businesses become larger and more complex, the demands on senior leadership increase. Geography plays a key role in a firm's global expansion efforts to gain competitive advantage, and clients in different geographies expect unfettered access to senior leadership. The co-head structure helps to increase senior leadership accessibility. Risk management associated with the development of new products also increases the demands on the attention of senior leadership. When dealing with uncertainty and economic risk, two heads are thought to be better than one (Bernstein 1998; Rubin and Weisberg 2004).

A second reason for creating a co-head structure involves integration. When there is a need to integrate parts of the business, creating co-heads communicates the need for coordination and can provide an incentive for active collaboration. This strategy may follow a merger, with a senior leader from each firm being assigned as co-head. The intent is to assure equal representation to both partners in a merger. While this creates an appearance of equality and cooperation, the strategy of shared leadership following a merger often results in a 'winner/loser' scenario within a couple of years.

Co-head roles are being used as leadership development and leadership transition devices. Senior management may need to make room for a new person while easing the incumbent out. As co-heads, one has the opportunity to grow into the role as the other gains time to transition out of the limelight.

The fourth reason for creating co-heads is to accommodate ambitious people who want to be moving up and who have demonstrated exceptional skills in revenue generation. While rewards and compensation are tied mostly to performance, recognition, power, and personal growth are flagged by the prominent leadership title. Senior executives often respond to the challenge of providing recognition to outstanding producers by awarding titles even though the role may not justify the shared title. "Pandering to talent" is a phrase used by one Wall Street leader. It is not uncommon for the title to follow a demand by a high producer to be included in the shared leadership scenario on the basis of generated revenue, rather than a leadership need.

17.4 The Prevalence of Co-Heads Changes the Landscape of Leadership in Financial and Other Professional Service Firms

The experience of being a co-head challenges the traditional description of a professional service firm leader:
- A belief in the quality and righteousness of one's decision making
- The desire to win, often at another's expense
- Willingness to take big risks for recognition and reward

Leadership as a joint role forces a reexamination of the emotional pay-off of being a leader in an elite organization. For many, the recognition coming from being the most powerful person in the room fuels a pride in their proven ability to lead without reliance on peers. The careers of leaders in professional services (investment banking, consulting, advertising, accounting) have been rewarded for taking risks while assuming direct responsibility. Success requires them to measure risks, display unblinking confidence, and inspire extraordinary performance from talented direct reports. Competitive advantage comes from developing a unique perspective and acting quickly to capitalize on this edge.

When a leader generates large revenues, many other factors are viewed through a favorable lens. It is not uncommon for the respect that follows outstanding financial results to support 'corporate stories' that link behavioral idiosyncrasies with revenue causality.

17.4.1 An Alternative View of Effective Leadership Emerges

In many ways, the co-head structure runs counter to a desire to lead the pack. The experience of having a partner in leadership can force each leader to address aspects of the business which may not have been considered relevant in their prior experience as a solo leader. One leader described his view:

> "In human, talent driven businesses, it is highly subjective. Two people could see the same thing and draw entirely different conclusions Selling high margin,

advisory services isn't like selling soap. People are prisoners of their own perspectives. What you've seen in your development influences how you look at a situation."

Following the experience of shared leadership, most are profoundly affected in their awareness of the interpersonal landscape and their views of what skills are important in colleagues. While several respondents said that they would not engage in another shared leadership scenario, most stated that they would consider another co-head engagement.

Two factors emerged in response to the question, "What are the most important attributes in evaluating a potential co-head partner?" The attributes were described as *"self awareness defined by the courage to face your own strengths and shortcomings, and the ability to be open-minded in making decisions."* Surprisingly, the same two desired attributes in a partner were cited by those who had successful and unsuccessful co-head experiences.

Outside of professional services, leaders would agree on the importance of self awareness and an open-minded perspective. Within investment banking, these attributes do not rank as "most important" factors in determining the size of bonus for senior leaders at any firm surveyed. There is little evidence that the top firms are investing significantly in sharpening their competitive edge through the development of self-awareness or open mindedness in their most senior executives.

Why this gap? What contributed to the shift in perspective of these leaders that resulted in moving these two factors from 'nice to have' to 'need to have'? An optimistic view is that the experience of shared leadership forces an opportunity for significant personal growth and a broadened perspective of the definition of leadership. Motivation, teamwork, and cooperation are subjectively measured in those who are responsible for generating significant profits. Sharing leadership may force co-heads to acknowledge the importance of qualities which are not linked to the revenue generation that dominates the typical performance review.

A traditional model of a leader allows for much latitude in the definition of success aside from the measurement of achieving revenues. In some situations, the roles were differentiated through an inside/outside perspective. "Inside" was defined as an administrative function including talent development and operations; "outside" included client facing and revenue generating activities.

17.4.2 Experience Changes One's Perspective of Shared Leadership

Multiple experiences continued to heighten a leader's awareness and refine her/his perspective. Table 1 illustrates the percent of respondents who ranked the items as their top two 'most important' benefits in a forced choice ranking scenario. Co-heads with multiple experiences were more likely to credit the experience with "stronger business results" and "better decisions" then their counterparts with single experiences. It is important to note that all of the factors listed below were generally considered to be potential

Table 1 Top Two Most Important Benefits Gained From Co-Head Partnership

Benefits	Co-Heads with Multiple Experiences	First Time Co-Heads
Stronger Business Results	86%	80%
Better Decisions	71%	60%
More opportunities for business	0%	80%
More positive culture	0%	0%
Decreased stress	0%	0%

benefits of shared leadership positions. Only those benefits which were named as most or second most important are presented in this analysis as a means of defining the most compelling advantages of creating a co-head role across different corporate cultures.

Several other factors distinguished the first co-head experience from subsequent experiences. There was more emphasis on style compatibility or 'chemistry' during the first experience. Pre-assignment planning discussions between first time co-heads focused on optimistic outcomes at the expense of defining and dealing directly with issues of trust.

More seasoned leaders expressed more tolerance of personal style differences. Several stated that they were more confident they could manage personality differences in their second experience because they negotiated more specific ground rules for conducting the relationship and addressing the differences. This pragmatic and results oriented approach to the relationship was compared by one leader as similar to the preparation for marriage. Pre-nuptial agreements are more common among those entering the relationship with prior experience.

An important item of discussion prior to beginning of the assignment for the experienced leader was to delineate an exit strategy or 'endgame'. This topic was not addressed with those entering first time alliances due to a concern that discussing an exit strategy would imply a lack of confidence in the success of the relationship. For the experienced co-head, an exit strategy was a realistic acknowledgement of the risk involved with shared leadership.

17.5 Common Pitfalls to Avoid and What Firms are Doing to Support a Co-Head Structure

In terms of the downside of co-head relationships, there was agreement among co-heads on the top five most common pitfalls. As one would expect, more experienced co-heads were less likely to experience the pitfalls that could be avoided through negotiations prior to accepting the position. As noted in Table 2, the pitfalls of 'unfair recognition' and 'disagreements over issues' were less likely to be the main sources of contention. Examples of negotiations relating to recognition included transparency on bonus arrangements, who would take the lead on administrative issues, and who would lead the discussion in internal strategy meetings among peers.

Table 2 Percent of Co-Heads Citing Pitfall in the Top Two Most Serious Category

Pitfalls	Co-Heads with Multiple Experiences	First Time Co-Heads
Distrust of intentions	71%	40%
Disagreements over issues	43%	60%
Not enough communication	43%	20%
Unfair Recognition	0%	60%
Lack of Respect	43%	0%

One experienced co-head suggested that 'disagreements over issues' occurred less frequently when the business philosophy and differences in perspectives were discussed in advance. *"Shared leadership involves aligning the sources and forging agreement across disparate groups who have different P&Ls and different motivations. It is helpful to understand the differences in perspective before entering the co-head relationship."*

Experienced co-heads were more likely to recognize and experience 'distrust of intentions' as a pitfall. Peter Bernstein, an economist and expert on risk, commented "the true source of uncertainty lies in the intentions of others." First time co-heads were less likely to recognize or discuss this openly. One described his reaction to the topic as *"Why would you increase the likelihood of failure by discussing the details of a lack of confidence in the relationship? Leadership is based upon envisioning positive outcomes."* A comparison to the differing perspectives toward marriage may be helpful in understanding the change in attitude between those with a single experience and their more experienced counterparts. Those with multiple experiences may view the pre-nuptial agreements with more measured thoughtfulness than the 20-somethings who happily equate commitment with unwavering visions of bliss.

Not enough communication' was an important issue for all. However, when ranking the potential pitfalls in order of importance, disagreements over issues and unfair recognition were more troublesome for the first time co-heads. After the initial period of working together, the issue of communication may have become a by-product of other challenges. For example, if mistrust became an issue, communication tended to focus on a 'need to know' basis and conversations explaining intentions and risks were less frequent. When unfair recognition was perceived, some co-heads sought to even the playing field through selectively filtering information.

17.5.1 Organizational Best Practices

Co-head roles are most effective when the role is treated as a single office by the organization. In this case, the demands of the role justify two leaders and the responsibilities and reporting relationships within the office are clear to all. When these conditions are met, the co-head office becomes a strategic consideration and not a reaction to the ego demands of talent or a proving ground for the next promotion.

17.5.2 Co-Head Roles and Their Relation to the Organization

Justification for expanding a role beyond a single leader begins with how the expanded role supports the longer-term organizational plan. Specifically, what are the financial goals and how are they different from what could be achieved with each potential co-head acting alone?

Following the revenue and growth goals, expected internal synergies need to be delineated. The structure of joint responsibilities includes determining in advance who will take the lead on different issues. What will the decision making process be on critical decisions?

Clarity about each co-head's business philosophy is particularly important in professional service firms as differing perspectives can influence views on how to allocate resources and evaluate the efforts of those involved with revenue generation. For example, an orientation toward spikes of revenue from specific deals or engagements will support a shorter-term evaluation with a focus on individual contributors. In financial services, merger and acquisitions would fit this model. An alternate model would involve more consistent and predictable revenue streams from a partnership in contributing to the longer term functioning of a complex global organization. Restructuring corporate finance involves longer development times and more effort in aligning groups within a firm. Contributing to the structure of a client may require more cooperation across a larger group of professionals with competing demands for their attention.

One global consulting firm, Booz|Allen|Hamilton, offers an example of how differing types of engagements require different business philosophies to support their success. Previously, the firm was divided into distinct businesses based upon their client orientation towards either government or industry. Through active co-partnering, the firm was able to secure extensive new business that bridged the government-industry gap. By evaluating the contribution of each partner equally in scenarios of joint accountability, they were able to minimize competitive energy within the partnership. When the organization communicated a message of non-competing unity within the role, subordinates were less likely to seek advantages through presenting information selectively to their favored partner.

17.6 Conditions for Co-Heads to Work Together Effectively

Developing a shared definition of how each co-head's strengths and preferences could complement the other was an important first step in defining an effective working relationship. Achieving this definition was based upon self-awareness, especially involving reactive behaviors or how the leader was likely to respond under adverse circumstances. Another important factor included clarity about how each co-head could complement the other's decision making process to achieve better business results.

17.6.1 Dynamics Between Co-Head Leaders

Often the decision to establish co-heads is made to minimize the risk of losing key talent. When the co-heads are assigned as a reaction to demands of talent, the resultant well intended solution often magnifies the initial risk as each co-head seeks to establish themselves as 'the best among equals'.

Competition has a strong gravitational pull among successful professional service firm leaders. The challenge becomes how to make collaboration a more important part of the leadership equation. Competing for power with peers who are often former rivals may remain a challenge though the power equation has changed.

Most of these leaders have strong interpersonal skills focused on client relationships and managing upward. These skills can serve as a basis for building relationships with peers. For many, this is a tough challenge because they have developed assumptions about the intentions of their colleagues that are difficult to discuss in the context of the co-head relationship. One experience co-head described his experience, *"It was harder to establish trust than I thought. People are very aggressive about wanting to succeed, and they are experienced at presenting themselves to maximize their benefit. No one wants to expose their shortfalls. Under these circumstances, how do you give your partner the benefit of the doubt?"*

To anticipate the unintended consequences of competitive zeal, some firms use consultants or coaches to work with co-heads prior to the assignment with the goal of identifying style differences, behavioral tendencies under pressure, and assumptions that may detract from building mutual trust. The focus of the consultant or coach is to help identify how differences in perspective and talent can contribute to a more effective business result. Additionally, an outside expert may raise awareness about sources of friction under duress. With this potential risk openly discussed, many leaders find it easier to raise differences when they appear in the context of 'business as usual'.

17.6.2 The Impact of Co-Heads on Direct Reports

Direct reports often find a co-head structure challenging, often with it being more dysfunctional than constructive to their agendas. The most successful co-heads created a clear reporting structure on key issues. One co-head discussed the subordinate challenge, *"The burden on subordinates in high octane businesses is extraordinarily difficult. Subordinates play off of each partner and try to pick their favorite. They are often not sure who carries more weight during the performance reviews."*

Demands for their attention often push talent development issues to a lower tier of urgency. Sometimes this was addressed through role differentiation in which one co-head would assume more responsibility for issues relating to the guidance and development of direct reports. An alternate way of addressing the strategic importance of developing and managing direct reports was to create a structure, such as a standing agenda for weekly communications, to force their attention to issues of performance review, motivation, and development.

17.7 Conclusions and Implications – A Fad or a Trend?

Stronger business results and better decisions from the combined insights of a co-head relationship can create a powerful competitive advantage. Shared leadership without due diligence carries a toxic risk of diverting the attention and efforts of key talent toward internal competition and protecting self-interests. Failure to address the implications of dual leadership beforehand contributes to the risk of misperceptions and distrust throughout the organization.

To gain the needed self-awareness for an effective relationship, both leaders must discuss their preferred leadership style, the dynamics which detract from optimal performance for them as individuals, and how their behaviors are likely to change when their needs are not met. The first level of conversation about their preferred leadership style is easy and includes how their style has contributed to their stellar accomplishments.

More important, and more difficult is the conversation that includes individual preferences and how personal behavior may lose effectiveness when those preferences are not filled by either business challenges or demands of co-leading with a partner.

The underlying reason that many co-head relationships do not achieve effective leadership is that individuals do not accurately define or engage in the challenge of assessing interpersonal risk. They gain the title and then continue to focus on behaviors that contributed to their previous success, such as demonstrating their ability to be first among equals. For most, the more difficult challenge would be to accurately assess their personal and often hidden drivers of decision making and action and to gauge the impact of these forces on their partners and those who depend upon them for leadership.

New strides in the intersection of neuroscience and psychology provide some measures of quantifying interpersonal risk in terms of assessing underlying needs and the likely behaviors that may result if these needs dominate decision making. Incorporating the interpersonal risk assessment into the leadership practices of the talented leaders in professional service firms will contribute to strengthening the leadership teams.

Bibliography

Bernstein, Peter L. (1998). Against the Gods: The Remarkable Story of Risk, John Wiley and Sons, Inc. 1998

Bernthal, P. and Wellins, R. S. (2004). Leadership Forecast: 2003-2004. Development Dimensions International, Inc., Bridgeville, PA 2004

Fulmer, R. M. (2006). Strategic Human Resource Development. APQC, Houston, TX 2006

Heenan, D. and Bennis, W. (1999). Co-leaders: The Power of Great Partnerships, New York 1999

Miles, Stephen A., and Watkins, Michael D. (2007). The Leadership Team, (April 2007), Harvard Business Review, p. 2-6

Pearce, Craig L. and Conger, Jay A. (2002) Shared Leadership Framing the Hows and Whys of Leadership, Sage Publications 2002

Rubin, Robert E. and Weisberg, R. (2004). In an Uncertain World, Random House 2004

Salob, M. and Greenslade, S. (2005) How the Top 20 Companies Grow Great Leaders, Hewitt Associates 2005

Appendix: Interview Questions

The interview reflected the following structure and questions.
1. Background on your experience as a co-head – How did it come about? How were you paired up? Were others considered to co-lead with you?
2. At the time of starting, what did you expect to accomplish? Were the goals any different than what you could have set by leading it yourself?
3. What strengths did each of you bring to the shared role? Was there anything that your co-head brought in terms of expertise, talent or experience that complemented what you brought?
4. When you started, how did you differentiate your roles and responsibilities?
5. After you got into the role, was it different from what you expected?
6. What was the best part of the relationship?
7. Did anything evolve from your interactions that was better than you expected?
8. What were the challenges that you didn't see coming from shared leadership?
9. How did you handle the challenges? What effect did your actions have on your partner?
10. From the perspective of your co-head, any thoughts on what he/she would define as the most challenging aspect of the shared leadership role?
11. How did your partner handle the challenges?
12. As a result of your experience, would you accept another position that involved shared leadership? What would you look for in a partner before you agreed to accept another co-head role?

Forced Choice Card Sort of Benefits

1. Stronger business results achieved because of each partner's contribution.
2. Better decisions made as a result of diversity in perspective.

3. More positive culture created due to synergies between partners.
4. Decrease stress in approaching challenges as a result of confidence in partner's support.
5. More opportunities for the business resulted from the alliance.

Forced Choice Card Sort of Pitfalls

1. Disagreement about how to address an issue
2. Distrust of a partner's intentions.
3. Eroded trust from a partner's response to stress.
4. Not enough communication between partners.
5. Perception of unfair recognition or rewards (visibility, end of year bonus, or political credit)
6. Lack of respect for partner.

Chapter 18
Wie kollektive Werte dem Unternehmen zu einer nachhaltigen Performance Culture verhelfen können

Doris Dull

Summary. *Companies are permanent searching how to gain sustainable competitive advantage or being unique. To gain competitive advantage it is essential to have a workforce who gets not only the job done but it is engaged and committed to create a culture of high performance. In the most cases companies immediately start to task HR to develop sophisticated and embarrassing performance management systems including a roll out plan, communication and other useless activities. But this doesn't work any longer in a world where people look for orientation, values and culture. The purpose of this article is to determine the extent to which personal human values, defined as "kollektive Wertvorstellungen" are reflected into a performance culture.*

18.1 Begriffsbestimmung

18.1.1 *Werte, das Gute und Böse*

Die ersten Wissenschaftler die sich mit dem Begriff „Werte" aus nicht ökonomischer Sicht (betriebswirtschaftliche Kennzahlen, Wert eines Objektes) befassten, waren Ende des 19. Jahrhunderts die Philosophen. Sie sinnierten über den Sinn des Lebens, das Gute und Böse, dem Wahren und beschäftigten sich mit dem Thema Werte vor dem Hintergrund der Sinnstiftung.

Aristoteles, Sokrates und Platon sind wohl die bekanntesten Philosophen Aristoteles beschreibt die Glückseligkeit als höchstes Gut für den Menschen und bietet drei Wege zur Glückseligkeit an:

- Das Leben des Genusses,
- Das politische Leben,
- Das Leben der Betrachtung und Weisheit (Denken und Vernunft)

und verbindet die Vorstellung des Glücks mit tugend- und ehrenhaft. Sokrates Weltanschauung war, dass das moralisch Korrekte erkennbar und lehrbar und aus dem Wissen der Sittlichkeit stets das Handeln folgt. In seiner Denkweise war die höchste Tugend die Genügsamkeit.

Platon widmete seine Schriften unter anderem der Lehrbarkeit der Tugend, der Staatsphilosophie über Gehorsamkeit gegen die Gesetze und über das Streben der Welt nach Ideen.

In dem Buch „Werte von Plato bis Pop" durchquert Peter Prange die europäische Geistesgeschichte und verdeutlicht dem Leser, dass Werte seit über zweitausend Jahren längst da sind. Man findet in seinem Buch eine bunte Mischung von Zitaten und Zusammenfassungen, die die Phantasie des Lesers anregt, den Sinn der Werte zu assoziieren. Der Terminus Werte wird einhellig interpretiert als etwas Wünschenswertes. Wobei sich das Wünschenswerte unterscheidet in gesellschaftlich, individuell, materiell und immateriell und durchaus zu einem Wertekonflikt führen kann, wenn moralische, ästhetische oder unethische Ziele und Wünsche damit befriedigt werden sollen.

In diesem Zusammenhang wird darauf hingewiesen, dass die Quelle aller menschlichen Werteprioritäten ihren Grundbedürfnissen entspringt mit den folgenden Prämissen:

- zu Überleben,
- Angst und Schmerzen abwehren,
- den Tod vermeiden,
- sich fortzupflanzen,

wobei diese 4 Stufen weder eine Rangfolge aufweisen noch ein entweder oder sind http://www.thinkquest.org/de/ (Psychology of Behavior).

In dem Buch Driven – Was Menschen und Organisationen antreibt – wird von den vier Trieben gesprochen. Eine sehr ähnliche Aufteilung wie die der menschlichen Grundbedürfnisse.

18.1.2 Ethik und Moral

Der Begriff Ethik (griechisch: Ethos) auch bekannt als Sittenlehre umfasst die Begriffe wie Sitte, Brauch, Gewohnheit als normativen Grundrahmen des Menschen zu seinem Selbst, zum Mitmenschen sowie zur ökologischen Umwelt (Standesethos, Berufsethos). Die Wissenschaft untergliedert die Ethik in moralische Verhaltensgrundsätze d. h. wie ein Mensch sich tatsächlich verhält und wie er tatsächlich handeln sollte.

Moral umfasst das Werte- und Normengefüge eines abgegrenzten Kulturkreises, das unter Umständen auch von den gesetzlichen Vorschriften abweichen kann und bezieht sich auf das praktische Handeln im Leben des einzelnen oder der Gesellschaft.

Gehören die Begriffe Ethik und Moral, und Werte zusammen? Oder gibt es unethische Werte oder unmoralische Werte. Es gibt sie. Denken wir nur an den Wert „ein komfortables Leben führen" und dem unethischen Verhalten, Unterschlagung von Firmengeldern, Bilanzbetrug oder Nutzen von Insiderwissen als Mittel zu einem komfortablen Leben zu kommen. Oder die Folgen von Entscheidungen, sei es Entscheidungen als rationales Handeln oder emotionale Entscheidungen, sie können jederzeit unmoralisch oder unethisch sein.

Unternehmenswerte, als weiteres Beispiel, können ambitioniert formuliert sein, lassen aber unethisches oder unmoralisches Verhalten zu und können somit zu einem Wertekonflikt führen.

Erfolgreiche Unternehmen schaffen Wertschöpfung durch Werte und können Werte in Leistung transformieren. Natürlich mit den entsprechenden ethischen und moralischen Handlungsweisen.

18.1.3 Bedürfnisse

Bedürfnisse sind Mangelerscheinungen, die beim einzelnen Menschen den Wunsch auslösen, diesen Mangel zu beheben (Bedürfnisbefriedigung). Bedürfnisse schaffen Wünsche und werden damit zu Auslösern für wirtschaftliches Handeln. In Verbindung mit vorhandenen finanziellen Mitteln können Bedürfnisse als Bedarf zur Nachfrage nach Gütern und Dienstleistungen werden.

Die Bedürfnisse des Menschen sind grundsätzlich unbegrenzt und verändern sich im Laufe des Lebens. Nach der Dringlichkeit unterscheidet man

- Physiologische Bedürfnisse, bestimmt durch den Körper selbst um einen konstanten Normalzustand oder ein Gleichgewicht herzustellen und aufrechtzuerhalten.
- Sicherheitsbedürfnisse, die sich in einer Spannbreite bewegen von einer sicheren Welt bis hin zu einem sicheren Beruf, sicheres Einkommen etc.
- Bedürfnisse nach Zugehörigkeit und Liebe. Assoziiert mit emotionalen Bedürfnissen.
- Bedürfnis nach Achtung. A priori die Selbstachtung und Achtung durch Anderen, wobei die Selbstachtung das Selbstbewusstsein und Selbstvertrauen impliziert.
- Bedürfnis nach Selbstverwirklichung, angelehnt an Maslow, wo der Mensch den Wunsch hat, all seine Fähigkeiten einzusetzen und zum Ausdruck zu bringen.

18.1.4 Innere Einstellung

Nach Rokeach kann man eine Einstellung zu bestimmten Objekten haben, die sich aus den Werten (Grundüberzeugung, Beliefs) ableiten z. B. politische Richtung, Umweltschutz etc. Folglich sind innere Einstellungen keine konstante sondern variieren respektive ändern sich aufgrund von Werturteilen oder bestimmten Situationen, in der sich ein Individuum oder auch Gesellschaften befinden. Wahrnehmung von markanten Ereignissen verbunden mit Gefühlen wie Angst, Freude, Leid, Enttäuschung determiniert die innere Einstellung. Das Ereignis vom 11. September als Beispiel hat unbestritten die Auffassung in vielen Schichten der Bevölkerung zu Themen über Sicherheit, Religion, politische Entscheidungen signifikant verändert.

18.1.5 Verhalten

Das Verhalten eines Individuen oder eines Kollektiv wird ausgelöst durch Reaktionen oder Reize. Verhalten ist sichtbar, beeinflussbar, veränderbar, messbar und beobachtbar. Das Verhalten hat einen direkten Einfluss auf die Bewegung des Organismus und der Körperteile. Die meisten Wissenschaftler, die sich mit dem Thema Verhalten beschäftigt haben, waren die Psychologen. Sie haben festgestellt, dass das menschliche Verhalten gesteuert wird einmal durch den Instinkt, zum anderen, Angst und Schmerzen zu vermeiden, Anerkennung zu bekommen, Freude zu haben, und zu guter Letzt, um sich zu vermehren. Verhalten ist somit nicht universell. Es entsteht durch Lernen, Wahrnehmen und Gefühle. Verhalten kann bewusst gesteuert werden durch kollektiven Druck um ein bestimmtes soziales Verhalten zu provozieren, oder der einzelne passt sein individuelles Verhalten dem sozialen Verhalten einer Gruppe an um der Norm zu entsprechen. Im amerikanischen wird hier vom Behaviorismus gesprochen. Wobei der Fokus auf dem Gebiet der Erforschung der Bedingungen und Formen von Verhaltensänderungen (Lernen) liegt. Lernen als Bezeichnung für das Erwerben und Verändern von Reaktionen unter bekannten oder kontrollierten Bedingungen, sofern die Veränderungen relativ überdauernd ausfallen (Drever/Fröhlich 1972, S. 62 und S. 171).

18.2 Wertetheorien

18.2.1 Terminal Values und Instrumental Values

Milton Rokeach, einer der Begründer des Wertesystems und bekannt geworden durch die Entwicklung eines Werteinventars der „Terminal Values", beschrieben als Lebensziele das „Was" im Leben als wichtig erscheint, und die „Instrumental Values", das „Wie" die Lebensziele erreicht werden sollen, behauptet, dass die Anzahl der Werte, die eine Person hat, relativ gering ist, das Bezugselement der Werte zurückzuführen ist auf die Kultur, die Gesellschaft mit ihren Institutionen und der Persönlichkeit einer Person.

18 Wie kollektive Werte dem Unternehmen helfen

Tabelle 1 Werteliste nach Rokeach. *Quelle: Rokeach 1973, S. 28*

Terminal Values (Lebensziele) „Was"	Instrumental Values „Wie"
Ein komfortables Leben (ein Leben im Wohlstand)	ehrgeizig (anspruchsvoll, zielstrebig)
Ein aufregendes Leben (ein Leber voller Spannung und Anreize)	aufgeschlossen (offen für neues)
den Willen was zu erreichen (bleibenden Wert schaffen)	fähig (kompetent, effektiv)
Eine friedliche Welt (keine Kriege, keine Unruhen)	fröhlich (leichtherzig, froh)
Eine Welt voll Schönheit (die Schönheit der Natur und schöne Künste)	Sauber (ordentlich, gepflegt)
Gleichberichtigung (Brüderlichkeit, Chancengleichheit)	couragiert (Mut zu seinen Überzeugungen zu stehen)
Schützen der Familie (sich kümmern um die, die man liebt)	vergeben (Entschuldigungen akzeptieren)
Freiheit (unabhängig, selbstbestimmend)	Hilfe leisten (für andere da sein)
Glücksgefühl (Zufriedenheit)	ehrlich (wahrheitsliebend, aufrichtig)
Innere Harmonie (ausgeglichen)	phantasievoll (kreativ, wagemutig)
Reife Liebe (Sex und geistige Liebe)	unabhängig (selbstbewusst, selbstsicher)
Nationale Sicherheit (Schutz vor Angriffen)	intellektuell (intelligent, reflektierend)
Spaß haben (lockeres, unterhaltsames Leben)	logisch (rational, geradlinig)
Seelenheil, Erlösung (ewiges Leben)	liebevoll (herzlich, mitfühlend)
Selbstwertgefühl (selbstbewusst)	gehorsam (pflichtbewusst, respektvoll)
Soziale Anerkennung (respektiert werden, bewundert werden)	höflich (zuvorkommend, gutes Benehmen)
Wahre Freundschaft (Kameradschaft)	verantwortlich sein (vertrauenswürdig, verlässlich)
Welterfahrung (Lebenserfahrung)	Selbstbeherrscht (diszipliniert, beherrscht)

Werte sind nach Auffassung von Rokeach eine anhaltende Grundeinstellung zu einer bestimmten Verhaltensweise zum Erreichen eines bevorzugten Lebensziels oder als Ausdruck einer kontroversen Verhaltensweise oder Lebensziel. A value is an enduring belief that a specific mode of conduct or end-state of existence is personally or socially preferable to an opposite or converse mode of conduct or end-state of existence.

Schalom H. Schwartz und Wolfgang Bilsky haben ein Werteinventar von universellen Werten entwickelt, die kulturübergreifend empirisch als repräsentativ bewiesen wurde. Tabelle 2 Werteliste nach Schwartz und Bilsky

Milton Rokeach, Schwartz und Bilsky vertreten die einhellige Auffassung, dass die Anzahl der Werte, die eine Person hat, relativ gering ist. Alle Menschen besitzen dieselben Werte, differenziert nach einem bestimmten Ausmaß (Prioritäten).Viele Akademiker haben die Theorien von Milton Rokeach und Shalom Schwartz unterstrichen, in dem sie Menschen verschiedener Kulturen und Herkunft nach ihren Werten befragt haben. Als Ergebnis wurden universelle Werte, wie Nächstenliebe, Offenheit, Fairness, Freiheit, Individualismus, Toleranz, Verantwortlichkeit und Respekt vor dem Leben genannt. Wobei diese Begriffe viel Spielraum für Interpretation lassen.

18.2.2 Value Mix

Ken Hultman und Bill Gellermann haben in ihrer Veröffentlichung „Balancing Individual and Organizational Value" auf die Wertetheorie von Rokeach aufgesetzt und die Anzahl der instrumental values signifikant erweitert und eine Instrumental Value Matrix entwickelt. Hultman und Gellermann beschreiben die instrumental values als ein Instrument von Standards zur Verfolgung respektive Erreichung der Terminal Values entweder:
• das Selbstbewusstsein zu erhalten oder zu erweitern;
• oder sich selbst zu verwirklichen.

Die Instrumental Value Matrix wurde in verschiedenen Kategorien segmentiert, einmal in Persönlichkeitsmerkmale wie persönliche Kompetenzen und persönlicher Charakter, des weiteren in soziale Merkmale wie Soziale Kompetenz und Sozialer Charakter. In den jeweiligen Quadranten wurden die ihrer Meinung nach entsprechenden Werte gelistet, zu verstehen als Werte-Inventory.

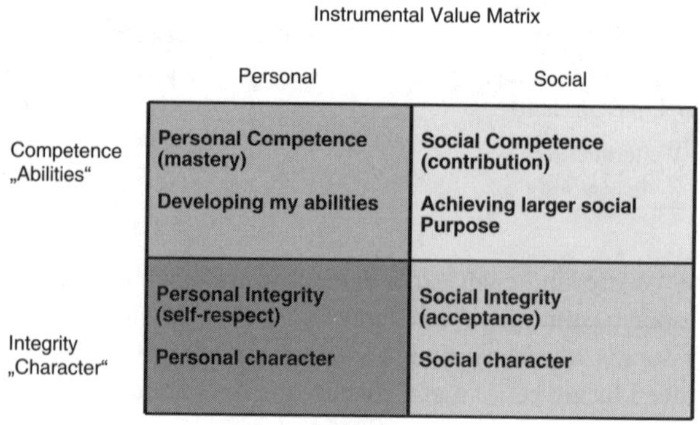

Instrumental Value Matrix

	Personal	Social
Competence „Abilities"	**Personal Competence (mastery)** **Developing my abilities**	**Social Competence (contribution)** **Achieving larger social Purpose**
Integrity „Character"	**Personal Integrity (self-respect)** **Personal character**	**Social Integrity (acceptance)** **Social character**

Abb. 1 Instrumental Value Matrix

18 Wie kollektive Werte dem Unternehmen helfen

Tabelle 2 Werteliste nach Schwartz und Bilsky

Individuelle Werte			gesellschaftliche Werte			Mix
Vergnügen	Erfolg	Selbstbestimmend	sozial	Sicherheit	Einschränkung	Reife
Ein komfortables Leben (ein Leben im Wohlstand)	**ehrgeizig** (anspruchsvoll, zielstrebig)	**Ein aufregendes Leben** (ein Leben voller Spannung und Anreize)	**Eine friedliche Welt** (keine Kriege, keine Unruhen)	**Schützen der Familie** (sich kümmern, um die, die man liebt)	**Sauber** (ordentlich, gepflegt)	**Aufgeschlossen** (offen für Neues)
fröhlich (leichtherzig, froh)	**den Willen was zu erreichen** (bleibenden Wert schaffen)	**Freiheit** (unabhängig, selbstbestimmend)	**Gleichberechtigung** (Brüderlichkeit, Chancengleichheit)	**Nationale Sicherheit** (Schutz vor Angriffen)	**Höflich** (zuvorkommend, gutes Benehmen)	**Eine Welt voll Schönheit** (die Schönheit der Natur und schönen Künste)
Glücksgefühl (Zufriedenheit)	**Soziale Anerkennung** (respektiert werden, bewundert werden)	**phantasievoll** (kreativ, wagemutig)	**vergeben** (Entschuldigungen akzeptieren)	**Verantwortlich sein** (vertrauenswürdig, verlässlich)	**Selbstbeherrscht** (diszipliniert, beherrscht)	**Innere Harmonie** (ausgeglichen)
Spass haben (lockeres, unterhaltsames Leben)		**unabhängig** (selbstbewusst, selbstsicher)	**Hilfe leisten** (für andere da sein)			**Reife Liebe** (Sex und geistige Liebe)
		intellektuell (intelligent, reflektierend)	**ehrlich** (wahrheitsliebend, aufrichtig)			**Selbstwertgefühl** (selbstbewusst)
		logisch (rational, geradlinig)	**Seelenheil, Erlösung** (ewiges Leben)			**Welterfahrung** (Lebenserfahrung)
		liebevoll (herzlich, mitfühlend)	Wahre Freundschaft (Kameradschaft)			

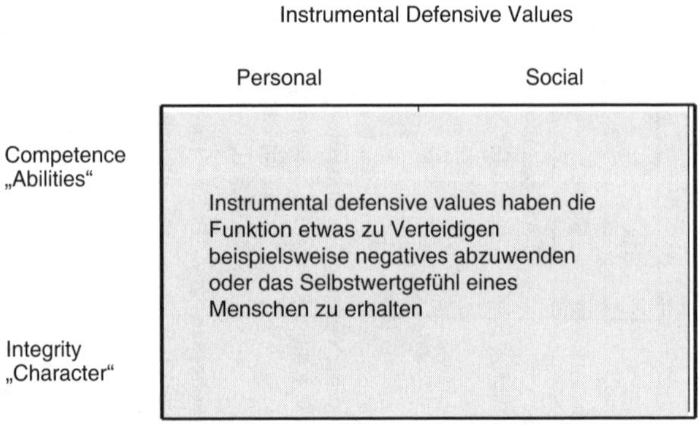

Abb. 2 Instrumental Defensive Values

Instrumental Defensive Values

Personal — Social

Competence „Abilities"

Instrumental defensive values haben die Funktion etwas zu Verteidigen beispielsweise negatives abzuwenden oder das Selbstwertgefühl eines Menschen zu erhalten

Integrity „Character"

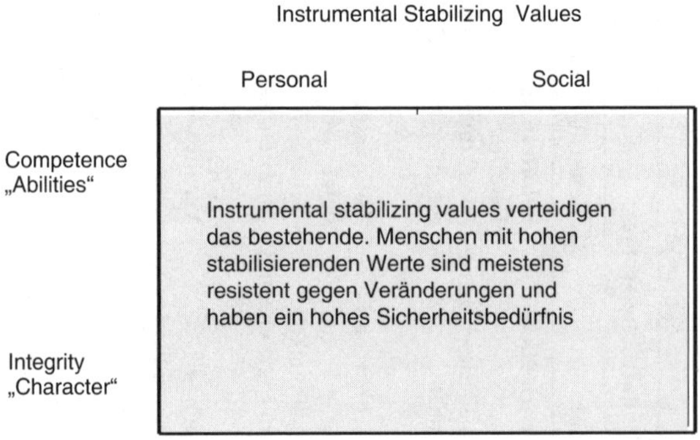

Abb. 3 Instrumental Stabilizing Values

Instrumental Stabilizing Values

Personal — Social

Competence „Abilities"

Instrumental stabilizing values verteidigen das bestehende. Menschen mit hohen stabilisierenden Werte sind meistens resistent gegen Veränderungen und haben ein hohes Sicherheitsbedürfnis

Integrity „Character"

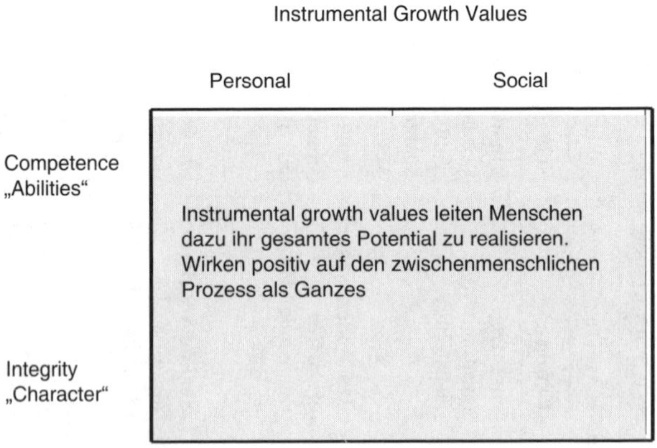

Abb. 4 Instrumental Growth Values

Instrumental Growth Values

Personal — Social

Competence „Abilities"

Instrumental growth values leiten Menschen dazu ihr gesamtes Potential zu realisieren. Wirken positiv auf den zwischenmenschlichen Prozess als Ganzes

Integrity „Character"

In einem weiteren Schritt haben sie die „instrumental Value Matrix" weiter untergliedert mit der Begründung, dass die Menschen ihre Werte verteidigen, stabilisieren aber auch weiterentwickeln. Die nachfolgenden Abbildungen erklären die Aussage.

Jeder Mensch hat je nach Situation und Umständen einen bestimmten Prozentsatz von allen Werten innerhalb der 3 Varianten in sich.

Es wird kaum eine Situation geben, wo alle instrumental Werte im gleichen Verhältnis stehen. Die richtige Kombination sorgt für ein ausgeglichenes Arbeitsleben.

18.3 Entstehung von Werten

18.3.1 Individuelle Werte

Individuellen Werte entstehen in den Entwicklungsphasen des erwachsen werden und werden beeinflusst durch die Sozialisierung in der Familie, den Freundenskreis, Kindergarten, Schule und Beruf. Eine elementare Rolle in der Phase der Sozialisierung spielen die erlebten oder in Verbindung gebrachten Emotionen und Gefühle, gesteuert durch die ökonomischen Umstände in denen der Mensch aufwächst und nicht beeinflussen kann.

Erwiesen ist dass, der sekundäre (Freunde, Bildungsträger) und tertiäre Einfluss (Beruf, Arbeitskollegen) der stärkere ist und die individuellen Werte prägen.

Spätestens in der Phase 5 sind die Grundwerte eines Individuums geformt und fungieren als mentaler Filter zur Bestimmung von Wertvorstellungen, Weltanschauungen und sozialem Verhalten. Grundwerte beeinflussen zudem unser Kommunikationsverhalten, Ausdruck, Sprache und Interpretation von Gehörtem. Beziehungen werden mit denjenigen eingegangen, die unsere Grundwerte teilen respektive manifestieren. Das gilt vor allen Dingen für Entscheidungen für oder gegen eine Organisationen.

Phasen der psychosozialen Entwicklung nach Erik Homburger Erikson

Phase	Alter		Konflikt
Phase 1	1. Lebensjahr	→	Vertrauen gegen Misstrauen
Phase 2	2. und 3. Lebensjahr	→	Autonomie vs. Scham und Zweifel
Phase 3	4. und 5. Lebensjahr	→	Initiative vs. Schuldgefühl
Phase 4	6. Lebensjahr bis Pubertät	→	Werksinn vs. Minderwertigkeitsgefühl
Phase 5	13. Bis 20. Lebensjahr	→	Identität vs. Identitätsdiffusion

Abb. 5 Entwicklungsphasen. *Quelle:http://arbeitsblaetter.stangel-taller.at/psychologieentwicklung/entwicklung.Ericson.shtml*

18.3.2 Gesellschaftliche Werte

Im Gegensatz zu den individuellen Werten sind die gesellschaftlichen Werte nicht dauerhaft stabil. Sie entstehen durch veränderte Weltanschauungen, Einstellungen und Verhalten sozialer Gruppen.

Ronald Inglehart stellte fest, dass es eine Verschiebung von Erwartungshaltungen gibt, die Menschen an ihr Leben stellen. Diese Verschiebungen, so Inglehart, sind beeinflusst von der ökonomischen und politischen Entwicklung und verändern die Wertorientierungen der Menschen im Bereich der Politik, Arbeit, Religion, Familie und Sexualverhalten. Er bezeichnet diesen Wandel von der Modernisierung zu Postmodernisierung (Inglehart 1998, S. 18). Inglehart behauptet auch, dass aufgrund kohärenter Muster eine Veränderung der Welt voraussagbar ist (Inglehart 1998, S. 17).

Die Soziologen, die sich nach den Philosophen mit dem Thema Werte auseinandergesetzt haben, fanden heraus, dass die Arbeitsteilung in einer Gesellschaft, mit ihren speziellen Fähigkeiten und Fertigkeiten der Individuen, die Industriegesellschaft formt (Emilie Durkheim). Ferdinand Tönnies trifft die Annahme, dass gemeinschaftliches Handeln, Menschen sich entweder für ein übergeordnetes kollektives Ziel verbünden (Familie, Arbeit) oder sich rational zusammenschließen als Mittel für einen individuellen Zweck (gesellschaftliches Handeln). Max Weber beschreibt soziales Handeln als Reaktion auf das Verhalten anderer. Vereinfacht kann die Hypothese aufgestellt werden, dass die Entstehung von gesellschaftlichen Werten immer eine Reaktion sozialer Gruppen darstellt, entweder auf etwas Bestehendes oder auf eine Neuerung, getrieben durch Politik, Wirtschaft, Sozialkulturelles oder Technologie.

18.3.3 Unternehmenswerte

Unternehmenswerte als Sinngebung. Ein schönes Beispiel ist hier die Formulierung von Walt Disney, no cynicism allowed:

"To bring happiniess to millions" and to celebrate, nurture, and promulgates "wholesome American values".

Stefanie Unger, um ein weiteres Beispiel zu nennen, beschreibt in ihrem Artikel zum Thema „Werte im Changemanagement" den Begriff Werte als Richtungsweiser und Indikator, was dem Unternehmen wichtig ist im Sinne von Ethik und Umgang miteinander. Wobei der Terminus Umgang auch gleichgesetzt werden kann mit dem Synonym Benehmen oder Verhalten. Damit ist offensichtlich, dass bei der Definition der Unternehmenswerte oder „core values" ein anderer Ansatz zum Tragen kommen muss als für die Festlegung der Vision, Mission und strategischen Ziele.

Unternehmenswerte sollen auch keine Selbstverständlichkeiten beschreiben wie z. B. Respekt, Vertrauen oder Qualitätsbewusstsein oder Zufriedenheit der Kunden so Susanne Porsche in ihrem Beitrag zu „Die inneren Werte eines jeden Einzelnen". Andererseits wird kontrovers argumentiert, wenn es Selbstverständlichkeiten sind, warum häufen sich dann die Fälle der Veruntreuung, Firmenskandale, Korruption, Bilanzskandale um nur beispielhaft die bezeichnenden Vorkommnisse der Jahre 2004, 2005 und 2006ff zu nennen. Vielleicht finden wir gerade hier den Ursprung für den gesellschaftlichen Wert Ethik und Moral.

Unternehmenswerte gehören zu den neuen Werteprioritäten der jungen Generation als Orientierung an dem sie ihr Handeln und Tun ausrichten. In Zeiten der Unsicherheit erfahren durch die letzten Jahre durch Stellenabbau und -transfer in Low Cost Countries, Globalisierung, Single Gesellschaft, anonyme Kommunikation mit E-Mail, SMS und Internet und auch getrieben durch die oben erwähnten Skandale suchen Menschen mehr als nur den monatlichen Gehaltsstreifen. Die Unternehmenswerte werden somit zu einem Entscheidungskriterium für die junge Generation ein Stellenangebot anzunehmen oder nicht (High-Performance Cultures: How Values Can Drive Business Results, Journal of Organizational Excellence, Spring 2003). In ihrem Buch „Built to last" beschreiben Jim Collings und Jerry I. Porras, (2004) die Unternehmenswerte, präzisiert, die „core values", als einen zentralen Erfolgsfaktor der 500 Fortune Unternehmen.

Die Voraussetzungen zur Festlegung von „core values" sind nach Meinung von Collings und Porras zu erst einmal: The organization's fundamental reasons for existence beyond just making money – a perpetual guiding star on the horizon; not to be confused with specific goals or business strategies.

Die Definition der „core values" ist somit die Grundvoraussetzung für eine Orientierung, denn sie beschreiben was dem Unternehmen wichtig ist für die Zusammenarbeit mit Kunden, Lieferanten, Mitarbeitern und Kommune unabhängig von Hautfarbe, Nationalität, Religion, Geschlecht oder andere menschliche Unterschiede. (Making Values Work, Research Technology Management, Sep/Oct. 1998, High-Performance Cultures: How Values can drive Business Results, Journal of Organizational Excellence, Spring 2003).

Als Erfolgsfaktor für eine performance culture sind sie nur wenn: sie Bestandteil des Performance-Management Process werden,
- Führungskräfte Unternehmenswerte ständig vorleben, kommunizieren und daily business werden,
- Führungskräfte 360 Grad auditiert werden,
- Verhalten und Charakter beschrieben sind (instrumental values),
- auch in Krisen Bestand behalten.

Unternehmenswerte können ganz schnell Zynismus und Sarkasmus bei den Mitarbeitern auslösen, wenn hehre Unternehmenswerte kommuniziert wurden, das Verhalten der Führungskräfte aber dissonant ist, im Sinne von Vorleben, Fehlverhalten von Mitarbeitern nicht sanktioniert wird, adäquates Verhalten keine Wertschätzung findet oder die Unternehmenskultur kontraproduktiv zu den Unternehmenswerten steht in Form von veralteten, erstarrten Strukturen (When company values backfire, Harvard Business November 2002).

An dieser Stelle sei darauf hingewiesen, auch wenn keine offiziellen Unternehmenswerte in der Organisation manifestiert wurden, sind sie da und spiegeln sich im sozialen Verhalten und Umgang wieder und werden dadurch Teil der Unternehmenskultur.

18.4 Gesellschaftliche Werte im Wandel

18.4.1 Determinanten des Wertewandels

In seinem Buch Soziale Werte und Werthaltungen zitiert Bernd Schlöder die Annahmen von Klages über die Ursachen des Wertwandels (Schlöder 1993, S. 188f.):
- Wirtschaftliche Entwicklung.
- Entwicklung des Wohlfahrtsstaates,
- Demokratisierungsbestrebungen seit Beginn der 60er Jahre,
- antikonservative Bewegung gegen überlieferte Normen und Leitbilder,
- Bildungsrevolution.

Als weitere Faktoren nennt er die Veränderungen durch die Industrialisierung als Auswirkung auf die individualistischen Orientierungen und die ideellen Wirkungen des zweiten Weltkrieges. Zusammengefasst sind es materielle, soziale und ideelle Faktoren die Klages als Determinanten des Wertewandels für die Bundesrepublik zugrunde legt. Weitere Determinanten des Wertewandels sind Institutionen oder Menschen, die eine breite Masse der Bevölkerung beeinflussen können wie beispielsweise das Internet, das Fernsehen, Radio, Print-Medien, Bildungsträger, Politiker, die Mächtigen an der Spitze von Wirtschaftsunternehmen, Eliten.

18.4.2 Träger des Wertewandels

Während im vorigen Jahrhundert die Kirche, die Monarchie, das Militär und die Reichen, bezeichnet als die Mächtigen, sich als Träger des Wertewandels behaupten konnten, wird heute die Auffassung vertreten, dass die jüngere Generation mit ihrem gestiegenen Bildungsniveau neue Werthaltungen formulieren und festschreiben (Macharzina/Wolf/Döbler 1993, S. 13), insbesondere arbeitsbezogener Werte.

S. Antonio Ruiz Quintanilla hat in seiner Studie über die „Bedeutung des Arbeitens" diese These bestätigt, indem er analysiert hat, dass das Interesse an inhaltlichen Aspekten wie Arbeitszeit, Bezahlung, physischen Bedingungen, Arbeitsplatzsicherheit, Beförderungsmöglichkeit, den Wunsch nach Lernmöglichkeiten, Abwechslung, interessanter Tätigkeit, Verantwortung und Unabhängigkeit seinen Höhepunkt am Beginn der Berufslaufbahn hat und dann stetig über die Jahre abnimmt. Ebenso die sozialen Aspekte der Arbeit verlieren mit dem Alter an Bedeutung.

Wichtig zu erwähnen ist die Aussage von Inglehart, dass Menschen, die in einer Ära des Mangels aufgewachsen sind, materialistische Werte verinnerlicht haben, anders als diejenigen die in der Ära des Wohlstandes ihre Entwicklung genossen haben, sie präferieren postmaterialistische Werte.

18.4.3 Konsequenzen für die Unternehmen

In der Zwischenzeit pfeifen es die Spatzen von den Dächern, dass der demographische Wandel in den nächsten Jahren, beginnend 2010 in Europa, zu einem Mangel an Fachkräften führt. Werden die Unternehmen zu den Gewinnern gehören, die ihre Unternehmenspolitik auf die veränderten Wertvorstellungen ausrichten und durch eine werteorientierte Personalarbeit Orientierung geben?

Zu beantworten bleibt die Frage sind es die „Terminal Values", das „Was" oder sind es die „Instrumental Values", das „Wie", oder sind es die veränderten „Wertvorstellungen", an denen die Unternehmen ihre Systeme, Prozesse und Instrumente orientieren sollen.

Basierend auf den folgenden Fakten, dass
- die Anzahl der Werte, die eine Person hat, relativ gering ist,
- alle Menschen dieselben Werte besitzen,
- die Werteprioritäten von der jeweiligen wirtschaftlichen Entwicklung abhängt,
- Wertvorstellungen und Verhalten einem Wandel unterliegen,
- Terminal Values sich in Wertvorstellungen und sozialem Verhalten widerspiegeln,
- persönliche Kompetenz und Charaktereigenschaften, wie Soziale Kompetenz und Charaktereigenschaften sich im Sozialverhalten ausdrücken (instrumental values).

Es kann die Annahme getroffen werden, dass die Wertvorstellungen und instrumental values zu den performance relevanten Determinanten kategorisiert werden können. Eine empirische Untersuchung wird zeigen, welche Wertvorstellungen und instrumental values performance relevant sind oder ob es kohärente Muster gibt zwischen Wertvorstellungen und instrumental values.

18.5 Mit Werten zu einer Performance Culture

Der Begriff Werte bezieht sich in den nachfolgenden Abschnitten ausschließlich auf die Werte als kollektive Werthaltungen (gesellschaftliche Werte) und nicht auf die individuellen Werte. Mit dem Begriff performance ist die Mitarbeiterleistung gemeint.

Unumstritten in der Literatur ist die Tatsache, dass Werte die Effektivität und das Geschäftsergebnis einer Organisation beeinflussen können. Allerdings machen Unternehmen oft den Fehler am grünen Tisch Unternehmenswerte zu definieren mit dem Ziel, das Verhalten der Mitarbeiter zu verändern, und erhoffen sich dadurch eine Leistungssteigerung. Werden die Wertvorstellungen der Mitarbeiter ignoriert, kommt es zu einem Wertekonflikt und die schön formulierten Unternehmenswerte entwickeln sich zu einem performance-killer.

Lutz von Rosenstil hat sich mit diesem Thema beschäftig und die Ergebnisse publiziert in seinem Buch „Führungsnachwuchs im Unternehmen, Wertekonflikte zwischen Individuum und Organisation", allerdings nicht im Kontext mit Performance; grundsätzlich kann die Aussage gemacht werden, dass jeder Wertekonflikt die performance beeinträchtigt. Leider nicht a priori sichtbar sondern als schleichender Prozess.

18.5.1 Performance ist mehr als nur Leistung

Leistung ist zwar die deutsche Übersetzung von dem angelsächsischen Terminus „performance" findet allerdings seinen Ursprung in der traditionellen REFA Lehre, die sich ausschließlich mit der Leistungserbringung im Produktionsbereich beschäftigt hat; erst später wurden die methodischen Instrumente auf die Angestellten übertragen. Die Bestimmungsfaktoren für Leistung im Sinne der REFA Lehre sind das Leistungsvermögen und der Leistungswille.

Im Arbeitsrecht wird der Begriff Leistung als Pflichterfüllung der geschuldeten Arbeitsleistung definiert. Es würde den Rahmen der Arbeit sprengen hierauf näher einzugehen.

Performance hingegen kann beschrieben werden als eine Kombination aus Leistungswillen, Können, Kreativität und das permanente suchen von Lösungsansätzen. Es ist das soziale Verhalten innerhalb der Gemeinschaft eines Unternehmens, zu den Kunden, Kollegen, Vorgesetzten, Lieferanten und Mitarbeitern. Performance kann auch beschrieben werden wie folgt: Arbeit erledigen und leisten über die Norm. Nutzen stiften.

18.5.2 Commitment und Engagement

Eine treffende Beschreibung von employee engangement ist: „Capturing Hearts and Minds" (Rosenthal/Masarech 2003). Ein hohes Mitarbeiter Engagement zeigt sich im emotionalen Verhalten:
- Spricht positiv über das Unternehmen,
- Unaufgefordert hohe Einsatzbereitschaft,
- Starke Bindung an das Unternehmen.

Mitarbeiter, die ein hohes commitment gegenüber dem Unternehmen haben, fühlen sich verbunden und verpflichtet, das sich wie folgt ausdrücken würde:
- Ich bin stolz hier zu arbeiten.
- Würde Freunden und Bekannten die Firma als guten Arbeitgeber empfehlen.
- Nirgends wo sonst fühle ich mich so wohl als hier.

Somit kann die Theorie aufgestellt werden, dass Arbeit erledigen und leisten über die Norm nur durch ein hohes commitment und engagement erreicht werden kann d.h. durch performance. Performance und nicht Leistung ist demzufolge ein unabdingbares Element für eine Performance Culture.

18.5.3 Performance Culture

In dem Artikel „Creating a High-Performance Culture" beschreibt Michael J. Wriston eine performance culture als Denkweise – begleitet und angetrieben von den Gewohnheiten, Routinen und Praktiken – zur Erreichung eines optimalen Engagement des einzelnen mit dem Ziel eine langfristigen performance von Team/Organisationen zu gewährleisten. Der Autor definiert die folgenden Elemente als notwendig, eine performance culture zu formen:

1 **Focus auf Strategie und Unternehmensziele**
   Die Fokussierung auf die Unternehmensziele ermöglicht, das alle Organisationseinheiten und die Organisationsmitglieder an den für das Unternehmen wichtigen Themen arbeiten und andere ggf. egoistische Ziele entweder beenden oder mit den Unternehmenszielen verbunden werden.
   Dies hilft die Ressourcen ordnungsgemäß einzusetzen und weitere Kosten wie materielle Kosten durch Fokussierung auf andere Produkte, Maßnahmen, Kunden, Entwicklung aber auch immaterielle, die eine Demotivation durch Nichtanerkennung ja sogar Negativbewertung, zu vermeiden.
   Im schlimmsten Fall ist im Unternehmen Konfusion und Stress anzutreffen.
   Nur eine klare Fokussierung ermöglicht eine klare Zuordnung und Übernahme von Verantwortlichkeit.
   Die Sicherstellung der notwendigen Prozesse sind ebenfalls auf die klare Fokussierung zurück zuführen.
   Eine wesentliche Voraussetzung ist, dass es eine grundsätzliche „Ideologie" gibt aus welcher sich die erste gemeinsame Fokussierung ergibt.
2 **Der Wille zur Zusammenarbeit**
   Der Wille zur Zusammenarbeit, das damit verbundene Commitment und Engagement, sind die wesentlichen Faktoren, die eine Performance Kultur formt.
   Der Wille ermöglichet eine unverhüllte Synergie, auch wenn nicht alle Organisationsmitglieder Zugang zu allen Ideen und Informationen haben.
   Der Wille zur Zusammenarbeit ist das gelebte Verhalten, dass sich nicht auf das Vorkünden von Visionen und Missionen beschränkt, sondern mit der Art von Problemlösung und Entscheidungsfindungen demonstriert wird.
3 **Verantwortlichkeit für Ergebnis und Prozess**
   Eine Performance Culture erfordert auch eine klare Zuordnung von Verantwortung um Erwartungen bezüglich der Performance und Verhalten eindeutig einem Organisationsmitglied und/oder einer Organisationseinheit zuzuordnen und zu kommunizieren, die individuelle und/oder kollektive Performance anzuerkennen, zu verstärken und angemessen zu belohnen, Performanceprobleme fair und schnell zu adressieren.
4 **Robuster Prozess**
   Die Performance Culture ermöglicht die Konzentration auf die „Kern"-prozesse, die wesentlich für das Untenehmen und dessen Erfolg sind.
   Diese „Kern" Prozesse sind übergreifend über Organisationseinheiten.
   Dementsprechend werden Grenzen im Denken und Handeln, die durch die traditionelle Organisation vorgegeben sind, abgebaut.
   Die Stabilisierung der Prozesse unterstützt die weiteren drei Faktoren und wird von diesen unterstützt.

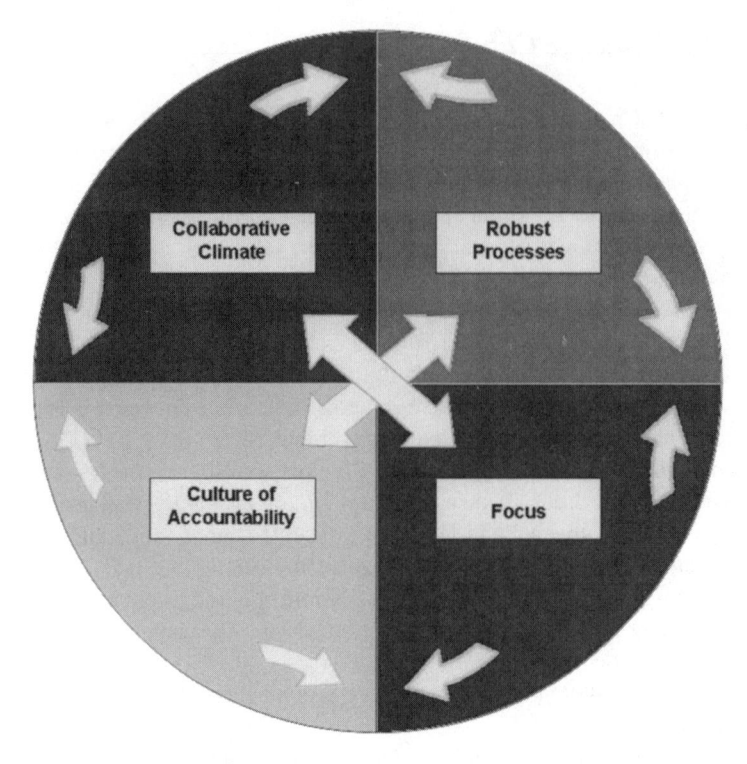

Abb. 6 Developing a High-performance Culture

So wie es nicht die Unternehmenskultur gibt, ist es auch nicht möglich, die performance culture als eine allgemein gültige zu beschreiben. Jedes Unternehmen hat bezogen auf seine Branche, Industrie, seine Kunden, seine Produkte oder Dienstleistungen Besonderheiten zu beachten und muss für sich seine performance culture definieren. Wichtig ist, die Randbedingungen zu verstehen, die eine performance culture formen.

18.5.4 Transformation von kollektiven Wertvorstellungen in eine „performance culture"

Die nachfolgende Graphik zeigt wie die kollektiven Wertvorstellungen zu einer performance culture führen können. Je kongruenter die Wertvorstellungen mit den im Unternehmen etablierten Prozesse, Systeme, Instrumente und der gelebten Unternehmenskultur im Sinne von Verhalten, sind, desto größer ist die Chance eine performance culture zu erreichen. Wichtig ist, dass alle Elemente adaptionsfähig und flexible sein müssen. Denn Wertvorstellungen unterliegen einem Wandel. Und mit jeder neuen Führungskraft oder neuen Mitarbeiter kommen neue Wertvorstellungen in das Unternehmen, die integriert werden müssen.

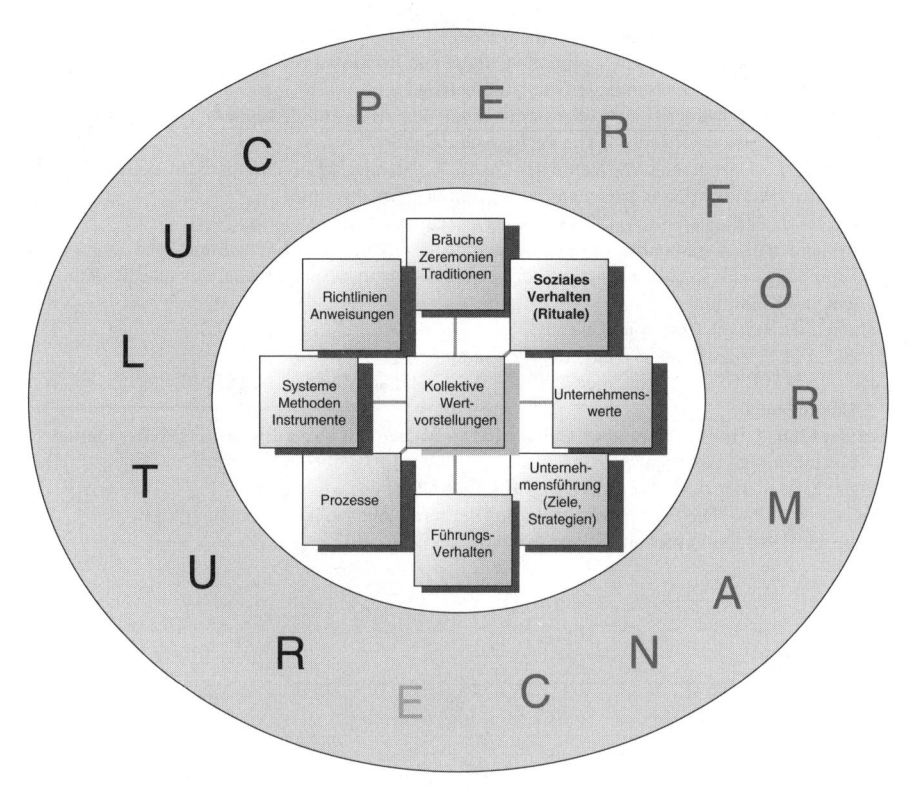

Abb. 7 Transformation Wertvorstellungen

Umgekehrt, je größer das GAP zwischen den kollektiven Wertvorstellungen und dem Unternehmen, je größer ist der Wertekonflikt und je unwahrscheinlicher ist es, eine performance culture zu erreichen.

Literatur

Becker, M. (2006),Werte-Wandel in turbulenter Zeit
Blachard, K., O'Connor, M. (1997), Managing by Values
Collins, J. (2001),Good to Great
Collins, J., Porras, J.I. (2004), Built To Last Analyse von Unternehmenskulturen, Peter Lang, 1991
Drever, J., Fröhlich, W.D. (1968), Wörterbuch zur Psychologie
Giordano, C., Patry, JL.(2005), Wertekonflikt und Wertewandel
Hemel, U.(2005),Wert und Werte
Horvath P. (2006), Wertschöpfung braucht Werte
Human Relations March (2004), A study of the relationship between organizational commitment and human values in four countries
Human Resource Management, (1991), Identification of Values Relevant to Business Research
Hultmann, K., Gellerman, B. (2002), Balancing Individual and Organizational Values
Inglehart, R. (1997), Modernisierung und Postmodernisierung

Klages, H. (1984),Wertorientierungen im Wandel
Kotter, J.P., Heskett J.L.(1992), Corporate Culture and Performance
Kreikebaum, H. (1996), Grundlagen der Unternehmensethik
Macharzina/Wolf/Döbler (1993), Werthaltungen in den neuen Bundesländern
Ray, D.W., Bronstein, H.(2001), The Performance Culture
Rosenstiel, L., Friedemann W., Nerdinger, Spieß, E., Stengel, M., Führungsnachwuchs im Unternehmen (Wertekonflikte zwischen Individuum und Organisation)
Rosenthal, J., Masarech, M.A. (2003), High-Performance Culture, Spring 2003
S. Antonio Ruiz Quintanilla, (1984) Bedeutung des Arbeitens (Entwicklung und empirische Erprobung eines sozialwissenschaftlichen Modells zur Erfassung arbeitsrelevanter Werthaltungen und Kognitionen
Schein, E.H. (1999), Corporate Culture
Schlöder, B. (1993), Soziale Werte und Werthaltungen
Schmidt, S.J.(2005), Unternehmenskultur – die Grundlage für den wirtschaftlichen Erfolg von Unternehmen
Spring, (2003), High Performance Cultures: How Values can Drive Business Results, Journal of Organizational Excellence
Unger, S., Hattendorf, K., Korndörffer, S.H.(2006), Was uns wichtig ist
Wagner, H.(1966), Die Bestimmungsfaktoren der menschlichen Arbeitsleistung im Betrieb
Wilde, H. (1994 Diplomarbeit), Werte und Arbeit

Chapter 19
Die besonderen Herausforderungen eines effektiven Talent Management

Ivonne Magin

Summary. *Talent Management is getting more and more into the focus of CEOs and often the questions arise, why doesn't it works right away as expected. The following article aims to explore some of the main challenges which appear when trying to implement a systematic Talent Management-Process. It makes clear, that Talent Management only can work effectively and efficiently, when it is closely linked to current and future Business Objectives and Role Accountabilities. Moreover, six relevant areas of Talent Management and the common challenges are explored in more detail, thereby relying on the long experience and comprehensive research of the Hay Group.*

19.1 Eine gesamtunternehmerische Herausforderung

„Im Entwurf zeigt sich das Talent, in der Ausführung die Kunst." Dieses Zitat von Marie von Ebner-Eschenbach (1830–1916) trifft insbesondere für die erfolgreiche Einführung eines effektiven Talent Management-Systems zu. Interessante Talentmanagement-Konzepte schlummern bereits in den Schubladen vieler Unternehmen und der eine oder andere Anlauf wurde bereits unternommen, um diese im Unternehmen zu realisieren. Auch wird ein effektives Talent Management-System zwar von vielen Oberen Führungskräften gewünscht, aber häufig noch nicht in deren Unternehmen effektiv umgesetzt. In einer von Hay Group und dem CEO Magazin durchgeführten Studie (2007) mit 300+ globalen und regional agierenden Firmen wird dieser Trend bestätigt. Aktuell ist, dass nur jeder fünfte CEO davon überzeugt ist, dass die gegenwärtigen Strukturen und Prozesse des Talent Managements im Unternehmen genau die Führungskräfte hervorbringen, die in Zukunft benötigt werden. Darüber hinaus glauben 80 Prozent der Unternehmen, sie hätten nicht genügend gut qualifizierte, interne Kandidaten für die gestiegenen Anforderungen an ihr Top-Management oder die mittlere Führungsebene.

Dabei wird eklatant, dass Führungskräfte nicht nur das Thema Talent Management als unbefriedigt gelöst ansehen. Darüber hinaus wird in vielen Gespräche mit der Hay Group deutlich, dass Führungskräfte auf der einen Seite ihrer Organisation nur bedingt Lösungskompetenzen zutrauen, auf der anderen Seite aber nur begrenzt bereit sind, Zeit und Geld zu investieren, um ein systematisches und langfristig angelegtes Talent Management-Programm zu unterhalten. Unternehmen sind eher dazu bereit, in Ressourcen zu investieren, um strategisches Business Development und ausgeklügelte Finanz- und Projekt-Controlling-Systeme zu betreiben. Obwohl die Einsicht heute vorhanden ist, dass man nur mit talentierten Spielern, unterstützt von einer wirkungsvollen Strategie, zukünftig in der Weltliga an vorderster Front mitspielen kann, wird der unternehmenskritische Grundsatz, dass talentierte Mitarbeiter erfolgskritischer für die Umsetzung von Strategien sind als die eigentlichen strategischen Konzepte, oft weitgehend im täglichen Handeln ignoriert.

Ohne das Vertrauen in die Umsetzungsfähigkeit der eigenen Organisation und dem Commitment sowohl Zeit als auch Geld zu investieren, wird es der gesamten Führungsmannschaft nicht gelingen, ein ausgereiftes Talent Management-Konzept zügig und Kosten sparend im Unternehmen zu implementieren. Einer der ersten Schritte, um die oben genannten Hürden aus dem Weg zu räumen ist es, Aktivitäten, die dazu beitragen, möglichst zügig die Akzeptanz und das Engagement der Führungskräfte für eine Talent Management-Initiative zu entwickeln.

Obwohl der Transfer des Sinns und der wirtschaftlichen Bedeutung einer Talent Management-Initiative eine Schlüsselkomponente ist, wird er dennoch von den Treibern der Initiative oft vernachlässigt.

Erfolgreich agierende Unternehmen, die dem Talent Management eine zentrale strategische Rolle in ihrem Management-Alltag beimessen, nennen in der Regel folgende **Vorteile**:

- Einer der wichtigsten und am wenig bekanntesten Vorteile, die im Talent Management-System gesehen werden, ist die Möglichkeit, Vorhersagen über die Strategieumsetzungsfähigkeit eines Unternehmens bzw. eines Bereichs treffen zu können. Ein Abgleich der Zielsetzungen der eigenen Unternehmensvision mit den Ergebnissen einer umfassenden Stärken-/Schwächen-Analyse des Führungskräftepotenzials erlaubt eine bessere Aussage darüber, inwieweit eine gewünschte Strategie tatsächlich von der Führungsmannschaft auch in einem bestimmten Zeitraum umgesetzt werden kann.
- Ein systematisches Talent Management ermöglicht es, der Organisation einen besseren Blick für die jeweiligen Stärken und Schwächen ihrer Führungskräfte und Fachkräfte zu erhalten.
- Darüber hinaus verschafft ein umfassendes Talent Management-System mehr Klarheit über die Rollenanforderungen und -herausforderungen einzelner Führungsfunktionen im Unternehmen. Dies ist wiederum die Grundlage dafür, die richtigen Mitarbeiter in die passenden Funktionen befördern zu können. Unsere Hay Group Studien zeigen, dass die Übereinstimmung zwischen dem Job und den dafür gewählten Personen zu Unterschieden in der Leistung von ca. 30% führen kann.

- Auch führt die Klärung von möglichen zukünftigen Karrierewegen und Rolleninhalten dazu, dass die eigenen Talente wissen, welche Karrierewege für sie zur Verfügung stehen und wie sie sich entwickeln müssen, um von einem Job zum nächsten zu gelangen. Dies führt nicht nur zu einer höheren Motivation, sondern kann auch dazu führen, dass Top-Talente während (so genannter) Durststrecken nicht sofort den Arbeitgeber wechseln. Dies ist insbesondere in Zeiten wo um Talente „gekämpft" wird, ein bedeutsames Asset.
- Durch ein systematisches Talent Management ist eine frühzeitigere Identifikation des Entwicklungsbedarfs einzelner Führungskräfte- und Fachexperten-Gruppen möglich und damit auch die zügige Einleitung entsprechender Maßnahmen.
- Ferner trägt ein besseres Informationssystem dazu bei, dass es mehr und umfassendere Daten über Kandidaten gibt als dies z.B. bei externen Kandidaten der Fall ist und man schneller auf diese Daten zurückgreifen kann.
- So bekommen Kandidaten nun die Chance, für das Top-Management sichtbar zu werden, die vorher ohne ein systematisches Talent Management-System übersehen worden wären.
- Einen Mehrwert sehen Geschäftsführer jedoch auch in der Einführung von Talent Management-Systemen, um z.B. existierende Management-Kulturen zu verändern, um die Dialogfähigkeit über Bereiche und Verbunde hinweg zu steigern, um den regionalen Talenten im Gegensatz zu früher ein höheres strategisches Gewicht zu geben, um die Innovationsfähigkeit der gesamten Organisation zu erhöhen oder um im Rahmen von M&A Projekten eine einheitliche Führungskultur zügig herzustellen.
- Weitere Argumente für ein systematisches Talent Management-Programm sind jedoch die Kosten, die man langfristig reduzieren kann. Neben einem geringeren Aufwand an externen Rekruitment-Investitionen kann eine hohe Anzahl an qualifizierten Mitarbeitern den wesentlichen Unterschied machen. So zeigte eine interne Studie der Hay Group mit einem unserer internationalen Kunden zum Thema Talent Management, dass in einem Zeitraum von 2002–2006 eine relativ kleine Anzahl von Top-Talenten im Unterschied zu den „normalen Mitarbeitern" eine Umsatzdifferenz von ca. 270 Millionen US-Dollar erwirtschafteten, d.h. im Durchschnitt ca. 56 Millionen US-Dollar pro Jahr. Über einen Zeitraum von fast fünf Jahren trugen diese Top-Talente zu einem Umsatzwachstum von 20,8% bei. Stattliche Summen, die schnell gefährdet sind, wenn Top-Talente in ihrem Engagement ausgebremst werden oder gar das Unternehmen verlassen.

Während diese Vorteile eines effektiven Talent Managements offensichtlich für CEOs und Außenstehende erscheinen, sieht es in der Praxis oft ganz anders aus: Warum sollte sich z.B. eine Führungskraft im mittleren Management dafür engagieren, talentierte Mitarbeiter in ihrem Bereich zu identifizieren, Zeit und Geld zu investieren, um sie weiterzuentwickeln, nur damit sie am Ende das Team verlassen und ein anderer Kollege davon profitiert? In Zeiten der knappen Talente am Markt fürchten viele dieser Führungskräfte zu Recht, dass sie bei Verlust eines talentierten Mitarbeiters keinen gleichwertigen Ersatz bekommen, jedoch weiterhin an den gleichen oder noch gestiegenen operativen/wirtschaftlichen Zielen gemessen werden. An diesem Beispiel zeigt sich, wie wichtig es ist, die Vorteile eines systematischen Talent Management-Ansatzes für die verschiedenen Zielgruppen im eigenen Unternehmen maßgeschneidert herauszuarbeiten. Wird diese Analyse nicht oder nur bedingt durchgeführt, fehlt den Treibern der Initiative die Grundlage, um die personellen und finanziellen Ressourcen erfolgreich bei den unterschiedlichen Zielgruppen im Unternehmen einzufordern, die notwendig sind, um überhaupt ein effektives Talent Management-System aufzubauen.

Ein zweiter Ansatzpunkt, um das Engagement und das Vertrauen in der Lösungskompetenz zu steigern, ist darüber hinaus, die genaue Identifikation der Bedürfnisse der einzelnen Zielgruppen im Unternehmen. Denn so wie es kein einheitliches Verständnis bzgl. des Begriffs „Talente" gibt, so variieren auch die Anforderungen an ein effektives Talent Management-System von Zielgruppe zu Zielgruppe: Diese unterschiedlichen Interessen gilt es vor dem Start einer Talent Management-Initiative zu identifizieren, damit ein einheitliches Verständnis sowie eine einheitliche Kommunikation über die gewünschten Ergebnisse einer Talent Management-Initiative im Unternehmen hergestellt wird. Unsere Untersuchungen zeigen, dass es sechs zentrale Interessen/Fragen/Bedürfnisse gibt, die im Rahmen einer Talent Management-Initiative (einzeln oder gemeinsam) betrachtet werden können:
1. Welche und wie viele Talente brauchen wir?
2. Wie erhöhen wir unsere Anziehungskraft als Arbeitgeber?
3. Wie identifizieren wir die richtigen Talente?
4. Wie entwickeln wir unsere Talente?
5. Wie halten und motivieren wir unsere Talente?
6. Wie setzen wir die Talente richtig ein?

Erst wenn im Vorfeld geklärt wurde, welche dieser Fragen im Rahmen einer Talent Management-Initiative beantwortet werden sollen, kann sowohl der finanzielle als auch der personelle Ressourcenbedarf festgelegt werden.

Im Folgenden werden nun die jeweiligen Fragestellungen näher betrachtet und die damit einhergehenden Hürden für ein effektives Talent Management-System identifiziert.

19.2 Welche und wie viele Talente brauchen wir?

Für viele Führungskräfte ist Talent Management nichts weiter, als das ihre Nachfrage von Talenten durch ein passendes Angebot (meistens vom Personalwesen) möglichst zügig befriedigt wird. Dabei hat jeder von ihnen seine eigene Vorstellung darüber, was genau unter Talenten zu verstehen ist. Wird es nun den einzelnen Unternehmensbereichen überlassen, ein eigenes Talent Management-System zu entwickeln, führt dies dazu, dass unterschiedliche Auffassungen im Unternehmen parallel nebeneinander existieren, was genau unter dem Begriff „Talent" zu verstehen ist und es oft schwierig ist einen gemeinsamen Konsens darüber zu erzielen,. Um hier doch ein einheitliches Verständnis zu kreieren orientieren sich die führenden Unternehmen im Bereich Talent Management bei der Definition der Anforderung an Qualität und Quantität von Talenten an der geltenden Unternehmensstrategie. Diese Top-Unternehmen sehen Talent Management nicht nur als eine ihrer Top-Prioritäten an und nehmen die gesamte Führungsmannschaft hierfür in Verantwortung, sondern stellen sicher, dass die einzelnen Komponenten des Talent Managements mit der Strategie verbunden werden (siehe Abb. 1).

Denn aus ihrer Sicht ermöglicht erst die Reflektion über den Zusammenhang der aktuellen Unternehmensstrategie, dem daraus abgeleiteten Operating Model, der Organisationsstruktur und den Rollenanforderungen mit den gewünschten Ergebnissen eines Talent Management-Systems eine maßgeschneiderte und damit kostengünstigste Lösung/Antwort/Planung im Hinblick auf den aktuellen und zukünftigen quantitativen und qualitativen Bedarf an Talenten. Fehlt jedoch die Ausrichtung des Talent Managements an einer übergeordneten Unternehmensstrategie, so sind nicht nur finanziellen und personellen Missgriffen Tür und Tor geöffnet, sondern es fehlt auch die Entscheidungsgrundlage, wann Veränderungen der vorher definierten qualitativen und quantitativen Talentkriterien vorgenommen werden dürfen. Auch können entscheidende Fragen der Personalplanung, z. B. „ob bestehende Schlüsselpositionen entwickelt werden bzw. neue Schlüsselrollen entstehen werden" nur unzureichend beantwortet werden.

Dieser **strategieorientierte Ansatz** stellt jedoch eine hohe Anforderung an die involvierten Führungskräfte und Personalverantwortlichen bzgl. ihres Organisationsverständnisses, welches in der Regel nicht so umfassend ausgeprägt vorhanden ist, wie für eine erfolgreiche Implementierung eines Talent Management-Systems notwendig wäre. Neben einem klaren Verständnis über die aktuelle strategische Ausrichtung gilt es auch, ein tieferes Know-how über interne Prozesse und existierende Rollen zu entwickeln, um überhaupt in der Lage zu sein, sowohl die Anzahl als auch die qualitativen Anforderungen an die Talente definieren zu können. Zur Entwicklung dieser Anforderungsprofile hat sich in der Praxis ein bereichs-

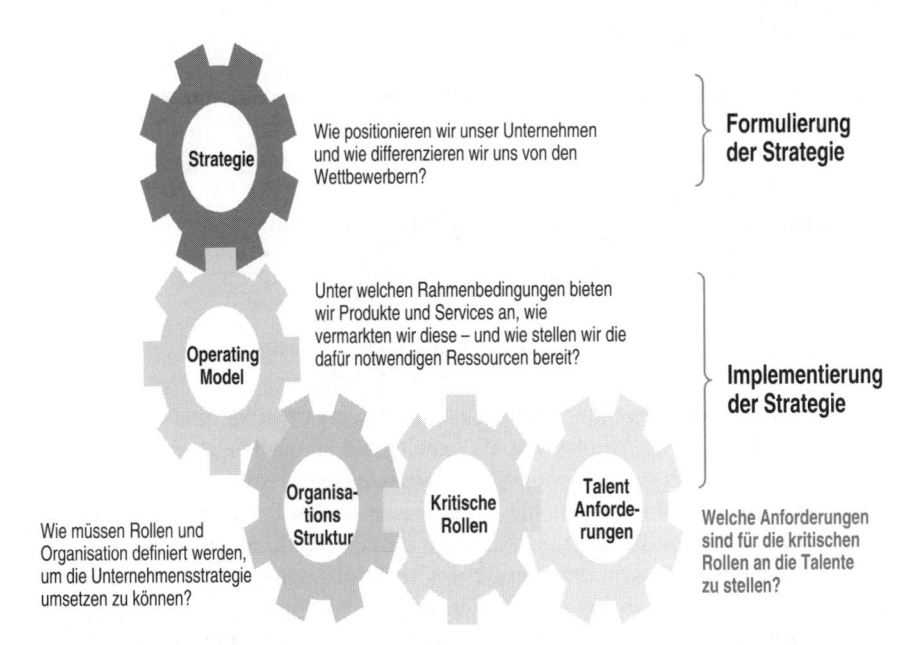

Abb. 1 Strategische Verknüpfung des Talent Managements

spezifischer Ansatz bewährt, der oft von leitenden Funktionen aus dem Personalwesen begleitet wird. Neben einer maßgeschneiderten, wirtschaftlichen und effizienten Lösung hat dieser Ansatz auch den Vorteil, dass das sonst oft weit von der Operativen entfernte Personalwesen einen umfassenden und zugleich tiefer gehenden Einblick in die Organisation gewinnen kann. Damit besteht die Chance, dass das Personalwesen sich von seiner meist administrativen Rolle löst und sich somit mittelfristig als strategischen Business Partner im Thema Talent Management positioniert.

19.3 Wie erhöhen wir unsere Anziehungskraft als Arbeitgeber?

Die Attraktivität eines Arbeitsgebers (Employer Brand) hängt nicht allein von seinem Marketing ab, sondern auch davon, inwieweit er in der Lage ist, talentierte Mitarbeiter und Führungskräfte anzuziehen, diese zu motivieren und langfristig an das Unternehmen zu binden. Schaut man sich die Unternehmen an, die eine hohe Attraktivität als Arbeitgeber am Arbeitsmarkt besitzen, so erkennt man, dass sie sehr sorgfältig ihr Ansehen in der Öffentlichkeit und ihre interne Unternehmenskultur managen. Diese Unternehmen sind sich ihrer eigenen Stärken bewusst. In ihrer internen Kommunikation verweisen sie regelmäßig darauf, um sowohl ihren internen Arbeitnehmer dies näher zu bringen als auch externe Bewerber damit anzuziehen. Darüber hinaus bauen sie ihre Maßnahmen gezielt auf einer vordefinierten Employer Branding Strategie auf. Hierbei werden unter anderem folgende zentrale Prozessschritte absolviert:

Marktentwicklungen
    a. **Definition einer „Employer Branding"**
    ↓
    b. **Auswahl der kritischen Rollen/Stellen, die es zu besetzen gilt**
    ↓
    c. **Definition der Talent-Zielgruppen**
    ↓
    d. **Entwicklung eines wettbewerbstauglichen Angebots**
    ↓
    e. **Exploration der potenziellen „Talent-Quellen"**
    ↓
    f. **Zielgerichtete Rekrutierung von Talenten**

Bei der Entwicklung eines Arbeitgeber Brandings ist es notwendig, eine Bestandsaufnahme über die aktuelle Attraktivität als Arbeitgeber zu machen. Dabei helfen die kritische Analysen der bereits eingesetzten Ansätze der aktuellen und potenziellen zukünftigen Arbeitsmärkte sowie die Orientierung an den Erfolgsrezepten anderer Unternehmen (Fortune 100 Studie). Auch die Bereitschaft konventionelle Wege zu verlassen und bei der Rekrutierung und beim Marketing neue Ansätze auszuprobieren, sollte möglichst frühzeitig geklärt werden.

    Um die personellen und finanziellen Ressourcen möglichst effektiv einzusetzen, achten erfolgreich agierende Firmen am Markt bei ihren Aktivitäten zur Erhöhung des Employer Brandings darauf, dass vor allem die für den Unternehmenserfolg bedeutsamen Rollen im Fokus der Marketing-Kampagne stehen. Bei der Definition der Talent-Zielgruppen stehen dabei nicht nur die verschiedenen Berufsgruppen, sondern insbesondere auch die unterschiedlichen Generationen (z. B. Generation X und Y) und Kulturen im Fokus der Aufmerksamkeit.

Je nach Zielgruppe kann die wahrgenommene Arbeitgeberattraktivität eines Unternehmens variieren und damit die Bereitschaft sich zu bewerben. Diese unterschiedlichen Ansprüche und Erwartungen der definierten Zielgruppe müssen sich daher auch in dem Angebot widerspiegeln, und zwar unter Berücksichtigung und Abgrenzung zu den Angeboten von Wettbewerbern. Um ein attraktives Angebot vorlegen zu können, werden von den involvierten Entscheidungsträgern umfangreiche Kenntnisse gefordert, z. B. über die Entwicklung von aktuellen und potenziellen Zielgruppen sowie deren Erwartungen, Bedürfnisse und Interessen, damit diese ein maßgeschneidertes und wettbewerbstaugliches Angebot unterbreiten können. In der Regel werden dabei Gehälter und Sachbezüge als Hygienefaktor wahrgenommen, die angemessen sein müssen, aber oft nicht per se als „differenzierend" oder „motivierend" wirken. Hingegen sind Faktoren wie die wahrgenommene Kultur, das Arbeitsumfeld, die Aussicht auf herausfordernde und abwechslungsreiche Aufgaben, Karriereperspektiven und eine harmonische Zusammenarbeit mit Vorgesetzten und Kollegen, ausschlaggebend bzgl. der Attraktivität und Originalität eines Angebots.

Nachdem die eigenen Stärken in Form eines Arbeitgeber-Profils (Brand) erarbeitet worden sind und klar ist, wie das Angebot-Paket aussieht, das potenziellen Talenten angeboten werden soll, muss dies über alle verfügbaren Kanäle effektiv kommuniziert werden. Meist werden zunächst die internen Quellen via Intranet, Newsletter oder Mund-zu-Mund-Propaganda genutzt.

Der Vorteil liegt auf der Hand, denn internes Rekrutieren ist in der Regel weniger aufwendig hinsichtlich personeller und finanzieller Ressourcen. Eine der größten Hürden im internen (wie auch externen) Rekrutierungs-Prozess ist jedoch immer noch die begrenzt ausgeprägte Mobilität der Arbeitnehmer. Unvorteilhafte Standorte müssen daher besonders aggressiv vermarktet und das Angebot entsprechend aufgewertet werden. Das externe Rekrutieren von Talenten findet heute über unterschiedlichste Wege statt: Internet, Universitäten, Direktansprache, Printmedien, Karrieremessen, etc. Schaut man genauer hin, so erkennt man, dass führende Unternehmen in diesem Feld zunehmend die Rekrutierungsprozesse ähnlich aufbauen wie die Prozesse, die sie bereits in der Logistik und im Einkauf praktizieren. Auch gilt es die Balance zu halten zwischen Standard- und individuellen Lösungen, um möglichst zügig auf Veränderungen im Markt zu reagieren.

19.4 Wie identifizieren wir die richtigen Talente?

Nichts entscheidet mehr über den Umsetzungserfolg einer Talent Management-Initiative wie die Definition darüber, was unter Talenten in der jeweiligen Organisation zu verstehen ist und auf welche Art und Weise sie identifiziert werden sollen. Gerade in diesem Umsetzungsschritt werden Schritte eingeleitet, die letztendlich darüber entscheiden, ob das gesamte Talent Management-System im Unternehmen angenommen oder abgelehnt wird und in welchem Ausmaß es tatsächlich zum zukünftigen Unternehmenserfolg beiträgt.

Dabei konnten wir in der Vergangenheit besonders zwei Vorgehensweisen häufig beobachten: In der einen Gruppe von Unternehmen werden die Kriterien überwiegend von Verantwortlichen aus dem Personalwesen definiert – oft in Abstimmung mit den direkten Vorgesetzten. In der zweiten Gruppe werden verfügbare Linien-Führungskräfte im Rahmen von Projektgruppen und Workshops involviert, was häufig dazu führt, dass die am stärksten vertretenen Interessensgruppen über die Inhalte eines Talent-Konzepts entscheiden. Beide Vorgehensweisen haben den großen Nachteil, dass zwar Know-how aus dem Unternehmen abgefragt wird aber nicht gründlich genug erarbeitet wird, was genau nun die Top-Talente von den durchschnittlichen Mitarbeitern in bestimmten Rollen und in einem definierten strategischen Kontext unterscheidet. Top-Unternehmen in der Identifikation von Talenten zeichnen sich jedoch gerade dadurch aus, dass sie beim Definieren der Talent-Kriterien die folgenden drei Aspekte nicht aus den Augen verlieren:

a. Business Kontext bzw. strategische Ausrichtung
b. Spezifische Rollenanforderungen
c. Persönliche Erfolgsfaktoren

Führende Unternehmen in der Identifikation von Talenten vertrauen nicht darauf, dass sie schon wissen, was talentierte Mitarbeiter in bestimmten Rollen vom Durchschnitt unterscheidet. Nein sie investieren Zeit, genauer zu untersuchen, worin das Erfolgsgeheimnis von talentierten Mitarbeitern in bestimmten Rollen und im entsprechenden Business Kontext liegt.

Eine der interessantesten Studien von Hay Group (2004) zum Thema „Zusammenhang zwischen Rollen und Competencies" deckt einige der häufigsten Missverständnisse auf, wie z.B. den Glauben, dass sich die meisten Rollen der obersten Führungskräften bezüglich Management-Fähigkeiten, Verhaltensweisen und der geforderten Erfahrungen ähneln. Die Forscher studierten Rollen und Competencies von 600 Top-Leistern im Kreis der obersten Führungskräfte aus einigen der weltweit erfolgreichen Unternehmen – darunter IBM, PepsiCo und Unilever. Einige der wesentlichen Erkenntnisse der Studie sind nachfolgend kurz erläutert:

- Schnelleres Wachstum, flachere Führungsebenen, sich verschiebende Geschäftsstrategien und die wachsende Popularität dynamischer, Matrix-ähnlicher Unternehmen haben die Topografie der heutigen Management- und Führungskräfte-Rollen dramatisch verändert.
- Trotz Ähnlichkeiten gibt es eine Reihe signifikanter Unterschiede, die von dem Profil der Rolle, ihrem Bezug zum Unternehmenserfolg und dem Grad des operativen oder strategischen Fokus abhängen (siehe Beispiel nächste Seite).
- Es gibt mindestens drei unterschiedliche Arten oder „Familien" von Managementrollen, die jeweils spezifische einmalige Leadership-Fähigkeiten und Verhaltensweisen erfordern. Eine Führungspersönlichkeit ohne entsprechende Entwicklungsmaßnahmen von einer Expertenrolle in eine größere Führungsrolle zu versetzen oder den Fokus von operativ auf strategisch zu ändern ist für beide Seiten – Führungskraft wie Unternehmen – sehr riskant.

- Eine Rolle – nämlich die der koordinierenden Führungskraft – entwickelt sich rapide zu einem festen Begriff in den flacheren Matrixorganisationen von heute. Solche Rollen besitzen nicht die direkte Entscheidungsautorität von klassisch operativen Stellen, sind aber für wesentliche Geschäftsergebnisse zuständig und können für diejenigen, die die traditionellere Führungslaufbahn durchlaufen haben, eine extreme Herausforderung bedeuten.

Diese Erkenntnisse werfen ernste Fragen hinsichtlich herkömmlicher Beurteilungsmethoden auf. Die eingesetzten Methoden und Kriterien fokussieren oft eher persönliche Eigenschaften und betonen weniger aktuelle und zukünftig strategische sowie rollenspezifische Anforderungen.

Eine der größten Herausforderungen bei der Identifikation von persönlichen Erfolgskriterien bei Talenten ist es, nicht in den Glauben zu verfallen, man wisse bereits aus Erfahrung, was talentierte Mitarbeiter auszeichnet. Gerade in diesem Punkt unterliegen die Unternehmen häufig dem Irrglauben, dass ein für alle talentierten Mitarbeiter gültiger Kriterienkatalog existiert bzw. dass sich die Kriterien aus den bereits gemachten Erfahrungen ableiten. Eine tatsächliche Überprüfung, ob die Persönlichkeitskriterien tatsächlich die Erfolgskriterien sind, findet dagegen nicht statt. Bemerkenswert ist daher, dass man zwar in den operativen Bereichen, wie z. B. Produktion, IT, Vertrieb und Marketing, nie ein Konzept ohne eine gründliche Testphase sofort in die Umsetzung gibt. Jedoch ist man in der Regel nicht bereit, bei Talent-Konzepten einen solchen Aufwand – personell wie auch finanziell – zu betreiben. Im Gegenteil, man drängt das Personalwesen noch dazu, möglichst schnell die Talent-Kriterien im Unternehmen bekannt zu machen bzw. diese in existierende Systeme zu integrieren. Einmal kommuniziert und in bestehenden Systemen integriert, lassen sich die Kriterien nur noch begrenzt und mit einem enormen zeitlichen, personellen und finanziellen Aufwand verändern.

Eine weitere generelle Herausforderung liegt in der Beschreibung der jeweiligen Talent-Anforderungen. Während man sich in der Entwicklung zu sehr auf den eigentlichen Inhalt konzentriert, wird die spätere Anwendung aus dem Auge verloren. Das heißt, dass bei der Ausformulierung nicht darüber reflektiert wird, inwieweit die Formulierungen der Talentkriterien im Rahmen von Assessment-Center, Mitarbeiter-Beurteilungen, Interviews, etc. tatsächlich auch anwenderfreundlich sind. Dieser Fehler behindert die zügige Akzeptanz bei allen Beteiligten, die das Konzept anwenden sollen. Nicht selten werden in einem späteren Prozessschritt allgemeine Formulierungen noch einmal detailliert für eine bestimmte Anwendung ausgearbeitet. Ein unnötiger Umweg, der Zeit, Geld und vor allem Akzeptanz kostet.

Die Ausrichtung der Auswahl von Talenten an strategische und rollenspezifische Zielrichtungen hat jedoch auch zur Konsequenz, dass sich der Inhalt, was Talent ausmacht bzw. wer als Talent angesehen wird, im Laufe der Zeit ändern kann. Daraus folgt auch, dass jemand, der bzgl. einer bestimmten Rolle Talent mitbringt, dies nicht unbedingt notwendig für eine andere Rolle bzw. die gleiche Rolle in einem anderen Unternehmen mitbringt. Alle Tendenzen von den Anforderungen einer Rolle bzw. der strategischen Ausrichtung eines Unternehmens auf ein anderes zu schließen, führt grundsätzlich in die Irre und damit in eine riskante, nicht nur finanzielle Fehlinvestition. Dies ist leider jedoch noch gängige Praxis und führt dazu, dass so genannte Talente oft nicht die in sie gesteckten Erwartungen erfüllen.

> Auch wenn Stellentitel noch immer als wichtiger Maßstab in vielen Unternehmenskulturen dienen, muss man, wie eine Untersuchung von Hay Group (4) zeigt, weit über diese oftmals stereotypischen Etiketten bei der Definition von Führungsrollen blicken. Denken Sie zum Beispiel an den Titel „Chief Information Officer" (Leiter des Nachrichtendienstes). Handelt es sich um eine operative Führungsrolle? Eine beratende Funktion? Eine koordinierende Rolle? Alles hängt von der Gestaltung und dem Rang der Position ab.
> Der CIO in einem Forschungslabor ist wahrscheinlich hauptsächlich für die Entwicklung kundenspezifischer Software und Anwendungen zuständig. Er berät und gibt Richtlinien vor und leistet zweifellos einen Beitrag zu den Unternehmenszielen. Eine Reihe diverser Ressourcen werden jedoch nicht von ihm betreut und er trägt keine Verantwortung für die Geschäftsergebnisse. Es handelt sich hier also eher um eine beratende Rolle mit Zuständigkeit für die Strategieausrichtung.
> Wie sieht es in einem großen Produktionsunternehmen aus? Die vom CIO geführte IT-Gruppe (Information Technology) unterstützt hauptsächlich die Produktlieferung. Die Stelle ist für die Entwicklung und Pflege diverser Standard-Anwendungen sowie für die Erstellung kundenspezifischer Programme verantwortlich. Der CIO dieses Unternehmens muss ergebnisorientiert aber hauptsächlich durch andere innerhalb und außerhalb des Unternehmens wirken. Dies ist nur eine koordinierende Rolle, zuständig für die Strategieausrichtung.
> Und schließlich gibt es den CIO einer großen Bank. Im Zeitalter elektronischer Finanzdienstleistungen ist die IT-Funktion mittlerweile ein integriertes Banken- und Dienstleistungsprodukt. Dieser CIO ist letztendlich für Groß-Systeme und für die Bearbeitung von Millionen von Transaktionen täglich verantwortlich. Der Schwerpunkt liegt hier nicht auf der Gestaltung oder Pflege von Systemen und Anwendungen sondern auf Erreichen und Übertreffen der Geschäftsergebnisse. Diese Stelle kontrolliert enorme operative Ressourcen, die in vieler Hinsicht das Zentralnervensystem der Bank darstellt. Ohne dieses System könnte die Bank nicht existieren. Die Rolle ist also eindeutig operativ ausgerichtet und für die Strategieerarbeitung zuständig.
> Wie unser Beispiel zeigt, ist jeder dieser Rollen trotz gleichem Stellentitel sehr unterschiedlich und benötigt rollenspezifische Kenntnisse, Verhaltensweisen und weitere Führungskompetenzen.

Abb. 2 Beispiel CIO

19.5 Wie entwickeln wir unsere Talente?

Noch immer scheuen sich viele Unternehmen systematisch, in die interne Entwicklung von Talenten zu investieren. Zugegeben, die finanziellen Kosten sind häufig nicht geringer als bei einer externen Talent-Rekrutierung. Auch der personelle Aufwand darf nicht unterschätzt werden. Ferner ist der Zeitraum bis ein passables Talent-Portfolio aufgebaut wird eher von langfristiger, als von kurzfristiger Natur, sodass der Return on Investment eines effizienten Talent Managements in der Regel erst Jahre später erfassbar wird. Der Nutzen eines solchen Systems ist daher nicht für alle sofort ersichtlich und steht somit häufig nicht im Fokus bzw. im Interesse von Entscheidungsträgern.

Neben der Akzeptanz-Gewinnung von Führungskräften für Personalentwicklungsaktivitäten besteht die zweite große Herausforderung darin, das wenige Geld, das für die Entwicklung von Talenten zur Verfügung steht, möglichst effektiv einzusetzen. Hier fehlt es vor allem in der Personalentwicklung an Zeit und an Methoden, um ein umfassendes Talententwicklungs-Controlling aufzubauen und die Talente so zu identifizieren, dass der größte Return on Investment zu erwarten ist. Die Beobachtungen der Hay Group zeigen dagegen, dass in der Regel eher Geld in Maßnahmen investiert wird, deren Wirkung in Bezug auf die wirtschaftliche Leistungssteigerung einzelner bzw. von Gruppen bezweifelt werden kann. Zum Beispiel haben aus unserer Sicht, Outdoor-Aktivitäten wenig bis gar keinen Einfluss auf die Fähigkeit eines Unternehmens talentierte Führungskräfte zu entwickeln. Natürlich bedeutet dies nicht, dass Outdoor-Aktivitäten nicht die Arbeitsmoral verbessern, den Teamgeist steigern und den Bizeps wachsen lassen, aber sie bringen keine höherwertigen Führungskräfte hervor.

Ein anderes Beispiel ist der effektivere Einsatz von Coaches bei der Entwicklung von Talenten, der häufig bislang ad hoc und nicht zielgruppenspezifisch vorgenommen wird. Interne Coaches sind durchaus in der Lage, ihren Top-Führungskräften zu helfen, ihre kommunikativen Fähigkeiten weiter zu entwickeln oder ihre Fähigkeit, Mitarbeiterleistungen zu beurteilen, zu steigern. Doch um ihren Vorständen und ersten Führungsebenen strategische Managementfähigkeiten zu vermitteln, fehlt es den internen Coaches – aufgrund ihrer hierarchischen Einbindung – nicht nur an Erfahrung, sondern meist auch an entsprechender Akzeptanz bei der Führungsriege. Im Gegensatz dazu ist der interne Coach dem externen Coach bei Führungskräften der mittleren und unteren Ebenen durchaus überlegen, denn der interne Coach bringt ein tieferes Verständnis über organisationsspezifische Strukturen, Normen und informelle Entscheidungsprozesse mit. Der interne Coach ist somit in der Lage, seine Führungskräfte beim Navigieren durch den Unternehmens-Dschungel zu begleiten. Einem externen Coach gelingt dies nur bedingt. Er ist daher für diese Zielgruppe nicht zu empfehlen. Nur wenn die Inhalte der Trainingsmaßnahmen direkt an unternehmens- und rollenspezifischen Zielrichtungen andockt und vorher klar definiert wird, woran der Erfolg einer Trainingsmaßnahme für Talente gemessen wird, wird die Personalentwicklung in der Lage sein, Akzeptanz und Engagement der Linienmanager für ihre Pläne zu bekommen. In Zeiten knapper Kassen entscheidet demnach auch hier, inwieweit eine Verknüpfung zwischen operativen Zielsetzungen und Talent Management tatsächlich besteht und ob und in welchem Umfang in Talente investiert werden soll.

19.6 Wie halten und motivieren wir unsere Talente?

Besonders in Zeiten in denen Talente am externen Markt knapp werden und nur für teures Geld zu gewinnen sind, bekommt das Thema „Retention" (das Halten von Mitarbeitern) eine besondere Bedeutung. Gibt es Schwierigkeiten neue Talente an Bord zu bekommen, neigen Geschäftsführer und Linienführungskräfte schnell dazu, Druck auf das Personalwesen auszuüben, den so genannten internen Talenten eine höhere Vergütung zukommen zu lassen bzw. auch bei der externen Rekrutierung ein exklusiveres und damit meist teureres Packet zu schnüren. Auf dem ersten Blick mag dies durchaus sinnvoll sein, denn Talente sind selten und „wertvoll", man hat mit ihnen Besonderes vor und steht im Wettbewerb zu anderen externen Unternehmen, die diese auch für sich gewinnen wollen. Hier liegt eine große Gefahr für das Personalwesen, denn jeder zusätzliche Euro bzw. Schweizer Franken, der in Talente investiert wird, muss letztendlich durch eine tatsächlich höhere Leistung des Betroffenen wettgemacht werden. Ansonsten handelt es sich um eine Fehlinvestition. Einmal eingestellt bzw. wurde einem Talent eine erheblich höhere Gehaltszuwendung zugebilligt, kann der Schritt kaum mehr rückgängig gemacht werden und die Kostenspirale bewegt sich nach oben.

Und spätestens dann stellt sich die Frage, wie viele Ausnahmen lässt man in seiner Vergütungspolitik im Unternehmen zu oder umgekehrt, wie viel interne Konsistenz wird bei der Vergütung benötigt? Denn überstrapaziert die Praxis das wahrgenommene Gefühl der „internen Konsistenz" und Fairness, dann führt dies schnell dazu, dass Talente nicht fair von ihren Vorgesetzten beurteilt werden und die Kollegen sie nicht integrieren, so dass es zum frühzeitigen Ausscheiden oder Versagen von Talenten in ihrer neuen Rolle kommt.

Führende Unternehmen haben bereits erkannt, dass sie nicht nur auf ein attraktives Vergütungspaket setzen können. Eine ganze Reihe von unterschiedlichen Maßnahmen wird von ihnen vorangetrieben. Angefangen von attraktiven Arbeitszeitmodellen, über Personalentwicklungsmaßnahmen bis hin zu Mitarbeiterbefragungen und die Bearbeitung deren Ergebnisse. Es wird viel getan, um talentierte Mitarbeiter zu halten.

Diese präventiven Initiativen nutzen jedoch wenig, wenn der Einzelne bereits die Entscheidung getroffen hat, das Unternehmen zu verlassen. Auch können diese attraktiven Pakete in einem Unternehmen nur schwierig verwirklicht werden, wenn das gesamte Unternehmen unter einen enormen Kostensenkungsdruck steht. Neben den Kollegen sind es die Vorgesetzten, die aufgrund ihrer Nähe zu ihren Mitarbeitern die ersten sein sollten, die Signale einer möglichen Resignation bzw. Kündigung frühzeitig erkennen können. Unsere Beobachtungen weisen darauf hin, dass gerade der wahrgenommene Grad des Zusammenhalts in der Gruppe sowie der Stolz zu einem bestimmten Team bzw. für eine bestimmte Führungskraft zu arbeiten, ein guter Indikator für die Bindung an ein Unternehmen ist. Jahrelange Forschungen von Hay Group zeigen, dass der direkten Führungskraft daher eine enorm große Verantwortung zukommt, wenn es darum geht, talentierte Mitarbeiter zu halten. Ihr praktizierter Führungsstil bestimmt zu einem hohen Anteil, was das Teamklima und unsere Forschungen zeigen: Eine Leistungssteigerung von bis zu 30% ist möglich, wenn das wahrgenommene Klima den Erwartungen der Talente entspricht.

Leider fokussieren viele Führungskräfte heute noch zu wenig auf ihre Wirkung auf das Teamklima und somit der Motivationslage von talentierten Mitarbeitern. Leider sind nur wenige Führungskräfte dazu in der Lage, ein motivierendes Klima zu erzeugen. Dies zeigen die Ergebnisse unserer Talent-Untersuchung 2007. Von 3141 Führungskräften aus international agierenden Firmen konnten 56% kein Klima zu erzeugen, welches motivierend auf Mitarbeiter wirkte. Nur 26% waren in der Lage ein Klima zu erzeugen, dass als leistungssteigernd von den Mitarbeiter wahrgenommen wurde. Diese Ergebnisse sind ernüchternd, zeigen aber die weit verbreitete Problematik auf, dass Führungskräfte sich ihrer Verantwortung bzgl. der Motivation von Leistungsträgern noch zu wenig bewusst sind.

In mehrjährigen Studien von Hay Group wird vor allem deutlich, dass die monetäre Belohnung nur eines von mehreren Faktoren ist, die einen hemmenden Einfluss auf die Leistungsmotivation von Talenten besitzt. Kurzfristiger und frustrierender sind jedoch andere Kriterien, wie z. B. die fehlende Klarheit hinsichtlich der Unternehmens-/Bereichsstrategie und dem Zusammenhang mit den eigenen Aufgaben. Diese mangelnde Klarheit über den Sinn und Zweck der eigenen Tätigkeit und der langfristigen Ausrichtung ist aus unseren Beobachtungen im Mittleren Management weiter verbreitet als von vielen Oberen Führungskräften angenommen. Mangelnde Klarheit über die jeweilige Zielausrichtung hemmt jedoch jede Strategie-Umsetzung.

Hier gilt es gezielt anzusetzen. Dies bedeutet insbesondere, die einzelnen Führungskräfte mehr in die Verantwortung zu nehmen. In der Regel gelingt dies jedoch nur, wenn die entsprechenden Performance Systeme diese Verantwortung von den Führungskräften einfordern. Das Personalwesen ist an dieser Stelle gefordert, ein größeres Bewusstsein für die Bedeutung dieser so genannten „Soft Facts" im Unternehmen zu schaffen und mit entsprechenden Informationen den Führungskräften unterstützend zur Seite zu stehen.

19.7 Wie setzen wir Talente richtig ein?

Während in der Vergangenheit der Fokus bei der Personalplanung auf der Anzahl der Talente lag, erkennen die führenden Unternehmen, dass insbesondere die Qualität der Talente und deren optimalen Einsatz im Unternehmen eine große Rolle spielen. Es ist einfach zu kostspielig, Ressourcen in Talente zu investieren, die dann nach einer Beförderung in eine neue Rolle nicht in der Lage sind, ihre Aufgaben den Erwartungen entsprechend zu erfüllen. Damit gewinnt das Konzept des „Best Fit" für aktuelle aber auch für zukünftige Beförderungen eine strategische Bedeutung innerhalb der Talent-Planung.

Um die optimale Abstimmung zwischen Person und Stelle zu erzielen, ist es erforderlich, dass man die Inhalte der Stelle gründlich kennt und weiß in welcher Form diese sich in Zukunft verändern wird. Dabei beziehen sich die Kenntnisse nicht nur auf die Anforderungen an die Persönlichkeit, deren Managementqualitäten und die erforderlichen Fachkenntnisse sondern auch auf die strategische Bedeutung und den Handlungsspielraum einer Rolle (siehe Abb. 3). Gleichzeitig sollte der Kontext der Rolle innerhalb der übergeordneten Organisation geklärt werden: Wie wirkt sie mit anderen Organisationselementen zusammen? Welche formellen und informellen Beziehungen sind erforderlich? Wie werden Ergebnisse erzielt – durch unmittelbare Kontrolle oder ggf. durch die Fähigkeit, andere außerhalb der formellen Beziehungen zu beeinflussen?

Auch über die identifizierten Potentiale der Talente hinaus gilt es Kenntnis darüber zu haben, inwieweit der Einzelne überhaupt das Interesse hat, in eine andere Funktion zu wachsen bzw. wie er sich wahrnimmt. Besonders oft wird dabei die mangelnde Mobilität des Kandidaten zum hemmenden Faktor, ebenso wie die mangelnde Motivation, sich in unterschiedliche Rollen einzuarbeiten, insbesondere

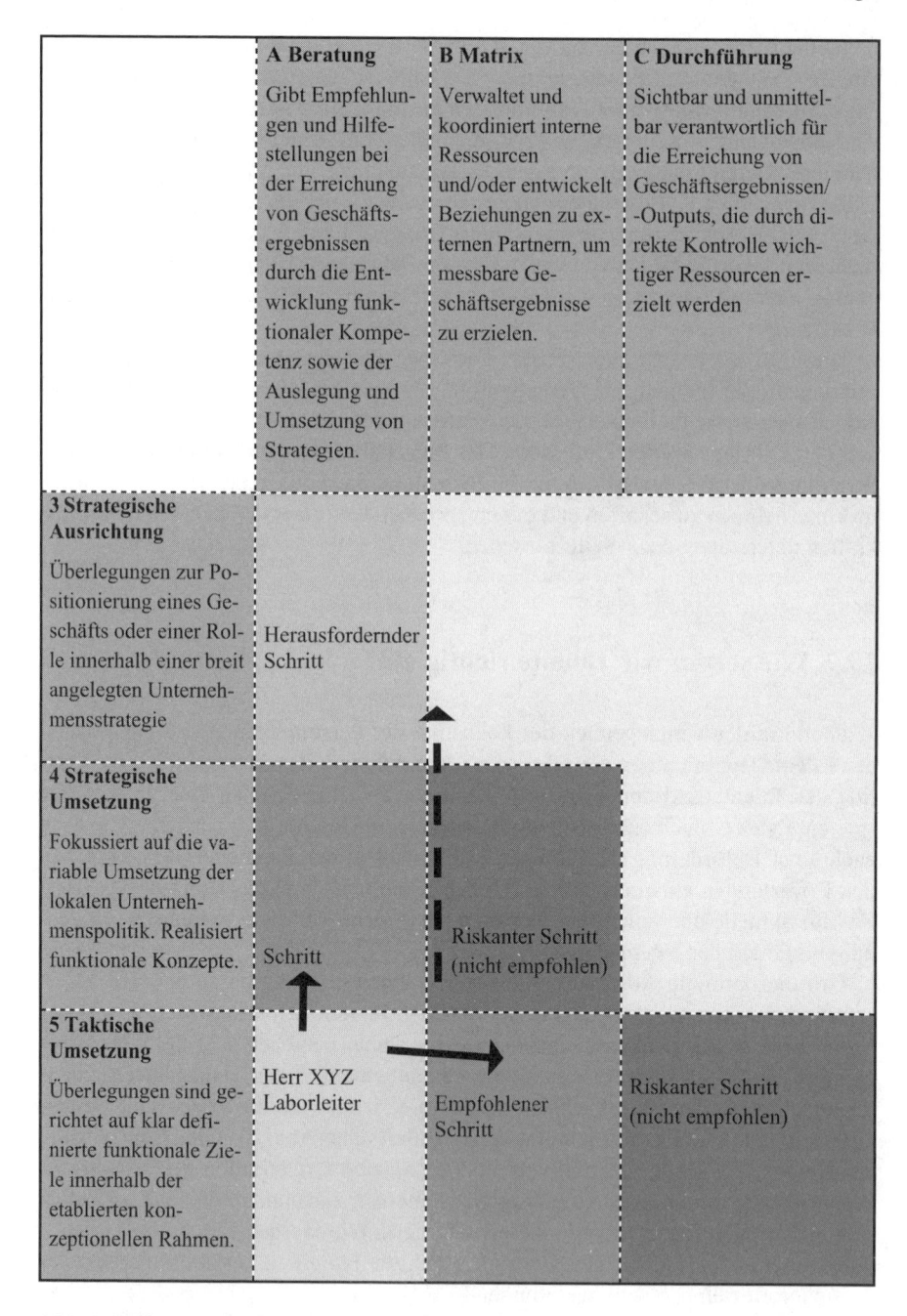

	A Beratung	B Matrix	C Durchführung
	Gibt Empfehlungen und Hilfestellungen bei der Erreichung von Geschäftsergebnissen durch die Entwicklung funktionaler Kompetenz sowie der Auslegung und Umsetzung von Strategien.	Verwaltet und koordiniert interne Ressourcen und/oder entwickelt Beziehungen zu externen Partnern, um messbare Geschäftsergebnisse zu erzielen.	Sichtbar und unmittelbar verantwortlich für die Erreichung von Geschäftsergebnissen/ -Outputs, die durch direkte Kontrolle wichtiger Ressourcen erzielt werden
3 Strategische Ausrichtung Überlegungen zur Positionierung eines Geschäfts oder einer Rolle innerhalb einer breit angelegten Unternehmensstrategie	Herausfordernder Schritt		
4 Strategische Umsetzung Fokussiert auf die variable Umsetzung der lokalen Unternehmenspolitik. Realisiert funktionale Konzepte.	Schritt	Riskanter Schritt (nicht empfohlen)	
5 Taktische Umsetzung Überlegungen sind gerichtet auf klar definierte funktionale Ziele innerhalb der etablierten konzeptionellen Rahmen.	Herr XYZ Laborleiter	Empfohlener Schritt	Riskanter Schritt (nicht empfohlen)

Abb. 3 Rollen-Matrix: Ausschnitt einer Risikoanalyse

auch dann, wenn die Rollen erst einmal als unattraktiv wahrgenommen werden. So ist es erst nach einer gründlichen Informationssammlung möglich, eine Risikoeinschätzung abzugeben, die aufzeigt, in welchem Masse ein potentieller Kandidat in der Lage sein wird, die Aufgaben der Stelle in Zukunft erfolgreich zu meistern. Spätestens an diesem Punkt wird klar, dass es unmöglich ist, ohne die Einbindung von Linien-Vorgesetzten und in Matrix-Organisationen weiteren Vorgesetzten, die Informationen zu generieren, die notwendig sind, um eine vernünftige Risikoanalyse durchzuführen.

Im Rahmen der Nachfolgeplanung gilt es, vor allem die Zugangsvoraussetzungen für den Aufstieg in weitere Positionen zu klären und auch die entsprechenden Prozesse einzuführen. Hier liegt die Herausforderung darin, ein gesundes Mittelmaß zwischen Wünschen und strategischen Notwendigkeiten, den Erwartungen aus den einzelnen Bereichen und dem vorhandenen Potential der Kandidaten zu finden. Aufgrund des Anti-Diskriminierungs-Gesetzes ist das Personalwesen heute mehr denn je gefordert, jeden dieser Schritte schriftlich festzuhalten, um sicherzustellen, dass ein fairer und damit transparenter Prozess im Unternehmen gepflegt wird. Ein bereits funktionierendes, systematisches Performance Management kann hierbei eine gute Unterstützung leisten.

Im Rahmen der Nachfolgeplanung gilt es, vor allem die Zugangsvoraussetzungen für den Aufstieg in weitere Positionen zu klären und auch die entsprechenden Prozesse einzuführen. Hier liegt die Herausforderung darin, ein gesundes Mittelmaß zwischen Wünschen und strategischen Notwendigkeiten, den Erwartungen aus den einzelnen Bereichen und dem vorhandenen Potential der Kandidaten zu finden. Aufgrund des Anti-Diskriminierungs-Gesetzes ist das Personalwesen heute mehr denn je gefordert, jeden dieser Schritte schriftlich festzuhalten, um sicherzustellen, dass ein fairer und damit transparenter Prozess im Unternehmen gepflegt wird. Ein bereits funktionierendes, systematisches Performance Management kann hierbei eine gute Unterstützung leisten.

19.8 Checkliste mit 10 Best-Practice-Aktivitäten

1. Nehmen Sie sich des Themas an und investieren Sie in ein strategisches Talent Managment-System. Das Problem wird sich nicht von *selbst erledigen.*
2. Lassen Sie sich von Business-Strategien leiten. Talent Management muss verdeutlichen, welche Auswirkungen strategische Entscheidungen, Geschäftsmodelle und Marktbesonderheiten auf die Personalpolitik haben.
3. Kommen Sie zur Sache. Der „Krieg um Talente" hat schon begonnen und taktische Maßnahmen, z. B. Talente zu „kaufen", werden nicht ausreichen, um als Unternehmen an der Spitze zu bleiben. In Zeiten schneller Veränderung benötigt man Personalsysteme, die eine schnelle Anpassung an veränderte Bedingungen erlauben.
4. Konzentrieren Sie sich zuerst auf den Bedarf. Stellen Sie fest, was heute und zukünftig die wichtigsten Funktionen sind, welchen Veränderungen diese unterliegen und was Mitarbeiter tun müssen, um heute und auch morgen erfolgreich zu sein.
5. Schließen Sie die Lücke zwischen Angebot und Nachfrage. Strategisches Talent Management muss Ihnen ermöglichen, dieses Ziel nachhaltig zu erreichen.

6. Schaffen Sie Werte und riskieren Sie nicht, diese zu vernichten. Strategisches Talent Management kann sowohl kurzfristige Probleme lösen als auch der Wettbewerbsvorteil für die Lösung zukünftiger Aufgaben sein.. Ohne strategischen Ansatz riskiert man, existierende Werte zu vernachlässigen oder gar zu zerstören.
7. Motivieren und vermeiden Sie es zu demotivieren. Worin besteht der Gewinn einer Personaleinschätzung, wenn Sie 75% Ihrer Mitarbeiter sagen müssen, sie hätten die „Messlatte" nicht erreicht? Beurteilungen von Mitarbeitern müssen ein Ausgangspunkt für Veränderungen und Entwicklung sein.
8. Konzentrieren Sie sich nicht nur auf die Leistungsspitze, sondern auch auf das Mittelfeld. Nur eine solide Basis kann den längerfristigen Bedarf decken und ermöglicht es, bei Beförderungen überschaubare Risiken einzugehen.
9. Schaffen Sie eine breite Verantwortung. Strategisches Talent Management ist nicht nur Aufgabe der Personalabteilung. Der Erfolg ist abhängig von einer gemeinsamen Verantwortung von Personal und Vorgesetzten. Das Talent-Management muss Teil der Kultur werden und von einer engen Partnerschaft mit dem CEO getragen werden.
10. Messen Sie den ROI und machen Sie regelmäßig Effizienz-Analysen. Sie müssen genau wissen, was Sie wollen und was ggf. verstärkt und was reduziert werden soll.

Der Erfolg eines effektiven Talent Managements hängt demnach von der Bewältigung einer Reihe von unterschiedlichen Herausforderungen ab. Der weit verbreitete Glaube, es ginge nur darum, die Nachfrage mit einem hinreichenden Angebot zufrieden zu stellen, ohne dass jedoch die notwendigen personellen und finanziellen Ressourcen zur Verfügung gestellt werden, führt jedoch schnell zum Scheitern einer Talent Management Initiative. Erst wenn das Talent Management im Einklang mit der strategischen Ausrichtung ist, die Effektivität des etablierten Talentmanagement Systems regelmäßig erfasst wird und die gesamte Führungsmannschaft sich verantwortlich fühlt, wird es gelingen, die aufgezählten Herausforderungen reibungslos zu lösen. Ähnlich wie bei einem Künstler erfordert die Implementierung von Talent Management Mut, Ausdauer und den unerschütterlichen Glauben in den Sinn, damit man am Ende sagen kann: „Das Kunstwerk ist vollbracht!"